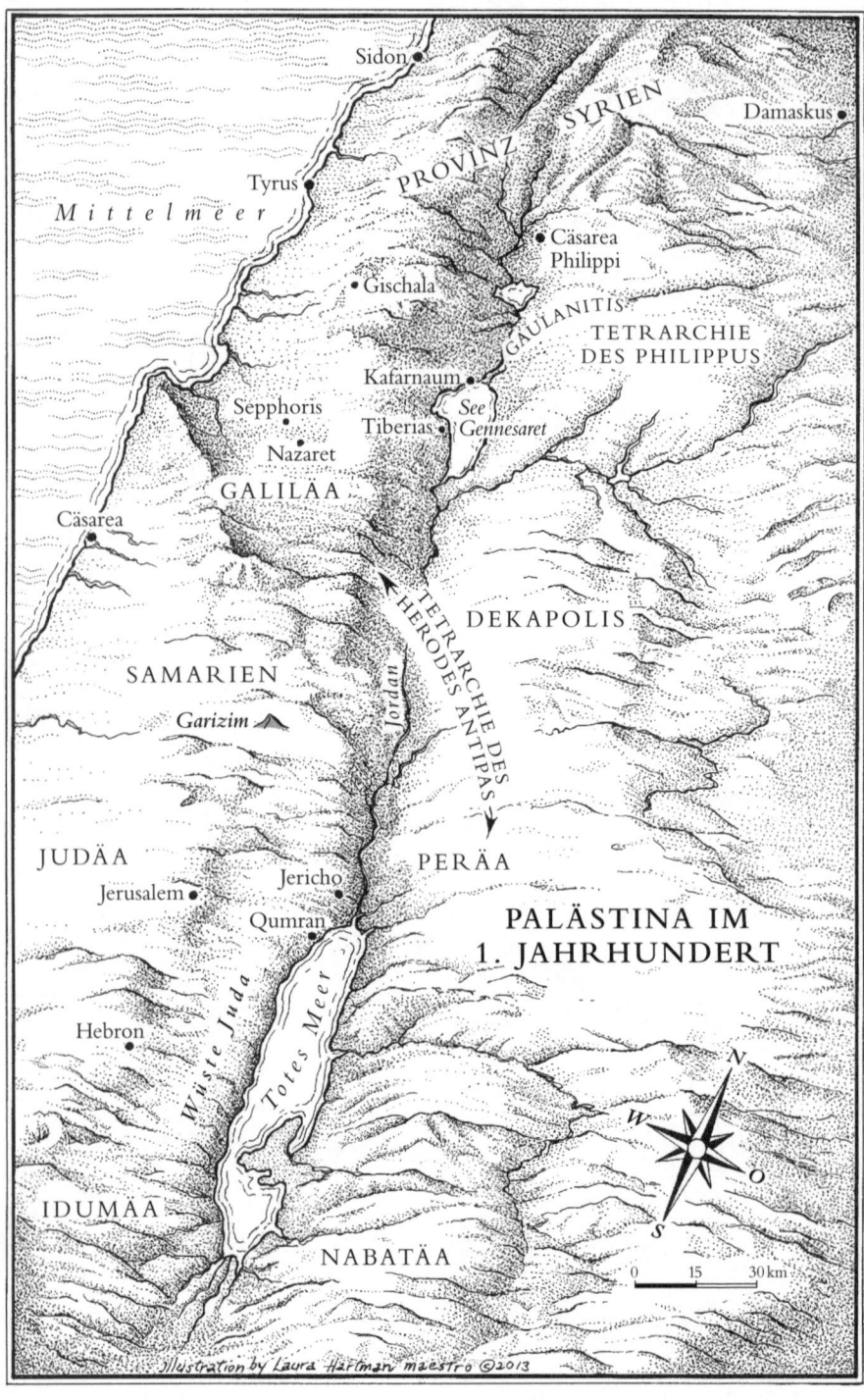

Sidon

Damaskus

PROVINZ SYRIEN

Tyrus

M i t t e l m e e r

Cäsarea
Philippi

Gischala

GAULANITIS

TETRARCHIE
DES PHILIPPUS

Kafarnaum

Sepphoris

Tiberias

*See
Gennesaret*

Nazaret

GALILÄA

Cäsarea

DEKAPOLIS

Jordan

SAMARIEN

TETRARCHIE DES
HERODES ANTIPAS

Garizim

JUDÄA

PERÄA

Jerusalem

Jericho

Qumran

**PALÄSTINA IM
1. JAHRHUNDERT**

Hebron

Wüste Juda

Totes Meer

N

W

O

S

IDUMÄA

NABATÄA

0   15   30 km

Illustration by Laura Hartman maestro ©2013

REZA ASLAN

ZELOT

JESUS VON NAZARET
UND SEINE ZEIT

Aus dem Englischen
von Henning Dedekind
und Karin Schuler (Fließtext),
Norbert Juraschitz
und Thomas Pfeiffer
(Anmerkungen)

Büchergilde Gutenberg

Die amerikanische Originalausgabe erschien 2013
unter dem Titel «Zealot. The Life and Times of Jesus of Nazareth»
bei Random House Publishing Group, New York, a division
of Random House LLC.

Lizenzausgabe für die Büchergilde Gutenberg,
Frankfurt am Main, Zürich, Wien
www.buechergilde.de
Mit freundlicher Genehmigung des Rowohlt Verlags,
Reinbek bei Hamburg
Redaktion Werner Wahls
Satz Bembo Monotype PostScript, InDesign,
bei Pinkuin Satz und Datentechnik, Berlin
Druck und Bindung CPI books GmbH, Leck
Printed in Germany 2014
ISBN 978 3 7632 6709 5

Für meine Ehefrau Jessica Jackley
und den ganzen Jackley-Clan, dessen Liebe
und Akzeptanz mir Jesus näher gebracht haben als
all meine langen Lehr- und Forschungsjahre.

Ihr sollt nicht meinen, dass ich gekommen bin,
Frieden zu bringen auf die Erde. Ich bin nicht gekommen,
Frieden zu bringen, sondern das Schwert.

MATTHÄUS 10,34

INHALT

DER TEMPEL IN JERUSALEM

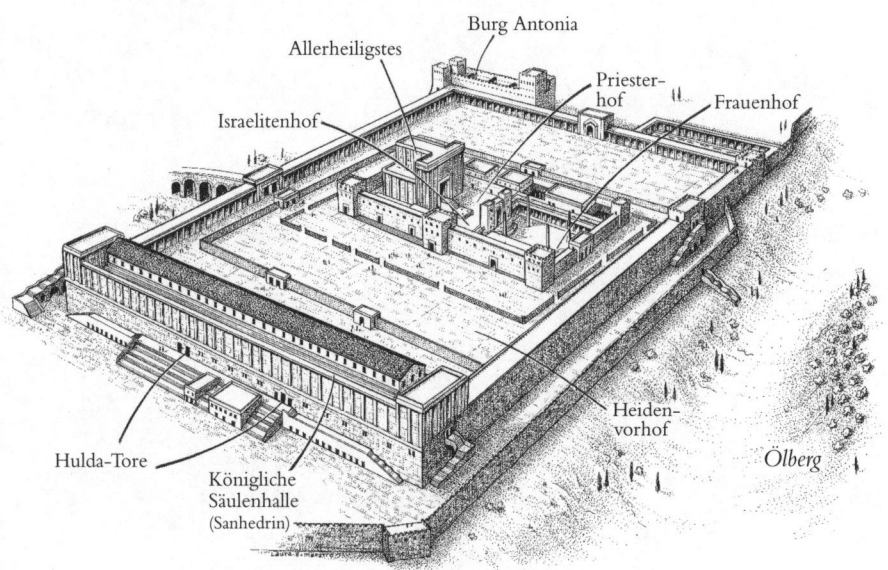

Allerheiligstes

Burg Antonia

Priester-
hof

Frauenhof

Israelitenhof

Hulda-Tore

Königliche
Säulenhalle
(Sanhedrin)

Heiden-
vorhof

Ölberg

VORBEMERKUNG DES AUTORS

Ich war 15 Jahre alt, als ich Jesus kennenlernte.

Den Sommer meines zweiten Highschool-Jahres verbrachte ich in einem evangelikalen Jugendcamp im Norden Kaliforniens mit seinen Wäldern, Feldern und dem weiten blauen Himmel, wo man mit genug Zeit und Stille und leise gesprochener Ermutigung gar nicht anders konnte, als die Stimme Gottes zu hören. Inmitten der künstlich angelegten Seen und majestätischen Kiefern sang ich mit meinen Freunden Lieder, spielte Spiele und tauschte Geheimnisse aus. In vollen Zügen genossen wir die Freiheit von den Zwängen, die uns Elternhaus und Schule sonst auferlegten. Abends trafen wir uns alle im Versammlungssaal in der Mitte des Camps, das Kaminfeuer prasselte, und ich hörte eine merkwürdige Geschichte, die mein Leben verändern sollte.

Vor 2000 Jahren, so erzählte man mir, wurde in einem Land namens Galiläa der Gott des Himmels und der Erde als hilfloses Kind geboren. Dieses Kind wuchs zu einem Mann ohne Sünde heran. Der Mann wurde zum Christus, zum Erretter der Menschheit. Durch seine Worte und Wundertaten provozierte er die Juden, die sich als das von Gott auserwählte Volk sahen, und dafür ließen ihn die Juden an ein Kreuz schlagen. Er hätte sich dieser grauenvollen Strafe entziehen können, doch er wählte aus freiem Willen den Tod. Sein Tod gab dem Ganzen erst einen Sinn, denn sein Opfer befreite uns alle von der Last unserer Sünden. Aber damit endete die Geschichte noch nicht, denn drei Tage später stand er wieder auf, erhöht und göttlich, sodass jetzt alle, die an ihn glauben und ihn in ihre Herzen aufnehmen, das ewige Leben haben werden.

Für ein Kind, das in einer zusammengewürfelten Familie aus lauen Muslimen und dezidierten Atheisten aufwuchs, war das wahrhaft die größte Geschichte, die es je gehört hatte. Nie zuvor hatte ich die Anziehungskraft Gottes so deutlich gespürt. In meinem Geburtsland Iran war ich Muslim etwa so, wie ich eben Perser war. Meine Religion und meine ethnische Herkunft waren eng miteinander verbunden. Wie den meisten Menschen, die in eine religiöse Tradition hineingeboren werden, war mein Glaube mir so vertraut wie meine Haut und etwa ebenso gleichgültig. Nachdem meine Familie durch die Revolution 1979 zur Flucht gezwungen worden war, wurde Religion im Allgemeinen und der Islam im Besonderen zu einem Tabu in unserem Haushalt. Der Islam stand stellvertretend für alles, was wir an die jetzt im Iran herrschenden Mullahs verloren hatten. Meine Mutter betete noch, wenn niemand es sah, und man stieß vielleicht mal auf einen Koran irgendwo ganz hinten in einem Schrank oder einer Schublade. Aber insgesamt waren alle Spuren Gottes gründlich aus unserem Leben getilgt.

Das war für mich ganz in Ordnung. Schließlich war ein Muslim im Amerika der achtziger Jahre etwa so fremd wie ein Marsianer. Mein Glaube war eine Art blauer Fleck, das auffälligste Symbol meiner Andersartigkeit; er musste verborgen werden.

Jesus dagegen *war* Amerika. Er war die zentrale Gestalt im nationalen Drama Amerikas. Wenn ich ihn in mein Herz aufnahm, konnte ich mich so wahrhaft amerikanisch fühlen wie nur möglich. Ich will damit nicht sagen, dass ich mit meiner Bekehrung einen bestimmten Zweck verfolgte. Ganz im Gegenteil, ich brannte mit absoluter Hingabe für meinen neu gefundenen Glauben. Ich bekam einen Jesus präsentiert, der weniger «Herr und Heiland» als bester Freund war, jemand, zu dem ich eine tiefe und persönliche Beziehung aufbauen konnte. Für mich als Teenager, der versuchte, einer nicht klar umrissenen Welt, deren ich mir gerade erst bewusst geworden war, einen Sinn abzugewinnen, war dies eine Einladung, die ich nicht ausschlagen konnte.

Sofort nach meiner Rückkehr aus dem Camp versuchte ich eifrig, die gute Nachricht von Jesus Christus weiterzutragen: zu meinen Freunden und meiner Familie, meinen Nachbarn und Klassenkameraden, Menschen, die ich gerade kennengelernt hatte, und Leuten, die ich auf der Straße traf; zu jenen, die gern zuhörten, und jenen, die überhaupt kein Interesse hatten. Doch während ich mich so heiß bemühte, die Seelen der Welt zu retten, geschah etwas Unerwartetes: Je gründlicher ich die Bibel studierte, um mich gegen die Zweifel der Ungläubigen zu wappnen, desto größere Diskrepanzen entdeckte ich zwischen dem Jesus der Evangelien und dem Jesus der Geschichte – zwischen Jesus dem Christus und Jesus von Nazaret. Und als ich im College begann, mich wissenschaftlich mit der Geschichte der Religionen zu beschäftigen, entwickelten sich aus diesem frühen Unbehagen bald ausgewachsene Zweifel an meinem neuen Glauben.

Die Basis des evangelikalen Christentums ist, so hat man es mir jedenfalls beigebracht, der bedingungslose Glaube, dass jedes Wort der Bibel von Gott kommt und wahr ist, buchstäblich und unfehlbar. Die plötzliche Erkenntnis, dass diese Überzeugung ganz offenkundig und eindeutig falsch ist, dass die Bibel voller eklatanter und augenfälliger Irrtümer und Widersprüche steckt – wie man es von einem Text, der von hunderten Händen über Jahrtausende hinweg geschrieben wurde, nicht anders erwarten kann –, ließ mich verwirrt und ohne spirituellen Anker zurück. Und so verwarf ich wie viele andere in dieser Situation wütend meinen Glauben, als sei er eine teure Fälschung, der ich aufgesessen war. Ich begann wieder über den Glauben und die Kultur meiner Väter nachzudenken und spürte als Erwachsener eine tiefere, engere Bindung zu beidem als früher in meiner Kindheit, eine Vertrautheit wie im Umgang mit einem alten Freund, den man nach vielen Jahren wieder trifft.

Gleichzeitig setzte ich meine akademische Beschäftigung mit

der Religionswissenschaft fort und vertiefte mich wieder in die Bibel, nicht als bedingungslos Glaubender, sondern als wissbegieriger Forscher. Nachdem ich die Annahme, die Geschichten dort seien buchstäblich wahr, aufgegeben hatte, bemerkte ich eine tiefere Wahrheit in dem Text, eine Wahrheit, die absichtlich losgelöst war von den Bedingtheiten der Historie. Je mehr ich über das Leben des historischen Jesus erfuhr, über die turbulente Welt, in der er lebte, und über die Brutalität der römischen Besatzung, der er die Stirn bot, desto stärker fühlte ich mich ironischerweise zu ihm hingezogen. Ja, der jüdische Bauer und Revolutionär, der die Herrschaft des mächtigsten Reiches herausforderte, das die Welt je gesehen hatte, und daran scheiterte, stand mir viel realer vor Augen als jenes abgeklärte, überirdische Wesen, mit dem man mich in der Kirche bekannt gemacht hatte.

Heute kann ich mit Überzeugung sagen, dass zwei Jahrzehnte gründlicher akademischer Forschung zu den Ursprüngen des Christentums aus mir einen Anhänger des Jesus von Nazaret gemacht haben, leidenschaftlicher, als meine Begeisterung für Jesus Christus je war. Mit diesem Buch möchte ich die frohe Botschaft des historischen Jesus mit demselben Eifer verbreiten wie früher als Junge die Geschichte des Christus.

Auf einige Dinge möchte ich noch hinweisen, bevor wir mit unserer Untersuchung beginnen. Zu jedem gut belegten, intensiv erforschten und absolut maßgeblichen Argument in Bezug auf den historischen Jesus gibt es ein ebenso gut belegtes, ebenso intensiv erforschtes und ebenso maßgebliches Gegenargument. Statt die Leser und Leserinnen mit der jahrhundertelangen Debatte über das Leben und die Mission des Jesus von Nazaret zu belasten, habe ich meine Darstellung ausgehend von meiner langen wissenschaftlichen Beschäftigung mit dem Neuen Testament und der frühchristlichen Geschichte auf den meiner Ansicht nach genauesten und einleuchtendsten Belegen aufgebaut. Wer sich für diese Debatte interessiert, findet ausführliche Forschungsdiskussionen und wo möglich auch die Argumente jener Wissenschaftler, die mit meiner Deutung nicht übereinstimmen, in den langen Anmerkungen am Ende dieses Buches.

Die Bibelpassagen sowie die Namensschreibweisen sind in der vorliegenden deutschsprachigen Ausgabe der Einheitsübersetzung entnommen.

Alle Bezüge auf das Material der Logienquelle Q (das Material, das nur das Matthäus- und das Lukas-Evangelium verwenden) werden so gekennzeichnet: (Mt|Lk), wobei die Reihenfolge der Bücher anzeigt, welches Evangelium ich genauer zitiere. Die Leser werden feststellen, dass ich mich bei meiner Skizze der Geschichte Jesu vor allem auf das Markus-Evangelium und das Q-Material stütze. Dies sind die frühesten und damit zuverlässigsten Quellen, die uns über das Leben des Nazaräers zur Verfügung stehen. Im Allgemeinen habe ich mich nicht allzu sehr in die sogenannten gnostischen Evangelien vertieft. Diese Texte sind unglaublich wichtig für das weite Meinungsspektrum der frühchristlichen Gemeinschaft zu der Frage, wer Jesus war und was seine Lehren bedeuteten, aber sie werfen kaum neues Licht auf den historischen Jesus selbst.

Obwohl fast einhelliger Meinung nach die Evangelien, mit der möglichen Ausnahme der Apostelgeschichte des Lukas, nicht von den Menschen geschrieben wurden, nach denen sie benannt sind, werde ich die Verfasser der Evangelien der Einfachheit und Klarheit halber weiter mit den Namen bezeichnen, die uns heute geläufig sind. Und schließlich bezeichne ich in diesem Buch das Alte Testament wissenschaftlich angemessener als die Hebräische Bibel oder die Hebräischen Schriften.

EINFÜHRUNG

Es ist ein Wunder, dass wir überhaupt etwas über den Menschen Jesus von Nazaret wissen. Die Wanderprediger, die mit einer Schar zerlumpter Anhänger im Schlepptau von Dorf zu Dorf zogen und lautstark das Ende der Welt verkündeten, waren zu Jesu Zeiten ein vertrauter Anblick – so vertraut, dass sie in der römischen Elite zu einer Art Karikatur verkommen waren. In einem absurden Abschnitt über genau so eine Gestalt schildert der griechische Philosoph Kelsos einen jüdischen heiligen Mann, der in Galiläa übers Land zieht und ohne ein bestimmtes Gegenüber vor sich hin ruft: «Ich bin der Gott oder Gottes Knecht oder ein göttliches *pneuma* [Geist]. Aber ich komme, denn die Welt ist schon dem Untergang geweiht. Und ihr werdet mich bald kommen sehen mit der Macht des Himmels.»

Das 1. Jahrhundert war eine Ära apokalyptischer Erwartung unter den Juden des großen Territoriums, das die Römer als «Palästina» bezeichneten und das das moderne Israel/Palästina ebenso umfasste wie weite Teile Jordaniens, Syriens und des Libanon. Zahllose Propheten, Prediger und Messiasse zogen durch das Heilige Land und kündeten vom nahen Gericht Gottes. Viele dieser sogenannten falschen Messiasse kennen wir namentlich. Einige wenige tauchen sogar im Neuen Testament auf. Der Prophet Theudas hatte nach Darstellung der Apostelgeschichte 400 Jünger, bevor die Römer ihn festnahmen und köpften. Eine mysteriöse charismatische Gestalt, die nur «der Ägypter» genannt wird, stellte in der Wüste ein Heer auf, das dann von römischen Soldaten ausgelöscht wurde. Im Jahr

4 v. Chr., dem Jahr, in dem nach Meinung der meisten Fachleute Jesus von Nazaret geboren wurde, setzte sich ein armer Schafhirte namens Athronges ein Diadem auf den Kopf und krönte sich damit selbst zum «König der Juden»; er und seine Anhänger wurden von einer Legion Soldaten niedergemetzelt. Ein weiterer messianischer Aspirant, der sich einfach «der Samariter» nannte, wurde von Pontius Pilatus gekreuzigt, obwohl er noch nicht einmal ein Heer aufgestellt und Rom in keiner Weise herausgefordert hatte – ein Fingerzeig darauf, dass die Behörden das um sich greifende apoka-lyptische Fieber spürten und extrem empfindlich geworden waren. Dann gab es da noch den Bandenführer Hiskia, Simon von Peräa, Judas den Galiläer, seinen Enkel Manaim, Simon bar Giora und Simon bar Kochba. Sie alle traten mit messianischen Ansprüchen hervor, und sie alle wurden von Rom deshalb hingerichtet. Auf diese Liste gehört auch die Sekte der Essener, von denen einige in Abgeschiedenheit auf dem ausgedörrten Plateau von Qumran nahe dem Nordwestufer des Toten Meeres lebten; dann die Zeloten, eine revolutionäre jüdische Gruppierung des 1. Jahrhunderts, die einen blutigen Krieg gegen Rom mit anzettelte; und schließlich die Furcht einflößenden militanten Attentäter, die die Römer *Sicarii* (Dolchträger) nannten – Palästina durchlebte im 1. Jh. n. Chr. eine Ära intensiver messianischer Energie.

Man kann Jesus von Nazaret nur schwer direkt in eine der be-kannten religiös-politischen Bewegungen seiner Zeit einordnen. Er war ein Mann tiefgreifender Widersprüche, predigte an einem Tag die ethnische Ausschließlichkeit («Ich bin nur zu den verlore-nen Schafen des Hauses Israel gesandt», Mt 15,24), am nächsten den wohlwollenden Universalismus («Darum geht zu allen Völ-kern und macht alle Menschen zu meinen Jüngern», Mt 28,19); einmal forderte er bedingungslosen Frieden («Selig, die Frieden stiften; denn sie werden Söhne Gottes genannt werden», Mt 5,9), ein anderes Mal sprach er sich für Gewalt und Konflikt aus («Wer aber kein Geld hat, soll seinen Mantel verkaufen und sich dafür ein Schwert kaufen», Lk 22,36).

Der historische Jesus ist so schwer zu fassen, weil es außerhalb des Neuen Testaments kaum Spuren des Mannes gibt, der den Lauf der Menschheitsgeschichte so dauerhaft verändern sollte. Die früheste und verlässlichste nichtbiblische Erwähnung Jesu findet sich im 1. Jahrhundert bei dem jüdischen Historiker Flavius Josephus (†nach 100 n. Chr.). In einer kurzen, beiläufigen Passage in *Jüdische Altertümer* schreibt Josephus von einem teuflischen jüdischen Hohepriester namens Hannas, der nach dem Tod des römischen Statthalters Festus unrechtmäßig einen gewissen «Jakobus, Bruder des Jesus, den sie Messias nennen» als Gesetzesbrecher zur Steinigung verurteilen ließ. In dem Abschnitt wird weiter berichtet, was mit Hannas geschah, als der neue Statthalter Albinus schließlich in Jerusalem ankam.

So kurz und abschätzig diese Anspielung auch sein mag (die Erklärung «den sie Messias nennen» ist ganz offensichtlich spöttisch gemeint), besitzt er doch enorme Bedeutung für all jene, die nach irgendeiner Spur des historischen Jesus forschen. In einer Gesellschaft ohne Nachnamen erforderte ein so häufiger Name wie Jakobus einen besonderen Zusatz – einen Geburtsort oder Vatersnamen etwa –, um ihn von all den anderen Männern namens Jakobus in Palästina zu unterscheiden (daher auch «Jesus von Nazaret»). In diesem Fall lieferte Jakobus' Verwandtschaft mit jemandem, der nach Meinung des Josephus seiner Leserschaft womöglich bekannt war, den Namenszusatz. Der Abschnitt belegt also nicht nur, dass «Jesus, den sie Messias nennen» wirklich gelebt hat, sondern auch, dass er im Jahr 94 n. Chr., als *Jüdische Altertümer* geschrieben wurde, weithin als Gründer einer neuen und fortbestehenden Bewegung anerkannt war.

Es ist jene Bewegung, nicht ihr Gründer, die die Aufmerksamkeit von Historikern des 2. Jahrhunderts wie Tacitus (†118) und Plinius dem Jüngeren (†113) erregt. Beide erwähnen Jesus von Nazaret, berichten aber abgesehen von seiner Verhaftung und Hinrichtung kaum etwas über ihn – es sind wichtige historische Belege, wie wir sehen werden, die aber wenig Licht auf die Einzelheiten des Lebens Jesu werfen. Wir alle sind deshalb auf die Informationen angewiesen, die wir aus dem Neuen Testament zusammentragen können.

Das erste schriftliche Zeugnis überhaupt stammt aus den Briefen des Paulus, eines frühen Anhängers Jesu, der um 66 n. Chr. herum starb (man kann Paulus' ersten erhaltenen Brief, den 1. Brief an die Thessalonicher, auf die Jahre zwischen 48 und 50 n. Chr. datieren, also etwa auf die Zeit zwei Jahrzehnte nach Jesu Tod). Paulus zeigt allerdings bemerkenswert wenig Interesse am historischen Jesus. Nur drei Szenen aus dem Leben Jesu finden überhaupt in seinen Briefen Erwähnung: das Letzte Abendmahl (1 Kor 11,23–26), die Kreuzigung (1 Kor 2,2) und, besonders wichtig für Paulus, die Auferstehung, ohne die, wie er sagt, «unsere Verkündigung leer und euer Glaube sinnlos» wäre (1 Kor 15,14). Paulus mag eine hervorragende Quelle für all jene sein, die sich für die frühe Geschichte des Christentums interessieren, aber er ist ein schlechter Führer, wenn man sich auf die Suche nach dem historischen Jesus begibt.

Damit bleiben uns nur die Evangelien, die ihre eigenen Probleme mit sich bringen. Zunächst einmal wurde keines von ihnen – mit der möglichen Ausnahme des Lukas-Evangeliums – von dem Mann geschrieben, nach dem es benannt ist. Das trifft im Übrigen auf die meisten Bücher des Neuen Testaments zu. Solche sogenannten *pseudepigraphischen* Werke, also Werke, die einem bestimmten Autor zugeschrieben, aber nicht von ihm verfasst wurden, waren in der antiken Welt sehr häufig und sollten ganz sicher nicht als Fälschungen aufgefasst werden. Ein Buch nach einer Person zu benennen war ein üblicher Weg, um die Glaubensüberzeugungen dieser Person wiederzugeben oder ihre Denkschule zu repräsentieren. Davon einmal abgesehen sind die Evangelien keine historische Dokumentation des Lebens Jesu und waren auch nie als solche gedacht. Es sind keine Augenzeugenberichte über Jesu Worte und Taten von Menschen, die ihn wirklich kannten, sondern vielmehr Glaubenszeugnisse von Glaubensgemeinschaften, die viele Jahre nach den Ereignissen, die sie schildern, niedergeschrieben wurden. Einfach gesagt, die Evangelien erzählen uns von Jesus Christus, nicht vom Menschen Jesus.

Die weithin akzeptierte Theorie zur Entstehung der Evangelien, die sogenannte Zweiquellentheorie, besagt, dass Markus' Bericht erstmals irgendwann nach 70 n. Chr. niedergeschrieben wurde, also etwa vier Jahrzehnte nach Jesu Tod. Markus stand eine Sammlung mündlicher und vielleicht auch eine Handvoll schriftlicher Überlieferungen zur Verfügung, die schon seit Jahren unter Jesu frühesten Anhängern kursierten. Indem er diesem Überlieferungswust ein chronologisches Gerüst gab, schuf Markus das ganz neue literarische Genre des *Evangeliums*, griechisch für «gute Nachricht». Doch das Markus-Evangelium ist in den Augen vieler Christen zu kurz und irgendwie unbefriedigend. Die Kindheitserzählungen fehlen; Jesus taucht einfach eines Tages am Ufer des Jordan auf, um sich von Johannes dem Täufer taufen zu lassen. Und auch die Erscheinungen nach der Auferstehung fehlen. Jesus wird gekreuzigt. Sein Leichnam wird in ein Grab gelegt. Ein paar Tage später ist das Grab leer. Schon die frühesten Christen vermissten so einiges in Markus' knappem Bericht über Jesu Leben und Wirken, und so blieb es dessen Nachfolgern Matthäus und Lukas überlassen, den ursprünglichen Text zu überarbeiten.

Zwei Jahrzehnte nach Markus, zwischen 90 und 100 n. Chr., brachten die Verfasser des Matthäus- und des Lukas-Evangeliums, die unabhängig voneinander und mit Markus' Text als Vorlage arbeiteten, die Geschichte des Evangeliums auf den neuesten Stand, indem sie ihre eigenen, besonderen Überlieferungen einarbeiteten, darunter zwei verschiedene und einander widersprechende Kindheitserzählungen sowie eine Reihe ausgeschmückter Auferstehungsgeschichten, um ihre christlichen Leser zufriedenzustellen. Matthäus und Lukas stützten sich auch auf eine wohl frühe und ziemlich weit verbreitete Sammlung von Jesusworten, die die Wissenschaft als Logienquelle (abgekürzt Q für Quelle) bezeichnet. Wir haben diesen Text zwar heute nicht mehr vorliegen, aber wir können seine Inhalte erschließen, indem wir jene Verse zusammenstellen, die sich bei Matthäus und Lukas finden, nicht aber bei Markus.

Zusammen werden diese drei Evangelien – Markus, Matthäus und Lukas – als die *synoptischen* (griechisch für «zusammenschauen») Evangelien bezeichnet, weil sie eine mehr oder weniger gleiche Darstellung und Chronologie des Lebens und Wirkens Jesu liefern, die wiederum der des vierten, des zwischen 100 und 120 n. Chr. entstandenen Johannes-Evangeliums, in vielem widerspricht. Damit hätten wir die kanonischen Evangelien. Aber sie sind nicht die einzigen. Heute haben wir Zugang zu einer ganzen Bibliothek nichtkanonischer Schriften, die meist aus dem 2. und 3. Jahrhundert stammen und einen ganz anderen Blick auf das Leben des Jesus von Nazaret werfen. Dazu gehören das Thomas-Evangelium, das Philippus-Evangelium, das Apokryphon des Johannes, das Evangelium der Maria Magdalena und eine Menge anderer sogenannter gnostischer Schriften, die 1945 in Oberägypten nahe der Stadt Nag Hammadi entdeckt wurden. Diese Bücher fanden keine Aufnahme in die Sammlung, die schließlich das Neue Testament bildete, aber sie sind von Bedeutung, weil sie dramatische Meinungsverschiedenheiten offenbaren, wenn es darum ging, wer Jesus war und was Jesus bedeutete – und das selbst unter jenen, die von sich behaupteten, sie seien mit ihm gezogen, hätten das Brot mit ihm geteilt und mit ihm gespeist, hätten seinen Worten gelauscht und mit ihm gebetet.

Letztendlich sind es nur zwei harte historische Fakten in Bezug auf Jesus von Nazaret, auf die wir uns wirklich verlassen können: zum einen, dass Jesus ein Jude war, der eine jüdische Volksbewegung in Palästina zu Beginn des 1. Jh.s n. Chr. anführte, und zum anderen, dass Rom ihn deshalb ans Kreuz schlug. Für sich genommen können diese beiden Fakten kein vollständiges Porträt eines Mannes bieten, der vor zweitausend Jahren lebte. Wenn wir sie aber mit allem anderen kombinieren, was wir über die unruhige Zeit wissen, in der Jesus lebte – und dank der Römer wissen wir eine Menge darüber –, können diese beiden Fakten helfen, ein Bild des Jesus von Nazaret zu zeichnen, das vielleicht historisch genauer ist als das der Evangelien. Tatsächlich hat der Jesus, dessen Bild bei dieser historischen Fingerübung entsteht – ein eifernder Revolutionär, der wie alle Juden jener Zeit in die religiösen und politischen Wirren Palästinas im 1. Jahrhundert hineingezogen wurde –, wenig Ähnlichkeit mit dem Bild des guten Hirten, das die frühchristliche Gemeinde pflegte.

Man muss bedenken, dass die Strafe der Kreuzigung in römischer Zeit fast ausschließlich Aufständischen vorbehalten war. Die Tafel, die die Römer über Jesu Kopf anbrachten, während er sich in Schmerzen wand – «König der Juden» –, wurde *titulus* genannt und war, anders als man gemeinhin annimmt, nicht sarkastisch gemeint. Jeder Verbrecher, der an einem Kreuz hing, bekam eine Tafel, auf der das genaue Verbrechen verzeichnet war, für das er hingerichtet wurde. Jesu Verbrechen bestand in den Augen Roms darin, dass er eine Königsherrschaft angestrebt (sich also des Verrat schuldig gemacht) hatte, genau wie fast alle anderen messianischen Aspiranten, die deswegen getötet wurden. Und Jesus starb nicht allein. Die Evangelien behaupten, dass links und rechts von Jesus Männer hingen, die auf Griechisch *lestai* genannt wurden, ein Wort, das im Deutschen oft mit «Diebe» wiedergegeben wird, eigentlich aber «Banditen» oder «Straßenräuber» bedeutet und die häufigste römische Bezeichnung für Aufständische oder Rebellen war.

Drei Rebellen auf einem mit Kreuzen überzogenen Hügel, wobei jedes Kreuz den gepeinigten und blutbefleckten Leib eines Mannes trug, der es gewagt hatte, dem Willen Roms zu trotzen. Schon dieses Bild allein kann Zweifel an der Darstellung der Evangelien aufkommen lassen, denen zufolge Jesus ein Mann des bedingungslosen Friedens war, der fast völlig isoliert von den politischen Unruhen seiner Zeit agierte. Die Vorstellung, dass der Kopf einer populären messianischen Bewegung, die für die Errichtung des «Gottesreiches» eintrat – ein Begriff, der in den Augen von Juden wie von Heiden eine Revolte gegen Rom beinhaltete –, von dem religiösen Eifer, der fast alle Juden in Judäa erfasst hatte, unbeeinflusst bleiben konnte, ist schlichtweg lächerlich.

Warum also gaben sich die Verfasser der Evangelien solche Mühe, das Revolutionäre in Jesu Botschaft und Bewegung abzuschwächen? Um diese Frage zu beantworten, müssen wir uns zunächst klar machen, dass fast alle Evangeliengeschichten über das Leben und die Mission des Jesus von Nazaret *nach* dem Jüdischen Aufstand gegen Rom im Jahr 66 n. Chr. niedergeschrieben wurden. In jenem Jahr rief eine Gruppe jüdischer Rebellen, angespornt durch den Eifer für Gott, ihre Glaubensbrüder zu einer Revolte auf. Wie durch ein Wunder gelang es den Aufständischen, das Heilige Land von der römischen Besatzung zu befreien. Vier ruhmreiche Jahre lang war die Stadt Gottes wieder in jüdischer Hand. Doch 70 n. Chr. kehrten die Römer zurück. Nach einer kurzen Belagerung Jerusalems durchbrachen die Soldaten die Stadtmauer und gingen in einer Gewaltorgie gegen die Bewohner vor. Sie ermordeten alle, die ihnen in die Hände fielen, und häuften die Leichen auf dem Tempelberg auf. Das Blut floss in Strömen die gepflasterten Straßen hinab. Als sie ihren Blutdurst gestillt hatten, steckten die Soldaten den Tempel Gottes in Brand. Das Feuer verbreitete sich über den Tempelberg hinaus, verschlang Jerusalems Weiden, die Gehöfte, die Ölbäume. Alles brannte. Die Heilige Stadt war so verheert, dass es, wie Josephus schreibt, kein Zeugnis mehr gab, dass Jerusalem je bewohnt gewesen war. Zehntausende Juden waren gestorben. Der Rest verließ die Stadt in Ketten.

Das seelische und geistliche Trauma der Juden infolge dieser Katastrophe kann man sich kaum vorstellen. Vertrieben aus dem ihnen von Gott verheißenen Land, gezwungen, als Ausgestoßene unter den Heiden des Römischen Reiches zu leben, trennten die Rabbinen des 2. Jahrhunderts allmählich und planvoll das Judentum vom radikalen messianischen Nationalismus, der zum verhängnisvollen Krieg mit Rom geführt hatte. Die Tora ersetzte den Tempel als Mittelpunkt des jüdischen Lebens, und das rabbinische Judentum entstand.

Auch die Christen verspürten die Notwendigkeit, sich von dem revolutionären Eifer zu distanzieren, der zur Plünderung von Jerusalem geführt hatte, nicht nur, weil dies der frühen Kirche erlaubte, den Zorn des überaus rachsüchtigen Rom abzuwenden, sondern auch, weil die Römer, nachdem die jüdische Religion zur Außenseiterreligion geworden war, die vorrangigen Adressaten ihrer Missionstätigkeit waren. So begann der lange Prozess, in dem Jesus sich von einem revolutionären jüdischen Nationalisten in einen friedlichen geistlichen Anführer ohne jedes Interesse an irdischen Dingen verwandelte. Dies war ein Jesus, den die Römer akzeptieren konnten und tatsächlich auch drei Jahrhunderte später akzeptierten, als der römische Kaiser Flavius Theodosius († 395) die Bewegung des jüdischen Wanderpredigers zur offiziellen Staatsreligion erhob.

Dieses Buch ist ein Versuch, den Jesus der Geschichte, den Jesus *vor* dem Christentum, so weit wie möglich zurückzuholen: den politisch bewussten jüdischen Revolutionär, der vor 2000 Jahren durch die Dörfer Galiläas zog und Anhänger für eine messianische Bewegung mit dem Ziel, das Reich Gottes zu errichten, sammelte, dessen Mission jedoch scheiterte, als er nach einem provokanten Einzug in Jerusalem und einem dreisten Angriff auf den Tempel von den Römern wegen Aufruhrs festgenommen und hingerichtet wurde. Es untersucht auch, wie Jesu Anhänger nach dessen Scheitern bei dem Versuch, die Herrschaft Gottes auf Erden zu errichten, nicht nur Jesu Mission und Identität neu interpretierten, sondern auch das ganze Wesen und die Definition des jüdischen Messias an sich.

Es gibt Menschen, die ein solches Unterfangen für Zeitverschwendung halten, weil sie glauben, dass der Jesus der Geschichte unwiederbringlich verloren und nicht mehr zu rekonstruieren sei. Lange vorbei sind die aufregenden Tage der «Suche nach dem historischen Jesus», als Wissenschaftler zuversichtlich verkündeten, dass moderne naturwissenschaftliche Methoden und die historische Forschung uns erlauben würden, Jesu wahre Identität zu enthüllen. Der *wirkliche* Jesus, so meinen manche Fachleute, spielt heute keine Rolle mehr. Wir sollten uns stattdessen auf den einzigen Jesus konzentrieren, der uns zugänglich ist: auf Jesus *den Christus*. Zugegeben, eine Biographie des Jesus von Nazaret zu schreiben ist etwas anderes, als eine Lebensbeschreibung von Napoleon Bonaparte zu verfassen. Die Aufgabe ähnelt einem gewaltigen Puzzle, von dem nur einige wenige Stücke existieren; man hat keine andere Wahl, als den Rest auf der Grundlage der bestmöglichen, auf Sachkenntnis gestützten Vermutungen darüber, wie das Gesamtbild aussehen sollte, selbst auszufüllen. Der große christliche Theologe Rudolf Bultmann pflegte zu sagen, dass die Suche nach dem historischen Jesus letztendlich eine innere Suche sei. Wissenschaftler neigen dazu, den Jesus zu sehen, den sie sehen wollen. Allzu oft sehen sie *sich selbst* – ihr eigenes Spiegelbild – in ihrem Bild von Jesus.

Und doch genügen jene bestmöglichen, auf Sachkenntnis gestützten Vermutungen vielleicht, um wenigstens unsere grundlegendsten Annahmen über Jesus von Nazaret zu hinterfragen. Wenn wir die Aussagen der Evangelien der Hitze der historischen Analyse aussetzen, können wir die Schriften von ihren literarischen und theologischen Ausschmückungen reinigen und ein weitaus genaueres Bild des historischen Jesus schmieden. Und wenn wir uns vornehmen, Jesus fest im gesellschaftlichen, religiösen und politischen Kontext der Zeit, in der er lebte, zu verankern – einer Zeit, die geprägt war von einer schwelenden Revolte gegen Rom, die den Glauben und die Praxis des Judentums für immer verändern sollte –, dann schreibt sich seine Biographie sogar in mancher Hinsicht von selbst.

Der Jesus, der in diesem Prozess zutage tritt, ist vielleicht nicht der Jesus, den wir erwarten; er ist sicher nicht der Jesus, den die meisten Christen heute zu kennen meinen. Doch letztendlich ist er der einzige Jesus, den wir mit historischen Methoden fassen können.

Alles andere ist eine Sache des Glaubens.

CHRONOLOGIE

164 v. Chr.	Makkabäer-Aufstand
140	Gründung der Dynastie der Hasmonäer
63	Pompeius Magnus erobert Jerusalem
37	Herodes der Große wird zum König der Juden ausgerufen
4	Herodes der Große stirbt
4	Revolte des Judas des Galiläers
4 v. Chr.–6 n. Chr.	Jesus von Nazaret wird geboren
6	Judäa wird offiziell römische Provinz
10	Sepphoris wird erster Königssitz des Herodes Antipas
18	Josef Kajaphas wird zum Hohepriester ernannt
20	Tiberias wird zweiter Königssitz des Herodes Antipas
26	Pontius Pilatus wird Statthalter (Präfekt) in Jerusalem
26–28	Beginn des Wirkens von Johannes dem Täufer
28–30	Beginn des Wirkens von Jesus von Nazaret
30–33	Tod des Jesus von Nazaret
36	Revolte des Samariters
37	Bekehrung des Saulus von Tarsus (Paulus)
44	Revolte des Theudas

Teil I

Wach auf, wach auf, Zion, zieh an deine Stärke!
Schmücke dich herrlich, Jerusalem, du Heilige Stadt!
Denn es wird hinfort kein Unbeschnittener
oder Unreiner zu dir hineingehen. Schüttle den Staub ab, steh auf,
Jerusalem, du Gefangene! Mach dich los von den Fesseln
deines Halses, du gefangene Tochter Zion!

JESAJA 52,1–2

Prolog

EIN OPFER ANDERER ART

Der Krieg gegen Rom beginnt nicht mit Schwerterklirren, sondern mit dem Blitzen eines Dolches, den ein Attentäter unter seinem Mantel hervorzieht.

Festzeit in Jerusalem: die Zeit, in der Juden aus dem ganzen Mittelmeerraum in die Heilige Stadt strömen, um dem Gott duftende Opfer zu bringen. Es gibt im alten jüdischen Kult eine ganze Menge jährlicher Rituale und Feiern, die man nur hier, im Tempel von Jerusalem, vollziehen kann, in der Gegenwart des Hohepriesters, der sich die heiligsten Feiertage – Pascha-, Wochen- und Laubhüttenfest – vorbehält und in dieser Zeit saftige Gebühren, den Zehnten, wie er es nennt, für seine Mühen einstreicht. Und was für Mühen das sind! An solchen Tagen kann die Bevölkerung der Stadt auf über eine Million Menschen anwachsen. Die Pförtner und rangniedrigeren Priester müssen ihre ganze Kraft einsetzen, um die drängelnden Pilger durch die Hulda-Tore an der Südwand des Tempels zu schleusen, sie durch die dunklen, höhlenartigen Tunnel unter dem Tempelplatz zu treiben und sie schließlich die beiden Treppen hinauf zum sogenannten Heidenvorhof zu geleiten, einem öffentlichen Platz, auf dem auch Markt gehalten wird.

Der Tempel von Jerusalem ist eine grob rechteckige Anlage, etwa 500 Meter lang und 300 Meter breit. Er liegt auf dem Berg Morija am Ostrand der Heiligen Stadt. Seine Außenmauern sind von überdachten, blendend weißen Säulengängen umgeben, die die Massen vor der gnadenlos herunterbrennenden Sonne schützen. An der Südflanke des Tempels liegt die größte und schönste dieser Portiken, die sogenannte königliche Säulenhalle – ein hoher, zweistöckiger, basilikaähnlicher Versammlungssaal im römischen Stil. Dies ist das Verwaltungszentrum des Sanhedrin, der höchsten religiösen Körperschaft und gleichzeitig obersten Gerichtsinstanz der jüdischen Nation. Dort warten aber auch Scharen von Händlern und zwielichtigen Geldwechslern, sobald man von den Treppen im Untergrund in das Licht der großen, sonnendurchfluteten Platzanlage tritt.

Die Geldwechsler haben eine sehr wichtige Funktion im Tempel: Gegen eine Gebühr tauschen sie schlechte ausländische Münzen in hebräische Schekel ein, die einzige Währung, die im Tempel zählt. Die Geldwechsler sammeln auch den halben Schekel Tempelsteuer ein, den alle erwachsenen Männer zahlen müssen, um den Pomp und das Spektakel zu finanzieren, das Sie um sich herum sehen: die Berge glimmenden Weihrauchs und die nicht abreißenden Opfer, den als Trankopfer vergossenen Wein und die ersten Feldfrüchte, den Chor der Leviten, der laut Lobpsalmen singt, und das Begleitorchester, das Leiern schlägt und Zimbeln klingen lässt. Irgendjemand muss dieses nötige Beiwerk schließlich bezahlen. Irgendjemand muss die Kosten für die Brandopfer tragen, die dem Herrn so gefallen.

Mit der neuen Währung in der Hand haben Sie nun die Möglichkeit, all die Stände unter die Lupe zu nehmen, die sich an den Außenmauern entlangziehen, und Ihr Opfer zu kaufen: eine Taube, ein Schaf – das hängt von der Größe Ihrer Geldbörse ab oder von der Schwere Ihrer Sünden. Aber auch wenn die Letzteren größer sind als die Erstere, müssen Sie nicht verzweifeln. Gern gewähren die Geldwechsler Ihnen den Kredit, den Sie brauchen, damit Ihr Opfer etwas üppiger ausfällt. Es gibt strenge gesetzliche Regeln, die festlegen, welche Tiere für diesen geheiligten Anlass gekauft werden dürfen. Sie müssen makellos sein. Domestiziert, keine Wildtiere. Und sie dürfen nie als Lasttiere im Einsatz gewesen sein. Sei es nun ein Ochse oder ein Bulle, ein Widder oder ein Schaf – sie alle müssen speziell zu diesem Zweck aufgezogen worden sein. Sie sind nicht billig. Warum sollten sie auch? Das Opfer ist der vorrangige Zweck des Tempels. Es ist der eigentliche Grund für die Existenz des Tempels. Die Lieder, die Gebete, die Lesungen – alle Rituale, die hier stattfinden, umrahmen eigentlich nur dieses einzigartige und wichtigste Ritual. Das kultische Vergießen von Blut wäscht nicht nur Ihre Sünden ab, es reinigt die Erde. Es nährt die Erde, erneuert sie, gibt ihr Kraft und schützt uns so alle vor Trockenheit, Hungersnot und Schlimmerem. Der Kreislauf von Leben und Tod, den der Herr uns in seiner Allmacht auferlegt hat, hängt ganz und gar von Ihrem Opfer ab. Geiz ist hier also wirklich fehl am Platze.

Kaufen Sie also Ihr Opfer, und zwar ein gutes. Übergeben Sie es einem der weißgekleideten Priester, die auf dem Tempelhof herumlaufen. Sie sind die Nachfahren von Moses Bruder Aaron und verantwortlich für die täglichen Riten im Tempel: das Verbrennen des Weihrauchs, das Anzünden der Lampen, den Klang der Trompeten und natürlich das Darbringen der Opfer. Die Priesterwürde ist eine erbliche Position, aber es herrscht kein Mangel an Priestern, schon gar nicht zur Zeit der Feste, in der sie in Scharen aus fernen Ländern kommen, um bei den Feierlichkeiten zu helfen. Sie umlagern den Tempel in 24-Stunden-Schichten, um sicherzustellen, dass die Opferfeuer Tag und Nacht brennen.

Der Tempel besteht aus einer Reihe von Höfen, jeder kleiner, höher gelegen und im Zugang beschränkter als der vorhergehende. Der äußerste Hof, der Heidenvorhof, wo Sie Ihr Opfertier gekauft haben, ist eine weite Piazza, die allen offensteht, ungeachtet ihrer Herkunft oder Religion. Wenn Sie Jude oder Jüdin sind – und frei von allen körperlichen Gebrechen (keine Aussätzigen, keine Gelähmten) sowie ordnungsgemäß durch ein rituelles Bad gereinigt –, dürfen Sie dem Priester mit Ihrer Opfergabe durch einen Steingitterzaun in den nächsten Hof, den Frauenhof, folgen (eine

Tafel am Zaun warnt alle anderen bei Androhung der Todesstrafe davor, weiterzugehen). Hier werden das Holz und das Öl für die Opfer gelagert. Jüdische Frauen dürfen nicht weiter in den Tempel hinein, jüdische Männer hingegen dürfen über eine kleine halbrunde Treppe und durch das Nikanor-Tor den Israelitenhof betreten.

Näher werden Sie der Gegenwart Gottes nicht kommen. Dem Gestank der blutigen Tieropfer können Sie sich einfach nicht entziehen. Er liegt auf der Haut, hängt im Haar, wird zu einer lästigen Bürde, die Sie nicht allzu bald abschütteln werden. Die Priester verbrennen Räucherwerk, um den Geruch und die Krankheiten fernzuhalten, doch die Mischung aus Myrrhe und Zimt, Safran und Weihrauch kann den unerträglichen Gestank des Schlachtens nicht überdecken. Dennoch ist es wichtig, dort zu bleiben und zuzuschauen, wie Ihre Opfergabe im nächsten Hof, dem Priesterhof, dargebracht wird. Der Zutritt zu diesem Hof ist nur den Priestern und Tempelbeamten gestattet, denn dort steht der Altar des Tempels: ein Podest aus Bronze und Holz – fünf Ellen lang, fünf Ellen breit –, mit vier Spitzen an den Ecken, von dem dicke schwarze Rauchwolken aufsteigen.

Der Priester trägt Ihr Opfer in eine Ecke und reinigt sich in einem Bassin ganz in der Nähe. Dann schlitzt er die Kehle des Tieres auf und spricht dabei ein einfaches Gebet. Ein Helfer fängt das Blut in einer Schale auf, um damit die vier Spitzen des Altars zu besprengen, während der Priester sorgfältig den Kadaver ausweidet und zerteilt. Die Haut des Tieres darf er behalten; sie bringt auf dem Markt einen hübschen Preis. Die Eingeweide und das Fettgewebe werden herausgerissen, über eine Rampe zum Altar hinaufgetragen und direkt auf das ewige Feuer gelegt. Das Fleisch wird sorgfältig tranchiert und zur Seite gelegt – nach der Zeremonie wird man es auf der Festtafel der Priester wiederfinden.

Die gesamte Zeremonie findet vor dem innersten Hof des Tempels, dem Allerheiligsten, statt – ein vergoldetes, hoch aufragendes Heiligtum ganz im Herzen des Tempelkomplexes. Das

Allerheiligste ist der höchste Punkt in ganz Jerusalem. Vor seinen Türen hängen purpurne und scharlachrote Teppiche, die mit einem Tierkreis und einem Himmelspanorama bestickt sind. Dort ist der Glanz Gottes körperlich anwesend. Es ist der Berührungspunkt zwischen dem irdischen und dem himmlischen Reich, der Mittelpunkt der gesamten Schöpfung. Die Bundeslade mit den Geboten Gottes stand einst dort, ist aber schon seit Langem verloren gegangen. Jetzt befindet sich nichts mehr im Heiligtum. Dieser riesige leere Raum ist die Verbindung zur Gegenwart Gottes. Hier sammelt sich der vom Himmel herabsteigende göttliche Geist, strömt in konzentrischen Kreisen durch die Kammern des Tempels, den Priester- und den Israelitenhof, durch den Frauenhof und den Heidenvorhof, über die von Portiken gesäumten Mauern des Tempels und hinab in die Stadt Jerusalem, über das judäische Land nach Samarien und Idumäa, Peräa und Galiläa, durch das grenzenlose und mächtige Römische Reich zum Rest der Welt, zu allen Völkern und Nationen, die allesamt – ob Juden oder Heiden – genährt und erhalten werden durch den Geist des Herrn der Schöpfung, einen Geist, der nur eine einzige Quelle hat: das innere Heiligtum, das Allerheiligste, tief drinnen im Tempel, in der Heiligen Stadt Jerusalem.

Der Zugang zum Allerheiligsten steht nur dem Hohepriester offen, der zu dieser Zeit, 56 n. Chr., ein junger Mann namens Jonatan, Sohn des Hannas, ist. Wie die meisten seiner Vorgänger in jüngerer Zeit hat Jonatan sein Amt direkt von Rom gekauft, und zwar sicher zu einem happigen Preis. Das Amt des Hohepriesters ist einträglich, beschränkt auf eine Handvoll adliger Familien, die die Position untereinander weitergeben wie ein Erbe (die rangniederen Priester stammen im Allgemeinen aus einfacheren Familien).

Die Rolle des Tempels im jüdischen Leben kann gar nicht hoch genug geschätzt werden. Er dient den Juden als Kalender und Uhr; seine Rituale prägen den Jahreslauf ebenso wie die alltäglichen Tätigkeiten jedes einzelnen Bewohners von Jerusalem. Er ist das Handelszentrum von ganz Judäa, dessen wichtigste Finanzinstitution und größte Bank. Der Tempel ist nicht nur die Wohnstatt des Gottes Israels, sondern auch der Mittelpunkt der nationalistischen Sehnsüchte Israels; er beherbergt neben den heiligen Schriften und Gesetzesrollen, die den jüdischen Kult regeln, auch die wichtigsten Rechtsdokumente, historischen Aufzeichnungen und genealogischen Urkunden der jüdischen Nation. Anders als ihre heidnischen Nachbarn haben die Juden keine Vielzahl von im ganzen Land verteilten Tempeln. Es gibt nur ein Kultzentrum, nur eine einzige Quelle der göttlichen Präsenz, es gibt keinen anderen Ort, an dem ein Jude mit dem lebendigen Gott kommunizieren kann. Judäa ist im Grunde ein Tempelstaat. Der Begriff «Theokratie» wurde sogar geprägt, um Jerusalem damit zu beschreiben. «Die einen haben die höchste politische Regierungsgewalt an Monarchien übertragen», schrieb der jüdische Historiker Flavius Josephus im 1. Jahrhundert, «andere an Oligarchien, wieder andere an die Massen [Demokratie]. Unser Gesetzgeber hingegen fühlte sich von keiner dieser Verfassungsformen angesprochen, sondern gab seinem Staatsgebilde die Form – wenn man einen etwas gewaltsam formulierten Begriff gebrauchen darf – einer ‹Theokratie› [theokratia], indem er alle Herrschaft und Macht in die Hände Gottes legte.»

Sie können sich den Tempel als eine Art Feudalstaat denken, der tausende Priester, Sänger, Pförtner und Diener beschäftigt und fruchtbare Ländereien bewirtschaftet, die von Tempelsklaven im Auftrag des Hohepriester und zu seinem Nutzen bestellt werden. Dazu kommen die Einnahmen aus der Tempelsteuer und der ständige Strom der Geschenke und Gaben von Besuchern und Pilgern – ganz zu schweigen von den gewaltigen Summen, die durch die Hände der Händler und Geldwechsler gehen und von denen der Tempel einen Teil erhält. Wenn Sie das alles zusammennehmen, verstehen Sie sicher, warum so viele Juden den gesamten Priesteradel und den Hohepriester im Besonderen einfach als eine Bande habgieriger «Freunde des Luxus» sahen, um Josephus zu zitieren.

Stellen Sie sich den Hohepriester Jonatan am Altar vor; Räucherwerk glimmt in seiner Hand, und man kann leicht sehen, warum er solche Feindseligkeit erregt: Schon seine Priestergewänder, die er von seinen ebenso wohlhabenden Vorgängern geerbt hat, bezeugen den immensen Reichtum. Die lange, ärmellose Robe, purpurn (in der Farbe der Könige) gefärbt, mit zarten Troddeln und zierlichen Goldglöckchen am Saum; der mächtige Brustharnisch, besetzt mit zwölf kostbaren Edelsteinen, einen für jeden Stamm Israels; der makellose Turban, der auf seinem Kopf sitzt wie eine Tiara, mit einer Goldplatte vor der Stirn, auf der der unaussprechliche Name Gottes eingraviert ist; *urim* und *thummim*, so etwas wie heilige Würfel aus Holz und Stein, die der Hohepriester in einem Beutel nahe dem Herzen bei sich führt und durch die er den Willen Gottes offenbart, indem er eine Art Orakel wirft – dieses ganze Gepränge soll den exklusiven Zugang des Hohepriesters zu Gott symbolisieren. Durch all das unterscheidet sich der Hohepriester von allen anderen Juden auf der Welt.

Deshalb darf nur er das Allerheiligste betreten, und auch das nur an einem Tag im Jahr, an Jom Kippur, dem Versöhnungstag, wenn alle Sünden Israels ausradiert werden. An diesem Tag tritt der Hohepriester vor die Präsenz Gottes, um für die ganze Nation Sühne zu leisten. Wenn er des Segens Gottes würdig ist, sind Israels Sünden vergeben. Ist er es nicht, sorgt ein Seil um seine Taille dafür, dass er, falls Gott ihn erschlägt, aus dem Allerheiligsten gezogen werden kann, ohne dass irgendjemand sonst das Heiligtum entweihen muss.

Der Hohepriester stirbt tatsächlich an diesem Tag, wenn auch wohl nicht durch die Hand Gottes.

Nachdem die priesterlichen Segen gesprochen und das *Sch'ma Jisrael* gesungen ist («Höre Israel! Der Ewige [ist] unser Gott; der Ewige [ist] einzig!»), tritt der Hohepriester Jonatan vom Altar zurück und geht die Rampe hinunter in die äußeren Höfe des Tempels. Im Heidenvorhof wird er sofort von einem Taumel der Begeisterung geschluckt. Die Tempelwachen bilden eine Barriere der Reinheit rund um ihn, sie schützen den Hohepriester vor den befleckenden Händen der Massen. Und doch ist es für den Attentäter ein Kinderspiel, ihn zu finden. Er muss nicht dem blendenden Glanz seiner mit Juwelen besetzten Kleider folgen. Er muss nur auf den Klang der Glöckchen hören, die am Saum seiner Robe baumeln. Diese seltsame Melodie ist das sicherste Zeichen, dass der Hohepriester kommt. Der Hohepriester ist nahe.

Der Attentäter drängt sich durch die Menge, schiebt sich nahe genug an Jonatan heran, um seine Hand unbemerkt auszustrecken, die heiligen Gewänder zu fassen, ihn von den Tempelwachen wegzuziehen und ihn dort zu halten, nur einen Moment lang, aber lange genug, um einen kurzen Dolch aus der Scheide zu ziehen und ihn quer über seine Kehle gleiten zu lassen. Ein Opfer anderer Art.

Bevor das Blut des Hohepriesters sich auf den Boden des Tempels ergießt, bevor die Wachen auf den abbrechenden Rhythmus seiner Bewegungen reagieren können, bevor irgendjemand auf dem Hof merkt, was geschehen ist, verschwindet der Attentäter wieder in der Menge.

Sie sollten nicht überrascht sein, wenn er der Erste ist, der laut «Mord!» ruft.

Kapitel eins

EIN LOCH IM WINKEL

Wer tötete Jonatan, den Sohn des Hannas, auf seinem Weg über den Tempelberg im Jahr 56 n. Chr.? Zweifellos gab es viele Menschen in Jerusalem, die den habgierigen Hohepriester nur zu gern erschlagen hätten, und nicht wenige, die am liebsten gleich die ganze aufgeblähte Tempelpriesterschaft mit ausgelöscht hätten. Denn wenn man über Palästina im 1. Jahrhundert spricht, darf man nie vergessen, dass dieses Land – dieses geheiligte Land, von dem der Geist Gottes zum Rest der Welt strömte – besetztes Gebiet war. Überall in Judäa waren römische Legionen stationiert. Etwa 600 römische Soldaten standen sogar auf dem Tempelberg selbst, innerhalb der hohen Steinmauern der Burg Antonia, die die Nordwestecke der Tempelmauer stützte. Der unreine Zenturio mit seinem roten Umhang und polierten Harnisch, der mit der Hand am Heft seines Schwertes durch den Heidenvorhof stolzierte, war eine nicht gerade dezente Erinnerung daran, wer wirklich über diesen heiligen Ort herrschte – wenn es einer solchen Erinnerung überhaupt bedurfte.

Die römische Herrschaft über Jerusalem begann 63 v. Chr., als Roms Meistertaktiker Pompeius Magnus mit seinen Legionen als Eroberer in die Stadt einzog und den Tempel belagerte. Damals hatte Jerusalem längst seinen wirtschaftlichen und kulturellen Zenit überschritten. Die kanaanitische Siedlung, die König David zum Sitz seines Reiches gemacht, die Stadt, in der sein eigensinniger Sohn Salomo Gott den ersten Tempel errichtet hatte – der von den Babyloniern 586 v. Chr. geplündert und zerstört worden war –, die Stadt, die der jüdischen Nation ein Jahrtausend lang als religiöses, wirtschaftliches und politisches Zentrum gedient hatte, war, als Pompeius einzog, weniger für ihre Schönheit und Größe als für den religiösen Eifer ihrer störrischen Bevölkerung bekannt.

Jerusalem auf dem südlichen Plateau des zerfurchten Gebirges Juda zwischen dem Doppelgipfel des Skopus und des Ölbergs, flankiert vom Kidrontal im Osten und dem tiefen, unwirtlichen Hinnomtal im Süden, war zur Zeit der römischen Besatzung die Heimstatt von etwa 100000 Menschen, die ihren festen Wohnsitz dort hatten. In den Augen der Römer war die Stadt ein unbedeutender Fleck auf der Karte des Imperiums, ein Ort, den der wortreiche Staatsmann Cicero als ein «Loch im Winkel» abtat. Für die Juden jedoch war dies der Nabel der Welt, die Achse des Universums. Es gab in der ganzen Welt keine Stadt, die einzigartiger, heiliger, verehrungswürdiger war als Jerusalem. Die purpurroten Weingärten, deren Ranken sich über die flachen Ebenen wanden, die sorgfältig bestellten Felder und grünen Obstgärten, die vor Mandel-, Feigen- und Olivenbäumen strotzten, die Papyrusflächen, die sich sanft am Jordan wiegten – die Juden kannten und liebten nicht nur jede Einzelheit dieses geheiligten Fleckchens Erde, sie erhoben auch Anspruch auf all diese Dinge. Alles von den Hofstätten Galiläas bis zu den niedrigen Hügeln Samariens und den letzten Ausläufern Idumäas, wo der Bibel zufolge einst die verfluchten Städte Sodom und Gomorra gestanden hatten, war den Juden von Gott gegeben worden, ungeachtet der Tatsache, dass die Juden über keine dieser Stätten herrschten, nicht einmal über Jerusalem, wo doch der wahre Gott verehrt wurde. Die Stadt, die der Herr in Glanz und Ruhm gekleidet und, wie der Prophet Ezechiel erklärte, «mitten unter die Völker und die Länder ringsum gesetzt» hatte (Ez 5,5) – der ewige Sitz von Gottes Reich auf Erden –, war zu Beginn des 1. Jh.s n. Chr. nur eine eher unwichtige und dazu noch eine ziemlich nervige Provinz in der allerletzten Ecke des mächtigen Römischen Reiches. Nun war Jerusalem an Invasionen und Okkupationen durchaus gewöhnt. Ungeachtet ihres besonderen Status in den Herzen der Juden war die Heilige Stadt durch die Hände einer langen Reihe von Königen und Kaisern gegangen, die sie auf dem Weg zu weit größeren Zielen praktisch nebenbei ausplünderten und beraubten. So wüteten im Jahr 586 v. Chr. die Babylonier – die Herren von Mesopotamien – in Judäa und machten Jerusalem inklusive seines Tempels dem Erdboden gleich. Die Babylonier mussten sich den Persern geschlagen geben, die den Juden erlaubten, in ihre geliebte Stadt zurückzukehren und ihren Tempel wieder aufzubauen, nicht, weil sie dieses Volk bewunderten oder seinen Kult ernst nahmen, sondern weil Jerusalem in ihren Augen ein unwichtiges Provinznest ohne großen Nutzen für ein Reich war, das ganz Mittelasien umfasste (allerdings dankte der Prophet Jesaja dem persischen König, indem er ihn zum Messias salbte). Das Perserreich und Jerusalem mit ihm unterlag den Heeren Alexanders des Großen, dessen Nachfahren der Stadt und ihren Bewohnern griechische Kultur und griechisches Denken brachten. Nach Alexanders frühem Tod im Jahr 323 v. Chr. ging Jerusalem als Kriegsbeute an die Dynastie der Ptolemäer über und wurde, wenn auch nur kurz, vom fernen Ägypten aus regiert. Im Jahr 198 v. Chr. entwand der Seleukidenkönig Antiochus der Große die Stadt der ptolemäischen Herrschaft. Sein Sohn Antiochus Epiphanes sah sich selbst als Mensch gewordener Gott und wollte der Verehrung der jüdischen Gottheit in Jerusalem ein für alle Mal ein Ende machen. Die Juden jedoch antworteten auf diese Blasphemie mit einem gnadenlosen Guerillakrieg unter der Führung der beherzten Söhne des Hasmonäers Mattatias – nach Judas Makkabäus Aufstand der Makkabäer genannt –, die die Stadt 164 v. Chr. den Seleukiden entrissen und zum ersten Mal seit vier Jahrhunderten wieder eine jüdische Vorherrschaft über Judäa einsetzten.

Hundert Jahre lang regierten jetzt also die Hasmonäer Gottes

Land mit eiserner Faust. Sie waren Priesterkönige, die jeweils als König der Juden wie auch als Hohepriester des Tempels fungierten. Als jedoch zwischen den Brüdern Hyrkanus und Aristobul ein Bürgerkrieg um den Thron ausbrach, waren beide so dumm, Rom um Hilfe anzurufen. Pompeius verstand die Appelle der Brüder als Einladung, Jerusalem für sich selbst zu beanspruchen, und machte so der kurzen Phase direkter jüdischer Herrschaft über die Stadt Gottes ein schnelles Ende. Im Jahr 63 v. Chr. wurde Judäa römisches Protektorat, und die Juden waren wieder ein unterworfenes Volk.

Natürlich begrüßten sie die römische Herrschaft nach einem Jahrhundert der Unabhängigkeit nicht gerade begeistert. Die Königsdynastie der Hasmonäer war beseitigt, doch Pompeius ließ Hyrkanus die Funktion des Hohepriesters. Das passte den Anhängern des Aristobul überhaupt nicht. Sie zettelten mehrere Revolten an, auf die die Römer mit auffälliger Brutalität reagierten – sie brannten mehrere Orte nieder, töteten Rebellen, versklavten die Einwohnerschaft ganzer Städte. Unterdessen wuchs die Kluft zwischen den hungernden und verschuldeten Armen, die auf dem Lande schufteten, und der reichen Oberschicht in Jerusalem weiter. Die römische Politik war immer auch darauf ausgerichtet, Allianzen mit der Aristokratie eingenommener Gebiete zu schmieden, sodass deren Macht und Reichtum vom Wohlwollen der römischen Oberherrschaft abhing. Indem Rom seine Interessen mit denen der herrschenden Klasse verband, sorgte das Imperium dafür, dass die lokalen Anführer interessiert daran waren, das imperiale System aufrechtzuerhalten. In Jerusalem war der «Adel» natürlich mehr oder weniger mit der Priesterschicht gleichzusetzen, vor allem mit jener Handvoll reicher Priesterfamilien, die für den Tempelkult verantwortlich waren und infolgedessen auch von Rom beauftragt wurden, die Steuern und Tribute einzutreiben und die Ordnung unter der unruhigen Bevölkerung aufrechtzuerhalten – Aufgaben, für die sie reich belohnt wurden.

Weil der Übergang zwischen der religiösen und der politischen

Macht in Jerusalem fließend war, musste Rom den jüdischen Kult und vor allem den Hohepriester streng überwachen. Als Leiter des Sanhedrin und «Anführer der Nation» war der Hohepriester eine Gestalt mit religiösem wie auch politischem Einfluss, mit der Macht, Entscheidungen in allen religiösen Angelegenheiten zu treffen, Gottes Gesetz durchzusetzen und sogar Verhaftungen vorzunehmen, wenn auch nur in der Umgebung des Tempels. Wenn die Römer die Juden kontrollieren wollten, mussten sie den Tempel kontrollieren. Und wenn sie den Tempel kontrollieren wollten, mussten sie den Hohepriester kontrollieren, weshalb Rom selbst, kurz nachdem es die Herrschaft über Judäa erlangt hatte, die Verantwortung für die (direkte oder indirekte) Ernennung und Absetzung des Hohepriesters übernahm und ihn damit im Wesentlichen zu einem römischen Handlanger machte. Rom behielt sogar die heiligen Gewänder des Hohepriesters in Gewahrsam, gab sie nur zu den religiösen Feiern und Festtagen heraus und beschlagnahmte sie sofort nach Abschluss der Zeremonien wieder.

Dennoch erging es den Juden besser als manchen anderen römischen Untertanen.

Vor allem duldeten die Römer den jüdischen Kult weiterhin und ließen zu, dass die Rituale und Opfer ohne Einmischungen stattfanden. Die Juden waren sogar von der Pflicht zum Kaiserkult befreit, die Rom praktisch allen anderen religiösen Gemeinschaften in seinem Herrschaftsgebiet auferlegt hatte. Rom verlangte von Jerusalem nichts weiter als zweimal täglich die Opferung eines Bullen und zweier Lämmer für den Kaiser und seine Gesundheit. Man ließ die Juden, ihren Gott und ihren Tempel in Ruhe, solange sie die Opfer darbrachten, Steuern und Tribute zahlten und sich an die Gesetze in der Provinz hielten.

Die Römer konnten übrigens ziemlich gut mit den religiösen Überzeugungen und Praktiken unterworfener Völker umgehen. In den meisten eroberten Ländern blieben die Tempel unangetastet. Rivalisierende Götter wurden nicht besiegt oder vernichtet, sondern oft in den römischen Kult eingegliedert (so wurde zum

Beispiel der kanaanitische Gott Baal mit dem römischen Gott Saturn verbunden). In manchen Fällen nahmen die Römer mit einer sogenannten *evocatio* einen Tempel des Feindes in Besitz – und damit auch dessen Gott, denn beide waren in der antiken Welt untrennbar miteinander verbunden – und übertrugen ihn nach Rom, wo er mit Geld und üppigen Opfern überschüttet wurde. Solche Riten sollten das klare Signal senden, dass die Feindseligkeiten sich nicht gegen den Gott des Feindes richteten, sondern gegen die Kämpfenden; der Gott würde in Rom weiter geehrt und angebetet, wenn nur seine Anhänger ihre Waffen niederlegten und sich in das Reich eingliedern ließen.

So tolerant die Römer im Allgemeinen schon gegenüber fremden Kulten gewesen sein mögen – noch nachsichtiger begegneten sie den Juden und ihrer Treue zu dem Einen Gott, von Cicero als «barbarischer Aberglaube» des jüdischen Monotheismus verunglimpft. Die Römer verstanden den jüdischen Kult mit seinen seltsamen Gesetzen und seiner so unnachgiebigen Besessenheit mit der rituellen Reinheit vielleicht nicht – «Die Juden betrachten alles, was wir heilig halten, als gottlos», schrieb Tacitus, «während sie alles zulassen, was wir verabscheuen» –, aber sie duldeten ihn dennoch.

Verblüffend waren für die Römer jedoch nicht nur die seltsamen Riten der Juden oder ihre strikte Einhaltung der religiösen Gesetze, sondern vor allem ihr in den Augen der Römer völlig unverständliches Überlegenheitsgefühl. Die Vorstellung, dass ein unbedeutender semitischer Stamm in einer fernen Ecke des mächtigen Römischen Reiches eine Sonderbehandlung beim Kaiser einforderte und tatsächlich auch bekam, war für viele Römer einfach unfassbar. Wie konnten sie es wagen, ihren Gott für den einzigen Gott im Universum zu halten? Wie konnten sie es wagen, sich von allen anderen Völkern abzusondern? Was glaubten diese rückständigen und abergläubischen Stammesangehörigen denn, wer sie eigentlich waren? Der stoische Philosoph Seneca war nicht der Einzige in der römischen Elite, der sich fragte, wie es hatte passieren können, dass in Jerusalem «die Besiegten den Siegern Gesetze gegeben haben».

Für die Juden allerdings war dieses Gefühl der Einzigartigkeit kein arroganter Stolz. Es war ein direktes Gebot eines eifersüchtigen Gottes, der keine ausländische Präsenz in dem Land duldete, das er für sein auserwähltes Volk vorgesehen hatte. Deshalb hatte Gott auch, als die Juden 1000 Jahre zuvor zum ersten Mal einen Fuß in dieses Land setzten, befohlen, jeden Mann, jede Frau und jedes Kind, auf die sie stießen, niederzumachen, jeden Ochsen, jede Ziege und jedes Schaf zu schlachten und jedes Gehöft, jedes Feld, jede Erntefrucht und alles Lebendige ohne Ausnahme niederzubrennen, um so sicherzustellen, dass das Land nur jenen gehören würde, die diesen einen Gott und keinen anderen anbeteten.

Gott befahl den Israeliten: «Aus den Städten dieser Völker jedoch, die der Herr, dein Gott, dir als Erbbesitz gibt, darfst du nichts, was Atem hat, am Leben lassen. Vielmehr sollst du die Hetiter und Amoriter, Kanaaniter und Perisiter, Hiwiter und Jebusiter der Vernichtung weihen, so wie es der Herr, dein Gott, dir zur Pflicht gemacht hat.» (5 Mos 20, 16–17)

Die Bibel berichtet, dass die Juden sich erst im Lande ansiedeln durften, nachdem die jüdische Heere alles, «was Atem hat», in den Städten Libna und Lachisch und Eglon und Hebron und Debir, im Bergland und im Negeb, in den Ebenen und an den Hängen völlig vernichtet hatten – erst nachdem wirklich jeder einzelne vorherige Bewohner dieses Landes ausgerottet war, «wie es der Herr, der Gott Israels, befohlen hatte» (Jos 10,28–42).

Und doch fand sich eben dieser Stamm, der so viel Blut vergossen hatte, um das Gelobte Land von allen fremden Elementen zu reinigen, damit er es dann im Namen seines Gottes regieren konnte, jetzt unter der Knute einer imperialen heidnischen Macht wieder, gezwungen, die Heilige Stadt mit Galliern, Spaniern, Römern, Griechen und Syrern – alle Fremde, alle Heiden – zu teilen, verpflichtet, in Gottes eigenem Tempel Opfer darzubringen für einen römischen Götzenanbeter, der mehr als 1000 Kilometer entfernt lebte.

Wie hätten Helden früherer Tage auf eine solche Demütigung und Herabsetzung reagiert? Was würden Josua oder Aaron oder Pinhas oder Samuel den Ungläubigen antun, die das Land befleckten, das Gott seinem erwählten Volk vorbehalten hatte? Sie würden das Land in Blut baden. Sie würden die Köpfe der Heiden spalten, ihre Götzen verbrennen, ihre Frauen und Kinder abschlachten. Sie würden die Götzenanbeter erschlagen und ihre Füße im Blut ihrer Feinde baden, genau wie der Herr es befohlen hatte. Sie würden den Gott Israels anrufen, auf dass er auf seinem Streitwagen aus den Himmeln hervorbräche, die sündigen Völker zertrample und die Berge mit seinem Zorn erschüttere.

Und was den Hohepriester anging – den Unglückseligen, der Gottes erwähltes Volk für ein paar Münzen und das Recht, in seinen mit Edelsteinen besetzten Gewändern herumzutänzeln, verraten hatte –, schon seine bloße Existenz war eine Beleidigung Gottes. Sie lag wie ein Schandfleck auf dem ganzen Land.

Sie musste ausgelöscht werden.

Kapitel zwei

KÖNIG DER JUDEN

In den Jahre des Aufruhrs, die der römischen Besetzung Judäas folgten, als Rom in einen kräftezehrenden Bürgerkrieg zwischen Pompeius Magnus und seinem früheren Verbündeten Julius Cäsar verstrickt wurde und die Reste der Hasmonäer-Dynastie um die Gunst beider Männer buhlten, verschlechterte sich die Situation der jüdischen Bauern, die Gottes Land bestellten, immer weiter. Die kleinen Familienbauernhöfe, die jahrhundertelang die Basis der ländlichen Wirtschaft gebildet hatten, wurden allmählich von großen Gütern geschluckt, die der mit frisch geprägten römischen Münzen reichlich bedachte Landadel verwaltete. Die schnelle Urbanisierung unter römischer Herrschaft förderte eine massive Binnenwanderung vom Land in die Städte. Die Landwirtschaft, die früher die arme Dorfbevölkerung ernährt hatte, konzentrierte sich jetzt fast nur noch darauf, die gewaltig gewachsenen urbanen Zentren zu versorgen. Die Bauern blieben hungrig und mittellos zurück. Sie waren nicht nur verpflichtet, weiterhin ihre Steuern und Zehnten an die Tempelpriesterschaft zu zahlen, sondern mussten jetzt auch noch einen hohen Tribut an Rom leisten. Beides zusammen konnte fast die Hälfte des Jahresertrags ausmachen.

Zudem lagen weite Flächen nach mehreren Dürreperioden brach, während zugleich ein großer Teil der jüdischen Kleinbauern in die Sklaverei gezwungen wurde. Wer es schaffte, sich auf dem eigenen mageren Acker zu halten, musste sich oft zu exorbitanten Zinssätzen beim Landadel verschulden. Dabei spielte es keine Rolle, dass das jüdische Gesetz das Zinsnehmen verbot; die schweren Strafen, die die Armen für eine verspätete Rückzahlung zu entrichten hatten, kamen im Grunde auf das Gleiche heraus. Jedenfalls rechnete der Landadel fest damit, dass die Kleinbauern ihre Schulden nicht bezahlten, und wenn die Schulden nicht prompt und vollständig beglichen wurden, konnte man das Bauernland beschlagnahmen, und der Bauer musste auf dem Hof als Pächter für den neuen Besitzer schuften.

Innerhalb weniger Jahre nach der römischen Eroberung Jerusalems hatten viele landlose Bauern ihren Besitz verloren und konnten nicht mehr für sich und ihre Familien sorgen. Die meisten wanderten auf der Suche nach Arbeit in die Städte ab. In Galiläa jedoch tauschte eine Handvoll enteigneter Bauern und Landbesitzer ihre Pflüge gegen Schwerter und begann sich gegen jene zu wehren, die ihrer Ansicht nach für ihr Elend verantwortlich waren. Von ihren Verstecken in den Höhlen und Grotten Galiläas aus starteten diese Bauernkrieger eine Angriffswelle gegen die jüdische Aristokratie und die Repräsentanten des Römischen Reiches. Sie durchstreiften die Provinzen, sammelten Notleidende um sich, von ihrem Land Vertriebene, die in Schulden versanken. Wie jüdische Robin Hoods raubten sie die Reichen aus und gaben gelegentlich den Armen. Für die Gläubigen waren diese Bauernbanden nichts weniger als die Verkörperung des Zorns und des Leidens der Armen. Sie waren Helden: Symbole eines gerechten Eifers gegen die römische Aggression, Werkzeuge der göttlichen Gerechtigkeit gegen die Verräter unter den Juden. Die Römer hatten ein anderes Wort für sie. Sie nannten sie *lestai* – Banditen oder Straßenräuber.

«Bandit» war der Oberbegriff für alle Rebellen und Aufständischen, die mit Waffengewalt gegen Rom oder die jüdischen Kollaborateure vorgingen. Für die Römer war das Wort «Bandit» gleichbedeutend mit «Dieb» oder «Aufrührer». Aber diese Leute waren keine gewöhnlichen Verbrecher. Die Banditen waren die ersten Anzeichen einer sich entwickelnden nationalistischen Widerstandsbewegung gegen die römische Besatzungsmacht. Es war in gewisser Hinsicht ein Bauernaufstand; die Banden stammten aus verarmten Dörfern wie Emmaus, Bet-Horon und Betlehem. Aber es ging auch um mehr. Die Banditen sahen sich als Werkzeuge der Vergeltung Gottes. Sie kleideten ihre Anführer in die Embleme biblischer Könige und Helden und präsentierten ihre Taten als ein Vorspiel für die Wiederkunft des Gottesreiches auf Erden. Die Banditen machten sich die weit verbreitete apokalyptische Erwartung zunutze, die die Juden Palästinas nach der römischen Eroberung erfasst hatte. Einer der Furchtbarsten von ihnen, der charismatische Bandenführer Hiskia, erklärte sich offen zum Messias, dem Verheißenen, der die Juden wieder zum Ruhm führen werde.

Messias bedeutet «Gesalbter». Der Name spielt auf die Praxis an, Menschen, die mit einem göttlichen Amt betraut sind, mit Öl zu übergießen oder zu bestreichen: einen König wie Saul, David oder Salomo; einen Priester wie Aaron und seine Söhne, die geweiht waren, Gottes Arbeit zu tun; einen Propheten wie Jesaja oder Elischa, die eine besondere Beziehung zu Gott hatten, eine Innigkeit, die entsteht, wenn man zu Gottes Vertreter auf Erden bestimmt ist. Die vorrangige Aufgabe des Messias, der allgemeinen Überzeugung nach der Nachkomme König Davids, bestand darin, Davids Königreich wiederzuerrichten und die Nation Israel neu zu gründen. Wenn sich also jemand zur Zeit der römischen Besatzung zum Messias ausrief, war das gleichbedeutend mit einer Kriegserklärung an Rom. Tatsächlich sollte der Tag kommen, an dem diese wütenden Bauernbanden das Rückgrat eines apokalyptischen Heeres eifernder Revolutionäre bildeten, das die Römer schließlich zwang, schmachvoll aus Jerusalem zu fliehen. In jenen frühen Jahren der Besatzung allerdings waren die Banditen wenig mehr als lästig. Doch sie mussten gestoppt werden; jemand musste wieder Ruhe auf dem Land schaffen.

Dieser Jemand war schließlich ein kluger, junger jüdischer Adliger aus Idumäa namens Herodes. Herodes' Vater Antipater hatte im Bürgerkrieg zwischen Pompeius Magnus und Julius Cäsar rechtzeitig die Seiten gewechselt. Cäsar belohnte Antipater 48 v. Chr. für seine Treue mit dem römischen Bürgerrecht und übertrug ihm die Verwaltung von ganz Judäa im Namen Roms. In den wenigen Jahren bis zu seinem Tode zementierte Antipater seine Position unter den Juden, indem er seine Söhne Phasael und Herodes zu Statthaltern über Jerusalem bzw. Galiläa ernannte. Herodes war damals wahrscheinlich erst fünfzehn Jahre alt, machte sich aber sofort einen Namen als durchsetzungsfähige Führungskraft und energischer Gefolgsmann Roms, indem er einen blutigen Kreuzzug gegen die Räuberbanden startete. Es gelang ihm sogar, den Bandenführer Hiskia festzunehmen und zu köpfen. So machte er dem Bandenunwesen (zumindest zeitweise) ein Ende.

Während Herodes Galiläa von den Räuberbanden säuberte, schürte Antigonos, der Sohn des Aristobul, der den Thron und das Amt des Hohepriesters nach dem Einfall der Römer an seinen Bruder Hyrkanus verloren hatte, Unruhe in Jerusalem. Mit Hilfe der erklärten Feinde Roms, der Parther, belagerte Antigonos im Jahr 40 v. Chr. die Heilige Stadt und nahm sowohl den Hohepriester Hyrkanus wie auch Herodes' Bruder Phasael gefangen. Hyrkanus wurde verstümmelt, sodass er nach dem jüdischen Gesetz nicht länger als Hohepriester fungieren konnte; Phasael beging in der Gefangenschaft Selbstmord.

Der römische Senat kam zu dem Schluss, dass es wohl am einfachsten sei, Herodes zum Klientelkönig zu ernennen und ihn im Namen Roms mit der Rückeroberung Jerusalems von den Parthern zu beauftragen. Die Ernennung von Klientelkönigen war gängige Praxis in den frühen Jahren des Römischen Reiches. Rom konnte so expandieren, ohne wertvolle Ressourcen bei der direkten Verwaltung eroberter Provinzen zu binden.

Im Jahr 37 v. Chr. griff Herodes an der Spitze eines großen römischen Heeres Jerusalem an. Er vertrieb die parthischen Truppen aus der Stadt und löschte die Reste der Hasmonäer-Dynastie aus. In Anerkennung seiner Dienste ernannte Rom Herodes zum «König der Juden» und übergab ihm ein Reich, das in den nächsten Jahren noch weiter wuchs und letztlich größer war als das König Salomos.

Herodes war ein verschwenderischer und tyrannischer Herrscher, absurde Ausschweifungen und bestialische Grausamkeiten prägten seine Regierung. Er ging gnadenlos gegen seine Feinde vor und duldete auch nicht die leiseste Spur von Unruhe. Sobald er den Thron bestiegen hatte, ließ er fast alle Mitglieder des Sanhedrin ermorden und ersetzte die Tempelpriester durch eine Handvoll kriecherischer Bewunderer, die ihre Positionen direkt bei ihm kauften. So neutralisierte er den politischen Einfluss des Tempels und verteilte die Macht um – an eine neue Schicht von Juden, deren Abhängigkeit von der Gunst des Königs sie in eine Art neureiche Aristokratie verwandelte. Aufgrund seiner Neigung zur Gewalt hatte Herodes auch keine Hemmungen, Familienmitglieder hinzurichten, die sich in weithin bekannten, oft geradezu possenhaften häuslichen Auseinandersetzungen gegen ihn gestellt hatten, sodass Augustus einmal den bekannten Ausspruch tat: «Ich wäre lieber Herodes' Schwein als sein Sohn.»

Tatsächlich aber war es zu Herodes' Zeit auch keine beneidenswerte Aufgabe, König der Juden zu sein. Es gab laut Josephus 24 aufsässige jüdische Sekten in und um Jerusalem. Zwar genoss keine von ihnen uneingeschränkten Vorrang vor den anderen, doch drei Sekten oder vielmehr *Schulen* beeinflussten das jüdische Denken der Zeit besonders stark: die Pharisäer, vor allem Rabbinen und Gelehrte aus der Unter- und Mittelschicht, die die Gesetze für die Massen auslegten; die Sadduzäer, konservativere und mit Blick auf Rom angepasstere Priester aus reicheren, landbesitzenden Familien; und die Essener, eine vorwiegend priesterliche Bewegung, die sich von der Autorität des Tempels losgesagt und ihr Hauptquartier in Qumran auf einer öden Bergkuppe in der Nähe des Nordwestufers des Toten Meeres aufgeschlagen hatte.

Beauftragt mit der Befriedung und Verwaltung einer widerspenstigen und heterogenen Bevölkerung aus Juden, Griechen,

Samaritern, Syrern und Arabern – die ihn alle noch mehr hassten als sie einander verabscheuten –, gelang es Herodes meisterhaft, die Ordnung im Namen Roms aufrechtzuerhalten. Seine Regierung läutete eine Ära politischer Stabilität unter den Juden ein, wie es sie seit Jahrhunderten nicht mehr gegeben hatte. Er rief ein monumentales öffentliches Bauprogramm ins Leben, das Zehntausenden Kleinbauern und Tagelöhnern Arbeit gab und die Topographie Jerusalems dauerhaft veränderte. Märkte und Theater, Paläste und Häfen nach klassischem griechischem Vorbild schossen überall wie Pilze aus dem Boden.

Um seine kolossalen Bauprojekte wie auch seine eigenen Extravaganzen zu finanzieren, erlegte Herodes seinen Untertanen erdrückende Steuern auf, von denen er immer einen saftigen Tribut in Rom ablieferte, und das mit Freuden, als Ausdruck seiner Wertschätzung für seine römischen Herren. Herodes war nicht einfach ein Klientelkönig des Kaisers. Er war ein enger persönlicher Freund, ein loyaler Bürger der Republik, der Rom mehr als nur nacheifern wollte; er wollte im Sand von Judäa ein zweites Rom schaffen. Dazu legte er auch ein forciertes Hellenisierungsprogramm auf und brachte griechische Sportstätten und Theater sowie römische Amphitheater und Bäder nach Jerusalem. Er machte Griechisch zur Sprache seines Königshofes und prägte Münzen mit griechischen Buchstaben und heidnischen Insignien.

Doch Herodes war auch ein Jude, und als solcher wusste er, wie wichtig es war, die religiösen Gefühle seiner Untertanen anzusprechen. Deshalb begann er mit seinem ehrgeizigsten Projekt: dem Umbau und der Erweiterung des Tempels in Jerusalem. Es war Herodes, der den Tempel auf einer Plattform auf dem Berg Morija – dem höchsten Punkt der Stadt – erhöhte und ihn mit breiten römischen Kolonnaden und hoch aufragenden Marmorsäulen verschönerte, die in der Sonne glänzten. Herodes' Tempel sollte seine Schutzherren in Rom beeindrucken, aber er sollte auch seinen jüdischen Landsleuten eine Freude machen, von denen viele den König der Juden nicht als echten Juden gelten lassen wollten, denn

Herodes war letztlich und endlich ein Konvertit. Seine Mutter war Araberin. Sein Volk, die Idumäer, hatten sich erst eine oder zwei Generationen zuvor zum Judentum bekehrt. Der Umbau des Tempels war für Herodes nicht nur ein Mittel, um seine politische Vorherrschaft zu untermauern; es war eine verzweifelte Bitte um Akzeptanz bei seinen jüdischen Untertanen. Doch damit fand er keinen Anklang.

Trotz aller Arbeit am Tempel erzürnten Herodes' unverfrorener Hellenismus und seine aggressiven Versuche, Jerusalem zu «romanisieren», die frommen Juden, die ihren König offenbar noch immer als einen Sklaven fremder Herren und einen Anhänger fremder Götter sahen. Nicht einmal der Tempel, das höchste Symbol jüdischer Identität, konnte Herodes' Schwärmerei für Rom verhehlen. Kurz vor der Fertigstellung platzierte Herodes einen goldenen Adler – das Zeichen römischer Herrschaft – über dem Hauptportal und zwang seinen handverlesenen Hohepriester, zwei Opfer pro Tag für Kaiser Augustus als «den Sohn Gottes» darzubringen. Wie gut Herodes sein Königreich im Griff hatte, zeigt sich daran, dass der allgemeine Hass der Juden auf seine Herrschaft nie in einem Aufstand mündete, jedenfalls nicht, solange er lebte.

Als Herodes der Große 4 v. Chr. starb, teilte Augustus sein Herrschaftsgebiet unter dessen drei Söhnen auf: Archelaos bekam Judäa, Samarien und Idumäa; Herodes Antipas – der «Fuchs» – regierte über Galiläa und Peräa (eine Region jenseits des Jordan und nordöstlich des Toten Meeres); und Philippos bekam die Kontrolle über die Gaulanitis (das heutige Golan) und die Gebiete nordöstlich des Sees Gennesaret übertragen. Keiner der drei erhielt den Königstitel: Antipas und Philippos wurden Tetrarchen, «Herrscher eines Viertels», genannt, Archelaos bekam den Namen Ethnarch, «Herrscher eines Volkes»; beide Titel sollten anzeigen, dass es keine einheitliche Königsherrschaft über die Juden mehr gab.

Diese Aufteilung des Königtums erwies sich als ein katastrophaler Fehler Roms, denn der Damm, der Zorn und Verbitterung während der langen, repressiven Regierung des Herodes zurückgehalten hatte, brach jetzt und löste eine Flut von Aufständen und gewaltsamen Protesten aus, die seine unfähigen Söhne, abgestumpft durch ein Leben in Trägheit und Apathie, nicht eindämmen konnten. Die Aufständischen setzten einen Palast des Herodes am Jordan in Brand. Zweimal wurde der Tempel selbst gestürmt: zum ersten Mal am Paschafest, dann noch einmal am Wochenfest. Die Räuberbanden in Galiläa, die Herodes gewaltsam aufgelöst hatte, streiften wieder durchs Land und ermordeten die Handlanger des früheren Königs. In Idumäa, Herodes' Heimat, meuterten 2000 seiner Soldaten. Selbst Herodes' Verbündete, darunter sein Cousin Achiabos, schlossen sich der Rebellion an.

Diese Aufstände wurden zweifellos auch durch die messianischen Erwartungen der Juden angeheizt. In Peräa krönte sich ein früherer Sklave des Herodes – ein beeindruckender Riese von Mann namens Simon – selbst zum Messias und sammelte eine Gruppe Banditen um sich, um die Königspaläste in Jericho zu plündern. Die Rebellion endete mit Simons Ergreifung und Hinrichtung. Kurz darauf setzte sich ein weiterer Anwärter auf den Titel des Messias, ein armer Hirtenjunge namens Athronges, eine Krone auf den Kopf und startete einen tollkühnen Angriff auf die römischen Truppen. Auch er wurde festgenommen und hingerichtet.

Chaos und Blutvergießen endeten erst, als Augustus schließlich seine eigenen Truppen nach Judäa schickte, um den Aufstand zu unterdrücken. Der Kaiser ließ Philippos und Antipas im Amt, Archelaos jedoch schickte er ins Exil und unterstellte Jerusalem einem römischen Statthalter. Im Jahr 6 n. Chr. verwandelte er ganz Judäa in eine direkt von Rom aus regierte Provinz. Schluss mit der Semi-Unabhängigkeit. Schluss mit den Klientelkönigen. Schluss mit dem König der Juden. Jerusalem gehörte jetzt ganz und gar Rom.

Der Überlieferung nach starb Herodes der Große im Jahr 4 v. Chr. am Tage vor dem Paschafest im hohen Alter von 70 Jahren, nachdem er 37 Jahre lang über die Juden geherrscht hatte.

Josephus schreibt, dass sich an seinem Todestag der Mond verfinsterte, ein Zeichen, das nichts Gutes ahnen ließ und vielleicht das Chaos voraussagte, das jetzt folgen sollte. Es gibt natürlich auch eine andere Überlieferung mit Bezug auf das Ableben Herodes' des Großen: Irgendwann zwischen seinem Tod im Jahr 4 v. Chr. und der römischen Übernahme Jerusalems im Jahr 6 n. Chr. wurde in einem kleinen Dorf in Galiläa ein Kind geboren, das eines Tages Herodes' Krönungsmantel als König der Juden für sich beanspruchen sollte.

Kapitel drei

IHR WISST, WOHER ICH BIN

Von alters her liegt Nazaret auf dem zerklüfteten Vorsprung einer zugigen Hügelkuppe in Untergaliläa. Nicht mehr als 100 jüdische Familien leben in diesem winzigen Dorf. Es gibt keine Straßen, keine öffentlichen Gebäude. Es gibt keine Synagoge. Die Dorfbewohner teilen sich einen Brunnen, aus dem sie frisches Wasser holen. Ein einziges Bad, gespeist durch den tröpfelnden Regen, der in unterirdischen Zisternen aufgefangen und gespeichert wird, muss für alle reichen. Es ist ein Dorf mit meist analphabetischen Kleinbauern und Tagelöhnern; ein Ort, der auf keiner Karte verzeichnet ist.

Die Häuser in Nazaret sind einfach gebaut: ein einziger, fensterloser Raum, in zwei Teile geteilt – eine Hälfte für die Familie, die andere für das Vieh –, aus geweißeltem Lehm und Stein errichtet und mit einem Flachdach gedeckt, auf dem sich die Angehörigen des Haushalts versammeln, um zu beten, auf dem sie ihre Wäsche zum Trocknen auslegen, auf dem sie an lauen Abenden ihre Mahlzeiten einnehmen und auf dem sie in den heißen Sommermonaten ihre staubigen Matten ausrollen und schlafen. Die Glücklichen unter den Hausbesitzern haben einen Hof und einen winzigen Flecken Land, wo sie Gemüse anbauen, denn egal, als was sie arbeiten – jeder Nazoräer ist ein Bauer. Die Menschen, die dieses abgeschiedene Dorf ihre Heimat nennen, sind ohne Ausnahme Ackerbauern. Die Landwirtschaft ernährt und erhält die wenigen Bewohner. Jeder hat ein bisschen Vieh, jeder baut sein eigenes Getreide an: ein bisschen Gerste, etwas Weizen, ein paar Halme Hirse und Hafer. Der Dung der Tiere verbessert die Erde, die wiederum die Dörfler ernährt, die dann die Tiere füttern. Selbstversorgung ist die Regel.

Der Weiler Nazaret ist so klein, so unbedeutend, dass sein Name vor dem 3. Jh. n. Chr. in keiner jüdischen Quelle auftaucht – nicht in der Hebräischen Bibel, nicht im Talmud, nicht im Midrasch, der Auslegung religiöser Texte im rabbinischen Judentum, nicht bei Josephus. Es ist, kurz gesagt, ein belangloser, leicht zu übersehender Ort. Und es ist wohl der Ort, in dem Jesus zur Welt kam und aufwuchs. Dass er aus diesem eng abgeschlossenen Dorf mit ein paar hundert verarmten Juden stammte, könnte durchaus das einzige Faktum zu Jesu Kindheit sein, das wir mit einiger Sicherheit bestätigen können. Jesus war so eng mit Nazaret verbunden, dass er sein ganzes Leben lang einfach als «der Nazoräer» bekannt war. Da sein Vorname Jesus so häufig war, wurde sein Geburtsort zu seinem wichtigsten Beinamen. Und in Bezug auf diese eine Information waren alle, die ihn kannten – Freunde und Feinde gleichermaßen – offenbar einer Meinung.

Warum also behaupten Matthäus und Lukas – und *nur* Matthäus (2,1–9) und Lukas (2,1–21) –, dass Jesus nicht in Nazaret, sondern in Betlehem geboren sei, obwohl doch der Name Betlehem sonst nirgends im ganzen Neuen Testament auftaucht (nicht einmal mehr bei Matthäus oder Lukas, die Jesus beide wiederholt als «den Nazoräer» bezeichnen), sieht man von einem einzigen Vers im Johannes-Evangelium (7,42) ab?

Nun, gerade hier finden wir vielleicht die Antwort.

Es ist, so schreibt der Evangelist, früh in Jesu Wirken. Bisher hat Jesus sich meist darauf beschränkt, seine Botschaft den armen Bauern und Fischern Galiläas zu predigen – seinen Freunden und Nachbarn. Doch jetzt vor dem Laubhüttenfest drängt Jesu Familie ihn, mit ihnen nach Judäa zu reisen, um das fröhliche

Erntefest miteinander zu feiern und um sich den Massen zu offenbaren.

«Komm», bitten sie. «Zeig dich der Welt.»

Jesus weigert sich. «Geht ihr nur zum Fest», sagt er, «Ich gehe nicht zu diesem Fest, weil meine Zeit noch nicht erfüllt ist.» Jesu Familie lässt ihn zurück und reist nach Judäa. Ohne ihr Wissen beschließt Jesus dann doch, ihnen zu folgen, wenn auch nur, um heimlich durch die versammelte Menge zu streifen und zu hören, was die Leute über ihn sagen.

«Er ist ein guter Mensch», flüstert jemand.

«Nein, er führt das Volk in die Irre», meint ein anderer.

Etwas später, nachdem sich Jesus der Menge offenbart hat, beginnen ein paar Zuhörer über seine Identität zu spekulieren. «Er ist wahrhaftig der Prophet.»

Und dann spricht es endlich jemand aus. Ganz offenbar denken sie es alle; wie kann es anders sein, wenn doch Jesus hochaufgerichtet mitten in der Menge steht und sagt: «Wer Durst hat, komme zu mir, und es trinke, wer an mich glaubt» (Joh 7,37–38)? Wie anders sollten sie so häretische Worte verstehen? Wer sonst würde es wagen, so etwas offen und in Hörweite der Schrift- und Rechtsgelehrten zu sagen, von denen viele, wie wir hören, nichts lieber täten, als diesen lästigen Prediger zum Schweigen zu bringen und ins Gefängnis zu werfen?

«Er ist der Messias!»

Dies ist nicht einfach nur eine Aussage. Es ist ein Akt des Verrats. Im Palästina des 1. Jahrhunderts kann es schon ein Verbrechen sein, einfach die Worte «Dies ist der Messias» laut und öffentlich auszusprechen – ein Verbrechen, das mit der Kreuzigung geahndet wird. Zugegeben, die Juden zur Zeit Jesu hatten ziemlich widersprüchliche Ansichten über die Rolle und Funktion des Messias, genährt durch eine Unmenge messianischer Überlieferungen und beliebter Volkssagen, die im Heiligen Land kursierten. Manche glaubten, der Messias werde den Juden wieder zu ihrer vorherigen Macht und Herrlichkeit verhelfen. Andere sahen den Messias in eher apokalyptischen und utopischen Zusammenhängen als jemanden, der die gegenwärtige Welt vernichten und auf ihren Trümmern eine neue, gerechtere Welt aufbauen werde. Es gab Menschen, die glaubten, der Messias werde ein König sein, und Menschen, die einen Priester erwarteten. Die Essener sehnten offenbar zwei Messiasse herbei – einer königlich, der andere priesterlich –, während die meisten Juden sich einen Messias mit einer Kombination beider Züge wünschten. Doch unabhängig davon scheint es unter der jüdischen Volksmenge, die sich zum Laubhüttenfest versammelt hatte, einen klaren Konsens darüber zu geben, wer der Messias sein soll und was der Messias tun soll: Er ist der Nachfahr König Davids; er kommt, um Israel wieder aufzurichten, um die Juden vom Joch der Fremdherrschaft zu befreien und um Gottes Herrschaft in Jerusalem einzusetzen. Wenn man also Jesus den Messias nennt, setzt man ihn unerbittlich auf einen Weg – einen Weg, den schon zahlreiche gescheiterte Messiasse vor ihm eingeschlagen haben und der auf Konflikt, Revolution und Krieg gegen die herrschenden Mächte ausgerichtet ist. Wohin dieser Weg letztlich führen würde, konnte niemand der bei diesem Fest Anwesenden mit Bestimmtheit sagen. Aber man wusste so ungefähr, wo er beginnen musste.

«Sagt nicht die Schrift: Der Messias kommt aus dem Geschlecht Davids», fragt jemand in der Menge, «und aus dem Dorf Betlehem, wo David lebte?»

«Aber von dem hier wissen wir, woher er stammt», wendet ein anderer ein. Tatsächlich scheinen die Leute Jesus gut zu kennen. Sie kennen seine Brüder, die mit ihm da sind. Seine ganze Familie ist da. Sie sind zusammen aus ihrer Heimat in Galiläa zu diesem Fest gereist. Aus Nazaret.

«Lies doch nach», sagt ein Pharisäer mit der Selbstsicherheit eines Mannes, der sich ein Leben lang intensiv mit den Schriften befasst hat. «Der Prophet kommt nicht aus Galiläa.»

Jesus widerspricht nicht. «Ihr kennt mich», räumt er ein, «und wisst, woher ich bin.» Aber er umgeht die Frage seiner irdischen

Heimat völlig und betont stattdessen seine himmlische Abstammung: «Ich bin nicht in meinem eigenen Namen gekommen, sondern er, der mich gesandt hat, bürgt für die Wahrheit. Ihr kennt ihn nur nicht. Ich kenne ihn, weil ich von ihm komme und weil er mich gesandt hat.» (Joh 7,1–29)

Solche Aussagen finden sich immer wieder bei Johannes, dem letzten der vier kanonisierten Evangelien, das zwischen 100 und 120 n. Chr. entstand. Johannes zeigt überhaupt kein Interesse an Jesu leiblicher Geburt, obwohl selbst er anerkennt, dass Jesus ein «Nazoräer» war (Joh 18,5–7). In Johannes' Sicht ist Jesus ein ewiges Wesen, der *logos,* der vom Anbeginn der Zeiten bei Gott war, die Urkraft, durch die alle Schöpfung entstand und ohne die nichts entstand (Joh 1,3).

Ein ähnliches Desinteresse an der irdischen Herkunft Jesu findet sich im ersten, dem Markus-Evangelium, das kurz nach 70 n. Chr. entstand. Markus konzentriert sich voll und ganz auf Jesu Wirken; weder Jesu Geburt noch, vielleicht überraschend, dessen Auferstehung spielen für ihn eine Rolle – er lässt beides ganz außen vor.

Die ersten Christen scheinen sich über das Leben Jesu vor dem Beginn seines öffentlichen Wirkens keine besonderen Gedanken gemacht zu haben. Auffällig ist das Fehlen von Geschichten über seine Geburt und Kindheit in den frühesten Texten. Das Material der Logienquelle Q, das um 50 n. Chr. zusammengestellt wurde, setzt erst mit Jesu Taufe durch Johannes den Täufer ein. Die Paulusbriefe, die einen großen Teil des Neuen Testaments bilden, stehen den Ereignissen in Jesu Leben, abgesehen von seiner Kreuzigung und Auferstehung, gleichgültig gegenüber (immerhin erwähnt Paulus das Letzte Abendmahl).

Doch als das Interesse an der Person Jesu nach seinem Tod wuchs, verspürten einige Christen die dringende Notwendigkeit, die Lücken seiner frühen Jahre zu füllen und vor allem die Sache mit seiner Geburt in Nazaret anzusprechen, die seine jüdischen Kritiker offenbar als Beweis dafür anführten, dass Jesus nicht der Messias gewesen sein konnte, jedenfalls nicht, wenn man die Prophezeiungen ernst nahm. Irgendeine kreative Lösung musste her, um diese Kritik zurückzuweisen, ein Kniff, um Jesu Eltern nach Betlehem zu bringen, sodass er in derselben Stadt wie David geboren werden konnte.

Für Lukas liegt die Antwort in einer Volkszählung, einem Zensus. Er schreibt: «In jenen Tagen erließ Kaiser Augustus den Befehl, alle Bewohner des Reiches in Steuerlisten einzutragen. Dies geschah zum ersten Mal; damals war Quirinius Statthalter von Syrien. Da ging jeder in seine Stadt, um sich eintragen zu lassen. So zog auch Josef von der Stadt Nazaret in Galiläa hinauf nach Judäa in die Stadt Davids, die Betlehem heißt.» Für die ganz Begriffsstutzigen fügt er noch an: «Denn er war aus dem Haus und Geschlecht Davids.» (Lk 2,1−4)

Lukas hat mit einer Sache recht, aber wirklich nur mit einer. Zehn Jahre nach dem Tod Herodes des Großen, im Jahr 6 n. Chr., als Judäa offiziell römische Provinz wurde, organisierte der syrische Statthalter Quirinius einen Zensus aller Menschen, Besitztümer und Sklaven in Judäa, Samarien und Idumäa − nicht «aller Bewohner des Reiches», wie Lukas behauptet, und ganz sicher nicht in Galiläa, wo Jesu Familie lebte (Lukas liegt auch falsch, wenn er Quirinius' Zensus im Jahr 6 n. Chr. mit der Geburt Jesu in Verbindung bringt, die die meisten Gelehrten eher in die Zeit um 4 v. Chr. datieren, das Jahr, das auch das Matthäus-Evangelium angibt). Wie auch immer − da der einzige Zweck eines solchen Zensus die Besteuerung war, bewertete das römische Recht den Besitz eines Menschen an seinem Wohnort, nicht an seinem Geburtsort. In keinem römischen Beleg aus der Zeit (und die Römer waren ziemlich penibel, vor allem, wenn es um die Besteuerung ging) findet man anderslautende Hinweise. Lukas' Vorstellung, dass die ganze römische Wirtschaft regelmäßig ruhte, während jeder römische Untertan gezwungen wurde, mit seiner ganzen Familie große Entfernungen zu seinem Geburtsort zurückzulegen und dort dann geduldig, vielleicht monatelang, zu warten, bis ein Beamter seine Familie und seinen Besitz schätzte, den er sowieso an seinem Wohnort zurückgelassen hatte, ist, in einem Wort zusammengefasst, absurd.

Man muss sich vor Augen halten, dass Lukas' Leser, die ja immer noch unter römischer Herrschaft lebten, genau wussten, wie ungenau seine Schilderung des Zensus unter Quirinius war. Lukas selbst, der wenig mehr als eine Generation nach den Ereignissen, die er schildert, schrieb, war sich des Fehlers bewusst. Moderne Leser der Evangelien können dies nur sehr schwer verstehen, aber Lukas wollte seinen Bericht über Jesu Geburt in Betlehem nie als historisches Faktum verstanden wissen. Lukas hätte überhaupt keine Vorstellung davon, was wir in der modernen Welt überhaupt meinen, wenn wir von «Geschichtsschreibung» sprechen. Die Idee von Geschichtsschreibung als einer kritischen Analyse beobachtbarer und verifizierbarer Ereignisse in der Vergangenheit ist ein Produkt der Moderne; den Autoren der Evangelien, denen es bei der Niederschrift der Geschichte nicht darum ging, *Fakten* aufzudecken, sondern *Wahrheiten* zu enthüllen, war dieses Konzept völlig fremd.

Die Leser des Lukas-Evangeliums trennten wie die meisten Menschen in der antiken Welt nicht scharf zwischen Mythos und Realität; in ihrer spirituellen Erfahrung war beides eng miteinander verbunden. Das soll heißen, dass sie weniger an dem interessiert waren, was tatsächlich geschah, als vielmehr daran, was es bedeutete. Es war für einen Autor in der antiken Welt völlig normal – ja man erwartete es sogar von ihm –, dass er Geschichten über Götter und Helden erzählte, deren fundamentale Fakten man als falsch erkannte, deren tiefere Botschaft man jedoch als wahr ansah.

So ist auch Matthäus' ebenso phantasievoller Bericht über Jesu Flucht nach Ägypten zu erklären, die angeblich stattfand, um dem Massaker zu entgehen, das Herodes in der fruchtlosen Suche nach dem kleinen Jesus an allen Jungen, die in und um Betlehem zur Welt gekommen waren, verübte – ein Ereignis, für das nicht die Spur eines Beweises in irgendeiner Chronik oder einem Geschichtswerk, sei es jüdisch, christlich oder römisch, zu finden ist.

Das ist durchaus bemerkenswert, wenn man bedenkt, wie viele Chroniken und Erzählungen über Herodes den Großen geschrieben wurden, der trotz allem als der berühmteste Jude im ganzen Römischen Reich galt (schließlich war er kein Geringerer als der König der Juden!).

Wie Lukas' Beschreibung des Zensus sollte auch Matthäus' Bericht über den von Herodes befohlenen Kindermord nicht als das gelesen werden, was wir heute *Geschichtsschreibung* nennen, vor allem nicht von seiner eigenen Gemeinschaft, die sich doch sicher an ein so unvergessliches Ereignis wie ein Massaker an den eigenen Söhnen erinnert hätte. Aus Matthäus' Sicht musste Jesus aus Ägypten kommen, aus eben dem Grund, aus dem er auch in Betlehem geboren sein musste: um die verstreuten Prophezeiungen zu erfüllen, die seine Vorfahren ihm und seinen jüdischen Glaubensbrüdern zum Entschlüsseln hinterlassen hatten, um Jesus in die Fußstapfen der Könige und Propheten zu setzen, die vor ihm gekommen waren, und vor allem, um gegen alle Kritik der Gegner Jesu, dass dieser einfache Bauer gestorben sei, ohne die eine, wichtigste messianische Prophezeiung – die Wiederherstellung Israels – zu erfüllen, zu beweisen, dass Jesus tatsächlich der «Gesalbte» war.

Matthäus und Lukas standen vor dem Problem, dass es keine einzelne, zusammenhängende prophetische Erzählung zum Messias in den Hebräischen Schriften gibt. Der oben zitierte Abschnitt aus dem Johannes-Evangelium ist ein wunderbares Beispiel für die allgemeine Verwirrung, die unter den Juden herrschte, wenn es um die messianischen Weissagungen ging. Denn auch wenn die Schrift- und Rechtsgelehrten selbstsicher verkünden, dass Jesus nicht der Messias sein könne, weil er nicht, wie die Prophezeiungen fordern, aus Betlehem stamme, so sagen andere aus der Menge, dass der Nazoräer nicht der Messias sein könne, weil die Prophezeiungen sagen: «Wenn jedoch der Messias kommt, weiß niemand, woher er stammt.» (Joh 7,27)

Die Prophezeiungen sagen eben *beides*. Wenn jemand tatsächlich dem Ratschlag des skeptischen Pharisäers an die Menschenmenge bei diesem Fest folgen und «nachlesen» würde, fände er eine Unmenge widersprüchlicher Prophezeiungen über den Messias, die Dutzende Menschen über Hunderte von Jahren hinweg niedergeschrieben haben. Sehr viele von ihnen sind eigentlich noch nicht einmal richtige Weissagungen. Propheten wie Micha, Amos und Jeremia, die auf den ersten Blick das Kommen eines zukünftigen Erlösers aus dem Haus König Davids voraussagen, der eines Tages Israel wieder zu seinem früheren Glanz führen werde, üben eigentlich verdeckt Kritik an ihrem *gegenwärtigen* König und der bei ihnen *gerade herrschenden* Ordnung, die, so deuten die Propheten an, nicht an das davidische Ideal heranreichten. (Es gibt allerdings eine Sache, bei der sich alle Prophezeiungen offenbar einig sind: Der Messias ist ein menschliches, kein göttliches Wesen. Der Glaube an einen göttlichen Messias wäre ein Anathema für alles gewesen, wofür das Judentum stand, weshalb auch ohne Ausnahme alle Texte in der Hebräischen Bibel, in denen es um den Messias geht, ihn als jemanden darstellen, dessen messianisches Wirken sich auf Erden, nicht im Himmel vollzieht.) Wenn man also seinen bevorzugten Kandidaten in diese chaotische prophetische Überlieferung einpassen will, muss man sich erst einmal entscheiden, welche der vielen Texte, mündlichen Überlieferungen, bekannten Geschichten und Sagen man überhaupt in Betracht ziehen will. Und wie man diese Frage beantwortet, hängt weitgehend davon ab, was man über «seinen» Messias aussagen will.

Matthäus lässt Jesus nach Ägypten fliehen, um Herodes' Kindermord zu entgehen – nicht weil es diesen Kindermord wirklich gab, sondern weil er so die Worte des Propheten Hosea erfüllt: «Ich rief meinen Sohn aus Ägypten.» (Hos 11,1) Die Erzählung soll nicht irgendeine Tatsache über Jesus offenbaren; sie soll die Wahrheit offenbaren, dass Jesus der neue Mose ist, der das Massaker des Pharao unter den Söhnen der Israeliten überlebte und mit einem neuen Gesetz von Gott aus Ägypten kam (2 Mos 1,22).

Lukas siedelt Jesu Geburt in Betlehem an, nicht, weil er dort zur Welt kam, sondern wegen der Worte des Propheten Micha: «Aber du, Betlehem …, aus dir wird mir einer hervorgehen, der über Israel herrschen soll.» (Mi 5,1) Lukas will ausdrücken, dass Jesus der neue David ist, der König der Juden, auf Gottes Thron gesetzt, um über das Gelobte Land zu herrschen. Einfach ausgedrückt, sind die Kindheitserzählungen in den Evangelien keine historischen Berichte, und sie sollten auch damals nicht als solche gelesen werden. Sie sind theologische Affirmationen von Jesu Status. Er ist der Gesalbte Gottes. Der Nachkomme König Davids. Der verheißene Messias.

Jenen Jesus – den ewigen *logos,* durch den alle Schöpfung entstand, den Christus, der zur Rechten Gottes sitzt – wird man in Windeln gewickelt in einer schmutzigen Krippe in Betlehem finden, umringt von einfachen Schafhirten und weisen Männern, die ihm Geschenke aus dem Osten bringen.

Den realen Jesus jedoch – den armen jüdischen Kleinbauern, der irgendwann zwischen 4 v. Chr. und 6 n. Chr. auf dem Land in Galiläa geboren wurde – müssen wir in den zerbröselnden Lehmziegelhütten suchen, die sich im Weiler Nazaret unter dem Wind ducken.

Kapitel vier

DIE VIERTE PHILOSOPHIE

Eines wissen wir über Nazaret zur Zeit von Jesu Geburt: Für einen Zimmermann gab es dort wenig zu tun. Und Jesus war der Überlieferung nach ein *tekton* – ein Zimmermann oder Bauarbeiter –, wobei man allerdings sagen muss, dass diese Aussage nur in einem Vers im ganzen Neuen Testament zu finden ist (Mk 6,3). Wenn sie stimmt, dann hätte Jesus als Handwerker und Tagelöhner der untersten Schicht der bäuerlichen Bevölkerung im Palästina des 1. Jahrhunderts angehört, knapp über dem Bedürftigen, dem Bettler und dem Sklaven. Die Römer verwendeten den Begriff *tekton* umgangssprachlich für jeden ungebildeten oder analphabetischen Kleinbauern, und Jesus war sehr wahrscheinlich beides.

Die Analphabetenrate in Palästina war im 1. Jahrhundert unglaublich hoch, besonders unter der ärmeren Bevölkerung. Man schätzt, dass fast 97 Prozent der jüdischen Bauern weder lesen noch schreiben konnten, eine nicht ungewöhnliche Quote in vorwiegend oralen Kulturen wie jener, in der Jesus lebte. Sicher spielten die Hebräischen Schriften eine wichtige Rolle im Leben des jüdischen Volkes, doch die weit überwiegende Mehrheit der Juden zur Zeit Jesu konnte wohl nur sehr wenig Hebräisch, kaum genug, um die Schriften zu verstehen, wenn sie in der Synagoge vorgelesen wurden. Hebräisch war die Sprache der Schrift- und Rechtsgelehrten – die Bildungssprache. Für Bauern wie Jesus war es sicher enorm schwierig, sich auf Hebräisch, selbst in seiner umgangssprachlichen Form, verständlich zu machen. Deshalb waren auch die meisten Schriften ins Aramäische übersetzt worden, die Muttersprache der jüdischen Bauern: die Sprache Jesu. Möglicherweise konnte Jesus ein paar Brocken Griechisch, die *lingua franca* des Römischen Reiches (ironischerweise war Latein die Sprache, die in den von Rom besetzten Ländern am seltensten Verwendung fand), vielleicht genug, um Verträge auszuhandeln und mit Kunden zu sprechen, aber sicher nicht genug, um zu predigen. Die einzigen Juden, die problemlos auf Griechisch kommunizieren konnten, waren die Angehörigen der hellenisierten herodianischen Elite, der Priesteradel in Judäa und die gebildeteren Juden in der Diaspora, nicht aber die Kleinbauern und Tagelöhner Galiläas.

Unabhängig davon, welche Sprachen Jesus wohl gesprochen haben mag – es gibt keinen Grund anzunehmen, dass er auch nur eine von ihnen lesen oder schreiben konnte, nicht einmal Aramäisch. Lukas' Bericht über den zwölfjährigen Jesus, der in Jerusalem im Tempel steht und mit Rabbinen und Schriftgelehrten über die Feinheiten der Hebräischen Schriften diskutiert (Lk 2,42–52), oder seine Erzählung über Jesus in der (nicht vorhandenen) Synagoge von Nazaret, der zum Erstaunen der Pharisäer aus der Jesaja-Rolle liest (Lk 4,16–22), sind phantasievolle Ausschmückungen des Evangelisten. Jesus hatte sicher keinen Zugang zu der Art formeller Bildung, die notwendig wäre, um Lukas' Schilderung auch nur entfernt glaubhaft klingen zu lassen. Es gab keine Schulen in Nazaret, die Bauernkinder hätten besuchen können. Welche Ausbildung Jesus auch erhalten haben mag – sie entsprang jedenfalls direkt seiner Familie und konzentrierte sich in Anbetracht seines Status als Handwerker und Tagelöhner wohl fast ausschließlich darauf, dass er das Handwerk seines Vaters und seiner Brüder erlernte.

Dass Jesus tatsächlich Brüder hatte, ist trotz des katholischen Dogmas von der ewigen Jungfräulichkeit seiner Mutter Maria eigentlich unbestreitbar. Die Evangelien wie auch die Paulusbriefe bezeugen diese Tatsache an mehreren Stellen. Selbst Josephus erwähnt Jesu Bruder Jakobus, der nach Jesu Tod der wichtigste Anführer der frühchristlichen Kirche werden sollte. Es gibt keinen rationalen Einwand gegen die Vorstellung, dass Jesus Teil einer großen Familie war, zu der wenigstens vier Brüder gehörten, die in den Evangelien genannt werden – Jakobus, Josef (Joses), Simon und Judas –, sowie eine unbekannte Zahl von Schwestern, die zwar erwähnt, aber leider nicht mit Namen aufgeführt werden. Weit weniger weiß man über Jesu Vater, Josef, der nach den Kindheitserzählungen schnell aus den Evangelien verschwindet. Man geht allgemein davon aus, dass Josef starb, als Jesus noch ein Kind war. Eine These lautet aber auch, dass es ihn nie gegeben hat, dass er eine Erfindung von Matthäus und Lukas war – den einzigen beiden Evangelisten, die ihn erwähnen –, um eine weitaus umstrittenere Erfindung zu rechtfertigen: die jungfräuliche Geburt.

Einerseits verweist die Tatsache, dass Matthäus wie auch Lukas in ihren jeweiligen Kindheitserzählungen von der jungfräulichen Geburt berichten, obwohl sie doch, wie man glaubt, überhaupt nichts vom Werk des jeweils anderen wussten, darauf, dass die Geschichte von der Jungfrauengeburt sehr früh aufkam, vielleicht noch vor der Entstehung des ersten, des Markus-Evangeliums. Andererseits wird die jungfräuliche Geburt Jesu außerhalb der Kindheitserzählungen bei Matthäus und Lukas von niemandem im Neuen Testament auch nur erwähnt: nicht vom Evangelisten Johannes, der Jesus als einen Geist aus dem Jenseits ohne irdische Abstammung präsentiert, und auch nicht von Paulus, der Jesus als buchstäblich fleischgewordenen Gott sieht. Dieses Fehlen hat unter den Fachleuten zu Spekulationen Anlass gegeben, ob nicht vielleicht die Geschichte der Jungfrauengeburt erfunden worden sein könnte, um eine unbequeme Wahrheit in bezug auf Jesu Abstammung zu vertuschen – dass er nämlich ein uneheliches Kind war.

    Im Grunde haben die Gegner der Jesus-Bewegung dieses Argument schon seit dem ersten Tag angeführt. Der Philosoph Kelsos erzählt im 2. Jahrhundert eine Geschichte, die er angeblich von einem palästinischen Juden gehört hatte: Jesu Mutter sei von einem Soldaten namens Panthera geschwängert worden. Kelsos' Geschichte hat so eindeutig eine polemische Stoßrichtung, dass man sie nicht ernst nehmen kann, aber sie zeigt, dass nicht einmal 100 Jahre nach Jesu Tod Gerüchte über seine uneheliche Geburt überall in Palästina die Runde machten. Und sie kursierten vielleicht schon zu Lebzeiten Jesu. Als Jesus anfängt, in seinem Heimatort Nazaret zu predigen, sieht er sich mit dem Getuschel der Nachbarn konfrontiert, von denen einer frei heraus fragt: «Ist er nicht ... Marias Sohn?» (Mk 6,3). Dies ist eine erstaunliche Aussage, die man nicht so einfach vom Tisch wischen kann. Einen erstgeborenen jüdischen Mann in Palästina mit dem Namen seiner Mutter zu bezeichnen – also als Jesus *bar Maria* statt als Jesus *bar Josef* – ist nicht nur ungewöhnlich, es ist eine Ungeheuerlichkeit. Im besten Fall ist es eine absichtliche Beleidigung mit einer so offensichtlichen Anspielung, dass man sich bei späteren Redaktionen des Markus-Evangeliums gezwungen sah, die Worte «Sohn des Zimmermanns und der Maria» in den Vers einzuschieben.

Noch umstrittener ist das Geheimnis um den Familienstand Jesu. Es gibt im Neuen Testament zwar keinen Hinweis darauf, ob Jesus verheiratet war oder nicht, aber es wäre für einen 30-jährigen Mann zur Zeit Jesu so gut wie undenkbar gewesen, keine Ehefrau zu haben. Ehelosigkeit war ein extrem seltenes Phänomen im Palästina des 1. Jahrhunderts. Eine Handvoll Sekten wie die schon genannten Essener und eine andere, die Therapeuten, praktizierten die Ehelosigkeit, aber das waren quasimönchische Orden; sie verweigerten nicht nur die Ehe, sie sagten sich völlig von der Gesellschaft los. Davon kann bei Jesus nicht die Rede sein. Doch so verlockend die Annahme auch sein mag, dass Jesus verheiratet war, man muss akzeptieren, dass nirgendwo in all den Texten, die je über Jesus von Nazaret geschrieben wurden – von den kanonischen über die gnostischen Evangelien bis hin zu den Paulusbriefen oder selbst zu den jüdischen und heidnischen Polemiken gegen ihn –, jemals eine Frau oder Kinder erwähnt werden.

Letztendlich ist es schlicht unmöglich, viel über das frühe Leben Jesu in Nazaret zu sagen, weil es, bevor Jesus zum Messias ausgerufen wurde, egal war, wie die Kindheit eines jüdischen Kleinbauern aus einem unbedeutenden Weiler in Galiläa ausgesehen hatte. Nachdem Jesus zum Messias erklärt worden war, interessierten nur die Aspekte seiner Kindheit, die man kreativ so umdeuten konnte, dass sie jedwede theologische Aussage stützten, die man über Jesu Identität als Christus machen wollte. Wie dem auch sei, der einzige Zugang zum realen Jesus ergibt sich nicht aus den Geschichten, die nach seinem Tod über ihn erzählt wurden, sondern vielmehr aus den paar vereinzelten Fakten, die wir über sein Leben als Teil einer großen jüdischen Familie von Zimmerleuten/Bauarbeitern, die in dem kleinen galiläischen Dorf Nazaret ums Überleben kämpft, sammeln können.

Das Problem für Zimmerleute bzw. Bauarbeiter mit Nazaret ist, dass es ein Ort aus Lehmziegeln war. Falls es irgendwelche aufwendigeren Gebäude gab, waren sie aus Steinen gebaut. Holzbalken trugen die Dächer, und sicher waren auch die Türen aus Holz. Eine Handvoll Nazoräer konnte sich vielleicht hölzerne Möbel leisten – einen Tisch, ein paar Schemel –, und ein paar besaßen womöglich Joche und Pflüge aus Holz, mit denen sie ihre kargen Äcker bestellten. Aber selbst wenn man *tekton* als einen Handwerker auffasst, der sich mit allen Aspekten des Bauens beschäftigt, hätten die etwa 100 verarmten Familien eines bescheidenen und völlig bedeutungslosen Dorfes wie Nazaret, die meist selbst nur knapp über dem Subsistenzniveau lebten, auf keinen Fall Jesu Familie ernähren können. Wie die meisten Handwerker und Tagelöhner mussten Jesus und seine Brüder sich ihre Arbeit in größeren Orten und Städten suchen. Glücklicherweise lag Nazaret nur einen Tagesmarsch von einer der größten und wohlhabendsten Städte in Galiläa entfernt – von der Hauptstadt Sepphoris.

Sepphoris war eine elegante urbane Metropole, so reich, wie Nazaret arm war. Während Nazaret nicht eine einzige gepflasterte Straße hatte, waren die Straßen in Sepphoris breite Avenuen, mit polierten Steinplatten ausgelegt und von zweistöckigen Häusern mit offenen Höfen und privaten, in den Fels geschnittenen Zisternen gesäumt. Die Nazoräer teilten sich ein einziges öffentliches Bad. In Sepphoris mündeten zwei separate Aquädukte im Stadtzentrum und lieferten mehr als genug Wasser für die großen, aufwendigen Bäder und die öffentlichen Latrinen, die praktisch allen etwa 40 000 Einwohnern zur Verfügung standen. Es gab römische Villen und palastartige Wohnbauten, manche waren mit farbenfrohen Mosaiken geschmückt, die hübsche nackte Mädchen auf der Vogeljagd zeigten, girlandenbehangene Frauen mit Körben voller Obst, kleine Jungen, die tanzten und Musikinstrumente spielten. Ein römisches Theater im Zentrum der Stadt fasste 4500 Zuschauer, und ein engmaschiges Netz von Straßen und Handelsrouten verband Sepphoris mit Judäa und den Kleinstädten Galiläas. Die Stadt war ein wichtiger kultureller und wirtschaftlicher Knotenpunkt.

Sepphoris war zwar eine überwiegend jüdische Stadt, wie die Synagogen und rituellen Badehäuser zeigen, die man dort ausgegraben hat, aber dort lebte eine ganz andere Schicht von Juden als an vielen anderen Orten in Galiläa. Reich, kosmopolitisch, stark von der griechischen Kultur beeinflusst und inmitten einer bunten Mischung von Völkern und Religionen, waren die Juden von Sepphoris das Produkt der gesellschaftlichen Revolution des Herodes – sie waren die Neureichen, die nach Herodes' Massaker an der alten Priesteraristokratie deren Positionen eingenommen hatten. Die Stadt selbst spielte schon lange eine wichtige Rolle; nach Jerusalem ist sie der in der rabbinischen Literatur am häufigsten genannte Ort. Sepphoris war unter den Hasmonäern das Verwaltungszentrum Galiläas gewesen. Unter Herodes dem Großen wurde die Stadt zu einem wichtigen militärischen Vorposten, wo Waffen und Kriegsvorräte lagerten. Doch erst als sein Sohn Antipas («der Fuchs») sie wohl irgendwann um die Wende zum 1. Jh. n. Chr. zum königlichen Sitz seiner Tetrarchie machte, wurde das zuvor militärisch geprägte Sepphoris in ganz Palästina als «das Schmuckstück Galiläas» bekannt. Wie sein Vater hegte auch Antipas eine Leidenschaft für groß angelegte Bauprojekte, und Sepphoris war ein unbeschriebenes Blatt, auf dem er eine Stadt nach seinen eigenen Vorstellungen entwerfen konnte, denn als er mit einer Kohorte römischer Soldaten im Schlepptau dort einmarschierte, war die Stadt nicht mehr der Mittelpunkt Galiläas wie unter der Herrschaft seines Vaters. Sie war nur noch ein noch glimmender Haufen aus Asche und Stein, ein Opfer der römischen Vergeltung für die Rebellion nach dem Tod Herodes' des Großen im Jahr 4 v. Chr.

Herodes ließ bei seinem Tod weit mehr zurück als eine vor Wut schäumende Bevölkerung, die darauf brannte, sich an seinen Freunden und Verbündeten zu rächen. Er hinterließ auch einen Mob arbeitsloser Armer, die aus den Dörfern nach Jerusalem geströmt waren, um seine Paläste und Theater zu bauen. Herodes' monumentale Bauorgie und vor allem seine Tempelerweiterung hatten zehntausenden Bauern und Tagelöhnern Lohn und Brot gegeben, von denen viele durch Dürren und Hungersnöte oder oft genug auch durch die grausame Beharrlichkeit des Schuldeneintreibers von ihrem Land vertrieben worden waren. Doch mit dem Ende des Baubooms in Jerusalem und der Fertigstellung des Tempels kurz vor Herodes' Tod fanden sich diese Tagelöhner plötzlich ohne Arbeit wieder. Sie wurden aus der Heiligen Stadt vertrieben und mussten sehen, wo sie blieben. Durch diese massenhafte Rückkehr aufs Land bildete sich dort wieder ein Nährboden für revolutionäre Aktivitäten, genau wie vor Herodes' Königsherrschaft.

Etwa um diese Zeit entstand eine neue, sehr gefährliche Gruppe von Banditen in Galiläa, angeführt von einem charismatischen Lehrer und Revolutionär, den man nur als Judas den Galiläer kennt. Der Überlieferung nach war Judas der Sohn des berüchtigten Bandenführers Hiskia, des gescheiterten Messias, den Herodes 40 Jahre zuvor im Zuge seines Feldzugs gegen das Banditenunwesen auf dem Lande hatte festnehmen und köpfen lassen. Nach

Herodes' Tod schloss sich Judas der Galiläer mit einem rätselhaften Pharisäer namens Sadduk zusammen, um eine völlig neue Unabhängigkeitsbewegung zu gründen, die Josephus die «Vierte Philosophie» nennt, um sie von den anderen drei «Philosophien» oder «Schulen» der Pharisäer, Sadduzäer und Essener abzusetzen. Was die Angehörigen der Vierten Philosophie von den übrigen unterschied, war ihre unerschütterliche Hingabe an das Ziel, Israel von der Fremdherrschaft zu befreien, und ihr inbrünstiges Beharren darauf, dass sie keinem Herrn dienten als dem Einzigen Gott, und wenn es ihr Leben kosten sollte. Es gab einen scharf umrissenen Begriff für eine solche Haltung, einen Begriff, den alle frommen Juden unabhängig von ihrer politischen Einstellung sicher kannten und stolz für sich in Anspruch nahmen: *zelos*, der fromme Eifer.

Dieser Eifer umfasste die strenge Beachtung der Tora und der Gesetze, die Weigerung, irgendeinem fremden Herrn zu dienen – überhaupt einem irdischen Herrn zu dienen –, sowie eine kompromisslose Anerkennung der Herrschaft Gottes. Ein solcher Eifer für Gott bedeutete, dass man auf den leuchtenden Spuren der alten Propheten und Helden wandelte, jener Männer und Frauen, die keinen anderen neben Gott duldeten, ·die sich vor keinem König außer dem König der Welt beugten und die gnadenlos mit der Götzendienerei und allen, die Gottes Gesetz brachen, ins Gericht gingen. Das Land Israel war mit Hilfe dieses Glaubenseifers durchgesetzt worden, denn es waren die eifernden Gotteskrieger gewesen, die es von allen Fremden und Götzendienern gesäubert hatten, genau wie Gott es befahl: «Wer einer Gottheit außer Jahwe Schlachtopfer darbringt, an dem soll die Vernichtungsweihe vollstreckt werden.» (2 Mos 22,19)

Viele Juden im Palästina des 1. Jahrhunderts bemühten sich, ein von diesem Glaubenseifer geprägtes Leben zu führen, jeder und jede auf eigene Weise. Aber es gab einige, die notfalls auch vor extremen Gewaltakten nicht zurückschreckten, um ihre eifernden Ideale zu wahren, Gewaltakten nicht nur gegen die Römer und die nicht beschnittenen Massen, sondern auch gegen ihre jüdischen

Glaubensbrüder, die sich Rom unterworfen hatten. Diese kompromisslosen Gläubigen wurden *Zeloten*, «Eiferer», genannt.

Sie sollten nicht mit der Partei der Zeloten gleichgesetzt werden, die 60 Jahre später nach dem Jüdischen Aufstand des Jahres 66 n. Chr. aufkam. Zu Lebzeiten Jesu war das Zelotentum keine feste Sekte oder politische Partei. Es war eine Idee, ein Anspruch, ein Frömmigkeitsmodell, das untrennbar mit der weitverbreiteten apokalyptischen Erwartung verbunden war, die die Juden in Folge der römischen Besatzung ergriffen hatte. Vor allem unter den Bauern und den frommen Armen herrschte das Gefühl, dass die gegenwärtige Ordnung ihrem Ende entgegengehe, dass sich bald eine neue und göttlich inspirierte Ordnung offenbaren werde. Das Reich Gottes war nahe. Alle sprachen darüber. Aber Gottes Herrschaft konnte nur von jenen herbeigeführt werden, die den Eifer besaßen, für sie zu kämpfen.

Solche Ideen hatte es schon gegeben, bevor Judas der Galiläer daherkam. Doch Judas war vielleicht der erste revolutionäre Führer, der Straßenräuberei und Zelotentum zu einer einzigen revolutionären Kraft verschmolz und den Widerstand gegen Rom zu einer religiösen Pflicht aller Juden machte. Judas' erbitterte Entschlossenheit, alles zu tun, was nötig war, um die Juden von der Fremdherrschaft zu befreien und das Land im Namen des Gottes Israels zu säubern, machte die Vierte Philosophie zu einem Vorbild zelotischen Widerstands für die vielen apokalyptischen Revolutionäre, die sich ein paar Jahrzehnte später zusammenschlossen, um die Römer aus dem Heiligen Land zu vertreiben.

Nachdem Herodes der Große im Jahr 4 v. Chr. tot und begraben war, starteten Judas und sein kleines Zelotenheer einen wagemutigen Angriff auf die Stadt Sepphoris. Sie brachen die königliche Waffenkammer der Stadt auf und stahlen die dort gelagerten Waffen und Vorräte. Voll ausgerüstet und verstärkt durch sympathisierende Sepphoräer begannen die Anhänger der Vierten Philosophie dann einen Guerillakrieg in Galiläa, raubten die Häuser der Reichen und Mächtigen aus, setzten Dörfer in Brand und ließen dem jüdischen Adel und jenen, die immer noch ihre Treue zu Rom bekundeten, die Gerechtigkeit Gottes zuteil werden. Die Bewegung wuchs und radikalisierte sich im folgenden Jahrzehnt der Gewalt und Instabilität. Als Judäa dann im Jahr 6 n. Chr. offiziell römische Provinz wurde und der syrische Statthalter Quirinius einen Zensus forderte, um die Menschen und den Besitz im neu erworbenen Gebiet zu zählen, zu registrieren und umfassend zu besteuern, nutzten die Anhänger der Vierten Philosophie ihre Chance. Sie nahmen den Zensus zum Anlass für einen letzten Aufruf an die Juden, sich mit ihnen gegen Rom zu wenden und für ihre Freiheit zu kämpfen. Die Steuerschätzung, so argumentierten sie, sei eine Schande. Sie führe allen die Versklavung der Juden vor Augen. Sich freiwillig wie Schafe zählen zu lassen, war nach Judas' Meinung gleichbedeutend mit einer Gefolgschaftserklärung an Rom. Es war das Eingeständnis, dass die Juden nicht das auserwählte Volk Gottes waren, sondern das persönliche Eigentum des Kaisers.

Es war nicht der Zensus an sich, der Judas und seine Anhänger so aufbrachte; es war die Vorstellung, irgendeine Steuer oder einen Tribut an Rom zu entrichten. Welches Zeichen könnte deutlicher von der Unterwürfigkeit der Juden künden? Der Tribut war besonders schändlich, weil er den Eindruck vermittelte, dass das Land Rom und nicht Gott gehörte. Tatsächlich wurde die Tributzahlung für die Zeloten zum Test für Frömmigkeit und Gottestreue. Einfach ausgedrückt: Wenn man es für legitim hielt, dem Kaiser Tribut zu zahlen, war man ein Verräter und Apostat. Man verdiente den Tod.

Der ungeschickt agierende amtierende Hohepriester, ein Handlanger der Römer namens Joasar, der nichts gegen Quirinius' Zensus einzuwenden hatte und seine jüdischen Glaubensbrüder aufforderte, sich aktiv zu beteiligen, spielte Judas in die Hände. Die Kollaboration des Hohepriesters reichte Judas und seinen Anhängern schon als Beweis dafür, dass der Tempel selbst entweiht worden war und gewaltsam aus den sündigen Händen der Priesteraristokratie gerettet werde müsse. In den Augen der Zeloten um Judas hatte Joasar mit seiner Zustimmung zum Zensus sein Todesurteil unterschrieben. Das Schicksal der jüdischen Nation hing von der Ermordung des Hohepriesters ab. Der Gotteseifer forderte sie. Genau wie Mattatias und seine Söhne «leidenschaftlichen Eifer für das Gesetz» zeigten, indem sie jene Juden töteten, die einem anderen als Gott geopfert hatten (1 Makk 2,19–28), genau wie Joschija, der König von Juda, jeden Nichtbeschnittenen in seinem Land im «Eifer für den starken Gott» niedermachte (2 Bar 66,5), so mussten diese Zeloten jetzt den Zorn Gottes von Israel abwenden, indem sie das Land von verräterischen Juden wie dem Hohepriester befreiten.

Aus der Tatsache, dass die Römer den Hohepriester Joasar aus seinem Amt entfernten, kurz nachdem er die Juden ermutigt hatte, am Zensus teilzunehmen, kann man schließen, dass Judas die Auseinandersetzung gewann. Josephus, der wenig Positives über Judas den Galiläer zu sagen hat (er nennt ihn einen «Sophisten», ein Schimpfwort, das für Josephus einen Unruhestifter bezeichnet, einen Aufwiegler, einen Verführer der Jugend), bemerkt ein wenig kryptisch, Joasar sei von der Auseinandersetzung mit den Zeloten «übermannt» worden.

Josephus' Problem mit Judas scheint nicht seine «Sophisterei» oder sein gewaltsames Vorgehen gewesen zu sein, sondern vielmehr das, was er höhnisch Judas' «königliche Anwandlungen» nennt. Damit meint er, dass Judas beim Kampf gegen die Unterdrückung der Juden und bei der Vorbereitung des Gottesreiches auf Erden wie sein Vater Hiskia vor ihm für sich selbst den Mantel des Messias, den Thron König Davids in Anspruch nahm. Und wie sein Vater vor ihm sollte Judas den Preis für diese Anmaßung zahlen.

Nicht lange nachdem er den Kampf gegen den Zensus angeführt hatte, wurde Judas der Galiläer von den Römern gefangen gesetzt und getötet. Als Vergeltung dafür, dass die Stadt ihre Waffen in die Hände von Judas' Anhängern gegeben hatte, marschierten die

Römer in Sepphoris ein und brannten es bis auf die Grundmauern nieder. Die Männer wurden umgebracht, die Frauen und Kinder in die Sklaverei verkauft. Mehr als 2000 Rebellen und Sympathisanten wurden gekreuzigt. Kurz darauf reiste Herodes Antipas an und machte sich daran, die eingeebneten Trümmer von Sepphoris in eine extravagante, als Königssitz geeignete Stadt zu verwandeln.

Jesus von Nazaret kam wahrscheinlich in eben jenem Jahr zur Welt, als Judas der Galiläer – der gescheiterte Messias Judas, Sohn des gescheiterten Messias Hiskia – brennend vor Eifer durchs Land zog. Er war etwa zehn Jahre alt, als die Römer Judas gefangen nahmen, seine Anhänger kreuzigten und Sepphoris zerstörten. Als Antipas ernsthaft daran ging, Sepphoris wieder aufzubauen, war Jesus ein junger Mann, der im Beruf seines Vaters arbeiten konnte. Damals strömten praktisch alle Handwerker und Tagelöhner in der Provinz nach Sepphoris, um beim größten Wiederaufbauprojekt der Zeit unterzukommen, und man kann ziemlich sicher sein, dass Jesus und seine Brüder, die nicht weit weg in Nazaret lebten, auch darunter waren. Man kann sogar annehmen, dass Jesus vom Beginn seiner Lehrzeit als *tekton* bis zu dem Tag, an dem er sein Wirken als Wanderprediger begann, den größten Teil seiner Zeit nicht in dem winzigen Weiler Nazaret, sondern in der kosmopolitischen Hauptstadt Sepphoris verbrachte: ein Bauernjunge in der großen Stadt.

Sechs Tage die Woche schuftete Jesus von Sonnenaufgang bis Sonnenuntergang in der Königsstadt und baute tagsüber palastähnliche Häuser für die jüdische Aristokratie. Abends kehrte er dann in seine einfache Hütte aus Lehmziegeln zurück. Mit eigenen Augen sah er die schnell wachsende Kluft zwischen den aberwitzig Reichen und den tief verschuldeten Armen. Er mischte sich unter die hellenisierte und romanisierte Bevölkerung der Stadt, jene reichen, fehlgeleiteten Juden, die den Kaiser von Rom ebenso ausdauernd rühmten wie den Herrn des Universums. Sicher war er mit den Heldentaten Judas des Galiläers vertraut, denn die Bevölkerung von Sepphoris war zwar nach Judas' Rebellion offenbar gezähmt und kooperierte vorbildlich mit Rom – so gut, dass die Stadt im Jahr 66 n. Chr., als der größte Teil Galiläas sich der Revolte gegen Rom anschloss, sofort ihre Treue zum Kaiser erklärte und während der Schlacht um Jerusalem eine römische Garnison beherbergte –, doch die Erinnerung an Judas den Galiläer und seine Taten verblasste auch in Sepphoris nicht: nicht bei den Arbeitssklaven und Enteigneten; nicht bei jenen, die wie Jesus ihre Tage damit verbrachten, Ziegel zu schleppen, um noch ein weiteres Prachthaus für noch einen weiteren jüdischen Adligen zu bauen. Ganz sicher wusste Jesus von den Eskapaden des Herodes Antipas – «diesem Fuchs», wie Jesus ihn nennt (Lk 13,32) – der bis etwa 20 n. Chr. in Sepphoris lebte. Dann zog er nach Tiberias am Ufer des Sees Gennesaret. Vielleicht bekam Jesus den Mann, der eines Tages seinem Freund und Mentor Johannes dem Täufer den Kopf abschneiden und dasselbe bei ihm versuchen sollte, sogar ziemlich regelmäßig zu sehen.

Kapitel fünf

WO IST DIE FLOTTE, MIT DER IHR DIE RÖMISCHEN MEERE EROBERT?

Pontius Pilatus kam im Jahr 26 n. Chr. nach Jerusalem. Er war der
fünfte Präfekt, den Rom geschickt hatte, um die Besatzungsmacht
in Judäa zu vertreten. Nach dem Tod Herodes' des Großen und
der Absetzung seines Sohnes Archelaos als Ethnarch hatte Rom
beschlossen, dass es wohl das Beste sei, die Provinz direkt zu regieren, nicht mehr durch einen weiteren jüdischen Klientelkönig.
Die Pontii waren Samniten aus der Bergregion Samnium südlich von Rom, einem harten Land aus Stein und Blut und brutalen
Männern, das im 3. Jh. v. Chr. besiegt und unter das römische Joch
gezwungen worden war. Der Nachname Pilatus bedeutete «geübt
im Umgang mit dem Wurfspieß», vielleicht ein Tribut an Pilatus' Vater, dessen Ruhm als römischer Soldat unter Julius Cäsar es
den Pontii erlaubt hatte, von ihrer niederen Herkunft in den römischen Ritterstand aufzusteigen. Pilatus leistete den Militärdienst
für das Reich ab, den man von allen römischen Rittern erwartete,
aber er war kein Soldat wie sein Vater; er war ein Verwalter, der
lieber mit Rechnungen und Listen hantierte als mit Schwertern
und Speeren. Und doch war Pilatus kein weniger harter Mann.
Die Quellen beschreiben ihn als grausam, kaltherzig und streng:
ein stolzer, herrischer Römer mit wenig Respekt vor den Emp-
findlichkeiten unterworfener Völker.

KAPITEL FÜNF: WO IST DIE FLOTTE, MIT DER IHR DIE RÖMISCHEN MEERE EROBERT?

— 81 —

Pilatus' Geringschätzung für die Juden war vom Tag seiner Ankunft in Jerusalem an offensichtlich. Der neue Statthalter in seiner weißen Tunika und dem goldenen Brustharnisch, den roten Mantel über die Schulter drapiert, machte seine Anwesenheit in der Heiligen Stadt bekannt, indem er mit einer Legion römischer Soldaten, die Standarten mit dem Bild des Kaisers trugen, durch Jerusalems Haupttor zog – ein pompöses Schauspiel der Missachtung der jüdischen Gefühle. Später brachte er einen Satz vergoldeter römischer Schilde, die dem Tiberius, dem «Sohn des göttlichen Augustus», geweiht waren, im Tempel von Jerusalem an. Die Schilde waren eine Opfergabe für die römischen Götter, ihre Präsenz im jüdischen Tempel ein bewusster Akt der Blasphemie. Als seine Ingenieure ihm erklärten, dass Jerusalem seine altersschwachen Aquädukte erneuern müsse, nahm Pilatus das Geld für dieses Projekt einfach aus dem Tempelschatz. Gegen die Proteste der Juden entsandte Pilatus seine Soldaten, die sie auf den Straßen niedermachten.

Die Evangelien schildern Pilatus als einen rechtschaffenen, aber willensschwachen Menschen, der so sehr daran zweifelt, ob es richtig ist, Jesus von Nazaret zu töten, dass er alles in seiner Macht Stehende tut, um dessen Leben zu retten, und schließlich seine Hände in Unschuld wäscht, als die Juden Jesu Blut fordern. Das ist reine Fiktion. Bekannt war Pilatus vor allem wegen seiner extremen Brutalität, seiner vollkommenen Gleichgültigkeit gegenüber dem jüdischen Gesetz und der Tradition und seiner kaum verhüllten Abneigung gegen die jüdische Nation. Während seiner Amtszeit in Jerusalem schickte er Tausende und Abertausende Juden so bereitwillig und ohne jeden Prozess ans Kreuz, dass die Einwohner von Jerusalem sich genötigt sahen, eine offizielle Beschwerde beim römischen Kaiser einzureichen.

Trotz oder vielleicht auch wegen seiner kalten, harten Grausamkeit gegenüber den Juden wurde Pontius Pilatus zu einem der am längsten dienenden römischen Statthalter in Judäa. Es war ein gefährlicher und explosiver Job. Die wichtigste Aufgabe des Statthalters bestand darin, den ununterbrochenen Fluss der Steuereinkünfte nach Rom sicherzustellen. Dazu aber musste er eine funktionale, wenn auch fragile Beziehung zum Hohepriester aufrechterhalten; der Statthalter verwaltete die zivilen und wirtschaftlichen Angelegenheiten Judäas, der Hohepriester betreute den jüdischen Kult. Die schwierige Beziehung zwischen den beiden Ämtern führte dazu, dass kein römischer Statthalter oder jüdischer Hohepriester sehr lange amtierte, vor allem in jenen ersten paar Jahrzehnten nach Herodes' Tod nicht. Die fünf Statthalter vor Pilatus blieben jeweils nur ein paar Jahre, mit der einzigen Ausnahme von Pilatus' direktem Vorgänger Valerius Gratus. Doch wo Gratus in seiner Zeit als Statthalter fünf verschiedene Hohepriester ernannte und wieder entließ, musste Pilatus sich in seiner zehnjährigen Amtszeit in Jerusalem mit nur einem Hohepriester auseinandersetzen: mit Josef Kajaphas.

Wie die meisten Hohepriester war Kajaphas ein überaus reicher Mann, wobei sein Reichtum vielleicht eher von der Seite seiner Ehefrau stammte, die die Tochter des früheren Hohepriesters Hannas war. Kajaphas war wohl nicht wegen eigener Verdienste zum Hohepriester ernannt worden, sondern durch den Einfluss seines Schwiegervaters, der es aufgrund seiner Beziehungen schaffte, fünf seiner eigenen Söhne in diese Position zu hieven, und auch während Kajaphas' Amtszeit als graue Eminenz die Fäden in der Hand behielt. Laut Johannes-Evangelium wurde Jesus, nachdem er in Getsemani gefangen genommen worden war, zunächst zur Befragung zu Hannas gebracht, bevor man ihn vor Kajaphas schleppte, der dann das Urteil sprach (Joh 18,13).

Gratus hatte Kajaphas im Jahr 18 n. Chr. zum Hohepriester ernannt, was bedeutet, dass er dieses Amt schon acht Jahre innehatte, als Pilatus nach Jerusalem kam. Kajaphas konnte die Position des Hohepriesters auch deshalb bisher nie dagewesene 18 Jahre lang behaupten, weil er letztendlich eine enge Beziehung zu Pontius Pilatus aufbaute. Die beiden Männer arbeiteten Hand in Hand. Die Zeit ihrer gemeinsamen Herrschaft zwischen 18 n. Chr. und

KAPITEL FÜNF: WO IST DIE FLOTTE, MIT DER IHR DIE RÖMISCHEN MEERE EROBERT?

– 83 –

36 n. Chr. war die stabilste Phase im ganzen 1. Jahrhundert. Gemeinsam schafften sie es, den revolutionären Impuls der Juden unter dem Deckel zu halten, indem sie gnadenlos jede noch so kleine politische Unruhe im Keim erstickten.

Trotz aller Bemühungen gelang es Pilatus und Kajaphas jedoch nicht, den Eifer auszulöschen, der durch die messianischen Aufstände der Jahrhundertwende in den Herzen der Juden entzündet worden war – jene Aufstände des Bandenführers Hiskia, des Simon von Peräa, des Hirtenjungen Athronges und des Galiläers Judas. Nicht lange nach Pilatus' Ankunft in Jerusalem begann eine neue Schar von Predigern, Propheten, Banditen und Messiassen durch das Heilige Land zu ziehen. Sie alle sammelten Jünger, predigten die Befreiung von Rom und versprachen das Kommen des Gottesreiches. Im Jahr 28 n. Chr. begann ein asketischer Prediger namens Johannes, die Menschen im Wasser des Jordan zu taufen und sie durch diesen Akt in die, wie er glaubte, wahre Nation Israel aufzunehmen. Als die Popularität Johannes' des Täufers nicht mehr einzudämmen war, ließ Herodes Antipas, Pilatus' Tetrarch in Peräa, ihn ins Gefängnis werfen und irgendwann um 30 n. Chr. herum hinrichten. Ein paar Jahre später führte ein Zimmermann aus Nazaret namens Jesus eine Schar Jünger in einer triumphalen Prozession nach Jerusalem hinein, wo er in den Tempel stürmte, die Tische der Geldwechsler umwarf und die Opfertiere aus ihren Käfigen befreite. Auch er wurde festgesetzt und von Pilatus zum Tode verurteilt. Wieder drei Jahre später, 36 n. Chr., sammelte ein Messias, der nur als «der Samariter» bekannt war, eine Gruppe Anhänger auf dem Berg Garizim, wo er «heilige Gefäße» offenbaren wollte, die Mose angeblich dort versteckt hatte. Pilatus reagierte mit einer Abteilung römischer Soldaten, die den Garizim bestiegen und die Anhängerschaft des Samariters in Stücke hauten.

Jener letzte Akt ungezügelter Brutalität auf dem Garizim läutete das Ende von Pilatus' Statthalterschaft in Jerusalem ein. Er wurde nach Rom gerufen, um seine Taten vor Kaiser Tiberius zu verantworten, und kehrte nie nach Judäa zurück, sondern wurde noch 36 n. Chr. ins Exil nach Gallien geschickt. In Anbetracht ihrer engen Arbeitsbeziehung war es vielleicht kein Zufall, dass Josef Kajaphas im selben Jahr seine Position als Hohepriester räumen musste.

Ohne Pilatus und Kajaphas ließen sich die revolutionären Leidenschaften der Juden nicht mehr unterdrücken. Mitte des Jahrhunderts spürte man die messianische Energie in ganz Palästina. Im Jahr 44 n. Chr. krönte sich ein Wunder wirkender Prophet namens Theudas selbst zum Messias und führte Hunderte Anhänger zum Jordan, wo er den Fluss teilen wollte, genau wie es Mose 1000 Jahre zuvor mit dem Roten Meer getan hatte. Dies, so verkündete er, sollte der erste Schritt sein, um das Gelobte Land von Rom zurückzuerobern. Die Römer schickten daraufhin ein Heer, das Theudas köpfte und seine Anhänger in die Wüste jagte. Zwei Jahre später starteten zwei Söhne von Judas dem Galiläer, Jakob und Simon, ihre eigene revolutionäre Bewegung in der Nachfolge ihres Vaters und Großvaters; beide wurden ans Kreuz geschlagen.

Um diese messianischen Regungen im Zaum zu halten, hätte Rom eine ruhige, sensible Hand gebraucht, jemanden, der auf das Murren der Juden reagierte und doch Frieden und Ordnung in Judäa und Galiläa hielt. Stattdessen schickte man eine ganze Reihe unfähiger Statthalter nach Jerusalem – einer übler und habgieriger als der andere –, deren Korruption und Unfähigkeit die Wut, die Verbitterung und den apokalyptischen Wahn, die sich überall in Palästina allmählich angestaut hatten, in eine offene Revolution umschlagen ließen.

Es begann mit Ventidius Cumanus, der 48 n. Chr. in Jerusalem stationiert wurde, zwei Jahre, nachdem der Aufstand der Judas-Söhne niedergeschlagen worden war. Cumanus war kaum mehr als ein Dieb und ein Idiot. Eine seiner ersten Amtshandlungen bestand darin, römische Soldaten auf den Dächern der Tempelportiken zu postieren, angeblich zum Schutz vor Chaos und Durcheinander während des Paschafestes. Mitten in der heiligen Zeremonie kam einer dieser Soldaten auf die «witzige» Idee, seine Tunika

KAPITEL FÜNF: WO IST DIE FLOTTE, MIT DER IHR DIE RÖMISCHEN MEERE EROBERT?

– 85 –

hochzuziehen und der Versammlung unten im Hof seinen blanken Hintern zu zeigen. Dabei rief er die ganze Zeit Ausdrücke, die der auf Anstand bedachte Josephus als «Worte, wie man sie bei einer solchen Pose wohl erwarten mag» umschreibt.

Die Menschenmenge tobte vor Wut. Auf dem Tempelplatz brach ein Tumult los. Statt die Situation zu beruhigen, schickte Cumanus eine Kohorte römischer Soldaten auf den Tempelberg, um die in Panik geratene Menschenmenge niederzumetzeln. Die Pilger, die dem Blutbad entkamen, waren in den engen Ausgängen, die aus dem Tempelhof hinausführten, gefangen. Hunderte wurden niedergetrampelt. Die Spannungen eskalierten weiter, als einer von Cumanus' Legionären sich eine Torarolle griff und sie vor einer jüdischen Versammlung in Stücke riss. Cumanus ließ den Soldaten zwar eilig hinrichten, aber das reichte nicht, um die wachsende Wut und Verbitterung der Juden zu besänftigen.

Die Lage spitzte sich zu, als eine Gruppe jüdischer Reisender aus Galiläa auf dem Weg nach Jerusalem in Samarien angegriffen wurde. Als Cumanus die Klage der Juden abwies, angeblich, weil die Samariter ihn bestochen hatten, nahm eine Schar Banditen unter Eleasar, dem Sohn des Dinaios, das Gesetz in die eigenen Hände. Sie wüteten in Samarien und töteten alle Samariter, die ihnen in die Hände fielen. Das war mehr als ein blutiger Racheakt; es war die Freiheitserklärung eines Volkes, das genug davon hatte, dass Recht und Ordnung in den Händen eines betrügerischen und launischen Verwalters aus Rom lagen. Der Gewaltausbruch zwischen Juden und Samaritern brachte das Fass in den Augen des Kaisers zum Überlaufen. Im Jahr 52 n. Chr. wurde Ventidius Cumanus ins Exil geschickt, und Antonius Felix reiste an seiner Stelle nach Jerusalem.

Als Statthalter war Felix nicht besser als sein Vorgänger. Wie Cumanus begegnete er den Juden mit tiefster Verachtung. Er nutzte die Macht des Geldes, um die verschiedenen jüdischen Gruppierungen in Jerusalem zu seinem Nutzen gegeneinander auszuspielen. Offenbar pflegte er zunächst eine enge Freundschaft mit dem Hohepriester Jonatan, einem der fünf Söhne des Hannas, die dieses Amt ausfüllten. Felix und Jonatan arbeiteten zusammen im Kampf gegen die Räuberbanden, die Judäa durchstreiften; Jonatan war vielleicht sogar beteiligt, als Felix Eleasar gefangen nahm. Er wurde nach Rom gebracht und gekreuzigt. Doch sobald der Hohepriester seine Schuldigkeit getan hatte, ließ Felix ihn fallen. Es heißt, Felix habe bei den folgenden Ereignissen seine Hand im Spiel gehabt, denn unter seiner Statthalterschaft bildete sich ein neues Banditentum in Jerusalem: eine schattenhafte Gruppe jüdischer Rebellen, die die Römer *Sicarii* oder «Dolchträger» nannten, weil sie gern mit kleinen, leicht zu verbergenden Dolchen, den *sicae*, arbeiteten, wenn sie die Feinde Gottes auslöschten.

Die Sikarier waren von einer apokalyptischen Weltsicht und einer glühenden Hingabe an die Errichtung der Gottesherrschaft auf Erden angetriebene Zeloten. Natürlich waren sie fanatische Gegner der römischen Besatzung, wobei sie sich ihre Rachegelüste vor allem für die Juden der reichen Priesteraristokratie aufsparten, die mit den Römern gemeinsame Sache machten. Die Sikarier waren furchtlos und nicht zu stoppen, sie ermordeten ihre Gegner ungestraft am helllichten Tag mitten in der Stadt inmitten großer Menschenmengen an Festtagen und Feiern. Sie mischten sich unter Versammlungen und Zuschauermengen, die Dolche in den Mänteln verborgen, bis sie nahe genug waren, um zuzustoßen. Während der Tote dann blutüberströmt zu Boden sank, ließen die Sikarier ihre Dolche wieder in den Scheiden verschwinden und schlossen sich den empörten Rufen der panischen Menge an.

Der Anführer der Sikarier war damals ein junger jüdischer Revolutionär namens Manaim, der Enkel von niemand anderem als dem gescheiterten Messias Judas dem Galiläer. Manaim teilte den Hass seines Großvaters auf die reiche Priesteraristokratie im Allgemeinen und die salbungsvollen Hohepriester im Besonderen. In den Augen der Sikarier war Jonatan, der Sohn des Hannas, ein Blender: ein Dieb und Betrüger, der sich am Leiden seines Volkes bereicherte. Er hatte die Leibeigenschaft der Juden ebenso zu ver-

KAPITEL FÜNF: WO IST DIE FLOTTE, MIT DER IHR DIE RÖMISCHEN MEERE EROBERT?

− 87 −

antworten wie der heidnische Kaiser in Rom. Seine Anwesenheit auf dem Tempelberg entehrte die ganze Nation. Seine bloße Existenz war dem Herrn ein Gräuel. Er musste sterben.

Im Jahr 56 n. Chr. gelang den Sikariern unter Manaims Führung schließlich, wovon Judas der Galiläer nur hatte träumen können. Während des Paschafestes drängte sich ein Attentäter der Sikarier durch die Pilgermengen auf dem Tempelberg, bis er dem Hohepriester Jonatan nahe genug war, um einen Dolch zu ziehen und ihm die Kehle durchzuschneiden. Dann verschwand er wieder in der Menge.

Der Mord am Hohepriester versetzte ganz Jerusalem in Panik. Wie konnte der Anführer der jüdischen Nation, Gottes Repräsentant auf Erden, am hellen Tage mitten auf dem Tempelhof und offenbar straffrei getötet werden? Viele wollten einfach nicht glauben, dass der Schuldige ein Jude war. Es gab Gerüchte, dass der römische Statthalter Felix selbst das Attentat in Auftrag gegeben habe. Wer sonst konnte so gottlos sein und das Blut des Hohepriesters im Tempelbezirk vergießen?

Doch das Terrorregime der Sikarier hatte gerade erst begonnen. Mit dem Schlachtruf «Kein Herr außer Gott!» auf den Lippen griffen sie die Angehörigen der jüdischen Oberschicht an, raubten ihren Besitz, kidnappten ihre Verwandten und brannten ihre Häuser nieder. Mit dieser Taktik säten sie eine solche Angst in den Herzen der Juden, dass Josephus schreibt: «Schrecklicher noch als ihre Verbrechen war die Furcht, die sie verbreiteten. Jeder erwartete stündlich den Tod, wie im Krieg.»

Mit Jonatans Tod erreichte die messianische Begeisterung einen Höhepunkt. Unter den Juden herrschte weithin die Meinung, dass hier gerade etwas Umstürzendes passierte. Es war ein aus der Verzweiflung heraus geborenes Gefühl, genährt durch ein Volk, das sich nach einer Befreiung von der Fremdherrschaft sehnte. Der Glaubenseifer, der die revolutionäre Glut der Banditen, Propheten und Messiasse befeuert hatte, kursierte jetzt auch in der Bevölkerung wie ein Virus, das sich durch den Körper bewegt. Er konnte nicht länger auf dem Land eingedämmt werden; sein Einfluss war in den kleinen und großen Städten, ja sogar in Jerusalem zu spüren. Es waren nicht mehr nur die Kleinbauern und Ausgestoßenen, die flüsternd von den großen Königen und Propheten sprachen, die Israel früher schon von seinen Feinden befreit hatten. Die Reichen und die sozialen Aufsteiger spürten ebenfalls immer stärker den glühenden Wunsch, das Heilige Land von der römischen Besatzung zu säubern. Zeichen gab es überall. Die Schriften sollten sich bald erfüllen. Das Ende aller Tage war nahe.

In Jerusalem tauchte plötzlich ein heiliger Mann namens Jesus, Sohn des Ananias, auf und sagte die Zerstörung der Stadt und die bevorstehende Wiederkehr des Messias voraus. Ein anderer Mann, ein mysteriöser Zauberer, der sich nur «der Ägypter» nannte, erklärte sich zum König der Juden und scharte Tausende Anhänger auf dem Ölberg um sich, wo er gelobte, er werde wie Josua in Jericho die Mauern Jerusalems zu Fall bringen. Die Menge wurde von römischen Soldaten niedergemacht, der Ägypter allerdings entkam, soviel wir wissen.

Felix' unbeholfene Reaktion auf all diese Ereignisse führte letztendlich zu seiner Abberufung. Er wurde durch Porcius Festus ersetzt, doch der erwies sich als ebenso unfähig im Umgang mit der unruhigen jüdischen Bevölkerung, egal ob auf dem Lande, wo die Zahl der Propheten und Messiasse, die Jünger um sich scharten und die Befreiung von Rom predigten, außer Kontrolle geriet, oder in Jerusalem, wo die Sikarier, die durch die Ermordung des Hohepriesters Jonatan Auftrieb erhalten hatten, jetzt töteten und raubten, wie sie wollten. Festus stand durch die schwierige Situation so unter Stress, dass er bald nach Amtsantritt starb. Sein Nachfolger Lucceius Albinus war berüchtigt für seine Dekadenz, seine Betrügereien und seine Inkompetenz. Er verbrachte seine zwei Jahre in Jerusalem damit, die Bevölkerung auszuplündern und sich auf ihre Kosten zu bereichern. Die kurze, turbulente Amtszeit seines Nachfolgers Gessius Florus blieb in Erinnerung, weil im Vergleich zu ihm die Jahre unter Albinus in der Rückschau geradezu

KAPITEL FÜNF: WO IST DIE FLOTTE, MIT DER IHR DIE RÖMISCHEN MEERE EROBERT?

– 89 –

friedlich wirkten – und weil er der letzte römische Statthalter in Jerusalem sein sollte.

Man schrieb jetzt das Jahr 64 n. Chr. Zwei Jahre später brachen sich Wut, Verbitterung und messianischer Eifer, die sich überall im Land aufgestaut hatten, in einer offenen Revolte gegen Rom Bahn. Cumanus, Felix, Festus, Albinus, Florus – jeder dieser Statthalter hatte Anteil am Jüdischen Aufstand. Rom selbst trug durch Missmanagement und überharte Besteuerung der überlasteten Bevölkerung die Schuld daran. Sicher hatte auch der jüdische Adel mit seinen ständigen Auseinandersetzungen und seinem kriecherischen Bemühen, durch die Bestechung römischer Beamter Macht und Einfluss zu gewinnen, den Zerfall der Gesellschaftsordnung mit zu verantworten. Und zweifellos spielte das Führungspersonal des Tempels eine Rolle, indem es das weit verbreitete Gefühl der ungerechten Behandlung nährte und die erdrückende Armut provozierte, die so vielen Juden keine andere Wahl ließ als die Gewalt. Wenn man zu all diesem noch die Enteignung von Privatland, die weit verbreitete Arbeitslosigkeit, die Vertreibung und erzwungene Urbanisierung der Kleinbauern und die Dürren und Hungersnöte nahm, die in Judäa und Galiläa weite Landstriche verheerten, war es nur eine Frage der Zeit, bis das Feuer der Rebellion ganz Palästina erfassen würde. Es fehlte nur noch eine Provokation, und sei sie noch so klein, und die ganze jüdische Nation würde in einer offenen Revolte explodieren – und der Statthalter war dumm genug, diese Provokation zu liefern.

Im Mai 66 n. Chr. erklärte Florus plötzlich, dass die Juden Rom 100 000 Denare an noch nicht gezahlten Steuern schuldeten. Mit einer Armee Leibwächter drang er in den Tempel ein und ließ die Schatzkammer öffnen. Er raubte das Geld, das die Juden Gott als Opfer dargebracht hatten. Als daraufhin ein Tumult losbrach, schickte Florus etwa 1000 römische Soldaten in die Oberstadt, wo sie wahllos Männer, Frauen und Kinder töteten. Sie drangen in die Häuser ein und ermordeten die Menschen in ihren Betten. Die Stadt versank im Chaos. Es drohte ein offener Krieg.

Um die Situation zu beruhigen, schickten die Römer den Juden einen der Ihren: Agrippa II., dessen Vater Agrippa I. es geschafft hatte, seine Beliebtheit als jüdischer Anführer zu wahren und gleichzeitig eine enge Beziehung zu Rom zu pflegen. Der Sohn erreichte zwar nicht die Popularität seines verstorbenen Vaters, aber er war das Beste, was die Römer zu bieten hatten, um die angespannte Situation in Jerusalem zu entschärfen.

Der junge Agrippa eilte in die Heilige Stadt in einem allerletzten Versuch, einen Krieg noch einmal abzuwenden. Er stellte sich, seine Schwester Berenike an seiner Seite, auf das Dach des Königspalastes und bat die Juden, die Situation realistisch zu sehen. «Werdet Ihr dem ganzen Römischen Reich trotzen?», fragte er. «Auf welche Armee, auf welche Waffen stützt ihr euch? Wo ist die Flotte, mit der ihr die römischen Meere erobert? Wo ist die Kriegskasse, mit der ihr eure Feldzüge finanziert? Glaubt ihr denn, dass ihr gegen Ägypter oder Araber in den Krieg ziehen werdet? Verschließt ihr eure Augen vor der Macht des Römischen Reiches? Werdet ihr nicht eure eigene Schwäche vorgeführt bekommen? Seid ihr reicher als die Gallier, stärker als die Germanen, intelligenter als die Griechen, zahlreicher als all die Völker der Welt? Woher nehmt ihr das Selbstvertrauen, den Römern die Stirn zu bieten?»

Natürlich hatten die Revolutionäre eine Antwort auf Agrippas Frage. Es war der Glaubenseifer, der sie anspornte. Eben jener Eifer, der die Makkabäer zwei Jahrhunderte zuvor dazu befeuert hatte, die Seleukidenherrschaft abzuschütteln, der den Israeliten geholfen hatte, das Gelobte Land überhaupt erst zu erobern, jener Eifer sollte dieser zusammengewürfelten Truppe jüdischer Revolutionäre erlauben, die Fesseln der römischen Besatzung abzuwerfen.

Die Menschen lachten Agrippa und Berenike aus und kümmerten sich nicht weiter um sie. Die Geschwister mussten aus der Stadt fliehen. Bis zu diesem Moment hätte ein Krieg mit Rom jedoch immer noch vermieden werden können, wenn nicht ein junger Mann namens Eleasar gehandelt hätte, der als Tempelhauptmann die Macht besaß, Störungen in der Umgebung des

Tempels zu unterbinden. Unterstützt von einer Gruppe einfacher Priester riss Eleasar die Kontrolle über den Tempel an sich und beendete die täglichen Opfer für den Kaiser. Das Signal an Rom war klar: Jerusalem hatte seine Unabhängigkeit erklärt. Innerhalb kurzer Zeit sollten der Rest von Judäa und Galiläa, Idumäa und Peräa, Samarien und alle Dörfer im Jordantal folgen. Manaim und die Sikarier eilten dem Tempelhauptmann zu Hilfe. Gemeinsam vertrieben sie alle Nichtjuden aus Jerusalem, wie die Schriften es forderten. Sie spürten den Hohepriester auf, der bei Beginn der Kämpfe sofort in Deckung gegangen war, und töteten ihn. Dann steckten sie in einem höchst symbolischen Akt das öffentliche Archiv in Brand. Die Kontobücher der Schuldeneintreiber und Geldverleiher, die Besitzurkunden und Akten – alles ging in Flammen auf. Es gab jetzt keine Aufzeichnungen mehr darüber, wer reich war und wer arm. Alle würden in dieser neuen und göttlich inspirierten Weltordnung von vorn anfangen.

Sobald sie die Unterstadt unter ihrer Kontrolle hatten, begannen sich die Rebellen gegen den unausweichlichen römischen Angriff zu wappnen. Doch statt einem starken Heer schickte Rom unerklärlicherweise nur eine kleine Truppe nach Jerusalem, die von den Rebellen problemlos zurückgeschlagen wurde. Die Aufrührer wandten sich sodann gegen die Oberstadt, wo sich die wenigen in Jerusalem verbliebenen Soldaten in einer römischen Garnison verschanzt hatten. Diese stimmten einer Kapitulation im Austausch gegen sicheres Geleit aus der Stadt zu, doch als sie ihre Waffen niederlegten und ihre Festung verließen, gingen die Rebellen auf sie los und machten sie bis zum letzten Mann nieder – so entfernten sie die Geißel der römischen Besatzung ganz und gar aus der Stadt Gottes.

Jetzt gab es kein Zurück mehr. Die Juden hatten dem größten Reich, das die Welt je gesehen hatte, den Krieg erklärt.

Kapitel sechs

═══════════════

JAHR EINS

Letztendlich waren es gerade einmal 1000 Männer, Frauen und Kinder – die letzten Rebellen –, die den römischen Ansturm überlebten. Man schrieb das Jahr 73 n. Chr. Was mit den Sikariern begonnen hatte, endete passenderweise auch mit den Sikariern. Die Stadt Jerusalem war schon bis auf die Grundmauern niedergebrannt, die Stadtmauer eingerissen, die Bevölkerung ermordet. Ganz Palästina stand wieder unter römischer Kontrolle. Von der Rebellion übrig geblieben waren nur diese letzten Sikarier, die mit ihren Frauen und Kindern aus Jerusalem geflohen waren, um sich in der Festung Masada am Westufer des Toten Meeres zu verschanzen. Jetzt saßen sie dort auf dem isolierten Tafelberg mitten in der öden Wüste fest und schauten hilflos zu, wie eine Phalanx römischer Soldaten sich allmählich mit erhobenen Schilden und gezogenen Schwertern die Felswand hocharbeitete, bereit, der Rebellion, die sieben Jahre zuvor begonnen hatte, endgültig ein Ende zu machen.

Die Sikarier waren in den ersten Tagen nach dem Beginn des Kriegs mit Rom erstmals nach Masada gekommen. Die praktisch uneinnehmbare natürliche Festung 400 Meter über dem Toten Meer hatte den Juden schon lange als Zufluchtsort gedient. David versteckte sich hier vor König Saul, als der seine Männer ausschickte, um den Hirtenjungen, der ihm eines Tages die Krone entwinden sollte, zur Strecke zu bringen. Die Makkabäer nutzten Masada während ihrer Revolte gegen die Seleukiden als Militärbasis. Ein Jahrhundert später verwandelte Herodes der Große die Anlage in eine richtige Festungsstadt. Er ebnete den bootsförmigen Gipfel ein und umfasste ihn mit einer dicken Mauer aus weißem Kalkstein. Herodes ließ Lagerhäuser und Kornspeicher anlegen, Regenwasserzisternen, ja sogar ein Schwimmbad. Und er lagerte einen gewaltigen Waffenvorrat in der Festung, angeblich ausreichend, um 1000 Mann auszurüsten. Für sich und seine Familie baute der König der Juden einen monumentalen dreistöckigen Palast, der knapp unter dem Rand des Gipfels am nördlichen Bug der Felswand hing, mit Bädern, glitzernden Kolonnaden, bunten Mosaiken und einer phantastischen 180-Grad-Aussicht auf das salzweiße Tal des Toten Meeres.

Nach Herodes' Tod fielen die Festung und die Paläste einschließlich des Waffenverstecks in römische Hände, doch als die jüdische Rebellion im Jahr 66 n. Chr. begann, entwanden die Sikarier unter der Führung Manaims Masada der römischen Kontrolle und nahmen die Waffen wieder mit zurück nach Jerusalem, um sich dort dem Tempelhauptmann Eleasar anzuschließen. Nachdem die Rebellen die Stadt in ihre Hand gebracht und das Tempelarchiv zerstört hatten, feierten sie ihre schwer errungene Unabhängigkeit auch mit eigenen Münzen. Sie trugen Siegessymbole – Kelche und Palmzweige – und Parolen wie «Freiheit Zions» und «Jerusalem ist heilig», nicht auf Griechisch, in der Sprache der Heiden und Götzenanbeter, sondern auf Hebräisch. Alle Münzen waren selbstbewusst auf das «Jahr eins» datiert, als sei eine ganz neue Ära angebrochen. Die Propheten hatten recht behalten. Dies war das Gottesreich.

Doch mitten in den Feiern, Jerusalem war gerade einigermaßen sicher und es herrschte eine fragile Ruhe in der Stadt, tat Manaim etwas Unerwartetes. Er legte purpurfarbene Gewänder an und zog in einer triumphalen Prozession in den Hof des Tempels ein, wo er sich, flankiert von seinen bewaffneten Anhängern unter den Sikariern, öffentlich zum Messias, dem König der Juden ausrief. In mancher Hinsicht ergab Manaims Vorgehen durchaus Sinn. Wenn das Reich Gottes tatsächlich gekommen war, wurde es schließlich Zeit, dass der Messias erschien, um es im Namen Gottes zu regieren. Und wer sollte die königlichen Gewänder anlegen und auf dem Thron sitzen, wenn nicht Manaim, Enkel des Galiläers Judas, Urenkel des Bandenführers Hiskia? Manaims Auftritt als Messias war in den Augen seiner Anhänger nur die Umsetzung der Prophezeiungen, der letzte Schritt bei der Herbeiführung der Letzten Tage. Der Tempelhauptmann Eleasar jedoch sah das ganz anders. Er und seine Verbündeten unter den einfachen Priestern waren wütend über das, was sie als einen unverfrorenen Griff der Sikarier nach der Macht betrachteten. Sie heckten einen Plan aus, um den selbst ernannten Messias umzubringen und die Stadt von seinen lästigen Anhängern zu befreien. Während Manaim noch in seinem Königsstaat im Tempel paradierte, stürmten Eleasars Männer plötzlich den Tempelberg und überwältigten seine Wachen. Sie zogen Manaim hinaus ins Freie und folterten ihn zu Tode. Die überlebenden Sikarier flohen sofort aus Jerusalem. Sie sammelten sich in ihrem Hauptquartier, der Festung Masada, wo sie bis Kriegsende ausharrten.

Sieben Jahre warteten die Sikarier dort. Während die Römer sich neu formierten und zurückkehrten, um Palästina den Rebellen zu entwinden, während die Dörfer und Städte Judäas und Galiläas nach und nach dem Erdboden gleichgemacht und ihre Einwohner durch das Schwert gezähmt wurden, während Jerusalem selbst belagert und seine Einwohner langsam ausgehungert wurden, warteten die Sikarier in ihrer Bergfestung. Erst nachdem alle aufständischen Städte zerstört und das Land wieder unter Kontrolle gebracht war, wandten sich die Römer Masada zu.

Das lange erwartete römische Regiment erschien schließlich 73 n. Chr., drei Jahre nach dem Fall von Jerusalem, am Fuße des

Berges, auf dem Masada lag. Weil die Soldaten die Festung nicht direkt angreifen konnten, errichteten sie zunächst eine massive Mauer rund um den Fuß des Berges, um sicherzustellen, dass kein Rebell unentdeckt entkam. Nachdem das Terrain so gesichert war, bauten die Römer eine steile Rampe am gähnenden Abgrund auf der Westseite der Felswand, indem sie über Wochen Tausende Tonnen Sand und Steine aufschütteten, während die Rebellen sie von oben mit Steinen bewarfen. Dann schoben die Soldaten einen riesigen Belagerungsturm die Rampe hinauf, von dem aus sie die Rebellen tagein, tagaus mit Pfeilen und Wurfgeschossen bombardierten. Als Herodes' Umfassungsmauer schließlich nachgab, stand nur noch eine eilig gebaute innere Mauer zwischen den Römern und den letzten jüdischen Rebellen. Die Römer setzten die Mauer in Brand, kehrten dann in ihre Lager zurück und warteten geduldig darauf, dass sie von selbst zusammenbrach.

Die in Herodes' Palast versammelten Sikarier wussten, dass dies das Ende war. Die Römer würden mit ihnen und ihren Familien das Gleiche tun wie mit den Bewohnern Jerusalems. Einer ihrer Anführer brach schließlich das bleierne Schweigen und sagte: «Meine Freunde, da wir uns schon lange entschlossen haben, nie den Römern oder jemand anderem als Gott selbst, der allein der wahre und gerechte Herr der Menschheit ist, untertan zu sein, ist jetzt die Zeit gekommen, diesen Entschluss durch die Tat zu bekräftigen.» Er zog seinen Dolch und sprach noch einen letzten Satz: «Gott hat uns die Gnade gewährt, tapfer zu sterben und als freie Menschen, was jenen [in Jerusalem], die unversehens überwältigt wurden, nicht vergönnt war.»

Die Rede zeitigte die gewünschte Wirkung. Während die Römer noch ihren letzten Angriff auf Masada vorbereiteten, zogen die Rebellen Lose, um die Reihenfolge festzulegen, in der sie ihren grausigen Plan ausführen würden. Dann zückten sie ihre Dolche – eben jene Dolche, die ihnen den Namen gegeben hatten, jene Dolche, mit deren Schnitt durch die Kehle des Hohepriesters der unselige Krieg gegen Rom begonnen hatte – und begannen ihre

Frauen und Kinder zu töten, bevor sie die Messer gegeneinander richteten. Die letzten zehn Männer wählten einen, der die anderen neun tötete. Dann setzte er den Palast in Brand. Und schließlich brachte auch er sich um.

Am nächsten Tag standen die Römer triumphierend in der bisher uneinnehmbaren Festung Masada, doch alles, was sie dort antrafen, war eine geisterhafte Stille: neunhundertsechzig tote Männer, Frauen und Kinder. Der Krieg war vorbei. Es fragt sich nur, warum er so lange gedauert hat.

Die Nachricht vom Jüdischen Aufstand hatte Kaiser Nero schnell erreicht, und er befahl sofort einem seiner zuverlässigsten Männer, nämlich Titus Flavius Vespasianus, Jerusalem zurückzuerobern. An der Spitze eines gewaltigen Heeres mit über 60 000 Soldaten brach Vespasian sofort nach Syrien auf, während sein Sohn Titus nach Ägypten ging, um die in Alexandria stationierten römischen Legionen zu mobilisieren. Er sollte sie durch Idumäa nach Norden führen, während sein Vater vom Norden her nach Galiläa vordrang. So wollten sie die Juden in die Zange nehmen und die Rebellion praktisch zerquetschen.

Eine nach der anderen beugten sich die aufständischen Städte der Macht Roms. Titus und Vespasian zogen eine Spur der Verwüstung durch das Heilige Land. Im Jahr 68 n. Chr. waren ganz Galiläa sowie Samarien, Idumäa, Peräa und die gesamte Region um das Tote Meer außer Masada wieder fest in römischer Hand. Vespasian musste seine Heere nur noch nach Judäa hineinschicken, um den Ausgangspunkt der Rebellion zu vernichten: Jerusalem.

Doch während der Vorbereitungen für diesen letzten Angriff erhielt Vespasian die Nachricht, dass Nero sich das Leben genommen hatte. Rom war in Aufruhr. In der Hauptstadt tobte ein Bürgerkrieg. Im Laufe einiger weniger kurzer Monate riefen sich drei Männer – Galba, Otho und Vitellius – nacheinander zum Kaiser aus und wurden jeweils von ihrem Nachfolger gewaltsam gestürzt. Gesetz und Ordnung in Rom brachen völlig zusammen, Diebe und Randalierer raubten die Bevölkerung aus, ohne Konsequenzen fürchten zu müssen. Seit dem Krieg zwischen Octavian und Marcus Antonius 100 Jahre zuvor hatten die Römer nicht mehr solche inneren Unruhen erlebt. Tacitus beschrieb sie als eine Zeit «reich an Katastrophen, schrecklich an Schlachten, zerrissen von inneren Kämpfen, entsetzlich selbst im Frieden».

Angespornt von den Legionären unter seinem Kommando unterbrach Vespasian seinen Feldzug in Judäa und eilte nach Rom, um selbst Ansprüche auf den Thron anzumelden. Die Eile war offenbar unbegründet. Lange bevor er die Hauptstadt im Sommer 70 n. Chr. erreichte, hatten seine Unterstützer schon die Kontrolle übernommen, seine Rivalen ermordet und Vespasian zum alleinigen Kaiser ausgerufen.

Doch das Rom, als dessen Herrscher Vespasian sich jetzt wiederfand, hatte einen tiefen Wandel durchgemacht. Durch die massiven inneren Unruhen hatte sich im Volk eine tiefe Bestürzung und Unsicherheit angesichts der schwindenden römischen Macht ausgebreitet. Vor allem die Situation im fernen Judäa war ärgerlich. Schlimm genug, dass die unbedeutenden Juden überhaupt einen Aufstand gewagt hatten; unfassbar aber, dass die Rebellion nach drei langen Jahren noch immer nicht niedergeschlagen war. Natürlich revoltierten auch andere unterworfene Völker. Aber hier ging es nicht um Gallier oder Briten; hier ging es um abergläubische Kleinbauern, die mit Steinen warfen. Die Größenordnung des Jüdischen Aufstands und die Tatsache, dass er zu einer Zeit tiefer sozialer und politischer Verwerfungen in Rom stattfand, hatten eine Art Identitätskrise in der römischen Bürgerschaft ausgelöst.

Vespasian wusste, dass er die Aufmerksamkeit der Römer von ihren heimischen Schwierigkeiten auf eine spektakuläre Eroberung lenken musste, um seine Herrschaft zu konsolidieren und das Entsetzen, das Rom befallen hatte, in den Griff zu bekommen. Ein kleiner Sieg war da nicht genug. Was der Kaiser brauchte, war die vernichtende Niederlage eines Feindes. Er brauchte einen Triumph: eine sagenhafte Inszenierung römischer Macht, das volle Programm mit Gefangenen, Sklaven und Kriegsbeute, um seine Bürger für sich zu gewinnen und seine Untertanen wieder das Fürchten zu lehren. Und so machte sich Vespasian also sofort nach der Thronbesteigung daran, die Aufgabe zu erledigen, die er in Judäa unvollendet gelassen hatte. Er würde den Jüdischen Aufstand nicht einfach niederwerfen; das wäre zu wenig. Er würde die Juden ausrotten. Er würde sie vom Angesicht der Erde tilgen. Ihr Territorium verheeren. Ihren Tempel niederbrennen. Ihren Kult vernichten. Ihren Gott töten.

Von Rom aus befahl Vespasian seinem Sohn Titus, sofort Jerusalem anzugreifen und keine Kosten und Mühen zu scheuen, um die Rebellion der Juden zu einem schnellen und abschließenden Ende zu bringen. Der Kaiser konnte nicht wissen, dass die Rebellion eigentlich sowieso kurz vor dem Zusammenbruch stand.

Nachdem Manaim ermordet und die Sikarier aus Jerusalem vertrieben worden waren, bereiteten sich die Rebellen auf den römischen Angriff vor, mit dem sie sicher rechneten. Die Stadtmauern wurden verstärkt, Schwerter und Pfeile gesammelt, Rüstungen geschmiedet, Katapulte und Wurfgeschosse rund um die Stadt verteilt. Jungen wurden eilig im Nahkampf ausgebildet. Die ganze Stadt war in Panik, die Rebellen bemannten ihre Positionen und warteten darauf, dass die Römer zurückkehren und Jerusalem wieder für sich beanspruchen würden.

Aber die Römer kamen nicht. Sicher wussten die Rebellen, was um sie herum geschah. Jeden Tag strömten Scharen verletzter und blutüberströmter Flüchtlinge nach Jerusalem hinein; die Stadt platzte aus allen Nähten. Doch die römischen Vergeltungsmaßnahmen konzentrierten sich bisher auf das Land und wichtige Rebellenhochburgen wie Tiberias, Gamala und Gischala. Je länger die Aufständischen darauf warteten, dass die Römer nach Jerusalem kamen, desto brüchiger und instabiler wurde die Führung der Stadt.

Schon früh war eine Art Übergangsregierung gebildet worden. Sie bestand vor allem aus Angehörigen der Priesteraristokratie, die sich den Rebellen, wenn auch meist widerwillig, angeschlossen hatten. Diese sogenannte «gemäßigte» Partei wollte sich mit Rom einigen, falls das noch möglich war. Sie wollte bedingungslos kapitulieren, um Gnade bitten und sich wieder unter die römische Herrschaft stellen. Die Gemäßigten genossen viel Unterstützung in Jerusalem, vor allem unter den reicheren Juden, die einen Weg suchten, ihren Status und ihren Besitz zu wahren, von ihrem Leben ganz zu schweigen.

Doch eine noch größere und lautstärkere Partei in Jerusalem war überzeugt, dass Gott die Juden in den Krieg gegen Rom geführt hatte und dass Gott sie auch zum Sieg führen werde. Im Moment mochten die Lage düster und der Feind unbesiegbar erscheinen. Aber das gehörte zum göttlichen Plan. Warnten nicht die Propheten vor den letzten Tagen: «Plötzlich werden besäte Felder ohne Frucht erscheinen, und volle Scheuern werden plötzlich leer gefunden» (4 Esr 6,22)? Wenn jedoch die Juden nur treu zum Herrn stünden, dann würden sie Jerusalem schon sehr bald in seiner ganzen Herrlichkeit sehen. Die Trompeten würden erschallen, und alle, die sie hörten, würden von Furcht ergriffen werden. Die Berge würden sich senken und die Erde werde sich öffnen, um Gottes Feinde zu verschlingen. Die Voraussetzung dafür war nur Treue zu Gott. Treue und Glaubenseifer.

An der Spitze dieses Lagers stand eine Koalition aus Kleinbauern, einfachen Priestern, Räuberbanden und gerade erst angekommenen Flüchtlingen, die eine entschieden revolutionäre Gruppierung, die Partei der Zeloten, bildeten. Die armen, frommen und antiaristokratischen Mitglieder der Zelotenpartei wollten der ursprünglichen Zielsetzung der Revolte treu bleiben: Sie wollten das Heilige Land säubern und Gottes Herrschaft auf Erden errichten. Gewaltsam widersetzten sie sich der Übergangsregierung und deren Plan, die Stadt den Römern zu übergeben. Das war Blasphemie. Es war Verrat. Und die Zelotenpartei wusste, welche Strafe auf beides stand.

Die Zeloten übernahmen den inneren Hof des Tempels, zu dem nur die Priester Zutritt hatten, und entfesselten von dort aus eine

Terrorwelle gegen all jene, die in ihren Augen nicht hinreichend loyal gegenüber dem Aufstand waren: gegen den reichen Adel und die Juden der Oberschicht; die alten herodianischen Adligen und die frühere Führung des Tempels; die Oberpriester und alle, die sich dem gemäßigten Lager angeschlossen hatten. Die Anführer der Zelotenpartei stellten ein eigenes Schattenkabinett auf und zogen Lose, um den nächsten Hohepriester zu bestimmen. Das Los fiel auf einen ungebildeten Kleinbauern vom Lande namens Phanni, Sohn des Samuel. Er wurde in die protzigen Roben des Hohepriesters gesteckt und vor den Zugang zum Allerheiligsten gestellt. Man erklärte ihm, wie er die Opfer zu vollziehen hatte, während die Reste des Priesteradels von Weitem zusahen und die Entweihung ihrer heiligen Blutlinie beweinten.

Das Blutvergießen und die internen Auseinandersetzungen zwischen den rivalisierenden Gruppen hielten an. Zudem strömten immer mehr Flüchtlinge in die Stadt, was die Querelen, die ganz Jerusalem zu verschlingen drohten, weiter anheizte. Nachdem die Gemäßigten mundtot gemacht worden waren, gab es jetzt drei große Lager, die einander die Kontrolle über die Stadt streitig machten. Während die Zelotenpartei, etwa 2500 Männer, den inneren Hof des Tempels besetzt hielt, fielen die äußeren Höfe dem früheren Anführer des Aufstands in Gischala in die Hände, einem wohlhabenden Bürger namens Johannes, der nur knapp der Zerstörung seiner Heimatstadt durch die Römer entkommen war.

Zunächst schlug sich Johannes von Gischala auf die Seite der Zelotenpartei, mit der er die Hingabe an die religiösen Prinzipien der Revolution teilte. Ob man Johannes selbst als Zeloten bezeichnen kann, ist schwer zu sagen. Zweifellos war er ein glühender Nationalist mit einem tiefen Hass auf Rom, und das zu einer Zeit, in der nationale Gefühle und messianische Erwartung untrennbar miteinander verbunden waren. Er ließ sogar die heiligen Gefäße des Tempels einschmelzen und daraus Kriegsgerät herstellen, mit dem er die Heere Roms bekämpfen wollte. Doch ein Streit um die Kontrolle über den Tempel führte schließlich zum Bruch mit der

Zelotenpartei und zur Bildung einer eigenen Koalition, die aus etwa 6000 Kämpfern bestand.

Das dritte und größte Rebellenlager in Jerusalem wurde von Simon bar Giora angeführt, einem der Bandenchefs, die den ersten Angriff auf Jerusalem unter Cestius Gallus zurückschlugen. Simon hatte das erste Jahr des Jüdischen Aufstands damit verbracht, durch Judäa zu ziehen, die Ländereien der Reichen zu plündern, Sklaven zu befreien und sich einen Namen als Verteidiger der Armen zu machen. Nach einem kurzen Aufenthalt bei den Sikariern in Masada kam Simon mit einer großen, ihm persönlich unterstehenden Armee von 10000 Mann nach Jerusalem. Zuerst hieß ihn die Stadt freudig willkommen. Man hoffte, dass er die Exzesse der Zelotenpartei dämpfen und Johannes von Gischala, der immer autoritärer auftrat, die Flügel stutzen werde. Simon gelang es zwar nicht, seinen Rivalen den Tempel zu entwinden, aber er schaffte es immerhin, die Ober- und die Unterstadt weitgehend unter seine Kontrolle zu bringen.

Simon unterschied sich jedoch dadurch deutlich von den anderen Rebellenführern in Jerusalem, dass er sich von der ersten Minute an unverfroren als Messias und König präsentierte. Wie Manaim vor ihm kleidete Simon sich in königliche Gewänder und stolzierte als ihr Erretter durch die Stadt. Er erklärte sich selbst zum «Herrn von Jerusalem» und nutzte seine Stellung als von Gott Gesalbter, um die Juden der Oberschicht, die er des Verrats beschuldigte, zusammenzutreiben und hinzurichten. Daraufhin wurde Simon bar Giora schließlich als Oberkommandierender der zuvor zersplitterten Rebellion anerkannt – und das gerade noch rechtzeitig. Denn während Simon noch dabei war, seine Position gegenüber den anderen Rebellengruppen zu festigen, tauchte schon Titus vor den Stadttoren auf und verlangte mit vier römischen Legionen im Rücken die sofortige Übergabe.

Schnell wichen die inneren Querelen unter den Juden hektischen Vorbereitungen auf den drohenden römischen Angriff. Aber Titus hatte keine Eile mit der Erstürmung der Stadt. Vielmehr ließ er seine Männer eine Mauer aus Steinen rings um Jerusalem errichten, die die Bewohner einschloss und jeden Zugang zu Nahrung und Wasser verhinderte. Dann schlug er sein Lager auf dem Ölberg auf, von wo aus er eine ungehinderte Sicht auf die Stadt und ihre Bewohner hatte, die langsam verhungerten.

Die Hungersnot war entsetzlich. Ganze Familien gingen in ihren Häusern zugrunde. Die Straßen waren voller Leichen; es fehlten der Platz und die Kraft, die Toten anständig zu begraben. Die Einwohner von Jerusalem durchwühlten die Kanalisation auf den Knien nach Essbarem. Sie aßen Kuhmist und dürres Gras. Sie kauten das Leder ihrer Gürtel und Schuhe. Es gab sogar vereinzelte Berichte über Juden, die der Versuchung erlegen waren und die Toten verspeist hatten. Wer aus der Stadt zu fliehen versuchte, wurde gefangen genommen und auf dem Ölberg für alle deutlich sichtbar gekreuzigt.

Titus hätte einfach zusehen können, wie die Menschen zugrunde gingen. Er hätte sein Schwert gar nicht zu ziehen brauchen, um Jerusalem zu schlagen und den Aufstand zu beenden. Aber dazu hatte sein Vater ihn nicht dorthin geschickt. Seine Aufgabe bestand nicht darin, die Juden so lange auszuhungern, bis sie sich ergaben; er sollte sie aus dem Land tilgen, das sie als ihr eigenes beanspruchten. Und so sammelte Titus Ende April des Jahres 70 n. Chr., während der Tod in der Stadt umging und die Menschen zu Hunderten verhungerten und verdursteten, seine Legionen und nahm Jerusalem im Sturm.

Die Römer warfen Rampen an den Mauern der Oberstadt auf und begannen die Rebellen mit schwerer Artillerie zu beschießen. Sie bauten einen massiven Rammbock, der problemlos eine Bresche in die erste Mauer rund um Jerusalem schlug. Als sich die Aufständischen hinter eine zweite Mauer zurückzogen, wurde auch die durchbrochen und die Tore in Brand gesteckt. Sobald die Flammen verlöschten, lag die Stadt offen vor den Soldaten des Titus.

Die Soldaten gingen auf jeden los – Mann, Frau, Kind, Reicher, Armer, Aristokrat, Priester – egal, ob er sich der Rebellion angeschlossen hatte oder Rom treu geblieben war. Es machte keinen Unterschied mehr. Sie verbrannten alles. Die ganze Stadt stand in Flammen. Das Brüllen der Feuer mischte sich mit Todesschreien, als die Römer in der Ober- und Unterstadt ausschwärmten, den Boden mit Leichen bedeckten, durch ganze Ströme von Blut wateten, bei der Verfolgung der Rebellen buchstäblich über Leichenhaufen kletterten, bis schließlich der Tempel in Sicht kam. Die letzten rebellischen Kämpfer hatten sich in den inneren Hof geflüchtet. Jetzt steckten die Römer das ganze Tempelfundament in Brand, sodass es aussah, als koche das Blut am Fuß des Tempelbergs. Die Flammen hüllten das Allerheiligste ein, die Wohnstatt des Gottes Israels, und brachten es in einer Wolke aus Asche und Staub zum Einsturz. Als die Feuer endlich verlöschten, gab Titus den Befehl, alles, was von der Stadt noch übrig war, einzuebnen, sodass sich zukünftige Generationen nicht einmal mehr an den Namen Jerusalem erinnern würden.

Tausende starben, Simon bar Giora jedoch – der gescheiterte Messias – wurde lebend ergriffen, sodass er in Ketten zum Triumphzug, den Vespasian seinen Bürgern versprochen hatte, nach Rom gebracht werden konnte. Zusammen mit Simon wurden auch die heiligen Tempelschätze vorgeführt: der goldene Tisch und die Schaubrote, die dem Herrn dargebracht wurden, die siebenarmige Menora, die Rauchfässer, die Trompeten und heiligen Gefäße. All dies wurde in einem Triumphzug durch die Straßen Roms getragen, während Vespasian und Titus, mit Lorbeerkränzen auf dem Kopf und in purpurne Gewänder gehüllt, mit ebenso ruhiger wie entschlossener Miene zuschauten. Endlich war am Ende der Prozession, als letzte Kriegsbeute, eine Abschrift der Tora, des höchsten Symbols der jüdischen Religion, zu sehen.

Es war klar, was Vespasian damit sagen wollte: Dies war kein Sieg über ein Volk, sondern ein Sieg über den Gott dieses Volkes. Nicht Judäa, sondern das Judentum war vernichtet worden. Titus präsentierte die Zerstörung Jerusalems öffentlich als einen Akt der Frömmigkeit und ein den römischen Göttern dargebrachtes

Opfer. Nicht er habe die Aufgabe erfüllt, behauptete der Kaisersohn. Er habe nur seinem Gott, der seine Wut auf den Gott der Juden gezeigt habe, die Waffen geliehen. Wohl deshalb verzichtete Vespasian auf die übliche Praxis der *evocatio,* durch die ein besiegter Feind die Möglichkeit bekam, seinen Gott in Rom anzubeten. Den Juden wurde nicht nur verboten, ihren Tempel wieder aufzubauen, was fast allen anderen unterworfenen Völkern im Reich zugestanden worden war; sie sollten darüber hinaus auch noch eine Steuer von zwei Drachmen im Jahr zahlen – genau die Summe, die jüdische Männer einst in Schekel an den Tempel in Jerusalem abführten –, um beim Wiederaufbau des Jupitertempels zu helfen, der während des römischen Bürgerkrieges niedergebrannt war. Alle Juden, egal, wo im Reich sie lebten, egal, wie treu sie zu Rom gestanden hatten, egal, ob sie an der Rebellion teilgenommen hatten oder nicht –, ausnahmslos alle Juden einschließlich Frauen und Kinder sahen sich jetzt gezwungen, zum Unterhalt des zentralen heidnischen Kultes in Rom beizutragen.

Fortan galt das Judentum nicht länger als akzeptierter Kult. Die Juden waren jetzt die Erzfeinde Roms. Massenumsiedlungen waren nie ein Mittel römischer Politik gewesen, jetzt aber vertrieb Rom alle überlebenden Juden aus Jerusalem und Umgebung, benannte die Stadt schließlich in Aelia Capitolina um und stellte die gesamte Region unter direkte kaiserliche Kontrolle. Ganz Palästina wurde Vespasians Privatbesitz, und die Römer bemühten sich, den Eindruck zu erwecken, als habe es nie Juden in Jerusalem gegeben. Im Jahr 135 n. Chr. war der Name Jerusalem aus allen offiziellen römischen Dokumenten verschwunden.

Jenen Juden, die das Blutbad überlebten – die sich nackt und ausgehungert jenseits der in sich zusammengefallenen Stadtmauer zusammendrängten und entsetzt zuschauen mussten, wie die römischen Soldaten auf die glimmende Asche des Hauses Gottes urinierten –, jenen Juden war völlig klar, wer die Schuld an Tod und Verheerung trug. Ganz sicher war es nicht der Herr der Heerscharen, der eine solche Verwüstung über die Heilige Stadt gebracht hatte. Nein. Es waren die *lestai,* die Banditen und die Rebellen, die Zeloten und die Sikarier, die nationalistischen Revolutionäre, die die Unabhängigkeit von Rom gepredigt hatten, die sogenannten Propheten und falschen Messiasse, die ihnen als Belohnung für ihre Gottestreue und ihren Glaubenseifer die Errettung versprochen hatten. Sie waren für den römischen Angriff verantwortlich. Sie hatte Gott im Stich gelassen.

In den nächsten Jahren distanzierten sich die Juden so weit wie möglich von dem revolutionären Idealismus, der zum Krieg mit Rom geführt hatte. Sie gaben ihre apokalyptischen Erwartungen nicht auf. Im Gegenteil, eine Fülle apokalyptischer Schriften erschien im Laufe des nächsten Jahrhunderts und spiegelte die noch immer aktuelle Sehnsucht nach einer göttlichen Befreiung vom römischen Joch wider. Die unterschwelligen Wirkungen dieses messianischen Eifers sollten sogar im Jahr 132 n. Chr. noch einmal zum Ausbruch eines kurzen Zweiten Jüdischen Krieges gegen Rom führen, diesmal angeführt von dem Messias, den wir als Simon bar Kochba kennen. Die meisten Rabbinen des 2. Jahrhunderts allerdings sahen sich durch die Umstände und die Angst vor römischer Vergeltung dazu gezwungen, eine Interpretation des Judentums zu entwickeln, die auf jeden Nationalismus verzichtete. Sie kamen zu einer eher metaphysischen Betrachtung des Heiligen Landes und nährten eine messianische Theologie, die offene politische Ambitionen ablehnte; von nun an nahmen fromme Taten und das Studium des Gesetzes den Platz der Tempelopfer im Leben der gottesfürchtigen Juden ein.

All dies jedoch lag noch viele Jahre in der Zukunft. An diesem Tag – dem Tag, an dem die geschlagenen und blutüberströmten Reste der altehrwürdigen jüdischen Nation ihrem Gott entrissen und gezwungen wurden, das Gelobte Land zu verlassen und in das Land der Heiden und Götzenanbeter zu marschieren – schien einfach nur sicher, dass es die Welt, wie sie sie kannten, nicht mehr gab.

Im triumphierenden Rom soll derweil, kurz nachdem der

Tempel des Herrn entweiht, die jüdische Nation in alle Winde zerstreut und ihre Religion zur Außenseiterreligion geworden war, ein Jude namens Johannes Markus zur Feder gegriffen und die ersten Worte des ersten Evangeliums formuliert haben, das über den als Jesus von Nazaret bekannten Messias geschrieben wurde – nicht in Hebräisch, der Sprache Gottes, nicht in Aramäisch, der Sprache Jesu, sondern in Griechisch, der Sprache der Heiden. Der Sprache der Unreinen. Der Sprache der Sieger.

Dies ist der Anfang des Evangeliums von Jesus Christus.

Teil II

*Der Geist Gottes, des Herrn, ruht auf mir; denn der Herr
hat mich gesalbt. Er hat mich gesandt, damit ich den Armen
eine frohe Botschaft bringe und alle heile, deren Herz zerbrochen ist,
damit ich den Gefangenen die Entlassung verkünde und den
Gefesselten die Befreiung, damit ich ein Gnadenjahr des Herrn
ausrufe, einen Tag der Vergeltung unseres Gottes.*

JESAJA 61,1–2

Prolog

EIFER FÜR DEIN HAUS

Unter all den Geschichten über das Leben des Jesus von Nazaret gibt es eine – dargestellt in zahllosen Theaterstücken, Filmen, Gemälden und Sonntagspredigten –, die mehr als alle anderen Worte oder Taten zeigt, wer Jesus war und wofür er stand. Es ist eines der wenigen Ereignisse im Wirken Jesu, das alle vier kanonisierten Evangelien – Markus, Matthäus, Lukas und Johannes – bezeugen, was ihr ein gewisses Gewicht verleiht. Und doch präsentieren alle vier Evangelisten diesen monumentalen Moment so beiläufig, fast flüchtig, als seien sie sich entweder seiner Bedeutung nicht bewusst oder als spielten sie, wahrscheinlicher, absichtlich eine Episode herunter, deren radikale Implikationen alle Augenzeugen sicher sofort erkannt hatten. Dieser eine Moment im kurzen Leben Jesu ist so aufschlussreich, dass er allein schon genügt, um Jesu Mission, seine Theologie, seine Politik, sein Verhältnis zu den jüdischen Autoritäten, zum Judentum insgesamt und zur römischen Besatzung zu verdeutlichen. Vor allem aber erklärt dieses einzigartige Ereignis, warum ein einfacher Bauer aus den Hügeln Galiläas in den Augen des etablierten Systems eine solche Bedrohung darstellte, dass er gejagt, festgenommen, gefoltert und zur Strecke gebracht wurde.

Wir schreiben etwa das Jahr 30 n. Chr. Jesus ist gerade in Jerusalem eingezogen, auf einem Esel reitend und begleitet von einer überreizten Menschenmenge. «Hosanna! Gesegnet sei er, der kommt im Namen des Herrn! Gesegnet sei das Reich unseres Vaters David, das nun kommt!», rufen seine ekstatischen Anhänger und singen Loblieder für Gott. Manche breiten ihre Mäntel auf der Straße aus, damit Jesus darüber reitet, genau wie die Israeliten es für Jehu taten, als sie ihn zum König ausriefen (2 Kg 9,12–13). Andere sägen Palmzweige ab und schwenken sie, in Erinnerung an die heldenhaften Makkabäer, die Israel zwei Jahrhunderte zuvor von der Fremdherrschaft befreit hatten (1 Makk 13,49–53). Jesus und seine Anhänger haben diesen ganzen Zug sorgfältig so angelegt, dass er Sacharjas Prophezeiung erfüllt: «Juble laut, Tochter Zion! Jauchze, Tochter Jerusalem! Sieh, dein König kommt zu dir. Er ist gerecht und hilft; er ist demütig und reitet auf einem Esel, auf einem Fohlen, dem Jungen einer Eselin.» (Sach 9,9)

Den Bewohnern der Stadt wird eine eindeutige Botschaft vermittelt: Der lange herbeigesehnte Messias – der *wahre* König der Juden – ist gekommen, um Israel aus der Knechtschaft zu befreien.

So provokant sein Einzug nach Jerusalem auch sein mag, er verblasst vor dem, was Jesus am nächsten Tag tut. Seine Jünger und, davon kann man ausgehen, eine begeisterte Menschenmenge im Schlepptau, betritt Jesus den öffentlichen Vorplatz des Tempels – den Heidenvorhof – und macht sich daran, ihn zu «säubern». Im Zorn wirft er die Tische der Geldwechsler um und vertreibt die Händler, die billiges Essen und Souvenirs verkaufen. Er lässt die Schafe und Rinder frei, die als Opfer verkauft werden sollen, und zerbricht die Taubenkäfige, sodass die Vögel davonfliegen. «Schafft das hier weg!», brüllt er.

Mit der Hilfe seiner Jünger blockiert er den Eingang zum Vorhof und lässt niemanden, der Handelswaren dabei hat, in den Tempelbezirk. Und während die vielen Verkäufer, Gläubigen, Priester und Schaulustigen sich um die verstreuten Waren und Münzen balgen, während die verängstigten Tiere, gejagt von ihren panischen Besitzern, direkt aus den Tempeltoren in die verstopften Straßen Jerusalems stürmen, während ein Trupp römischer Wachen und schwer bewaffnete Tempelpolizei den Hof nach dem Verantwortlichen für dieses Chaos durchkämmen, steht Jesus nach Aussage der Evangelien da, gelassen, scheinbar unbeeindruckt, und erhebt seine Stimme über den ganzen Lärm: «Heißt es nicht in der Schrift: Mein Haus soll ein Haus des Gebetes für alle Völker sein? Ihr aber habt daraus eine Räuberhöhle gemacht.» Die Obrigkeiten sind wütend, und das aus gutem Grund. Es gibt kein Gesetz, das die Anwesenheit von Händlern im Heidenvorhof verbietet. Andere Teile des Tempels mögen für die Lahmen, die Kranken, die Unreinen und vor allem für die heidnischen Massen sakrosankt und verboten gewesen sein. Der Vorhof jedoch war eine für alle zugängliche Arena, die als wimmelnder Basar wie auch als Verwaltungssitz des Sanhedrin, des obersten jüdischen Rates, diente. Die Händler und Geldwechsler, die Verkäufer von Opfertieren, die Unreinen, die Heiden und die Häretiker, sie alle hatten das Recht, den Heidenvorhof ganz nach Belieben zu betreten und dort Geschäfte zu machen. Deshalb überrascht es nicht, dass die Tempelpriester wissen wollen, wer denn eigentlich dieser Unruhestifter ist. Mit welcher Autorität im Rücken erdreistet er sich, den Tempel zu säubern? Welches Zeichen kann er vorweisen, um einen so ganz offensichtlich sträflichen Akt zu rechtfertigen?

Wie es auch sonst seine Gewohnheit ist, ignoriert Jesus diese Fragen völlig und antwortet stattdessen mit einer eigenen, rätselhaften Prophezeiung. «Reißt diesen Tempel nieder, in drei Tagen werde ich ihn wieder aufrichten», sagt er. Die Menge ist wie vom Donner gerührt, sodass sie offenbar gar nicht mitbekommt, wie Jesus und seine Jünger still und leise den Tempel verlassen und aus der Stadt hinausgehen, nachdem sie in den Augen der römischen Machthaber gerade ein Kapitalverbrechen verübt haben: Aufwiegelung, zu bestrafen mit Kreuzigung. Schließlich ist ein Angriff auf das Geschäft des Tempels auch ein Angriff auf die Priesteraristokratie und damit in Anbetracht der komplizierten Beziehung des Tempels zu Rom gleichbedeutend mit einem Angriff auf Rom selbst.

Schieben wir für einen Augenblick die Jahrhunderte exegetischer Akrobatik zu dieser verblüffenden Episode in Jesu Wirken zur Seite; betrachten wir das Geschehen aus einer rein historischen Perspektive – die Szene übersteigt einfach jedes Vorstellungsvermögen. Die genauen Voraussagen Jesu in Bezug auf den Tempel können uns nicht überraschen. Alle Evangelien wurden nach der Zerstörung des Tempels 70 n. Chr. geschrieben; Jesu Warnung an Jerusalem: «Es wird eine Zeit für dich kommen, in der deine Feinde rings um dich einen Wall aufwerfen, dich einschließen und von allen Seiten bedrängen. Sie werden dich und deine Kinder zerschmettern und keinen Stein auf dem andern lassen» (Lk 19,43–44) wurde ihm von den Evangelisten im Nachhinein in den Mund gelegt. Verblüffend – und wirklich nicht zu übersehen – ist vielmehr, wie unverhohlen und unbestreitbar *eifernd* Jesu Auftreten im Tempel wirkt.

Die Jünger erkennen dies sicher. Als Jesus die Käfige zerstört und die Tische in einem Wutanfall umkippt, fühlen sich die Jünger, wie das Johannes-Evangelium sagt, an die Worte von König David erinnert, der ausrief: «Der Eifer für dein Haus hat mich verzehrt.» (Joh 2,17; Ps 69,10)

Auch die Schriftgelehrten und obersten Tempelpriester erkennen den Eifer Jesu und denken sich einen raffinierten Trick aus, um ihn als revolutionären Zeloten bloßzustellen. Sie gehen vor aller Augen auf Jesus zu und fragen: «Meister, wir wissen, dass du immer die Wahrheit sagst und wirklich den Weg Gottes lehrst, ohne auf jemand Rücksicht zu nehmen; denn du siehst nicht auf die Person. Sag uns also: Ist es nach deiner Meinung erlaubt, dem Kaiser Steuer zu zahlen, oder nicht?»

Das ist natürlich nicht einfach eine Frage. Es ist die Nagelprobe für einen Zeloten. Seit dem Aufstand des Galiläers Judas war die Frage, ob das Gesetz des Mose es erlaube, Tribut an Rom zu bezahlen, zum Unterscheidungskriterium für jene geworden, die zelotischen Prinzipien anhingen. Die Gründe waren einfach und für alle einsichtig: Roms Tributforderung signalisierte nichts weniger als einen Besitzanspruch auf das Land und seine Bewohner. Aber das Land gehörte nicht Rom. Das Land gehörte Gott. Der Kaiser hatte kein Recht, Tribute zu empfangen, weil er kein Recht auf das Land hatte. Mit ihrer Frage nach der Rechtmäßigkeit der Tributzahlungen wollten die religiösen Obrigkeiten eigentlich etwas ganz anderes in Erfahrung bringen: Bist du ein Zelot oder nicht? «Zeigt mir die Münze, mit der ihr eure Steuern bezahlt!», sagt Jesus. «Wessen Bild und Aufschrift ist das?»

Sie antworteten: «Des Kaisers.»

«So gebt dem Kaiser, was dem Kaiser gehört, und Gott, was Gott gehört!»

Es ist erstaunlich, dass Jahrhunderte biblischer Exegese diese Worte als einen Appell Jesu missverstanden haben, «die Dinge dieser Welt» – Steuern und Tribute – hintanzustellen und sich stattdessen mit dem Herzen auf die wesentlichen Dinge zu konzentrieren: Anbetung und Gehorsam gegenüber Gott. Eine solche Deutung passt wunderbar zur Wahrnehmung Jesu als eines unbeteiligten, himmlischen Geistes, dem weltliche Dinge völlig egal sind, eine seltsame Vorstellung bei einem Mann, der nicht nur in einer politisch besonders aufgeladenen Zeit in Israels Geschichte lebte, sondern auch von sich behauptete, der verheißene Messias zu sein, ausgesandt, die Juden von der römischen Besatzung zu befreien. Jesu Antwort ist bestenfalls als ein halbherziger Kompromiss zwischen den priesterlichen und zelotischen Positionen verstanden worden – zwischen jenen, die es für rechtmäßig hielten, den Tribut an Rom zu zahlen, und jenen, die anderer Meinung waren.

Tatsächlich aber ist Jesu Antwort eine Aussage, wie man sie klarer in den Evangelien kaum finden kann. Sie zeigt, wo genau er in der Debatte zwischen den Priestern und den Zeloten stand – nicht in Bezug auf den Tribut, sondern in Hinblick auf die weitaus wichtigere Frage nach Gottes Oberherrschaft über das Land. Jesu Worte sprechen für sich: «Gebt (*apodidomi*) dem Kaiser, was dem Kaiser gehört …» Das Verb *apodidomi,* oft einfach als «geben» übersetzt, ist eigentlich ein zusammengesetztes Wort: *apo* ist eine Präposition, die in diesem Fall «wieder zurück» bedeutet; *didomi* ist ein Verb mit der Bedeutung «geben». *Apodidomi* wird insbesondere dann verwendet, wenn man jemandem Eigentum zurückzahlt, auf das er ein Anrecht hat; das Wort impliziert, dass die Person, die die Zahlung erhält, der rechtmäßige Eigentümer der Sache ist, die bezahlt wird. Mit anderen Worten ist der Kaiser nach Jesu Meinung berechtigt, den Denar «wieder zurückgegeben» zu bekommen, nicht, weil er den Tribut verdient hätte, sondern weil es *seine* Münze ist: Sein Name und Bild sind darauf geprägt. Gott hat damit nichts zu tun. Wenn man das weiterdenkt, hat Gott ein Anrecht darauf, das Land «wieder zurückgegeben» zu bekommen, das die Römer sich genommen haben, weil es *Gottes* Land ist: «Das Land gehört mir», spricht der Herr (3 Mos 25,23). Der Kaiser hat damit nichts zu tun.

Also, gebt dem Kaiser zurück, was dem Kaiser gehört, und gebt Gott zurück, was Gott gehört. Das ist die zelotische Position in ihrer schlichtesten, knappsten Form. Und in den Augen der Machthaber in Jerusalem ist es offenbar genug, um Jesus sofort als *lestes* abzustempeln. Ein Bandit. Ein Zelot.

Ein paar Tage später brechen Jesus und seine Jünger nach einem geheimen gemeinsamen Paschamahl in tiefster Nacht nach Getsemani auf, um sich dort zwischen den knorrigen Olivenbäumen und den Hecken zu verstecken. Und dort, am Westhang des Ölbergs, nicht weit von der Stelle, von der aus der römische General Titus einige Jahre später seine Belagerung Jerusalems beginnen sollte, finden ihn die Soldaten schließlich.

«Wie gegen einen Räuber *[lestes]* seid ihr mit Schwertern und Knüppeln ausgezogen, um mich festzunehmen», sagt Jesus.

Und genau das hatten sie vor. Im Johannes-Evangelium ist es eine Kohorte Soldaten (*speira,* in der Einheitsübersetzung, EÜ, der Bibel einfach nur Soldaten), die nach Getsemani marschiert – also zwischen 300 und 600 römische Wachen –, zusammen mit der Tempelpolizei, und sie alle tragen «Fackeln, Laternen und Waffen»

(Joh 18,3). Johannes übertreibt ganz offensichtlich. Doch alle Evangelien sind sich darin einig, dass es ein großer und schwer bewaffneter Trupp war, der da nachts kam, um Jesus festzunehmen. Eine solche Machtdemonstration erklärt vielleicht auch, warum Jesus dafür sorgte, dass auch seine Anhänger bewaffnet waren, bevor sie nach Getsemani aufbrachen.

«Wer aber kein Geld hat, soll seinen Mantel verkaufen und sich dafür ein Schwert kaufen», befiehlt Jesus seinen Jüngern direkt nach dem Paschamahl.

«Herr», antworten die Jünger, «hier sind zwei Schwerter».

Er erwidert: «Das ist genug!» (Lk 22,36–38, in der EÜ «Genug davon!»).

Es war nicht genug. Nach einem kurzen, aber blutigen Gerangel mit seinen Jüngern nehmen die Wachen Jesus fest und bringen ihn vor die Machthaber in Jerusalem, unter der Anklage, «dass dieser Mensch unser Volk verführt» und es unter anderem «davon abhält, dem Kaiser Steuer zu zahlen», ein Vorwurf, den Jesus nicht abstreitet (Lk 23,2).

Nach dem Schuldspruch wird Jesus nach Golgota geschickt, um dort neben zwei anderen Männern gekreuzigt zu werden, die ausdrücklich als *lestai,* Räuber, bezeichnet werden (Mt 27,38–44; Mk 15,27). Wie jeder Verbrecher, der an einem Kreuz hängt, bekommt auch Jesus eine Tafel, einen *titulus,* auf dem das Verbrechen verzeichnet ist, für das er hingerichtet wird. Bei Jesus lautet die Aufschrift: KÖNIG DER JUDEN. Sein Verbrechen: Streben nach der Königsherrschaft; *Aufwiegelung.* Und so wird Jesus von Nazaret, wie alle Banditen und Revolutionäre, alle aufrührerischen Zeloten und apokalyptischen Propheten, die vor und nach ihm kamen – wie Hiskia und Judas, Theudas und Athronges, der Ägypter und der Samariter, Simon bar Giora und Simon bar Kochba –, hingerichtet, weil er es gewagt hatte, den Titel des Königs und Messias für sich zu beanspruchen.

Um das noch einmal klarzustellen: Jesus gehörte nicht der Zelotenpartei an, die den Krieg gegen Rom begann, denn von einer solchen Partei kann man erst etwa 30 Jahre nach seinem Tod reden. Jesus war auch kein gewalttätiger Revolutionär, der auf eine bewaffnete Rebellion aus war, obwohl seine Ansichten zum Einsatz von Gewalt weitaus komplexer waren, als man gemeinhin annimmt.

Wenn man sich aber Jesu Worte und Taten im Tempel von Jerusalem genauer anschaut – die Szene, die seine Verhaftung und Hinrichtung zweifellos beschleunigte –, kann man eine Tatsache kaum noch leugnen: Jesus wurde von den Römern gekreuzigt, weil seine messianischen Ambitionen die Besatzung Palästinas bedrohten und sein Zelotentum die Tempelobrigkeiten gefährdete.

Diese eine Tatsache lässt alles, was wir in den Evangelien über den Messias namens Jesus von Nazaret erfahren – von den Einzelheiten seines Todes an einem Kreuz in Golgota bis zurück zum Beginn seines öffentlichen Wirkens an den Ufern des Jordan –, in einem anderen Licht erscheinen.

Kapitel sieben

DIE STIMME IN DER WÜSTE

Johannes der Täufer tauchte wie eine Erscheinung aus der Wüste auf – ein wilder, in Kamelhaar gekleideter Mann mit einem Ledergürtel um den Leib, der sich von Heuschrecken und wildem Honig ernährte. Er wanderte am Jordan entlang – durch Judäa und Peräa, nach Betanien und Änon – und predigte eine ebenso schlichte wie furchtbare Botschaft: Das Ende war nahe. Das Reich Gottes stand bevor. Und wehe jenen Juden, die glaubten, ihre Abstammung von Abraham werde sie vor dem kommenden Gericht retten.

«Schon ist die Axt an die Wurzel der Bäume gelegt; jeder Baum, der keine gute Frucht hervorbringt, wird umgehauen und ins Feuer geworfen», warnte Johannes.

Den Reichen, die Rat bei ihm suchten, sagte er: «Wer zwei Gewänder hat, der gebe eines davon dem, der keines hat, und wer zu essen hat, der handle ebenso.»

Den Steuereintreibern, die ihn nach dem Weg zum Seelenheil fragten, antwortete er: «Verlangt nicht mehr, als festgesetzt ist.»

Den Soldaten, die um Rat baten, sagte er: «Misshandelt niemand, erpresst niemand, begnügt euch mit eurem Sold.»

Die Nachricht vom Täufer verbreitete sich schnell überall im Land. Die Menschen kamen selbst von Galiläa her, manche reisten tagelang durch die öde Wüste Juda, um ihn am Jordan predigen

zu hören. Dort angekommen, zogen sie ihre Überkleider aus und
wateten hinüber zum Ostufer, wo Johannes darauf wartete, sie bei
der Hand zu nehmen. Einen nach dem anderen tauchte er sie im
lebendigen Wasser unter. Dann gingen sie wieder hinüber zum
Westufer des Jordan – wie ihre Vorfahren es 1000 Jahre zuvor getan hatten –, zurück in das ihnen von Gott verheißene Land. So
wurden die Getauften die *neue* Nation Israel: bußfertig, erlöst und
bereit, das Reich Gottes anzunehmen.

Immer größere Menschenmengen strömten zum Jordan, und
irgendwann erregten die Aktivitäten des Täufers auch die Aufmerksamkeit von Antipas, dem Sohn Herodes' des Großen, zu
dessen Tetrarchie auch Peräa am Ostufer des Flusses gehörte. Wenn
man dem Bericht des Evangeliums Glauben schenken darf, so ver-
haftete Antipas («der Fuchs») den Johannes, weil der seine Ehe
mit Herodias kritisiert hatte, die gleichzeitig noch mit Antipas'
Halbbruder (ebenfalls ein Herodes) verheiratet war. Die verschla-
gene Herodias gab sich nicht damit zufrieden, Johannes einfach
einzusperren, sondern spann eine Intrige, um ihn umzubringen.
Zu Antipas' Geburtstag bat Herodias ihre Tochter, die sinnliche
Verführerin Salome, einen erotischen Tanz für ihren Onkel und
Stiefvater aufzuführen. Der lüsterne alte Tetrarch war von Salomes
kreisenden Hüften so erregt, dass er ihr auf der Stelle ein verhäng-
nisvolles Versprechen gab.

«Wünsch dir, was du willst; ich werde es dir geben», schnaubte
Antipas. «Was du auch von mir verlangst, ich will es dir geben, und
wenn es die Hälfte meines Reiches wäre.»

Salome beriet sich mit ihrer Mutter: «Was soll ich mir wün-
schen?»

«Den Kopf des Täufers Johannes», antwortete Herodias.

Doch leider ist der Evangeliumsbericht hier nicht glaubhaft.
So wunderbar skandalös die Geschichte von der Hinrichtung des
Johannes auch sein mag, sie ist mit Fehlern und historischen Un-
genauigkeiten gespickt. Die Evangelisten nennen Herodias' ersten
Ehemann fälschlich Philippus, und sie verwechseln offenbar den

Ort von Johannes' Hinrichtung, die Festung Machaerus, mit Antipas' Hof in der Stadt Tiberias. Die ganze Geschichte liest sich in den Evangelien wie eine phantasievolle Volkssage mit absichtlichen Anklängen an die biblische Erzählung von Elijas Konflikt mit Isebel, der Frau von König Ahab.

Einen prosaischeren, aber verlässlicheren Bericht über den Tod Johannes' des Täufers findet man in Josephus' Werk *Jüdische Altertümer*. Laut Josephus fürchtete Antipas, dass Johannes' wachsende Beliebtheit beim Volk zu einem Aufruhr führen werde, «denn sie schienen bereit, alles zu tun, was er ihnen raten würde». Da könnte etwas Wahres dran sein. Johannes' Warnung vor dem nahenden Zorn Gottes war vielleicht nicht neu oder einzigartig im Palästina des 1. Jahrhunderts, doch die Hoffnung, die er jenen gab, die sich selbst reinigten, die sich erneuerten und dem Weg der Gerechtigkeit folgten, fand enormen Anklang. Johannes versprach den Juden, die zu ihm kamen, eine neue Weltordnung, das Reich Gottes.

Er entwickelte zwar nie ein Konzept, das über vage Vorstellungen von Gleichheit und Gerechtigkeit hinausging, aber allein schon diese Aussicht reichte in jenen finsteren, turbulenten Zeiten aus, um viele Juden aus allen Schichten anzuziehen – die Reichen und die Armen, die Mächtigen und die Schwachen. Antipas hatte allen Grund, Johannes zu fürchten; selbst seine eigenen Soldaten scharten sich um den Täufer. Deshalb ließ er Johannes festsetzen, klagte ihn der Volksverhetzung an und schickte ihn in die Festung Machaerus, wo der Täufer ganz im Stillen irgendwann zwischen 28 und 30 n. Chr. starb.

Doch Johannes' Ruhm überdauerte ihn selbst. Johannes' Ruhm überdauerte sogar Antipas, denn es galt als weithin anerkannt, dass die Niederlage des Tetrarchen gegen den nabatäischen König Aretas IV. im Jahr 36 n. Chr., sein anschließendes Exil und der Verlust seines Titels und Besitzes Gottes Strafe für die Hinrichtung des Täufers waren. Lange nach seinem Tod grübelten die Juden noch immer über die Bedeutung der Worte und Taten des Johannes nach; seine Jünger zogen noch immer durch Judäa und Galiläa und tauften die Menschen in seinem Namen. Johannes' Leben und die sich um ihn rankenden Legenden wurden in einer unabhängigen «Täufer-Überlieferung» auf Hebräisch und Aramäisch bewahrt und von Stadt zu Stadt weitergegeben. Viele glaubten, er sei der Messias. Manche glaubten, er werde von den Toten auferstehen. Trotz seines Ruhmes wusste damals – wie heute – allerdings offenbar niemand, wer genau Johannes der Täufer war oder woher er stammte. Das Lukas-Evangelium bietet eine phantasievolle Schilderung der Abstammung und wundersamen Geburt des Johannes, die die meisten Fachleute pauschal verwerfen. Falls man irgendeine historische Information aus diesem Evangelium ziehen kann, so ist es die Andeutung, dass Johannes womöglich einer Priesterfamilie entstammte; sein Vater, so sagt Lukas, gehörte der Priesterklasse Abija an (Lk 1,5). Wenn das stimmt, hätte man von Johannes erwartet, dass er sich der priesterlichen Linie seines Vaters anschloss. Doch der apokalyptische Prediger, der in die Wüste hinausging und «kein Brot isst und keinen Wein trinkt», hatte ganz offensichtlich die Verpflichtungen seiner Familie und dem Tempel gegenüber eingetauscht gegen ein asketisches Leben in der Wüste. Vielleicht erklärt sich so auch Johannes' unglaubliche Beliebtheit bei den Massen: Er hatte sich seiner priesterlichen Privilegien entledigt, um den Juden eine neue Quelle der Erlösung zu erschließen, eine, die nichts mit dem Tempel und der verabscheuungswürdigen Priesterschaft zu tun hatte: *die Taufe.*

Natürlich waren Taufen und andere Wasserrituale im ganzen alten Nahen Osten durchaus gebräuchlich. «Täufergruppen», die Gläubige in ihre Reihen aufnahmen, indem sie sie ins Wasser tauchten, durchstreiften Syrien und Palästina. Heidnische Konvertiten zum Judentum nahmen oft ein zeremonielles Bad, um sich von ihrer früheren Identität zu reinigen und dem auserwählten Stamm beizutreten. Die Juden verehrten das Wasser, weil es ihrer Überzeugung nach die Macht hatte, einen Menschen oder einen Gegenstand von einem Status in einen anderen zu befördern: von unrein zu rein, von weltlich zu heilig. Die Bibel ist voll von rituellen Waschungen: Gegenstände (ein Zelt, ein Schwert) wurden mit Wasser besprengt, um sie dem Herrn zu weihen; Menschen (Aussätzige, menstruierende Frauen) wurden in einem Akt der Reinigung ganz in Wasser untergetaucht. Die Tempelpriester in Jerusalem gossen sich Wasser über die Hände, bevor sie sich dem Altar näherten, um Opfer darzubringen. Der Hohepriester unterzog sich einem rituellen Tauchbad, bevor er am Versöhnungstag das Allerheiligste betrat, und einem weiteren, nachdem er die Sünden des Volkes auf sich genommen hatte.

Die bekannteste Sekte, bei der rituelle Waschungen eine besondere Rolle spielten, waren die schon erwähnten Essener. Sie bildeten keine monastische Bewegung im eigentlichen Sinn. Manche lebten in Städten und Dörfern überall in Judäa, andere isolierten sich völlig vom Rest der Juden und zogen sich in Kommunen wie die von Qumran zurück, wo sie zölibatär lebten und allen Besitz vergemeinschafteten (die einzigen persönlichen Besitztümer, die ein Essener in Qumran behalten durfte, waren ein Mantel, ein Leintuch und ein Beil, um ein Latrinenloch in der Wüste zu graben, wenn sich die Notwendigkeit ergab). Weil die Essener den Leib als schlecht und verdorben betrachteten, entwickelten sie ein strenges System von Tauchbädern, das immer wieder durchlaufen werden musste, um einen stabilen Zustand ritueller Reinheit zu bewahren. Zudem praktizierten sie ein einmaliges, einführendes Wasserritual – eine Art Taufe –, mit dem sie Neuankömmlinge in ihrer Gemeinschaft willkommen hießen.

Dies könnte der Ursprung des ungewöhnlichen Taufritus gewesen sein, den Johannes vollzog. Vielleicht war Johannes sogar selbst ein Essener, denn es gibt da einige verblüffende Parallelen. Johannes wie auch die Gemeinschaft der Essener waren zu etwa derselben Zeit in der judäischen Wüste aktiv: Johannes wird als jemand dargestellt, der schon in jungen Jahren in die Wüste Juda hinausging, was mit der essenischen Praxis übereinstimmen würde, Priestersöhne zu adoptieren und auszubilden. Sowohl Johannes als auch die Essener lehnten die Tempelleitung ab: Die Essener hatten einen eigenen Kalender und eigene Ernährungsvorschriften und lehnten das Konzept des Tieropfers, der wichtigsten rituellen Aktivität im Tempel, ab. Beide sahen sich und ihre Anhänger als den wahren Stamm Israel, und beide bereiteten sich aktiv auf die Endzeit vor: Die Essener erwarteten sehnlich einen apokalyptischen Krieg, in dem die «Söhne des Lichts» (die Essener) den «Söhnen der Finsternis» (den Tempelpriestern) die Kontrolle über den Tempel von Jerusalem entreißen, ihn reinigen und unter ihrer Führung wieder heiligen würden. Und Johannes sah sich offenbar wie die Essener als «Stimme in der Wüste», von der der Prophet Jesaja gesprochen hatte: «Eine Stimme ruft in der Wüste: Bereitet dem Herrn den Weg! Ebnet ihm die Straßen!» (Mt 3,3; Mk 1,3; Lk 3,4; Joh 1,19 nach Jes 40,3) Alle vier Evangelien schreiben diesen Vers Johannes dem Täufer zu; für die Essener war es der wichtigste Abschnitt der Hebräischen Schriften, der ihr Verständnis ihrer selbst und ihrer Gemeinschaft beschrieb.

Und doch finden sich auch genügend Unterschiede zwischen Johannes und den Essenern, die uns warnen sollten, eine allzu feste Beziehung zwischen beiden zu vermuten. Johannes wird nicht als Angehöriger einer Gemeinschaft dargestellt, sondern als Einzelgänger, als einsame Stimme in der Wüste. Seine Botschaft ist ganz sicher nicht ausschließend, sondern richtet sich an alle Juden, die bereit sind, ihren üblen Lebenswandel aufzugeben und ein gerechtes Leben zu führen. Und vor allem ist Johannes ganz offenbar nicht von der Idee einer rituellen Reinheit besessen; seine Taufe war, wie es scheint, als ein einmaliger Ritus konzipiert, nicht als etwas, das ständig wiederholt werden musste. Johannes war also vielleicht von den Wasserritualen anderer jüdischer Sekten seiner Zeit beeinflusst, auch von den Essenern, aber allem Anschein nach entsprang die Taufe im Jordan, die er anbot, einzig und allein seiner eigenen Inspiration.

Wofür stand dann also Johannes' Taufe? Das Markus-Evangelium stellt die erstaunliche Behauptung auf, Johannes habe am Jordan eine «Taufe der Buße zur Vergebung der Sünden» angeboten

(Mk 1,4). Der eindeutig christliche Charakter dieses Ausdrucks lässt ernste Zweifel an seiner Historizität aufkommen. Er klingt eher wie eine christliche Projektion auf das Wirken des Täufers, nicht wie etwas, das der Täufer selbst über sich gesagt hätte – wobei es allerdings auch seltsam wäre, wenn die frühe Kirche über Johannes sagen würde, dass er die Macht hatte, Sünden zu vergeben, noch bevor er Jesus überhaupt kannte.

Josephus erklärt ausdrücklich, dass es bei Johannes' Taufe «nicht um den Erlass der Sünden, sondern um die Reinigung des Körpers» ging. Damit wäre sie eher ein Initiationsritus, ein Weg zum Eintritt in seinen Orden oder seine Sekte – eine These, die durch die Apostelgeschichte erhärtet wird, in der eine Gruppe Korinther stolz behauptet, sie seien «auf die Taufe des Johannes» getauft (Apg 19,1–3). Aber auch dies wäre für die frühchristliche Gemeinschaft problematisch gewesen, denn wenn es eine Sache gibt, in der alle vier Evangelien übereinstimmen, wenn es um Johannes den Täufer geht, so ist es die Nachricht, dass Jesus von Nazaret etwa in seinem 30. Lebensjahr aus unbekannten Gründen sein winziges Dorf Nazaret in Galiläa, sein Heim, seine Familie und seine Verpflichtungen hinter sich ließ und nach Judäa zog, um sich von Johannes im Jordan taufen zu lassen. Ja, das Leben des historischen Jesus beginnt nicht mit seiner wundersamen Geburt oder seiner im Dunkel liegenden Jugend, sondern in dem Moment, in dem er zum ersten Mal Johannes dem Täufer begegnet.

Das Problem für die frühen Christen bestand darin, dass jede Akzeptanz der grundlegenden Fakten der Interaktion zwischen Johannes und Jesus das stillschweigende Zugeständnis beinhaltete, dass Johannes zumindest anfangs den höheren Rang innehatte. Wenn Johannes' Taufe wirklich auf die Sündenvergebung ausgerichtet war, wie Markus behauptet, dann zeugte Jesu Taufe davon, dass er durch Johannes erst einmal von seinen Sünden gereinigt werden musste. Wenn Johannes' Taufe aber ein Initiationsritus war, wie Josephus andeutet, dann wurde Jesus ganz offenkundig als ein Jünger unter vielen in Johannes' Bewegung aufgenommen.

Genauso sahen es auch Anhänger des Johannes, die sich, lange nachdem beide Männer hingerichtet worden waren, nicht von der Jesus-Bewegung vereinnahmen lassen wollten, weil ihrer Ansicht nach ihr Meister Johannes größer war als Jesus. Wer hatte denn schließlich wen getauft?

Die historische Bedeutung Johannes' des Täufers und seine Rolle zu Beginn von Jesu Wirken stellten die Verfasser der Evangelien vor ein schwieriges Dilemma. Johannes war ein beliebter, angesehener und fast überall anerkannter Priester und Prophet gewesen. Man konnte ihn einfach nicht ignorieren, und dass er Jesus getauft hatte, war zu gut bekannt, um verschwiegen zu werden. Die Geschichte musste erzählt werden. Aber sie musste auch ein bisschen geknetet und zurechtgebogen werden. Man musste die Rollen der beiden Männer umkehren: Jesus musste erhöht, Johannes untergeordnet werden. So erklärt sich, dass die Figur des Johannes vom ersten Evangelium, dem Markus-Evangelium – wo er als ein Prophet und als Mentor Jesu dargestellt wird –, bis zum letzten Evangelium, dem Johannes-Evangelium, in dem der Täufer einzig und allein dem Zweck zu dienen scheint, Jesu Göttlichkeit anzuerkennen, immer tiefer in den Schatten tritt.

Bei Markus ist Johannes der Täufer eine völlig unabhängige Gestalt, die Jesus als einen der vielen tauft, die zu ihm kommen, um Buße zu tun. «Ganz Judäa und alle Einwohner Jerusalems zogen zu ihm hinaus; sie bekannten ihre Sünden und ließen sich im Jordan von ihm taufen. ... In jenen Tagen kam Jesus aus Nazaret in Galiläa und ließ sich von Johannes im Jordan taufen» (Mk 1,5;9). Bei Markus räumt der Täufer zwar ein, dass er selbst nicht der verheißene Messias ist – «Nach mir kommt einer, der ist stärker als ich; ich bin es nicht wert, mich zu bücken, um ihm die Schuhe aufzuschnüren» (Mk 1,7–8) –, doch seltsamerweise sagt Johannes nie ausdrücklich, dass damit Jesus gemeint ist. Selbst als sich nach Jesu routinemäßiger Taufe der Himmel öffnet und der Geist Gottes in Form einer Taube auf ihn herabkommt, während eine Stimme aus dem Himmel spricht: «Du bist mein geliebter Sohn, an dir habe ich Gefallen gefunden», nimmt Johannes diesen göttlichen Zwischenruf gar nicht wahr, geschweige denn, dass er ihn kommentiert. Für Johannes ist Jesus einfach ein weiterer Bittsteller, ein weiterer Sohn Abrahams, der an den Jordan reist, um in den erneuerten Stamm Israel aufgenommen zu werden. Er geht einfach weiter zum nächsten Menschen, der darauf wartet, getauft zu werden.

Matthäus, der etwa zwei Jahrzehnte später schreibt, übernimmt die Geschichte von Jesu Taufe fast wortwörtlich von Markus, aber er ergänzt wenigstens eine ganz eklatante Auslassung seines Vorgängers: Sofort, als Jesus am Jordanufer ankommt, erkennt Johannes ihn als den, «der nach mir kommt». «Ich taufe euch nur mit Wasser», sagt der Täufer. «Er wird euch mit dem Heiligen Geist und mit Feuer taufen.» Bei Matthäus weigert sich Johannes zunächst, Jesus zu taufen, und deutet an, dass er es ist, der von Jesus getauft werden sollte. Erst nachdem Jesus ihm die Erlaubnis gegeben hat, wagt Johannes den Bauern aus Nazaret zu taufen.

Lukas geht einen Schritt weiter, er wiederholt die gleiche Geschichte wie bei Markus und Matthäus, stellt die Taufe Jesu allerdings in einen besonderen Rahmen. «Zusammen mit dem ganzen Volk ließ auch Jesus sich taufen. Und während er betete, öffnete sich der Himmel ...» (Lk 3,21) Lukas lässt mit anderen Worten weg, wer taufte. Es geht nicht um Johannes – Jesus wird einfach getauft. Lukas untermauert diesen Punkt, indem er Johannes seine eigene Kindheitserzählung gibt, parallel zu der, die er für Jesus erfindet. Damit beweist er, dass Jesus schon im Mutterleib der Höherrangige war: Dass Elisabet, eine unfruchtbare Frau, Johannes gebar, mag schon ein Wunder gewesen sein, aber es war nicht annähernd so wunderbar wie die jungfräuliche Geburt Jesu. Dies alles gehört zu Lukas' konzertierten Bemühungen (die der Evangelist auch in der Fortsetzung seines Evangeliums, der Apostelgeschichte, weiterverfolgt), Johannes' Jünger dazu zu bringen, dass sie ihren Propheten aufgeben und stattdessen Jesus folgen.

Zu der Zeit, als das Johannes-Evangelium von Jesu Taufe berichtet, drei Jahrzehnte nach Markus, ist Johannes der Täufer gar kein Täufer mehr; der Titel kommt nicht mehr vor. Ja, Jesus ist nie wirklich von Johannes getauft worden. Die einzige Funktion des Täufers im vierten Evangelium besteht darin, Jesu Göttlichkeit zu bezeugen. Jesus ist nicht einfach «stärker» als Johannes der Täufer. Er ist das Licht, der Herr, das Lamm Gottes, der Auserwählte. Er ist der präexistente *logos,* der «vor mir war», wie der Täufer sagt.

«Ich sah, dass der Geist vom Himmel herabkam wie eine Taube», behauptet Johannes und korrigiert damit eine weitere Auslassung von Markus, bevor er seinen Jüngern ausdrücklich befiehlt, ihn zu verlassen und sich stattdessen Jesus anzuschließen. Dem Evangelisten Johannes reichte es nicht, den Täufer kleiner zu machen; der Täufer musste sich selbst kleiner machen, er musste sich öffentlich vor dem *wahren* Propheten und Messias herabsetzen.

«Ich bin nicht der Messias», räumt Johannes der Täufer im vierten Evangelium ein, «sondern nur ein Gesandter, der ihm vorausgeht ... *Er muss wachsen, ich aber muss kleiner werden.*» (Joh 3,28–30)

Dieses starke Bemühen, Johannes' Bedeutung herunterzuspielen, ihn Jesus unterzuordnen – aus ihm wenig mehr als den Herold Jesu zu machen –, verrät ein drängendes Bedürfnis der frühchristlichen Gemeinschaft, das zu konterkarieren, was die historischen Belege ganz deutlich vermuten lassen: Wer auch immer der Täufer war, woher er auch kam und was er auch mit seinem Taufritual bezweckte – Jesus begann sein Wirken sehr wahrscheinlich als einer seiner Jünger. Vor dem Zusammentreffen mit Johannes war Jesus ein unbekannter Kleinbauer und Tagelöhner, der irgendwo in Galiläa hart für sein tägliches Brot arbeitete. Johannes' Taufe machte ihn nicht nur zu einem Teil der neuen und erlösten Nation Israel, sie führte ihn auch in den inneren Zirkel des Johannes ein. Nicht jeder von Johannes Getaufte wurde sein Jünger; viele gingen einfach wieder nach Hause. Jesus tat das nicht. Die Evangelien sagen klar und deutlich, dass er nach der Taufe nicht nach Galiläa zurückkehrte, sondern «in die Wüste» Judäas ging; das heißt, Jesus ging direkt dorthin, von wo Johannes gerade gekommen war. Und er blieb eine Weile in der Wüste, nicht, um «vom Satan in Versuchung geführt» zu werden, wie sich die Evangelisten das vorstellen, sondern um von Johannes zu lernen und mit seinen Anhängern zu sprechen.

Die ersten Worte des öffentlichen Wirkens Jesu klingen wie die des Johannes: «Die Zeit ist erfüllt, das Reich Gottes ist nahe. Kehrt um, und glaubt an das Evangelium!» (Mk 1,15). Gleiches gilt für Jesu erste öffentliche Handlung: «Darauf ging Jesus mit seinen Jüngern nach Judäa. Dort hielt er sich mit ihnen auf und taufte. Aber auch Johannes taufte damals ...» (Joh 3,22–23). Natürlich waren Jesu erste Jünger – Andreas und Philippus – eigentlich gar nicht seine Jünger; sie gehörten zu Johannes (Joh 1,35–37). Erst nach dessen Verhaftung schlossen sie sich Jesus an. Jesus beschimpft seine Feinde unter den Schriftgelehrten und Pharisäern sogar mit demselben Ausdruck, den Johannes für sie benutzt: «Ihr Schlangenbrut!» (Mt 12,34)

Jesus blieb nach seiner Taufe eine Zeit lang in Judäa, schloss sich Johannes' Zirkel an und trennte sich wieder von ihm; er predigte die Worte seines Meisters und taufte andere an seiner Seite, bis Antipas, von Johannes' Macht und Popularität eingeschüchtert, ihn festnehmen und in ein Verlies werfen ließ. Erst dann kehrte Jesus von Judäa zu seiner Familie zurück.

Und erst dort in Galiläa, unter seinen Leuten, übernahm Jesus ganz Johannes' Aufgabe und begann über das Reich Gottes und das bevorstehende Gericht zu predigen. Doch er ahmte Johannes nicht einfach nach. Jesu Botschaft war weit revolutionärer, sein Konzept des Gottesreiches sehr viel radikaler und sein Identitäts- und Sendungsbewusstsein viel gefährlicher als alles, was Johannes der Täufer sich hätte ausdenken können. Johannes hatte mit Wasser getauft. Jesus aber taufte mit dem Heiligen Geist. Mit dem Heiligen Geist – und mit Feuer.

Kapitel acht

FOLGT MIR NACH

Das Galiläa, in das Jesus nach seinem kurzen Aufenthalt bei Johannes dem Täufer zurückkehrte, war nicht das Galiläa, in dem er geboren worden war. Das Galiläa der Kindheit Jesu hatte inzwischen ein schweres psychisches Trauma erlebt, es hatte die ganze Wucht der römischen Vergeltung für die Revolten gespürt, die überall im Land nach dem Tod Herodes' des Großen 4 v. Chr. ausgebrochen waren.

Die römische Reaktion auf Rebellion, egal, wo im Reich sie ausbrach, war voraussagbar immer gleich: Brennt die Dörfer nieder, macht die Städte dem Erdboden gleich, versklavt die Bevölkerung. Etwa diesen Befehl gab auch Kaiser Augustus den Legionen, die er nach Herodes' Tod aussandte, um den widerspenstigen Juden eine Lektion zu erteilen. Die Römer erstickten die Aufstände in Judäa und Peräa leicht. Besondere Aufmerksamkeit aber galt Galiläa, dem Zentrum der Revolte. Tausende starben, als das Land in Flammen aufging. Die Vernichtung erreichte jede Stadt, jedes Dorf, nur einige wenige blieben verschont. Die Dörfer Emmaus und Sampho wurden verwüstet. Sepphoris, das Judas dem Galiläer erlaubt hatte, in die Waffenkammer der Stadt einzudringen, wurde dem Erdboden gleich gemacht. Ganz Galiläa versank in Feuer und Blut. Selbst das winzige Nazaret entkam dem Zorn Roms wohl kaum.

Die Römer konzentrierten sich wahrscheinlich zu Recht so

brutal auf Galiläa. Die Region war schon jahrhundertelang ein Treibhaus revolutionären Aufruhrs gewesen. Lange vor dem Einmarsch der Römer war der Begriff «Galiläer» zum Synonym für «Rebell» geworden. Josephus beschreibt das Volk von Galiläa als «seit frühester Kindheit an den Krieg gewöhnt», und Galiläa selbst, das von einer zerklüfteten Topographie und einem bergigen Terrain profitierte, «wehrte sich», wie er schreibt, «immer gegen feindliches Eindringen».

Dabei war es egal, ob diese Eindringlinge nun Heiden oder Juden waren – die Galiläer unterwarfen sich keiner Fremdherrschaft. Nicht einmal König Salomo konnte Galiläa zähmen; die Region und ihr Volk wehrten sich erbittert gegen die hohen Steuern und die Zwangsarbeit, die er ihnen auferlegte, um den Bau des ersten Tempels in Jerusalem abzuschließen. Auch die Hasmonäer – die Priesterkönige, die das Land von 140 v. Chr. bis zum Einmarsch der Römer 63 v. Chr. regierten – unterwarfen die Galiläer nie ganz dem Tempelstaat, den sie in Judäa errichtet hatten. Und schließlich war Galiläa auch ein ständiger Stachel im Fleisch von König Herodes, der sich erst König der Juden nennen durfte, nachdem er gezeigt hatte, dass er mit den Banditen in der aufrührerischen Region fertig wurde.

Die Galiläer betrachteten sich offenbar als ein völlig vom Rest der Juden in Palästina unterschiedenes Volk. Josephus nennt die Menschen von Galiläa ausdrücklich ein eigenes *ethnos,* eine Nation für sich; in der Mischna, der ersten schriftlichen Zusammenfassung rabbinischen Denkens, wird behauptet, die Galiläer hätten andere Regeln und Bräuche als die Judäer, wenn es um Dinge wie Ehe oder Gewichte und Maße ging. Sie waren ein Hirtenvolk, leicht erkennbar an ihren provinziellen Gebräuchen und ihrer eindeutig bäuerlichen Ausdrucksweise (es war sein galiläischer Dialekt, der Simon Petrus nach dessen Verhaftung als Anhänger Jesu auswies: «Wirklich, auch du gehörst zu ihnen, deine Mundart verrät dich», Mt 26,73). Die städtische Elite in Judäa nannte die Galiläer spöttisch «die Leute vom Land», ein Ausdruck, der auf ihre Abhängigkeit von der Subsistenzwirtschaft anspielte. Aber er hatte auch einen noch negativeren Beigeschmack, er bezeichnete die Ungebildeten und Unfrommen, jene, die sich nicht anständig an das Gesetz hielten, vor allem dann nicht, wenn es um die obligatorischen Zehnten und Opfer für den Tempel ging. Die Literatur der Zeit ist voll von judäischen Klagen über die Laxheit der Galiläer, wenn es um die pünktliche Bezahlung ihrer Tempelabgaben ging, während andererseits eine ganze Gruppe apokrypher Schriften wie etwa das *Levi-Dokument* und das *Henoch-Korpus* eine ausdrücklich galiläische Kritik am aufwendigen Lebensstil der judäischen Priesterschaft, ihrer Ausbeutung der Bauern und ihrer schändlichen Kollaboration mit Rom widerspiegelt.

Ganz zweifellos fühlten die Galiläer eine sinnstiftende Verbindung zum Tempel als der Wohnstatt des Geistes Gottes, aber sie bekundeten auch eine tiefe Verachtung für die Tempelpriester, die sich für die alleinigen Vermittler des göttlichen Willens hielten. Es gibt Hinweise darauf, dass die Galiläer die Tempelrituale nicht nur weniger streng befolgten, sondern auch in Anbetracht der drei Tagesreisen zwischen Galiläa und Jerusalem weniger geneigt waren, den Tempel häufig zu besuchen. Jene galiläischen Bauern, die mit großer Mühe genug Geld aufbrachten, um zu den heiligen Festen nach Jerusalem zu reisen, mussten ihr karges Opfer dann demütig den reichen Tempelpriestern übergeben, von denen einige womöglich gerade jene Ländereien besaßen, auf denen diese Bauern ihr karges Dasein fristeten.

Die Kluft zwischen Judäa und Galiläa wuchs, nachdem Rom Galiläa direkt der Herrschaft von Antipas, dem Sohn Herodes' des Großen, unterstellt hatte. Zum ersten Mal in ihrer Geschichte hatten die Galiläer einen Herrscher, der tatsächlich in Galiläa residierte. Antipas' Tetrarchie verwandelte die Provinz in ein eigenes politisches Gebilde, das nicht mehr der direkten Befehlsgewalt des Tempels und der Priesteraristokratie in Jerusalem unterstand. Die Galiläer schuldeten dem habgierigen Tempel noch immer ihren Zehnten, und Rom übte weiterhin Kontrolle über alle Aspekte des Lebens in Galiläa aus: Rom hatte Antipas eingesetzt, und Rom steuerte ihn. Doch Antipas' Herrschaft bedeutete auch ein kleines, aber bedeutsames Stück galiläische Autonomie. Seine eigenen Soldaten hatten die römischen Legionen in der Provinz ersetzt. Und Antipas war wenigstens ein Jude, der, meistens jedenfalls, versuchte, die religiösen Gefühle seiner Untertanen nicht zu verletzen – trotz seiner Ehe mit der Frau seines Bruders und der Hinrichtung Johannes' des Täufers.

Von etwa 10 n. Chr. an, als Antipas Sepphoris zu seiner Hauptstadt machte, bis 36 n. Chr., als Kaiser Caligula ihn absetzte und ins Exil schickte, genossen die Galiläer eine Phase des Friedens und der Ruhe – sicherlich eine willkommene Erholung vom vorausgehenden Jahrzehnt der Rebellion und des Krieges. Doch der Frieden war ein Trick; die Einstellung der Feindseligkeiten sollte von der schleichenden Verwandlung Galiläas ablenken. Im Laufe dieser 20 Jahre baute Antipas nämlich zwei neue griechische Städte – seiner ersten Hauptstadt Sepphoris folgte eine zweite, Tiberias, am Ufer des See Gennesaret –, die die traditionelle galiläische Gesellschaft total auf den Kopf stellten.

Es waren die ersten richtigen Städte, die Galiläa je gesehen hatte, und sie waren fast nur von Nichtgaliläern bevölkert: römische Kaufleute, Griechisch sprechende Heiden, wohlhabende judäische Siedler. Die neuen Städte setzten die Wirtschaft der Region unter einen enormen Druck, sie teilten die Provinz im Wesentlichen in jene mit Geld und Macht und jene, die ihnen dienten, indem sie die Arbeitskraft zur Verfügung stellten, die notwendig war, um ihren aufwendigen Lebensstil aufrechtzuerhalten. Dörfer, in denen Subsistenzwirtschaft als Bauer oder Fischer die Norm war, wurden allmählich durch die Bedürfnisse der Städte überformt, während sich Landwirtschaft und Nahrungsmittelproduktion allein auf die Ernährung der neuen kosmopolitischen Bevölkerung konzentrierten. Die Steuern stiegen, die Landpreise verdoppelten sich, die Schulden wuchsen in ungeahnte Höhen, sodass das traditionelle Leben in Galiläa langsam zerfiel.

Als Jesus geboren wurde, stand Galiläa in Flammen. Sein erstes Lebensjahrzehnt ging einher mit der Plünderung und Zerstörung des ländlichen Galiläa, sein zweites mit dessen Umgestaltung durch Antipas. Als Jesus zu Johannes dem Täufer nach Judäa ging, hatte Antipas Sepphoris schon zugunsten seines noch größeren und schöneren Königssitzes in Tiberias aufgegeben. Als er zurückkam, sah das Galiläa, das er kannte – kleine Bauernhöfe und offene Felder, blühende Obstgärten und riesige Weiden voller Wildblumen –, eher wie die Provinz Judäa aus, die er gerade verlassen hatte: verstädtert, hellenisiert, ungerecht und strikt eingeteilt in jene, die etwas hatten, und jene, die nichts hatten.

Jesu erster Halt bei seiner Rückkehr nach Galiläa war sicher Nazaret, wo seine Familie noch immer lebte. Allerdings blieb er nicht lange in seinem Heimatdorf. Jesus hatte Nazaret als einfacher *tekton* (Zimmermann oder Bauarbeiter) verlassen, zurück kehrte er als jemand anderer. Seine Verwandlung riss einen tiefen Graben in seiner Gemeinschaft auf. Sie erkannten den Wanderprediger, der da plötzlich in ihrem Dorf auftauchte, offenbar kaum noch. Die Evangelien sagen, dass Jesu Mutter, Brüder und Schwestern empört waren über das, was die Leute über ihn sagten; sie versuchten verzweifelt, ihn zum Schweigen zu bringen und zurückzuhalten (Mk 3,21). Doch als sie zu Jesus kamen und ihn drängten, nach Haus zurückzukommen und wieder ins Familiengeschäft einzusteigen, weigerte er sich. «Wer ist meine Mutter und wer sind meine Brüder?», fragte Jesus und blickte auf die Menschen, die im Kreis um ihn herumsaßen. «Das hier sind meine Mutter und meine Brüder. Wer den Willen Gottes erfüllt, der ist für mich Bruder und Schwester und Mutter.» (Mk 3,31–35)

Diese Passage des Markus-Evangeliums wird oft so gedeutet, dass Jesu Familie seine Lehren ablehnte und seine Identität als Messias leugnete. Aber in Jesu Antwort an seine Familie findet sich kein Hinweis auf eine Feindseligkeit zwischen ihm und seinen Brüdern und Schwestern. Es gibt in den Evangelien auch keine Anzeichen dafür, dass Jesu Familie seine messianischen Ambitionen nicht gelten ließ. Im Gegenteil spielten Jesu Brüder durchaus bedeutsame Rollen in der von ihm gegründeten Bewegung. Sein Bruder Jakobus wurde nach der Kreuzigung sogar zum Anführer der Gemeinschaft in Jerusalem. Vielleicht akzeptierte Jesu Familie erst allmählich seine Lehren und seine außergewöhnlichen Aussagen. Aber die historischen Belege lassen vermuten, dass sie letztendlich alle an ihn und seine Mission glaubten.

Bei den Nachbarn Jesu allerdings war das anders. Laut Evangelium bekümmerte die anderen Nazoräer die Rückkehr von «Marias Sohn». Einige sprachen zwar gut über ihn und waren fasziniert von seinen Worten, die meisten aber verstörten seine Anwesenheit und seine Lehren tief. Jesus wurde schnell zum Außenseiter in der kleinen Gemeinde auf dem Hügel. Das Lukas-Evangelium behauptet, die Bewohner von Nazaret hätten ihn schließlich hinausgetrieben zu dem Abhang, auf dem das Dorf stand, und versucht, ihn von einem Felsen zu stürzen (Lk 4,14–30). Die Geschichte ist verdächtig; in Nazaret gibt es keinen Felsen, von dem man gestürzt werden könnte, sondern nur einen sanft abfallenden Hang. Tatsache bleibt aber, dass Jesus zumindest anfangs kaum Anhänger in Nazaret fand. «Kein Prophet wird in seiner Heimat anerkannt», sagte er, bevor er das Heim seiner Kindheit verließ und in das nahe Fischerdorf Kafarnaum am Nordufer des Sees Gennesaret zog.

Kafarnaum spiegelte im Kleinen die unheilvollen Veränderungen wider, die Antipas' Herrschaft mit sich brachte, und war damit ein idealer Ort für die ersten öffentlichen Auftritte Jesu. Das Dorf am See mit seinen etwa 1500 Bewohnern, meist Bauern und Fischern, war bekannt für sein mildes Klima und seinen fruchtbaren Boden. Es sollte die Operationsbasis Jesu im ganzen ersten Jahr seiner Mission in Galiläa werden. Der Ort zog sich weitläufig am Seeufer hin, in der kühlen, salzigen Luft gediehen die verschiedensten Pflanzen und Bäume. Büschel üppiger Ufervegetation wuchsen das ganze Jahr über am langen Küstensaum, während Haine aus Walnussbäumen und Kiefern, Feigen- und Olivenbäumen die niedrigen Hügel im Landesinneren überzogen. Das wahre

Geschenk von Kafarnaum aber war der wunderbare See an sich, der von den unterschiedlichsten Fischarten wimmelte und die Bevölkerung seit Jahrhunderten ernährte und erhielt.

Als Jesus dort zu wirken begann, hatte sich Kafarnaums Wirtschaft allerdings schon fast völlig auf die Bedürfnisse der neuen Städte eingestellt, die ringsum entstanden, insbesondere auf die neue Hauptstadt Tiberias, die nur wenige Kilometer südlich lag. Die Nahrungsmittelproduktion war exponentiell gestiegen, und mit ihr der Lebensstandard jener Bauern und Fischer, die die finanziellen Mittel besaßen, mehr kultivierbares Land oder mehr Boote und Netze zu kaufen. Wie im Rest Galiläas profitierten von diesem Zuwachs an Produktionsmitteln jedoch vor allem die Landbesitzer und Geldverleiher, die nicht in Kafarnaum ansässig waren: die reichen Priester in Judäa und die neue städtische Elite in Sepphoris und Tiberias. Es waren jene Bewohner von Kafarnaum, die Jesus im Besonderen ansprach – jene, die sich plötzlich an den Rändern der Gesellschaft wiederfanden, deren Leben von den schnellen gesellschaftlichen und wirtschaftlichen Verschiebungen überall in Galiläa ins Chaos gestürzt worden war.

Das soll nicht heißen, dass Jesus nur an den Armen interessiert war oder dass nur die Armen sich ihm anschlossen. Einige ziemlich vermögende Wohltäter – etwa die Zollpächter Levi (Mk 2,13–15) und Zachäus (Lk 19,1–10) und der reiche Synagogenvorsteher Jaïrus (Mk 5,21–43) – unterstützten die Mission Jesu, indem sie ihn und seine Anhänger verköstigten und ihnen ein Dach über dem Kopf gaben. Doch Jesu Botschaft war so formuliert, dass sie eine direkte Provokation für die Reichen und die Mächtigen darstellte, ob es nun die Besatzer in Rom, die Kollaborateure im Tempel oder die Neureichen in den griechischen Städten Galiläas waren. Es war eine schlichte Botschaft: Der Herr und Gott hatte das Leiden der Armen und Enteigneten gesehen; er hatte ihre Angstschreie gehört. Und er schickte sich an, endlich etwas dagegen zu tun. Das war vielleicht keine neue Nachricht – Johannes predigte so ziemlich dasselbe –, aber es war eine Nachricht, die ein Mann im neuen Galiläa verkündete, der selbst als waschechter Galiläer die gegen Judäa und den Tempel gerichteten Gefühle teilte, von denen die Provinz durchdrungen war.

Jesus war noch nicht lange in Kafarnaum, als er schon eine kleine Gruppe gleichgesinnter Galiläer vor allem aus den Reihen der unzufriedenen Jugend des Fischerdorfes um sich scharte, die zu seinen ersten Jüngern wurden (tatsächlich hatte Jesus schon ein paar Jünger mitgebracht, jene, die sich ihm nach der Gefangennahme Johannes des Täufers angeschlossen hatten). Laut Markus-Evangelium fand Jesus seine ersten Anhänger, als er am Ufer des Sees Gennesaret entlangging. Da sah er zwei junge Fischer, Simon und seinen Bruder Andreas, die ihre Netze auswarfen, und sagte: «Kommt her, folgt mir nach! Ich werde euch zu Menschenfischern machen.» Die Brüder, so schreibt Markus, ließen sofort ihre Netze fallen und gingen mit ihm. Etwas später traf Jesus zwei weitere Fischer – Jakobus und Johannes, die jungen Söhne des Zebedäus – und machte ihnen dasselbe Angebot. Auch sie verließen ihre Boote und Netze, um Jesus zu folgen (Mk 1,16–20).

Anders als die Menschenmengen, die zusammenströmten, wann immer Jesus in ein Dorf kam, und sich dann wieder verliefen, reisten die Jünger mit Jesus. Anders als die begeisterten, aber wankelmütigen Massen wurden die Jünger gesondert von Jesus aufgerufen, ihr Heim und ihre Familie hinter sich zu lassen, um ihm von Stadt zu Stadt, von Dorf zu Dorf zu folgen. «Wenn jemand zu mir kommt und nicht Vater und Mutter, Frau und Kinder, Brüder und Schwestern, ja sogar sein Leben gering achtet, dann kann er nicht mein Jünger sein.» (Lk 14,26)

Das Lukas-Evangelium sagt, dass es insgesamt 72 Jünger waren (Lk 10,1–12), und dazu zählten zweifellos auch Frauen, von denen das Neuen Testament einige der Tradition zum Trotz sogar beim Namen nennt: Johanna, die Frau des Chuzas, eines Beamten des Herodes; Maria, die Mutter des Jakobus und des Josef; Maria, die Frau des Klopas; Susanna; Salome; und die vielleicht berühmteste von allen, Maria aus Magdala, die Jesus von «sieben Dämonen» geheilt hatte (Lk 8,2). Dass diese Frauen Jesu Jüngerinnen waren, zeigt sich daran, dass sie nach Aussage aller vier Evangelien mit Jesus von Stadt zu Stadt zogen (Mk 15,40−41; Mt 27,55−56; Lk 8,2−3; 23,49; Joh 19,25). Und sie waren nach Auskunft der Evangelien nicht die Einzigen: «Auch einige andere Frauen … waren Jesus … nachgefolgt und hatten ihm gedient» (Mk 15,40−41), von seinen ersten Tagen als Prediger in Galiläa an bis zu seinem letzten Atemzug auf dem Hügel in Golgota.

Unter den 72 jedoch gab es einen inneren Kern von Jüngern − alles Männer −, die eine besondere Funktion übernommen hatten. Sie wurden einfach «die Zwölf» genannt. Dazu gehörten die Brüder Jakobus und Johannes − die Söhne des Zebedäus, die auch *Boanerges,* «Donnersöhne», hießen; Philippus, der aus Betsaida stammte und ein Jünger Johannes' des Täufers war, bevor er Jesus nachfolgte (Joh 1,35−44); Andreas, der laut Johannes-Evangelium ebenfalls zunächst ein Anhänger des Täufers war, während die synoptischen Evangelien dieser Aussage widersprechen, indem sie ihn in Kafarnaum verorten; Andreas' Bruder Simon, der Jünger, den Jesus Petrus nennt; Matthäus, der manchmal mit einem anderen Jünger Jesu, Levi, dem Steuereintreiber, verwechselt wird; Judas, der Sohn des Jakobus; Jakobus, der Sohn des Alphäus; Thomas, der sprichwörtlich werden sollte, weil er die Auferstehung Jesu anzweifelte; Bartholomäus, über den fast nichts bekannt ist; ein weiterer Simon, bekannt als «der Zelot», eine Bezeichnung, die seine Begeisterung für die biblische Lehre des Glaubenseifers signalisieren sollte, nicht aber eine Verbindung mit der Zelotenpartei, die erst 30 Jahre später entstand; und Judas Iskariot, der Mann, der den Evangelien zufolge Jesus eines Tages an den Hohepriester Kajaphas verraten sollte.

Die Zwölf werden zu den wichtigsten Vermittlern der Botschaft Jesu − zu *apostoloi* oder «Sendboten» −, Aposteln, die in Nachbarstädte und -dörfer geschickt werden, um dort unabhängig und ohne Aufsicht zu predigen (Lk 9,1−6). Sie waren nicht die Anführer der Jesus-Bewegung, aber doch ihre wichtigsten Missionare. Doch die Zwölf hatten noch eine weitere, eher symbolische Funktion, die erst später in Jesu Wirken offen zutage treten sollte: Sie versinnbildlichten die Wiedereinsetzung der zwölf Stämme Israels, die schon seit langem vernichtet und in alle Winder zerstreut waren.

Sobald er sich niedergelassen hatte und seine handverlesene Gruppe von Jüngern wuchs, ging Jesus in die Dorfsynagoge, um den Menschen von Kafarnaum seine Botschaft zu predigen. Die Evangelien sagen, dass jene, die seine Lehren hörten, «betroffen» waren. Das war wohl kaum allein auf seine Worte zurückzuführen, denn auch zu diesem Zeitpunkt gab Jesus nur die Worte seines Lehrmeisters Johannes des Täufers weiter: «Von da an [seit er in Kafarnaum wohnte] begann Jesus zu verkünden: Kehrt um! Denn das Himmelreich ist nahe.» (Mt 4,17) Was die Zuhörer in der Synagoge von Kafarnaum vielmehr erstaunte, war die charismatische Autorität, mit der Jesus sprach: «denn er lehrte sie wie einer, der (göttliche) Vollmacht hat, und nicht wie ihre Schriftgelehrten» (Mt 7,29; Mk 1,22; Lk 4,32).

Der Vergleich mit den Schriftgelehrten, der in allen drei synoptischen Evangelien hervorgehoben wird, ist ebenso augenfällig wie vielsagend. Anders als Johannes der Täufer, der wohl in einer Familie judäischer Priester aufwuchs, war Jesus ein Bauer. Er sprach wie ein Bauer. Er lehrte auf Aramäisch, in der Sprache der Bauern. Er besaß nicht die Autorität der Buchgelehrten und der Priesteraristokratie, die ihrem ernsten und mühsamen Studium der Schriften und ihrer engen Beziehung zum Tempel entsprang. Jesu Vollmacht kam direkt von Gott. Ja, von dem Moment an, in dem er die Synagoge in diesem kleinen Dorf am Ufer besuchte, tat Jesus alles, um sich in direkte Opposition zu den Tempelwächtern und dem jüdischen Kult zu setzen, indem er ihre Autorität als Stellvertreter Gottes auf Erden anzweifelte.

Die Evangelien zeigen Jesus im Konflikt mit einer ganzen Palette jüdischer Autoritäten, die oft in formelhaften Kategorien wie «die Hohepriester und Ältesten» oder «die Schriftgelehrten und Pharisäer» zusammengefasst werden, doch im Palästina des 1. Jahrhunderts waren dies sehr unterschiedliche Gruppierungen, und Jesus hatte unterschiedliche Beziehungen zu jeder von ihnen. Während die Evangelien dazu neigen, die Pharisäer als die schlimmsten Kritiker Jesu darzustellen, war der Umgangston zwar gelegentlich gereizt, aber doch die längste Zeit ziemlich höflich und sogar manchmal freundlich. Es war ein Pharisäer, der Jesus warnte, dass sein Leben in Gefahr sei (Lk 13,31), ein Pharisäer, der half, ihn nach der Kreuzigung zu begraben (Joh 19,39–40), ein Pharisäer, der das Leben der Jünger rettete, nachdem Jesus in den Himmel aufgestiegen war (Apg 5,34). Jesus aß mit Pharisäern, er diskutierte mit ihnen, er lebte unter ihnen; ein paar Pharisäer zählten sogar zu seinen Anhängern.

Im Gegensatz dazu werden die wenigen Zusammentreffen Jesu mit dem Priesteradel und seinen Repräsentanten, der gelehrten Elite der Rechtswissenschaftler (den Schriftgelehrten), von den Evangelien immer im feindlichsten Licht geschildert. Wen sonst meinte Jesus, als er sagte: «Ihr aber habt daraus [aus dem Tempel] eine Räuberhöhle gemacht.» Es waren nicht die Händler und die Geldwechsler, gegen die er auf dem Tempelvorplatz wütete. Es waren jene, die am stärksten vom Handel im Tempel profitierten, und das auf Kosten armer Galiläer, wie er selbst einer war.

Wie seine eifernden Vorgänger regte sich Jesus nicht so sehr über das heidnische Reich auf, das Palästina besetzt hielt, sondern viel mehr über den jüdischen Blender, der Gottes Tempel okkupierte. Beide nahmen Jesus später als Bedrohung wahr, und beide wollten seinen Tod. Aber es kann kein Zweifel bestehen, dass Jesu größte Gegenspieler in den Evangelien nicht der ferne Kaiser in Rom und auch nicht dessen heidnische Beamte in Judäa sind. Es ist der Hohepriester Kajaphas, der zum wichtigsten Anstifter bei der Intrige zur Hinrichtung Jesu wird, gerade weil dieser die Autorität des Tempels bedroht (Mk 14,1–2; Mt 26,57–66; Joh 11,49–50).

Im Laufe der Zeit weitete sich Jesu Wirken aus, wurde drängender und streitbarer, und seine Worte und Taten spiegelten immer deutlicher eine tiefe Feindschaft gegenüber dem Hohepriester und dem judäischen religiösen Establishment wider: «Nehmt euch in Acht vor den Schriftgelehrten! Sie gehen gern in langen Gewändern umher, lieben es, wenn man sie auf den Straßen und Plätzen grüßt, und sie wollen in der Synagoge die vordersten Sitze und bei jedem Festmahl die Ehrenplätze haben. Sie bringen die Witwen um ihre Häuser und verrichten in ihrer Scheinheiligkeit lange Gebete. Aber um so härter wird das Urteil sein, das sie erwartet.» (Mk 12,38–40) Vor allem Jesu Gleichnisse waren gespickt mit eben den antiklerikalen Gefühlen, die die Politik wie auch die Frömmigkeit in Galiläa prägten und die zum Markenzeichen seines Wirkens werden sollten. Nehmen wir das berühmte Gleichnis vom guten Samariter:

«Ein Mann ging von Jerusalem nach Jericho hinab und wurde von Räubern überfallen. Sie plünderten ihn aus und schlugen ihn nieder; dann gingen sie weg und ließen ihn halb tot liegen. Zufällig kam ein Priester denselben Weg herab; er sah ihn und ging weiter. Auch ein Levit [ebenfalls ein Priester] kam zu der Stelle; er sah ihn und ging weiter. Dann kam ein Mann aus Samarien, der auf der Reise war. Als er ihn sah, hatte er Mitleid, ging zu ihm hin, goss Öl und Wein auf seine Wunden und verband sie. Dann hob er ihn auf sein Reittier, brachte ihn zu einer Herberge und sorgte für ihn. Am andern Morgen holte er zwei Denare hervor, gab sie dem Wirt und sagte: Sorge für ihn, und wenn du mehr für ihn brauchst, werde ich es dir bezahlen, wenn ich wiederkomme.» (Lk 10,30–35)

Christen haben aus diesem Gleichnis lange herausgelesen, wie wichtig es doch sei, Menschen in Not zu helfen. Doch für die Zuhörer, die zu Jesu Füßen saßen, hatte das Gleichnis weniger mit der Güte des Samariters zu tun als mit der Falschheit der beiden Priester.

In den Augen der Juden waren die Samariter die niedrigsten, unreinsten Menschen in Palästina – und dafür gab es vor allem einen Grund: Die Samariter lehnten den Vorrang des Tempels von

Jerusalem als einziger legitimer Ort der Gottesanbetung ab. Stattdessen verehrten sie den Gott Israels in ihrem eigenen Tempel auf dem Berg Garizim am Westufer des Jordan. Für jene unter Jesu Zuhörern, die sich selbst in dem geschlagenen, halbtoten Mann wiedererkannten, den man zum Sterben an der Straße liegengelassen hatte, lag die Lektion des Gleichnisses auf der Hand: Der Samariter, der die Autorität des Tempels nicht anerkennt, tut alles, um das Gebot des Herrn, «Liebe deinen Nächsten wie dich selbst», zu erfüllen (das Gleichnis selbst sollte die Frage «Wer ist mein Nächster?» beantworten). Die Priester, die ihren Reichtum und ihre Macht aus ihrer Verbindung zum Tempel ziehen, ignorieren das Gebot völlig, aus Angst, ihre rituelle Reinheit zu besudeln und damit eben jene Verbindung zu gefährden.

Die Menschen in Kafarnaum nahmen diese dreist antiklerikale Botschaft gierig auf. Fast sofort sammelten sich große Menschenmengen um Jesus. Einige erkannten ihn als den Jungen, der in Nazaret in eine Familie von Zimmerleuten hineingeboren worden war. Andere hörten von der Macht seiner Worte und kamen aus Neugier, um seiner Predigt zu lauschen. An diesem Punkt beschränkte sich der Ruf Jesu auf die Ufer von Kafarnaum. Außerhalb dieses Fischerdorfes hatte noch niemand von dem charismatischen galiläischen Prediger gehört – nicht Antipas in Tiberias, nicht Kajaphas in Jerusalem.

Dann aber geschah etwas, das alles ändern sollte. Als Jesus einmal in der Synagoge von Kafarnaum über das Reich Gottes sprach, wurde er plötzlich von einem Mann unterbrochen, den die Evangelien als jemanden, «der von einem unreinen Geist besessen war», beschreiben.

«Was haben wir mit dir zu tun, Jesus von Nazaret?», schrie der Mann. «Bist du gekommen, um uns ins Verderben zu stürzen? Ich weiß, wer du bist: der Heilige Gottes.»

Jesus schnitt ihm sofort das Wort ab. «Schweig und verlass ihn!»

Plötzlich wand sich der Mann in Krämpfen. Ein lauter Schrei kam aus seinem Mund. Und dann war er still.

Alle in der Synagoge erschraken. «Was hat das zu bedeuten?», fragten die Menschen einander. «Hier wird mit Vollmacht eine ganz neue Lehre verkündet. Sogar die unreinen Geister gehorchen seinem Befehl.» (Mk 1,23–28)

Nach diesem Zwischenfall war Jesus ganz sicher auch über die Grenzen Kafarnaums hinaus bekannt. Die Nachricht von dem Wanderprediger verbreitete sich in der ganzen Region, in ganz Galiläa. In jeder Stadt, jedem Dorf wurden die Menschenmengen immer größer, weil die Leute von überall her zusammenkamen, nicht so sehr, um seine Botschaft zu hören, sondern um die Wundertaten zu sehen, von denen sie gehört hatten. Denn während die Jünger in Jesus schließlich den verheißenen Messias und Erben des Davidsreiches erkannten, während die Römer ihn als einen falschen Prätendenten für das Amt des Königs der Juden sahen und während die Schriftgelehrten und Tempelpriester ihn bald als eine blasphemische Bedrohung ihrer Kontrolle des jüdischen Kultes wahrnahmen, war Jesus für die große Mehrheit der Juden in Palästina – jene, die er seinen eigenen Worten nach von der Unterdrückung befreien sollte – weder Messias noch König, sondern einfach wieder einmal ein reisender Wunderheiler und professioneller Exorzist, der mit seinen Tricks durch Galiläa zog.

Kapitel neun

═══════════

DURCH DEN FINGER GOTTES

Die Einwohner von Kafarnaum brauchten nicht lange, bis sie erkannten, wer da unter ihnen weilte. Jesus war bestimmt nicht der erste Exorzist, der an den Ufern des Sees Gennesaret wandelte. Im Palästina des 1. Jahrhunderts war die Wundertätigkeit ein ebenso angesehener Beruf wie Zimmermann oder Maurer und wesentlich besser bezahlt. Insbesondere in Galiläa gab es haufenweise charismatische Phantasten, die behaupteten, gegen eine bestimmte Gebühr göttliche Kräfte wirken lassen zu können. Aus Sicht der Galiläer hob sich Jesus von all den anderen Exorzisten und Heilern hingegen dadurch ab, dass er seine Dienste gratis anbot. Jener erste Exorzismus in der Synagoge von Kafarnaum mochte die Priester und Ältesten vielleicht schockiert haben, die darin eine neue Art des Lehrens sahen – in den Evangelien steht, dass gleich im Anschluss eine Gruppe Schriftgelehrter über die Stadt hereinbrach, um mit eigenen Augen zu sehen, in welchem Maße dieser einfache Bauer ihre Autorität in Frage gestellt hatte. Für die Menschen von Kafarnaum kam es aber nicht so sehr darauf an, aus welcher Quelle Jesus seine Heilkräfte schöpfte. Ihnen ging es in erster Linie um die Kosten.

Bis zum Abend hatte die Nachricht vom Gratisheiler in der Stadt in ganz Kafarnaum die Runde gemacht. Jesus und seine Begleiter hatten im Hause der Brüder Simon und Andreas Unterschlupf gefunden, wo Simons Schwiegermutter mit Fieber im Bett lag. Als die beiden Brüder Jesus von ihrer Krankheit berichteten, ging er zu ihr, ergriff ihre Hand, und sofort war sie geheilt. Kurz darauf versammelte sich eine große Menschenmenge vor Simons Haus, darunter die Lahmen, die Aussätzigen und die von Dämonen Besessenen. Am nächsten Morgen war der Andrang Siecher und Kranker sogar noch größer.

Um den Massen zu entfliehen, schlug Jesus vor, Kafarnaum für einige Tage zu verlassen: «Lasst uns anderswohin gehen, in die benachbarten Dörfer, damit ich auch dort predige.» (Mk 1,38) Doch die Nachricht von dem umherziehenden Wunderheiler hatte die benachbarten Städte längst erreicht. Wohin Jesus auch ging – Betsaida, Gerasa, Jericho –, wurde er von den Blinden, den Tauben, den Stummen und den Gelähmten bedrängt. Als er ein paar Tage später schließlich wieder nach Kafarnaum zurückkehrte, war der Tumult vor Simons Haus so groß, dass einige Männer ein Loch ins Dach reißen mussten, um ihren gelähmten Freund hinabzulassen, damit Jesus ihn heilen konnte.

Aus moderner Sicht wirken die Geschichten von Jesu Heilungen und Dämonenaustreibungen – gelinde gesagt – nicht gerade plausibel. Die Anerkenntnis seiner Wunder bildet den Hauptunterschied zwischen dem Historiker und dem Gläubigen, dem Wissenschaftler und dem Sinnsuchenden. Es erscheint daher wie ein Widerspruch in sich selbst, zu behaupten, dass es insgesamt mehr historisches Material gibt, das Jesu Wunder bestätigt, als über seine Geburt in Nazaret oder seinen Tod auf Golgota. Freilich gibt es keinerlei gesicherte Beweise für die eine oder andere Wundertat Jesu. Die Versuche von Wissenschaftlern, die Authentizität solcher Heilungen und Exorzismen zu beurteilen, haben sich als fruchtloses Unterfangen erwiesen. Es ist sinnlos zu behaupten, es sei *wahrscheinlicher*, dass Jesus einen Gelähmten geheilt habe, aber *weniger wahrscheinlich*, dass er Lazarus von den Toten auferweckt habe. Sämtliche Wundergeschichten Jesu wurden im Laufe der Zeit ausgeschmückt und mit christologischer Bedeutung versehen, sodass sie historisch keinesfalls stichhaltig sind. Ebenso sinnlos ist es, Jesu Wunder dadurch zu entmythologisieren, dass man sie auf rationaler Ebene zu erklären versucht: Jesus wandelte nur *scheinbar* auf dem Wasser, weil er sich den Wechsel von Ebbe und Flut zunutze machte; Jesus trieb nur *scheinbar* einen Dämonen aus, da der Besessene in Wahrheit ein Epileptiker war. Wie man die Wundertätigkeit Jesu in der modernen Welt betrachtet, ist irrelevant. Alles, was man weiß, ist, wie sie von den Menschen der damaligen Zeit gesehen wurde. Darin liegt der historische Beweis. In der Frühkirche gab es zwar erhitzte Debatten darüber, wer Jesus war (ein Rabbi? der Messias? der Sohn Gottes?) – seine Rolle als Exorzist und Wunderheiler wurde jedoch nie angezweifelt, weder von seinen Anhängern noch von seinen Gegnern.

Alle Evangelien, darunter auch die nicht kanonisierten Schriften, bestätigen die Wundertaten Jesu. Dasselbe gilt für das älteste Quellenmaterial, die Logienquelle Q. Beinahe ein Drittel des Markus-Evangeliums befasst sich ausschließlich mit Jesu Heilungen und Austreibungen. Die Frühkirche hielt nicht nur die lebhafte Erinnerung an Jesu Wunder aufrecht, sie gründete sich darauf. Jesu Apostel zeichneten sich dadurch aus, dass sie seine Wunderkräfte nachahmen konnten, Menschen in seinem Namen heilten und Dämonen austrieben. Selbst diejenigen, die Jesus nicht als Messias anerkannten, sahen in ihm trotzdem einen Mann, der wundersame Dinge vollbrachte. An keiner Stelle in den Evangelien leugnen die Feinde Jesu seine Wunder, wenngleich sie deren Motive und Quelle in Frage stellen. Noch bis weit ins 2. und 3. Jahrhundert hinein betrachteten die jüdischen Intellektuellen und heidnischen Philosophen, die Abhandlungen gegen das Christentum verfassten, Jesu Rolle als Exorzist und Wunderheiler als gegeben. Zwar reduzierten sie ihn auf eine Art umherziehenden Zauberkünstler, seine magischen Fähigkeiten indes zweifelten sie nicht an.

Wie gesagt, war Jesus nicht der einzige Wunderheiler, der damals durch Palästina zog, Kranke heilte und Dämonen austrieb. Es war eine Welt, in der man noch an Magie glaubte, und Jesus war nur einer von unzähligen Wahrsagern, Traumdeutern, Zauberern und Medizinmännern, die durch Judäa und Galiläa wanderten. So gab es Honi den Kreiszieher, der so genannt wurde, weil er in einer Dürreperiode einen Kreis im Staub zog und sich hineinstellte. «Ich schwöre bei deinem großen Namen, dass ich mich nicht von hier fortbewegen werde, bis du nicht Gnade mit deinen Söhnen hast», rief Honi zu Gott empor. Prompt begann es zu regnen. Honis Enkeln Abba Hilkiah und Hanan dem Verborgenen schrieb man ebenfalls viele Wundertaten zu; beide lebten etwa zur selben Zeit in Galiläa wie Jesus. Ein anderer jüdischer Wunderheiler namens Rabbi Hanina ben Dosa, der nur wenige Kilometer von Jesu Zuhause in Nazaret in dem Dörfchen Arab residierte, besaß die Fähigkeit, Kranke gesundzubeten, und konnte auf Wunsch sogar sagen, wer leben und wer sterben würde. Der vielleicht berühmteste Wunderheiler seiner Zeit war Apollonius von Tyana. Dieser wird als «heiliger Mann» beschrieben, der die Lehre eines «höchsten Gottes» predigte. Wohin er auch ging, verrichtete Apollonius Wundertaten. Er heilte die Lahmen, die Blinden, die Gelähmten und erweckte sogar ein Mädchen von den Toten.

Jesus war auch nicht der einzige Exorzist in Palästina. Der umherziehende jüdische Exorzist war ein alltäglicher Anblick, und Exorzismen selbst konnten eine lukrative Angelegenheit sein. In den Evangelien sind viele Exorzisten erwähnt (Mt 12,27; Lk 11,19; Mk 9,38–40; siehe auch Apg 19,11–17). Manche, wie etwa der berühmte Exorzist Eleasar, der möglicherweise ein Essener war, verwendete Amulette und Beschwörungsformeln, um den Besessenen die Dämonen aus der Nase zu ziehen. Andere, wie Rabbi Simon ben Jochai, konnten Dämonen dadurch austreiben, dass sie schlicht den Namen des Dämonen murmelten; wie Jesus forderte auch Jochai den Dämonen zunächst auf, sich zu erkennen zu geben, damit er Macht über ihn erlangte. Die Apostelgeschichte stellt Paulus als Exorzisten dar, der den Namen Jesu als mächtigen Talisman gegen dämonische Kräfte einsetzt (Apg 16,16–18; 19,12).

Sogar in den Schriftrollen vom Toten Meer finden sich Anleitungen für Exorzismen. Warum Exorzismen in Jesu Zeit so weit verbreitet waren? Die Juden betrachteten Krankheit entweder als Manifestation göttlicher Fügung oder als Äußerung dämonischer Aktivität. Ganz gleich, wie man eine Dämonenbesessenheit definieren möchte, ob nun als medizinisches Problem, als Geisteskrankheit, als Epilepsie oder Schizophrenie – es bleibt die Tatsache, dass die Menschen in Palästina solche Probleme als Anzeichen einer Besessenheit deuteten und Jesus als einen von vielen professionellen Exorzisten sahen, der die Macht besaß, die Betroffenen von ihrem Übel zu befreien.

Es mag zutreffen, dass Jesus im Gegensatz zu den anderen Exorzisten und Wunderheilern daneben auch messianische Ambitionen an den Tag legte. Das taten aber auch die gescheiterten Messiasse Theudas und der Ägypter, die beide messianische Behauptungen verkündeten und ihre Wundertaten dazu nutzten, eine Gefolgschaft um sich zu scharen. Diese Männer und ihre wundertätigen Kollegen waren unter Juden und Nichtjuden als «Männer der Taten» bekannt. Derselbe Begriff fand auch für Jesus Anwendung. Obendrein ist die literarische Form der Wundergeschichte, die sich in den jüdischen und heidnischen Schriften des 1. und 2. Jahrhunderts findet, fast identisch mit der in den Evangelien; zur Beschreibung der Wunder und der Wundertätigen wird dasselbe Grundvokabular verwendet. Vereinfacht gesagt: Jesu Status als Exorzist und Wunderheiler mag modernen Skeptikern ungewöhnlich und sogar absurd erscheinen, doch wich er von den im 1. Jahrhundert in Palästina gängigen Erwartungen an Exorzisten und Wunderheiler nicht sonderlich weit ab. Für alle Menschen des Nahen Ostens – ob nun Griechen, Römer, Juden oder Christen – waren Zauberei und Wunder damals eine alltägliche Facette ihrer Welt.

Allerdings machte man im antiken Denken große Unterschiede zwischen Zauberei und Wundern, und zwar nicht, was die jeweilige Methode oder das Ergebnis anbelangte (beides betrachtete man als Eingriff in die natürliche Ordnung des Universums), sondern darin, wie die beiden Tätigkeiten beurteilt wurden. In der griechisch-römischen Welt gab es zwar überall Zauberer, doch wurde die Zauberei selbst als Scharlatanerie betrachtet. Es gab eine Handvoll römischer Gesetze gegen die «Zaubertätigkeit». Wurde befunden, dass ein Zauberer die damals gefürchtete «dunkle Magie» praktizierte, lief er Gefahr, vertrieben oder sogar hingerichtet zu werden. Auch im Judentum waren Zauberer recht häufig, trotz des Verbotes der Zauberei in den Gesetzen Mose, wo sie mit Todesstrafe belegt ist. «Es soll bei dir keinen geben, der seinen Sohn oder seine Tochter durchs Feuer gehen lässt», lautet die biblische Warnung, «keinen, der Losorakel befragt, Wolken deutet, aus dem Becher weissagt, zaubert, Gebetsbeschwörungen hersagt oder Totengeister befragt, keinen Hellseher, keinen, der Verstorbene um Rat fragt.» (5 Mos 18,10–11)

Diese Diskrepanz zwischen Gesetz und Praxis im Zusammenhang mit der Zauberkunst ist ein Zeichen dafür, auf welch unterschiedliche Weise «Zauberei» definiert wurde. Das Wort selbst hatte extrem negative Konnotationen, aber nur, wenn damit die Praktiken anderer Völker und Religionen beschrieben wurden. «Denn diese Völker, deren Besitz du übernimmst, hören auf Wolkendeuter und Orakelleser», sagt Gott zu den Israeliten. «Für dich aber hat der Herr, dein Gott, es anders bestimmt.» (5 Mos 18,14) Und doch lässt Gott seine Diener regelmäßig Akte der Zauberei vollbringen, um seine Macht zu beweisen. Zum Beispiel befiehlt Gott Mose und Aaron, vor dem Pharao «ein Wunder zu tun», indem sie einen Stab in eine Schlange verwandeln. Als jedoch die «Weisen» des Pharao denselben Trick versuchen, werden sie als «Beschwörungspriester» diffamiert (2 Mos 7,1–13; 9,8–12). Mit anderen Worten: Ein Stellvertreter Gottes – etwa Mose, Elija oder Elischa – vollbringt Wunder, ein «falscher Prophet», wie die Weisen des Pharao oder die Baal-Priester, betreibt Zauberei.

Das erklärt, warum die Frühchristen so sehr bemüht waren, klarzustellen, dass Jesus kein Zauberer war. Im 2. und 3. Jahrhundert verfassten die jüdischen und römischen Gegner der Kirche zahlreiche Traktate, in denen Jesus der Zauberei beschuldigt wurde, mittels derer er sich die Menschen gefügig gemacht und sie dazu gebracht habe, ihm zu folgen. «Doch obgleich sie solche Werke sahen, behaupteten sie, es sei Zauberkunst», schrieb der christliche Apologet Justin der Märtyrer über seine Kritiker. «Denn sie wagten es, [Jesus] einen Zauberer und einen Verführer der Menschen zu nennen.»

Man beachte, dass selbst diese Feinde der Kirche keineswegs leugneten, dass Jesus Wundertaten vollbrachte. Sie brandmarkten diese Taten lediglich als «Zauberei». Nichtsdestotrotz reagierten Kirchenführer, etwa im 3. Jahrhundert der berühmte Theologe Origenes von Alexandria, erzürnt auf solche Bezichtigungen und wehrten sich gegen die «verleumderische und kindische Behauptung, [dass] Jesus ein Zauberer war» oder seine Wunder mit magischen Hilfsmitteln vollbracht habe. Wie der frühe Kirchenvater Irenäus, Bischof von Lyon, argumentierte, war es gerade dieser Nichtgebrauch jeglicher Hilfsmittel, der Jesu Wundertaten von denen der üblichen Zauberer unterschied. In den Worten von Irenäus vollbrachte Jesus seine Taten vielmehr «ohne die Macht von Beschwörungen, ohne den Saft von Kräutern und Gräsern, ohne die peinlich genaue Einhaltung von Opferritualen, Weihgüssen oder bestimmten Zeiten».

Trotz Irenäus' Protest weisen die in den Evangelien geschilderten Wundertaten Jesu doch eine auffallende Ähnlichkeit mit den Handlungen vergleichbarer Zauberer und Wunderheiler der damaligen Zeit auf, insbesondere im ältesten Evangelium, dem Markus-Evangelium. Deshalb wird Jesus auch von nicht wenigen modernen Bibelwissenschaftlern offen als Zauberer bezeichnet.

Zweifellos bedient sich Jesus bei einigen seiner Wunder der Techniken eines Zauberers – Beschwörungen, Sprüche, Spucken, wiederholtes Anrufen. In der Dekapolis-Region brachte einmal eine Gruppe Dorfbewohner einen Taubstummen zu Jesus und bat ihn um Hilfe. Jesus nahm den Mann beiseite und entfernte sich mit ihm von der Menge. Dann nahm er eine bizarre Folge ritualisierter Handlungen vor, die direkt aus dem Handbuch eines antiken Zauberers hätten stammen können: Jesus «legte ihm die Finger in die Ohren und berührte dann die Zunge des Mannes mit Speichel; danach blickte er zum Himmel auf, seufzte und sagte zu dem Taubstummen: Effata!, das heißt: Öffne dich! Sogleich öffneten sich seine Ohren, seine Zunge wurde von ihrer Fessel befreit und er konnte richtig reden.» (Mk 7,31–35)

In Betsaida nahm Jesus an einem Blinden eine ganz ähnliche Handlung vor. Er führte den Mann von der Menschenmenge weg, «bestrich seine Augen mit Speichel, legte ihm die Hände auf und fragte ihn: Siehst du etwas? Der Mann blickte auf und sagte: Ich sehe Menschen; denn ich sehe etwas, das wie Bäume aussieht und umhergeht.» Jesus wiederholte das Ritual. Diesmal wirkte das Wunder, und der Mann erlangte seine volle Sehfähigkeit zurück (Mk 8,22–26).

Im Markus-Evangelium findet sich eine noch viel kuriosere Geschichte über eine Frau, die zwölf Jahre lang an Blutungen gelitten hatte. Sie war von zahlreichen Ärzten behandelt worden und hatte alles Geld ausgegeben, doch an ihrem Zustand hatte sich nichts verbessert. Da sie von Jesus gehört hatte, trat sie in einer Menschenmenge von hinten an ihn heran und berührte sein Gewand. Sofort hörten die Blutungen auf und sie spürte, dass sie geheilt war. Bemerkenswert an dieser Geschichte ist, dass Markus zufolge Jesus spürte, «dass eine Kraft von ihm ausströmte». Er hielt inne und rief: «Wer hat mein Gewand berührt?» Die Frau fiel vor ihm nieder und gestand die Wahrheit. Jesus entgegnete: «Meine Tochter, dein Glaube hat dir geholfen.» (Mk 5,24–34)

Markus' Bericht scheint zu unterstellen, dass Jesus ein passives Medium war, durch das Heilkräfte wie elektrischer Strom flossen. Das entspricht den Beschreibungen magischer Vorgänge in den Texten der damaligen Zeit. Auf jeden Fall ist es bemerkenswert, dass in Matthäus' Nacherzählung derselben Geschichte 20 Jahre später der magische Charakter von Markus' früherer Version fehlt.

Bei Matthäus dreht sich Jesus um, als die Frau ihn berührt; er sieht sie und spricht sie an, und erst dann heilt er aktiv ihre Krankheit (Mt 9,20–22).

Trotz der magischen Elemente, die sich bei einigen seiner Wunder finden, ist es doch eine Tatsache, dass Jesus an keiner Stelle in den Evangelien tatsächlich der Zauberei bezichtigt wird. Für seine Feinde wäre es ein Leichtes gewesen, diese Anschuldigung vorzubringen und damit eine sofortige Verurteilung zum Tode herbeizuführen. Als Jesus vor den römischen und jüdischen Behörden stand, musste er sich wegen allerlei Vorwürfen verantworten – Volksverhetzung, Blasphemie, Verstoß gegen die Gesetze Mose, Tributverweigerung, Bedrohung des Tempels. Zauberei indes war nicht darunter.

Es ist außerdem bemerkenswert, dass Jesus nie eine Gebühr für seine Dienste erhob. Zauberer, Heiler, Wunderheiler und Exorzisten waren, wie schon erwähnt, im 1. Jahrhundert in Palästina sachkundige und ziemlich gut bezahlte Berufsgruppen. Der Exorzist Eleasar wurde sogar einmal gebeten, seine Künste keinem Geringeren als dem Kaiser Vespasian angedeihen zu lassen. In der Apostelgeschichte bietet ein allgemein als Simon Magus bekannter Zauberer den Aposteln Geld an, damit diese ihn in der Kunst der Heilung unter Anrufung des Heiligen Geistes unterweisen. «Gebt auch mir diese Macht, damit jeder, dem ich die Hände auflege, den Heiligen Geist empfängt», sagt er zu Petrus und Johannes. Doch Petrus entgegnet: «Dein Silber fahre mit dir ins Verderben, wenn du meinst, die Gabe Gottes lasse sich für Geld kaufen.» (Apg 8,9–24)

Petrus' Antwort mag extrem erscheinen. Doch befolgt er lediglich die Anordnung seines Messias, der seinen Jüngern aufgetragen hat: «Heilt Kranke, weckt Tote auf, macht Aussätzige rein, treibt Dämonen aus! *Umsonst habt ihr empfangen, umsonst sollt ihr geben.*» (Mt 10,8; Lk 9,1–2)

Letztendlich mag die Diskussion darum, ob Jesus nun ein Zauberer oder ein Wunderheiler war, fruchtlos sein. Magie und Wunder stellt man sich im antiken Palästina am besten als zwei Seiten derselben Medaille vor. Die Kirchenväter hatten jedoch in einem Punkt recht. Jesu Wirken, wie es in den Evangelien geschildert ist, hebt sich von dem anderer Wundertätiger deutlich ab. Nicht nur, dass Jesu Dienste gratis sind oder bisweilen auch ohne die üblichen Methoden eines Zauberers auskommen – Jesu Wunder dienen einem höheren Zweck, verfolgen eine pädagogische Strategie. Sie sind ein Mittel, um den Juden eine ganz bestimmte Botschaft zu überbringen.

Ein Hinweis darauf, was das für eine Botschaft sein könnte, ergibt sich aus einem interessanten Abschnitt in der Logienquelle Q. Wie in den Evangelien des Matthäus und Lukas zu lesen ist, schmachtet Johannes der Täufer in einer Gefängniszelle der Festung von Machaerus und wartet auf seine Hinrichtung, als er von den Wundertaten erfährt, die einer seiner ehemaligen Jünger in Galiläa vollbringt. Durch diese Berichte neugierig geworden, schickt Johannes seine Jünger zu Jesus, um ihn zu fragen, ob er derjenige sei, «der kommen soll». Jesus antwortet ihnen: «Geht und berichtet Johannes, was ihr hört und seht: Blinde sehen wieder und Lahme gehen; Aussätzige werden rein und Taube hören; Tote stehen auf und den Armen wird das Evangelium verkündet.» (Mt 11,1–6; Lk 7,18–23)

Jesu Worte nehmen bewusst Bezug auf den Propheten Jesaja, der vor langer Zeit einen Tag vorhergesagt hatte, an dem [das Volk] Israel erlöst und Jerusalem erneuert werde, einen Tag, an dem Gottes Königreich auf Erden errichtet werden solle. «Dann werden die Augen der Blinden geöffnet, auch die Ohren der Tauben sind wieder offen. Dann springt der Lahme wie ein Hirsch, die Zunge des Stummen jauchzt auf», hatte der Prophet versprochen. «Deine Toten werden leben, die Leichen stehen wieder auf.» (Jes 35,5–6; 26,19)

Durch die Verbindung seiner Wunder mit der Prophezeiung des Jesaja macht Jesus unmissverständlich klar, dass das Jahr von Gottes Gnade, der Tag von Gottes Rache, vorhergesagt von den

Propheten, nun endlich gekommen ist. Die Herrschaft Gottes ist angebrochen. «Wenn ich aber die Dämonen durch den Finger Gottes austreibe, dann ist doch das Reich Gottes schon zu euch gekommen» (Lk 11,20; Mt 12,28). Jesu Wunder sind somit die Manifestation von Gottes Reich auf Erden. Es ist der Finger Gottes, der die Blinden, Tauben und Stummen heilt – der Finger Gottes, der die Dämonen austreibt. Jesu Aufgabe ist es lediglich, als Vertreter Gottes auf Erden diesen Finger zu führen.

Hätte Gott nicht nur schon Vertreter auf Erden gehabt! Es waren diese in feine weiße Gewänder gekleideten Männer, die im Tempel herumliefen und über die Berge von Weihrauch und unablässigen Opfer wachten. Die Hauptfunktion des priesterlichen Adels war es jedoch nicht, den Tempelritualen vorzustehen, sondern den Zugang zum jüdischen Kult zu kontrollieren. Der eigentliche Zweck der Tempelanlage in Jerusalem war es, das priesterliche Monopol darüber zu erhalten, wem und bis zu welchem Grad der Zutritt zur Gegenwart Gottes gestattet wurde.

Den Kranken, den Lahmen, den Aussätzigen, den «von Dämonen Besessenen», den menstruierenden Frauen, Menschen mit körperlichen Missbildungen und Frauen kurz nach einer Geburt, all diesen Menschen war der Zutritt zum Tempel und die Teilnahme am jüdischen Kult erst gestattet, wenn sie eine Reinigung nach den priesterlichen Regeln vollzogen hatten. Mit jedem gereinigten Aussätzigen, jedem geheilten Lahmen, jedem ausgetriebenen Dämon stellte Jesus nicht nur den priesterlichen Kodex in Frage, sondern die eigentliche Daseinsberechtigung der Priesterschaft. Als ihn, wie im Matthäus-Evangelium berichtet wird, ein Leprakranker bittet, ihn zu heilen, berührt Jesus ihn und befreit ihn von seinem Leiden. Doch damit nicht genug. Er trägt dem Mann auf: «Geh, zeig dich dem Priester und bring das Opfer dar, das Mose angeordnet hat. Das soll für sie ein Beweis (deiner Heilung) sein.» (Mt 8,2–4)

Jesus macht einen Witz. Seine Aufforderung ist ein Scherz, ein berechnender Seitenhieb auf den priesterlichen Kodex. Schließlich ist der Aussätzige nicht einfach nur krank. Er ist unrein. Er ist zeremoniell unrein und unwert, den Tempel Gottes zu betreten. Seine Krankheit beschmutzt die gesamte Gemeinde. Dem Gesetz Mose zufolge, auf das sich Jesus bezieht, war für einen Aussätzigen die einzige Möglichkeit der Reinigung ein umständliches und kostspieliges Ritual, das ausschließlich von einem Priester vollzogen werden konnte. Erst musste er dem Priester zwei reine Vögel bringen, dazu etwas Zedernholz, purpurfarbenes Garn und Eisenkraut. Einer der Vögel musste sofort geopfert werden, dann wurden der lebende Vogel, das purpurfarbene Garn und das Eisenkraut in dessen Blut getaucht. Daraufhin wurde der Aussätzige mit dem Blut besprengt und der lebende Vogel freigelassen. Sieben Tage später musste der Aussätzige seine gesamte Körperbehaarung scheren und in Wasser baden. Am achten Tag musste er dem Priester zwei makellose männliche Lämmer, ein ebenfalls makelloses weibliches Lamm sowie ein Getreideopfer von bestem Mehl vermengt mit Öl sowie etwas Öl bringen. Diese Gaben machte der Priester zu einem Sünd- und Brandopfer für den Herrn. Das Blut des Schlachtopfers schmierte er dem Aussätzigen auf das rechte Ohrläppchen, den rechten Daumen und auf den großen Zeh des rechten Fußes. Dann besprengte er den Aussätzigen siebenmal mit dem Öl. Erst, wenn all das vollbracht war, galt der Aussätzige als befreit von der Sünde und der Schuld, die zu seiner Krankheit geführt hatten; erst dann wurde er in der Gemeinde Gottes wieder aufgenommen (3 Mos 14).

Offensichtlich weist Jesus den Aussätzigen, den er gerade geheilt hat, nicht an, zwei Vögel, zwei Widder, ein Schaf, ein Stück Zedernholz, eine Spule purpurnes Garn, einen Zweig Eisenkraut, einen Scheffel Mehl und einen Krug Öl zu kaufen und das Ganze als Opfer für den Herrn dem Priester zu geben. Vielmehr trägt er dem Aussätzigen auf, sich dem Priester *als bereits gereinigt* zu präsentieren. Das ist nicht nur ein direkter Angriff auf die Autorität des Priesters, sondern auf den Tempel selbst. Jesus hat den Aussätzigen nicht nur geheilt, sondern auch gereinigt, sodass er wieder würdig ist, den Tempel als vollwertiger Israelit zu betreten. Das Ganze machte er umsonst, als Geschenk Gottes – ohne Zehntsteuer, ohne Opfer –. und nahm damit für sich die ausschließlich der Priesterschaft vorbehaltene Macht in Anspruch, einen Mann für würdig zu befinden, sich in die Gegenwart Gottes zu begeben.

Ein derart dreister Angriff auf die Legitimität des Tempels konnte abgetan und belächelt werden, solange sich Jesus irgendwo im galiläischen Hinterland herumtrieb. Dann jedoch verlassen Jesus und seine Jünger ihr Quartier in Kafarnaum und machen sich langsam nach Jerusalem auf; unterwegs heilen sie Kranke und treiben Dämonen aus. In diesem Augenblick wird der Konflikt mit der priesterlichen Obrigkeit und dem römischen Imperium, das sie unterstützt, unvermeidlich. Bald ist es der Obrigkeit in Jerusalem nicht mehr möglich, diesen eifrigen Exorzisten und Wunderheiler zu ignorieren. Je näher er der Heiligen Stadt kommt, desto dringender wird die Notwendigkeit, ihn zum Schweigen zu bringen, denn man fürchtet nicht nur Jesu Wundertaten, sondern vor allem die einfache und doch unglaublich gefährliche Botschaft, die durch sie vermittelt wird: Das Königreich Gottes ist nahe.

Kapitel zehn

DEIN REICH KOMME

«Womit soll ich das Reich Gottes vergleichen?», fragt Jesus (Lk 13,20). «Mit dem Himmelreich ist es wie mit einem König, der die Hochzeit seines Sohnes vorbereitet.» (Mt 22,2) In alle vier Winkel seines Reiches entsendet er seine Diener, um seine geschätzten Gäste zu dem frohen Ereignis einzuladen. «Mein Mahl ist fertig, die Ochsen und das Mastvieh sind geschlachtet, alles ist bereit. Kommt zur Hochzeit!» Die Diener gehen hin und verbreiten die Kunde des Königs. Doch die verehrten Gäste schlagen die Einladung einer nach dem anderen aus. «Ich habe einen Acker gekauft und muss jetzt gehen und ihn besichtigen», sagt einer. «Bitte, entschuldige mich!» Ein anderer sagt: «Ich habe fünf Ochsengespanne gekauft und bin auf dem Weg, sie mir genauer anzusehen. Bitte, entschuldige mich!» Und ein Dritter: «Ich habe geheiratet und kann deshalb nicht kommen.» Als die Diener zurückkehren, teilen sie dem König mit, dass keiner seiner Gäste die Einladung angenommen hat und einige der Geladenen nicht nur die Teilnahme an der Feier abgelehnt, sondern obendrein die Diener des Königs ergriffen, misshandelt und sogar getötet haben. Voller Zorn befiehlt der König seinen Dienern, die Straßen und Gassen des Königreichs zu durchstreifen und alle zu dem Fest zu holen, die sie finden können – Junge und Alte, Arme und Schwache, die Lahmen, die Krüppel, die Blinden und Ausgestoßenen.

Die Diener folgen der Anweisung, und das Fest beginnt. Als die Feierlichkeiten in vollem Gange sind, bemerkt der König einen Gast, der nicht eingeladen war; er trägt kein Hochzeitsgewand. «Mein Freund, wie konntest du hier ohne Hochzeitsgewand erscheinen?», fragt der König den Fremden. Darauf weiß der Mann nichts zu sagen. «Bindet ihm Hände und Füße und werft ihn hinaus in die äußerste Finsternis!», befiehlt der König. «Dort wird er heulen und mit den Zähnen knirschen. Denn viele sind gerufen, aber nur wenige auserwählt.» (Mt 22,1–14; Lk 14,16–24)

Was die Gäste betrifft, die sich weigerten, bei der Hochzeit zu erscheinen, sowie diejenigen, die seine Diener ergriffen und töteten – der König hetzt seine Soldaten auf sie, lässt sie aus ihren Häusern vertreiben, wie Schafe abschlachten und ihre Städte niederbrennen. «Wer Ohren hat zum Hören, der höre!» (Lk 14,35)

Hier kann es keinen Zweifel geben: Das zentrale Thema und die immer wiederkehrende Botschaft von Jesu kurzem, dreijährigem Wirken war die Verheißung des Königreichs Gottes. Praktisch alles, was Jesus in den Evangelien sagte oder tat, dient ausschließlich dazu, das Kommen dieses Königreichs zu verkünden. Es war das Allererste, was er predigte, nachdem er sich von Johannes dem Täufer getrennt hatte: «Die Zeit ist erfüllt, das Reich Gottes ist nahe!» (Mk 1,15) Es ist der Kern des Vaterunsers, das Johannes Jesus und dieser wiederum seinen Jüngern lehrte: «Unser Vater im Himmel, dein Name werde geheiligt. Dein Reich komme ...» (Mt 6,9–13; Lk 11,1–2) Es war das, wonach die Anhänger Jesu vor allem anderen streben sollten: «Euch aber muss es zuerst um sein Reich und um seine Gerechtigkeit gehen; dann wird euch alles andere dazugegeben» (Mt 6,33; Lk 12,31) – denn nur, wenn sie für das Reich Gottes allem und jedem entsagten, durften sie darauf hoffen, dort Einlass zu erhalten (Mt 10,37–39; Lk 14,25–27).

Jesus sprach so häufig und so abstrakt über das Königreich Gottes, dass es schwer zu sagen ist, ob er selbst eine einheitliche Vorstellung davon hatte. Der Ausdruck taucht außerhalb der Evangelien kaum auf, ebenso wenig wie sein Matthäus'sches Äquivalent

«Himmelreich». Obwohl Gott in zahlreichen Passagen der *Biblia Hebraica* als König und alleiniger Herrscher beschrieben wird, erscheint die exakte Bezeichnung «Königreich Gottes» nur in dem apokryphen Text *Die Weisheit Salomos* (10,10). Dort stellt man sich Gottes Reich als physisch im Himmel gelegen vor, als Ort, wo Gottes Thron steht, wo das Engelsgefolge jeder seiner Weisungen geflissentlich nachkommt und wo sein Wille stets zuverlässig befolgt wird.

Doch das Königreich Gottes in der Lehre Jesu ist kein himmlisches Königreich, das auf einer kosmischen Ebene existiert. Diejenigen, die etwas anderes behaupten, verweisen meist auf eine einzige ungesicherte Passage im Johannes-Evangelium, wo Jesus angeblich zu Pilatus sagt: «Mein Königtum ist nicht von dieser Welt.» (Joh 18,36) Dies ist nicht nur die einzige Stelle in den Evangelien, wo Jesus solches behauptet, sondern obendrein eine ungenaue Übersetzung aus dem ursprünglich griechischen Text. Die Stelle *ouk estin ek tou kosmou* lässt sich vielleicht besser übersetzen mit «nicht Teil dieser Ordnung / dieses Systems [dieser Regierung]». Selbst wenn man die Historizität dieser Stelle anerkennt (was wenige Wissenschaftler tun), behauptete Jesus damit nicht, das Königreich Gottes sei unirdisch; er sagte nur, dass es anders als jedes Königreich und jede Regierung auf der Welt sei.

Jesus stellte das Königreich Gottes auch nicht als entrücktes künftiges Reich dar, das am Ende der Zeiten errichtet würde. Als Jesus sagte, «Das Reich Gottes ist nahe» (Mk 1,15) oder «Das Reich Gottes ist [schon] mitten unter euch» (Lk 17,21), meinte er damit Gottes rettendes Wirken im damaligen Zeitalter, seiner eigenen Zeit. Es stimmt, dass Jesus von Kriegen und Aufständen sprach, von Erdbeben und Hungersnöten, falschen Messiassen und Propheten, die die Errichtung von Gottes Königreich auf Erden vorhersagen würden (Mk 13,5–37). Damit beschwor er jedoch keine künftige Apokalypse, sondern lieferte im Grunde nur eine ziemlich genaue Beschreibung der Ära, in der er lebte: eine Ära der Kriege, Hungersnöte und falschen Messiasse. Tatsächlich rechnete Jesus offenbar damit, dass das Reich Gottes jeden Augenblick errichtet würde: «Amen, ich sage euch: Von denen, die hier stehen, werden einige den Tod nicht erleiden, bis sie gesehen haben, dass das Reich Gottes in [seiner ganzen] Macht gekommen ist.» (Mk 9,1)

Wenn das Königreich Gottes weder unbedingt himmlisch noch endzeitlich ist, dann muss das, was Jesus verkündete, ein dingliches und gegenwärtiges Reich gewesen sein: ein *echtes Königreich* mit einem *echten König*, das auf Erden errichtet werden sollte. Zumindest verstanden ihn die Juden sicherlich so. Jesu besondere Vorstellung vom Königreich Gottes war vielleicht einzigartig und etwas speziell, doch die Bezugspunkte waren seinen Zuhörern keinesfalls fremd.

Jesus wiederholte lediglich, was die Zeloten schon seit Jahren predigten. Vereinfacht gesagt, war das Königreich Gottes die Kurzformel für den Glauben an Gott als den alleinigen Herrscher, den einzigen und wahren König nicht nur Israels, sondern der ganzen Welt. «Dein, Herr, sind Größe und Kraft, Ruhm und Glanz und Hoheit; dein ist alles im Himmel und auf Erden. Herr, dein ist das Königtum. Du erhebst dich als Haupt über alles.» (1 Chr 29,11–12; siehe auch 4 Mos 23,21; 5 Mos 33,5) Tatsächlich steckte der Gedanke einer alleinigen Herrschaft Gottes hinter allen Botschaften der großen alten Propheten. Elija, Elischa, Amos, Jesaja, Jeremia – diese Männer schworen, Gott werde die Juden von der Knechtschaft erlösen und Israel von der Fremdherrschaft befreien, wenn sie sich nur weigerten, einem irdischen Herrscher zu dienen oder sich einem anderen König außer dem alleinigen und einzigen Herrscher des Universums zu beugen. Derselbe Glaube bildete die Grundfesten so gut wie aller jüdischen Widerstandsbewegungen, vom Makkabäeraufstand, durch den im Jahre 164 v. Chr. das Joch der Seleukidenherrschaft abgeschüttelt wurde, nachdem der wahnsinnige griechische König Antiochus Epiphanes verlangt hatte, die Juden sollten ihn wie einen Gott verehren, bis hin zu den Radikalen und Revolutionären, die der römischen

Besatzung Widerstand leisteten – über die Banditen, die Sikarier, die Zeloten und die Märtyrer von Masada bis hin zum letzten der großen gescheiterten Messiasse, Simon bar Kochba, dessen Rebellion im Jahre 132 unserer Zeitrechnung den Begriff «Königreich Gottes» als Ruf nach einer Befreiung von fremder Herrschaft beschwor.

Jesu Vorstellung einer Alleinherrschaft Gottes unterschied sich nicht allzu sehr von den Ideen der Propheten, Banditen, Zeloten und Messiasse, die vor ihm und nach ihm kamen, was sich unter anderem an seiner Antwort auf die Frage ablesen lässt, ob man dem Kaiser Steuern zahlen solle. Im Grunde glich seine Auffassung von einer Gottesherrschaft in weiten Teilen der seines Meisters, Johannes' des Täufers, von dem er wahrscheinlich auch den Begriff «Königreich Gottes» übernommen hatte. Worin sich Jesu Interpretation des Königreichs Gottes jedoch von der des Johannes unterschied, war seine Übereinstimmung mit den Zeloten, dass Gottes Herrschaft nicht nur eine innere Wandlung zu Gerechtigkeit und Rechtschaffenheit erforderte, sondern eine vollständige Umkehr des gegenwärtigen politischen, religiösen und ökonomischen Systems. «Selig, ihr Armen, denn euch gehört das Reich Gottes. Selig, die ihr jetzt hungert, denn ihr werdet satt werden. Selig, die ihr jetzt weint, denn ihr werdet lachen.» (Lk 6,20–21)

Diese ermutigenden Worte aus den Seligpreisungen sind mehr als alles andere das Versprechen einer bevorstehenden Erlösung von Knechtschaft und Fremdherrschaft. Sie sagen eine radikal neue Weltordnung vorher, in der die Sanftmütigen die Erde besitzen, die Kranken geheilt, die Hungrigen satt und die Armen reich werden. Im Königreich Gottes werden Reichtümer neu verteilt und alle Schulden erlassen (Mt 5,3–12; Lk 6,20–24). «Viele aber, die jetzt die Ersten sind, werden dann die Letzten sein, und die Letzten werden die Ersten sein.» (Mt 19,30)

Das bedeutet aber auch, dass, wenn das Königreich Gottes erst einmal auf Erden errichtet ist, die Reichen arm, die Starken schwach und die Mächtigen durch die Machtlosen ersetzt werden.

«Wie schwer ist es für Menschen, die viel besitzen, in das Reich Gottes zu kommen!» (Mk 10,23) Das Königreich Gottes ist keine träumerische Utopie, in der sich Gott der Armen und Vertriebenen annimmt. Es ist eine beängstigende neue Realität, in der Gottes Zorn über die Reichen, die Starken und die Mächtigen kommt. «Aber weh euch, die ihr reich seid; denn ihr habt keinen Trost mehr zu erwarten. Weh euch, die ihr jetzt satt seid; denn ihr werdet hungern. Weh euch, die ihr jetzt lacht; denn ihr werdet klagen und weinen.» (Lk 6,24–25)

Die Bedeutung dieser Worte Jesu ist klar: Das Königreich Gottes wird bald auf Erden errichtet werden; Gott steht kurz davor, Israel wieder zu seinem alten Glanz zu verhelfen. Gottes Restauration kann jedoch nur gelingen, wenn die bestehende Ordnung zerstört wird. Ohne die Vernichtung der gegenwärtigen Führung kann Gottes Herrschaft nicht beginnen. Zu sagen, «das Reich Gottes ist nahe», bedeutet daher etwa so viel, als sagte man, das Ende des Römischen Imperiums sei nahe. Es bedeutet, dass Gott den Kaiser als Herrscher des Landes ablösen wird. Die Tempelpriester, die reiche jüdische Aristokratie, die herodische Elite und der heidnische Usurpator im fernen Rom – alle sollten den Zorn Gottes zu spüren bekommen. Das Königreich Gottes ist schlicht und ergreifend ein Aufruf zur Revolution.

Welche Revolution aber könnte ohne Gewalt und Blutvergießen verlaufen, insbesondere die Revolution gegen ein Imperium, dessen Armeen das Land geplündert haben, welches Gott für sein auserwähltes Volk vorgesehen hat? Wenn das Königreich Gottes kein flüchtiger Tagtraum ist, wie, wenn nicht durch Gewaltanwendung, sollte es dann in einem Land errichtet werden, das von einer gewaltigen imperialen Macht besetzt ist? Die Propheten, Zeloten, Banditen und Messiasse aus Jesu Zeit wussten das alle, weshalb sie bei dem Versuch, Gottes Herrschaft auf Erden zu errichten, auch nicht zögerten, Gewalt anzuwenden.

Die Frage ist nun, ob Jesus ebenso dachte. Hätte er den anderen Messiassen – dem Bandenführer Hiskia, Judas dem Galiläer, Manaim, Simon bar Giora, Simon bar Kochba – darin zugestimmt, dass Gewalt notwendig war, um die Herrschaft Gottes auf Erden zu errichten? Folgte er der zelotischen Doktrin, dass das Land gewaltsam von fremden Elementen gesäubert werden müsse, wie Gott es im Schrifttum gefordert habe?

Es gibt vielleicht keine wichtigere Frage als diese, will man versuchen, den historischen Jesus vom christlichen Christus zu trennen. Die allgemeine Vorstellung von Jesus als unumstößlichem Friedensstifter, der seine Feinde liebte und die andere Wange hinhielt, fußt großteils auf seiner Darstellung als unpolitischer Priester, der sich für die politisch turbulente Welt, in der er lebte, weder interessierte, noch sie überhaupt wahrnahm. Dieses Bild von Jesus hat sich längst als reines Phantasieprodukt erwiesen. Der historische Jesus nahm hinsichtlich der Gewalt eine weitaus komplexere Haltung ein. Es gibt keinen Hinweis darauf, dass er sich selbst jemals offen für eine Anwendung von Gewalt ausgesprochen hat. Doch war er ganz bestimmt kein Pazifist. «Denkt nicht, ich sei gekommen, um Frieden auf die Erde zu bringen. Ich bin nicht gekommen, um Frieden zu bringen, sondern das Schwert.» (Mt 10,34; Lk 12,51)

Nach dem Jüdischen Aufstand und der Zerstörung Jerusalems versuchte die frühchristliche Kirche verzweifelt, Jesus von jenem eifrigen Nationalismus fernzuhalten, der den schrecklichen Krieg herbeigeführt hatte. Als Folge davon wurden Aussagen wie «Liebe deine Feinde» und «Halte die andere Wange hin» von ihrem jüdischen Kontext gesäubert und zu abstrakten ethischen Prinzipien umgewandelt, die alle Menschen befolgen konnten, ungeachtet ihrer ethischen, kulturellen oder religiösen Überzeugungen.

Will man jedoch herausfinden, was Jesus selbst wirklich glaubte, darf man eine grundlegende Tatsache niemals aus den Augen verlieren: *Jesus von Nazaret war in erster Linie Jude.* Als Jude sorgte sich Jesus ausschließlich um das Schicksal seiner jüdischen Mitmenschen. Israel war alles, was ihn interessierte. Er beharrte darauf, seine Mission gelte nur «den verlorenen Schafen des Hauses

Israel» (Mt 15,24), und wies seine Jünger an, die Frohe Botschaft ausschließlich ihren jüdischen Brüdern und Schwestern zu überbringen: «Geht nicht zu den Heiden und betretet keine Stadt der Samariter, sondern geht zu den verlorenen Schafen des Hauses Israel.» (Mt 10,5–6) Wenn er selbst Heiden begegnete, blieb er auf Distanz und heilte sie oft nur widerwillig. Wie er der Frau aus Syrophönizien erklärte, die ihn um Hilfe bat für ihre Tochter: «Lasst zuerst die Kinder [womit Jesus Israel meinte] satt werden; denn es ist nicht recht, das Brot den Kindern wegzunehmen und den Hunden vorzuwerfen [womit er Heiden wie sie meint].» (Mk 7,27)

Was die Grundfesten des jüdischen Glaubens betrifft – also das Gesetz Mose –, so ist Jesus überzeugt, dass seine Mission nicht der Abschaffung, sondern der Durchsetzung dieses Gesetzes dient (Mt 5,17). Dieses Gesetz unterschied zwischen Beziehungen *unter Juden* und Beziehungen *zwischen Juden und Fremden*. Das oft zitierte Gebot «Liebe deinen Nächsten wie dich selbst» galt ursprünglich ausschließlich im Kontext interner Beziehungen innerhalb Israels. Die betreffende Bibelstelle lautet: «*An den Kindern deines Volkes* sollst du dich nicht rächen und ihnen nichts nachtragen. Du sollst deinen Nächsten lieben wie dich selbst.» (3 Mos 19,18) Für die Israeliten wie auch für die Gemeinde Jesu im Palästina des 1. Jahrhunderts stand «Nächster» gleichbedeutend für den jüdischen Mitmenschen. Hinsichtlich der Behandlung Fremder und Außenstehender, Unterdrücker und Besatzer könnte die Tora indes nicht eindeutiger sein: «Wenn ich die Einwohner des Landes in deine Hand gebe und du sie vertreibst, dann sollst du keinen Bund mit ihnen und ihren Göttern schließen. Sie sollen nicht in deinem Land bleiben.» (2 Mos 23,31–33)

Für diejenigen, die Jesus als den eingeborenen Sohn Gottes betrachten, spielt sein Judentum keine Rolle. Wenn Christus göttlich ist, steht er über allen Gesetzen und Bräuchen. Für diejenigen aber, die den einfachen jüdischen Bauern und den charismatischen Prediger sehen wollen, der vor 2000 Jahren in Palästina lebte, gibt es nichts Wichtigeres als diese eine unleugbare Wahrheit: Derselbe

Gott, der in der Bibel als «Krieger» bezeichnet wird (2 Mos 15,3), der Gott, der wiederholt das Hinschlachten aller fremden Männer, Frauen und Kinder forderte, die das Land der Juden besetzt hielten, der blutbefleckte Gott von Abraham, Mose, Jakob und Josua (Jes 63,3), der Gott, der «das Haupt seiner Feinde zerschmettert», der seinen Kriegern befiehlt, «Dein Fuß wird baden im Blut, die Zunge deiner Hunde ihren Anteil bekommen an den Feinden» (Ps 68,21–23) – das ist der *einzige* Gott, den Jesus kannte und der *eine* Gott, den er verehrte.

Es besteht kein Grund zur Annahme, dass Jesu Verständnis von seinen Nächsten und Feinden enger oder weiter gefasst war als das eines beliebigen anderen Juden der damaligen Zeit. Seine Forderungen «Liebt eure Feinde» und «Haltet auch die andere Wange hin» müssen also dahingehend interpretiert werden, dass sie ausschließlich an seine jüdischen Mitmenschen gerichtet waren und als Vorbild für das friedliche Zusammenleben ausschließlich innerhalb der jüdischen Gemeinde dienen sollten. Diese Gebote haben nichts damit zu tun, wie Fremde und Außenstehende zu behandeln sind, insbesondere jene brutalen «Plünderer der Welt», die Gottes Land besetzt hielten und damit direkt gegen das Gesetz Mose verstießen, zu dessen Erfüllung sich Jesus berufen sah. *Sie sollen nicht in deinem Land bleiben.*

Das Gebot, seine Feinde zu lieben, und die Aufforderung, die andere Wange hinzuhalten, reichen jedenfalls nicht, um daraus einen Aufruf zu Gewaltverzicht oder gar zu passivem Widerstand herzuleiten. Jesus war kein Dummkopf. Er begriff, was auch alle anderen begriffen, die die Rolle des Messias für sich in Anspruch nahmen, nämlich dass das Himmelreich nur gewaltsam kommen würde: «Seit den Tagen Johannes' des Täufers bis heute wird dem Himmelreich Gewalt angetan; die Gewalttätigen reißen es an sich.» (Mt 11,12; Lk 16,16)

Zur Vorbereitung auf die unausweichlichen Folgen einer Errichtung des Königreichs Gottes auf Erden wählte Jesus seine zwölf Apostel sorgfältig aus. Die Juden in Jesu Zeit glaubten, dass ein Tag kommen würde, an dem die zwölf Stämme Israels wiedererstehen und abermals eine einzige, vereinte Nation bilden würden. Die Propheten hatten es vorhergesagt: «Denn seht, es werden Tage kommen — Spruch des Herrn —, da wende ich das Geschick meines Volkes Israel und Juda, spricht der Herr. Ich führe sie zurück in das Land, das ich ihren Vätern zum Besitz gegeben habe.» (Jer 30,3) Mit der Ernennung der Zwölf und dem Versprechen, sie würden «auf Thronen sitzen und die zwölf Stämme Israels richten» (Mt 19,28; Lk 22,28–30), signalisierte Jesus, dass der Tag, auf den sie gewartet hatten, an dem der «Herr der Heere» das «Joch auf dem Nacken [der Juden] zerbrechen» und ihre «Stricke zerreißen» würde (Jer 30,8), nun gekommen sei. Die Wiederherstellung und Erneuerung *der wahren Nation Israel*, die Johannes der Täufer gepredigt hatte, stand endlich bevor. Das Königreich Gottes war gekommen.

Das war eine gewagte und provokative Botschaft, hatte der Prophet Jesaja doch gewarnt, Gott werde «seine Hand von neuem erheben, um den übrig gebliebenen Rest seines Volkes zurückzugewinnen», und zwar zu einem einzigen Zweck: *Krieg.* Das neue, wiedererstarkte Israel werde, in den Worten des Propheten, «für die Völker ein Zeichen» aufstellen; «sie stoßen nach Westen vor wie im Flug, den Philistern in die Flanke; vereint plündern sie die Völker des Ostens aus». Israel wird das Land zurückerobern, das ihm von Gott gegeben wurde, und es für alle Zeiten vom faulen Gestank der Okkupation befreien (Jes 11,11–16).

Die Berufung der Zwölf ist vielleicht noch keine Mobilmachung, aber doch eine Anerkenntnis der Unvermeidbarkeit des Krieges, weshalb Jesus sie auch ausdrücklich mahnt, was auf sie zukommen wird: «Wer mein Jünger sein will, der verleugne sich selbst, nehme sein Kreuz auf sich und folge mir nach.» (Mk 8,34) Das ist nicht der Ausdruck von Selbstverleugnung, als welcher dieses Zitat oft gedeutet worden ist. Das Kreuz ist die Strafe für Volksverhetzung, kein Symbol der Selbstaufgabe. Jesus warnte die Zwölf, dass ihr Status als Verkörperung der zwölf Stämme Israels, aus denen die Nation Israel neu erwachsen und das Joch der Unterdrückung abschütteln sollte, von Rom zu Recht als Verrat verstanden und daher unweigerlich zur Kreuzigung führen würde. Es war ein Zugeständnis, das Jesus regelmäßig auch für sich machte. Immer wieder erinnerte er seine Jünger daran, was ihm bevorstand; Abweisung, Verhaftung, Folter und Hinrichtung (Mt 16,21; 17,22–23; 20,18–19; Mk 8,31; 9,31; 10,33; Lk 9,22; 44; 18,32–33).

Nun könnte man einwenden, dass die Evangelisten, die ihre Texte Jahrzehnte nach den von ihnen geschilderten Ereignissen verfassten, ja wussten, dass die Geschichte Jesu an einem Kreuz auf Golgota enden würde, und deshalb Jesus diese Vorhersagen in den Mund legten, um seine Fähigkeiten als Prophet zu beweisen. Doch die schiere Menge von Aussagen Jesu über seine unvermeidliche Verhaftung und Kreuzigung deutet darauf hin, dass seine regelmäßigen Selbstprophezeiungen historisch sein könnten. Zudem brauchte es keinen Propheten, um vorherzusagen, was mit jemandem passierte, der sowohl die priesterliche Herrschaft über den Tempel als auch die römische Besatzung Palästinas in Frage stellte. Der Weg, der vor Jesus und den zwölf Jüngern lag, war bereits durch die vielen messianischen Aspiranten vor ihnen manifest geworden. Die Richtung war klar.

Das erklärt, warum sich Jesus solche Mühe gab, die Wahrheit über das Königreich Gottes vor allen außer seinen Jüngern zu verbergen. Er erkannte, dass die neue Weltordnung, die ihm vorschwebte, so radikal war, so gefährlich und revolutionär, dass die einzig denkbare Reaktion Roms darauf nur sein konnte, sie allesamt wegen Volksverhetzung festzunehmen und hinzurichten. Daher beschloss er, das Königreich Gottes durch abstruse und rätselhafte Parabeln zu verschleiern, die fast unmöglich zu verstehen waren. «Euch ist das Geheimnis des Reiches Gottes anvertraut», sagt er zu seinen Jüngern; «denen aber, die draußen sind, wird alles in Gleichnissen gesagt, denn sehen sollen sie, sehen, aber nicht erkennen; hören sollen sie, hören, aber nicht verstehen.» (Mk 4,11–12)

Was also ist das Königreich Gottes in der Lehre Jesu? Es ist sowohl die fröhliche Hochzeitsfeier im Festsaal des Königs als auch die blutgetränkte Straße außerhalb der Schlossmauern. Es ist ein Schatz, der in einem Acker vergraben ist; verkauft alles, was ihr habt, und kauft diesen Acker (Mt 13,44). Es ist auch eine schöne Perle; opfert alles, was ihr habt, und kauft sie (Mt 13,45). Es ist ein Senfkorn – ein winziges Saatkorn – in der Erdkrume. Eines nahen Tages wird daraus ein majestätischer Baum erwachsen, in dessen Ästen die Vögel nisten werden (Mt 13,31–32). Es ist ein Netz, das aus dem Meer gezogen wird, voll mit guten und schlechten Fischen; die guten behält man, die schlechten wirft man weg (Mt 13,47). Es ist ein Feld, auf dem sowohl Unkraut als auch Weizen wächst. Wenn die Saat reif ist, wird der Weizen geerntet; das Unkraut jedoch wird gebündelt und verbrannt (Mt 13,24–30). Die Zeit der Ernte ist nahe. Dann wird Gottes Wille auf Erden geschehen wie im Himmel. Nehmt also die Hand vom Pflug und schaut nicht zurück, lasst die Toten die Toten begraben, lasst euren Mann und eure Frau zurück, eure Brüder und Schwestern und Kinder, und bereitet euch vor, das Reich Gottes zu empfangen. «Schon ist die Axt an die Wurzel der Bäume gelegt.» (Mt 3,10)

Diese Verschleierungstaktik, um die wahre Bedeutung des Königreichs Gottes geheim zu halten, konnte Jesus freilich nicht vor Festnahme und Kreuzigung bewahren. Seine Versprechen, dass die geltende Ordnung umgestürzt werde, dass die Reichen und Mächtigen arm und schwach gemacht werden sollten, dass sich die zwölf Stämme Israels bald wieder zu einer einzigen Nation zusammenfinden würden und Gott erneut der alleinige Herrscher in Jerusalem werde – solche provokativen Aussagen dürften weder im Tempel, wo der Hohepriester herrschte, noch in der Burg Antonia, dem Zentrum der römischen Macht, mit Freuden aufgenommen worden sein. Bedurfte es für das Königreich Gottes – zumindest so, wie Jesus es darstellte – schließlich nicht eines richtigen, physischen Königs? Beanspruchte Jesus diesen Titel denn nicht für sich selbst? Jedem seiner zwölf Apostel versprach er einen Thron. Hatte er da nicht auch einen Thron für sich selbst im Sinn?

Zugegebenermaßen machte Jesus keine näheren Ausführungen über die neue Weltordnung, die ihm vorschwebte (was aber auch kein anderer Königsanwärter seiner Zeit tat). In Jesu Predigten über das Königreich Gottes finden sich keine praktischen Programme, keine detaillierten Agenden, keine spezifischen politischen oder ökonomischen Empfehlungen. Er scheint keinerlei Interesse daran gehabt zu haben, genauer darzulegen, wie Gottes Herrschaft auf Erden schlussendlich funktionieren sollte. Das war allein Gottes Sache. Es besteht jedoch kein Zweifel daran, dass Jesus eine klare Vorstellung von seiner eigenen Rolle in Gottes Königreich hatte: «Wenn ich aber die Dämonen durch den Finger Gottes austreibe, dann ist doch das Reich Gottes schon zu euch gekommen.» (Lk 11,20)

Die Gegenwart des Königreichs Gottes hatte Jesus ermächtigt, die Kranken und Besessenen zu heilen. Gleichzeitig aber wurde das Königreich Gottes erst durch Jesu Heilungen und Exorzismen verwirklicht. Es war, mit anderen Worten, eine symbiotische Beziehung. Als Gottes Vertreter auf Erden – als derjenige, der Gottes Finger führte – läutete Jesus selbst das Königreich Gottes ein und errichtete durch seine Wundertaten Gottes Herrschaft. Somit war er das personifizierte Königreich Gottes. Wer sonst also sollte auf Gottes Thron sitzen?

Kein Wunder, dass man ihm am Ende seines Lebens, als er geschlagen und geschunden vor Pontius Pilatus stand, um sich für die gegen ihn vorgebrachten Anschuldigungen zu verantworten, nur eine einzige Frage stellte. Es war die einzige Frage von Bedeutung, die einzige Frage, die er dem römischen Statthalter beantworten sollte, bevor man ihn zur Kreuzigung brachte, der gewöhnlichen Strafe für alle Rebellen und Umstürzler:

«Bist du der König der Juden?» (Mk 15,2; Lk 23,3; Mt 27,11)

Kapitel elf

FÜR WEN HALTET IHR MICH?

Ungefähr zwei Jahre sind vergangen, seit Jesus von Nazaret am Ufer des Jordan Johannes dem Täufer begegnet und ihm in die Wüste Judäas gefolgt ist. In dieser Zeit hat Jesus nicht nur seines Meisters Kunde vom Königreich Gottes weiter verbreitet; er hat sie zu einer Bewegung der nationalen Befreiung für die Leidenden und Unterdrückten erweitert – einer Bewegung, die sich auf dem Versprechen gründet, dass Gott bald zugunsten der Armen und Schwachen eingreifen wird, dass er die römische Imperialmacht ebenso stürzen wird, wie er vor langer Zeit die Armee des Pharao geschlagen hat, und seinen Tempel den Händen der Heuchler entreißen wird, die über ihn herrschen. Jesu Bewegung hat sich ein Heer eifriger Gefolgsleute angeschlossen, von denen zwölf damit betraut worden sind, selbständig seine Botschaft zu verkünden. In jeder Stadt und jeder Ortschaft, in die sie kommen, in den Dörfern und auf dem Land versammeln sich große Menschenmengen, um Jesus und seine Jünger predigen zu hören und an den kostenlosen Heilungen und Exorzismen teilzunehmen, die sie all jenen anbieten, die sie um Hilfe ersuchen.

Trotz ihres relativen Erfolges haben Jesus und seine Jünger ihre Aktivitäten jedoch großteils auf die nördlichen Provinzen Galiläas beschränkt, auf Phönizien und die Golanhöhen, immer in sicherer Distanz zu Judäa und dem Sitz der römischen Besatzungsmacht in Jerusalem. Sie haben eine kreisförmige Route durch die ländlichen Gebiete Galiläas zurückgelegt, auf der sie die königlichen Städte Sepphoris und Tiberias ignorierten, um nicht mit den Streitkräften des Tetrarchen zusammenzustoßen. Sie haben sich zwar den reichen Hafenstädten Tyrus und Sidon genähert, jedoch davon abgesehen, diese zu betreten. Sie haben sich entlang der Grenzen der Dekapolis bewegt, doch die griechischen Städte und deren heidnische Einwohnerschaft strikt gemieden. Statt sich auf die reichen, kosmopolitischen Städte zu konzentrieren, hat Jesus seine Aufmerksamkeit auf kleinere Dörfer wie Nazaret, Kafarnaum, Betsaida und Nain gerichtet, wo sein Versprechen einer neuen Weltordnung begeistert aufgenommen wurde, sowie auf die Küstenstädte entlang des Sees Gennesaret – abgesehen von Tiberias natürlich, wo Herodes Antipas auf seinem Thron sitzt.

Nach zwei Jahren hat die Nachricht von Jesus und seinem Gefolge endlich auch Herodes' Hof erreicht. Sicher hat sich Jesus weder gescheut, «diesen Fuchs» zu verdammen, der die Tetrarchie über Galiläa und Peräa beansprucht, noch hat er aufgehört, seine Verachtung für die heuchlerischen Priester und Schriftgelehrten zum Ausdruck zu bringen – jene «Schlangenbrut», an deren Stelle im kommenden Königreich Gottes Huren und Steuereintreiber treten werden.

Nicht genug damit, dass er jene geheilt hat, die der Tempel als Sünder ohne Hoffnung auf Erlösung verstoßen hat – er hat sie auch noch von ihren Sünden gereinigt und dadurch das gesamte priesterliche Establishment mit seinen kostspieligen, exklusiven Ritualen bedeutungslos gemacht. Jesu Heilungen und Exorzismen haben derartige Massen angezogen, dass sie der Tetrarch nicht mehr ignorieren kann, wenngleich sich die wankelmütige Menge (zumindest bis dato) mehr für Jesu «Tricks» denn für seine Lehre zu interessieren scheint. Als Jesus immer wieder um ein Zeichen gebeten wird, um seine Botschaft glaubhafter zu machen, scheint er endgültig genug zu haben. «Diese böse und treulose Generation fordert ein Zeichen, aber es wird ihr kein anderes gegeben werden als das Zeichen des Propheten Jona.» (Mt 12,39)

All diese Aktivitäten bewirken, dass die Höflinge an Antipas' Herrschaftssitz darüber spekulieren, wer dieser galiläische Prediger wohl sein mag. Manche glauben, er wäre der wiedergeborene Elija oder vielleicht ein anderer der «alten Propheten». Das ist keine gänzlich aus der Luft gegriffene Folgerung. Elija, der im 9. Jh. v. Chr. im Nordreich Israel lebte, war das Musterbeispiel des wundertätigen Propheten. Als furchtloser und kompromissloser Krieger Jahwes wollte Elija mit der unter den Israeliten weit verbreiteten Verehrung des Gottes Baal Schluss machen. «Wie lange noch schwankt ihr nach zwei Seiten? Wenn Jahwe der wahre Gott ist, dann folgt ihm! Wenn aber Baal es ist, dann folgt diesem!» (1 Kg 18,21)

Um Jahwes Überlegenheit zu demonstrieren, forderte Elija 450 Baal-Priester zu einem Wettstreit heraus. Sie sollten zwei Altäre mit je einem Stier auf einem Holzstapel vorbereiten. Die Priester sollten Baal um Feuer anbeten, damit er das Opfer annehme, Elija indes sollte zu Jahwe beten. Tag und Nacht beteten die Baal-Priester. Sie riefen laut und brachten sich mit Schwertern und Lanzen Schnittwunden bei, bis sie blutüberströmt waren. Sie schrien und baten und flehten Baal an, ihnen Feuer zu bringen, aber nichts geschah.

Dann goss Elija zwölf Krüge Wasser auf seinen Scheiterhaufen, trat einen Schritt zurück und rief den Gott von Abraham, Isaak und Israel an, er solle seine Macht zeigen. Sofort fiel ein gewaltiger Feuerball vom Himmel herab und verzehrte den Stier, das Holz, die Steine, den Staub auf der Erde und die Wasserpfützen um das Opfer. Als die Israeliten das Werk Jahwes sahen, fielen sie auf die Knie und verehrten ihn als Gott. Doch Elija war noch nicht fertig. Er nahm die 450 Baal-Priester gefangen, brachte sie gegen ihren Willen in das Tal des Wadi Kischon und, so steht es geschrieben, ließ jeden Einzelnen von ihnen töten, war er doch «mit leidenschaftlichem Eifer für den Herrn, den Gott der Heere, eingetreten» (1 Kg 18,20–40; 19,10).

Elijas Glaube war so stark, dass er nicht sterben durfte, sondern von einem Wirbelwind in den Himmel getragen wurde, um dort neben Gottes Thron Platz zu nehmen (2 Kg 2,11). Seine Rückkehr am Ende der Zeiten, wenn er die zwölf Stämme Israels versammeln und das messianische Zeitalter einleiten würde, war vom Propheten Maleachi vorhergesagt: «Bevor aber der Tag des Herrn kommt, der große und furchtbare Tag, seht, da sende ich zu euch den Propheten Elija. Er wird das Herz der Väter wieder den Söhnen zuwenden und das Herz der Söhne ihren Vätern, damit ich nicht kommen und das Land dem Untergang weihen muss.» (Mal 3,23–24)

Maleachis Prophezeiung erklärt, warum die Höflinge in Tiberias in Jesus die Reinkarnation des exemplarischen Endzeitpropheten Israels sehen. Jesus hat äußerst wenig getan, um solche Vergleiche zu entkräften und bewusst die Symbole des Propheten Elija für sich übernommen – die Wanderpredigertätigkeit, die gebieterische Bestellung der Jünger, die Mission einer Rekonstitution der zwölf Stämme, der strikte Fokus auf die nördlichen Regionen Israels sowie die Zeichen und Wunder, die er vollbringt, wohin er auch geht.

Antipas hingegen ist von dem Getuschel seiner Höflinge nicht überzeugt. Er glaubt, der Prediger aus Nazaret wäre nicht Elija, sondern der von ihm getötete Johannes der Täufer, der von den Toten auferstanden wäre. Blind vor Schuldgefühlen wegen dessen Hinrichtung, ist er unfähig, die wahre Identität Jesu zu erkennen (Mt 14,1–2; Mk 6,1416; Lk 9,7–9).

In der Zwischenzeit setzen Jesus und sein Gefolge ihre langsame Reise in Richtung Judäa und Jerusalem fort. Sie lassen das Dorf Betsaida hinter sich, wo Jesus laut Markus 5000 Menschen mit nur fünf Laiben Brot und zwei Fischen sättigt (Mk 6,30–44). Ihr Weg führt vorbei an den Vorstädten von Cäsarea Philippi, einer römischen Stadt im Norden des Sees Gennesaret, das als Sitz der Tetrarchie von Herodes' des Großen anderem Sohn Philippos dient. Unterwegs fragt Jesus seine Anhänger beiläufig: «Für wen halten mich die Menschen?» Die Antwort der Jünger spiegelt die Spekulationen von Tiberias wider: «Einige für Johannes den Täufer, andere für Elija, wieder andere für sonst einen von den Propheten.» Jesus hält inne und wendet sich seinen Jüngern zu: «Ihr aber, für wen haltet ihr mich?» Es obliegt Simon Petrus, dem symbolischen Anführer der Zwölf, für den Rest zu antworten: «Du bist der Messias», sagt er und enthüllt an diesem wichtigen Wendepunkt in der Jesusgeschichte das Geheimnis, das dem Tetrarchen in Tiberias verschlossen bleibt (Mk 8,27, Mt 16,13–16; Mk 8,27–29; Lk 9,18–20).

Sechs Tage später führt Jesus Petrus und die Söhne des Zebedäus – die Brüder Jakobus und Johannes – auf einen hohen Berg, wo er sich vor ihren Augen auf wundersame Weise verwandelt. «Seine Kleider wurden strahlend weiß, so weiß, wie sie auf Erden kein Bleicher machen kann», schreibt Markus. Plötzlich erscheint Elija, der Prophet und Vorgänger des Messias, auf dem Berg. Bei ihm ist Mose, der große Befreier und Gesetzgeber Israels, der Mann, der die Fesseln der Israeliten sprengte und das Volk Gottes ins Gelobte Land führte.

Nach den Spekulationen in Tiberias und dem Grübeln der Jünger in Cäsarea Philippi ist Elijas Anwesenheit auf dem Berg nicht mehr gar so überraschend. Das Erscheinen des Mose indes ist etwas völlig anderes. Die Parallelen zwischen der sogenannten Verklärungsgeschichte und der Schilderung des Exodus, in welcher Mose auf dem Berg Sinai die Gesetzestafeln empfängt, sind kaum zu übersehen. Mose nahm ebenfalls drei Begleiter mit sich auf den Berg – Aaron, Nadab und Abihu –, und auch er wurde durch das Erlebnis physisch verwandelt. Mose Verklärung ist die Folge des Kontakts mit der Herrlichkeit Gottes, wohingegen Jesus durch seine eigene Herrlichkeit verklärt wird. Tatsächlich ist die Szene sogar so geschrieben, dass Mose und Elija – das Gesetz und die Propheten – Jesus eindeutig untergeordnet werden.

Die Jünger sind von dem Anblick entsetzt, und das zu Recht. Petrus versucht, das Unbehagen zu mildern, und schlägt vor, an der

Stelle drei Tabernakel zu errichten: eines für Jesus, eines für Elija und eines für Mose. Während er noch spricht, hüllt eine Wolke den Berg ein – wie Jahrhunderte zuvor den Berg Sinai –, und eine Stimme darin wiederholt die Worte, die an dem Tage vom Himmel kamen, an dem Jesus sein Wirken am Jordan begann: «Das ist mein geliebter Sohn; auf ihn sollt ihr hören», sagt Gott und verleiht Jesus denselben Beinamen (*ho Agapitos*, «der Geliebte»), den er einst König David gegeben hat. Somit ist, was Antipas' Hof nicht begreifen und Petrus nur vermuten konnte, nun von einer Stimme aus einer Wolke auf einem Berggipfel göttlich bestätigt: Jesus von Nazaret ist der geweihte Messias, der König der Juden (Mt 17,1–8; Mk 9,2–8; Lk 9,28–36).

Was diese drei eindeutig miteinander verbundenen Szenen so bedeutsam macht, ist, dass Jesus bis zu diesem Punkt in seinem Wirken – insbesondere in dessen frühester Darstellung im Markus-Evangelium – noch keinerlei Aussage über seine messianische Identität getroffen hat. Vielmehr hat er stets zu vertuschen versucht, welche messianischen Bestrebungen er möglicherweise hatte oder nicht hatte. Dämonen, die ihn erkennen, bringt er zum Schweigen (Mk 1,23–25; 34; 3,11–12). Die von ihm Geheilten verpflichtet er zur Geheimhaltung (Mk 1,43–45; 5,40–43; 7,32–36; 8,22–26). Er hüllt sich selbst in unverständliche Gleichnisse und lässt nichts unversucht, seine wahre Identität und Mission vor den Menschen zu verbergen, die sich um ihn scharen (Mk 7,24). Immer wieder weist Jesus den Titel des Messias zurück, den ihm andere zuschreiben, vermeidet ihn, weicht ihm aus und lehnt ihn bisweilen sogar regelrecht ab. Für dieses seltsame Phänomen gibt es einen Begriff, der seinen Ursprung im Evangelium des Markus hat, sich jedoch nicht in allen Evangelien findet. Es ist das sogenannte Messiasgeheimnis.

Manche halten das Messiasgeheimnis für eine Erfindung des Evangelisten und glauben, dass es entweder ein literarisches Mittel ist, um Jesu wahre Identität erst nach und nach zu offenbaren, oder ein schlauer Trick, mit dem unterstrichen werden soll, wie wundersam und fesselnd Jesu messianische Präsenz war; trotz seiner vielen Versuche, seine Identität vor den Massen zu verbergen, ließ sie sich doch schlicht nicht verhehlen. «Doch je mehr er es ihnen verbot, desto mehr machten sie es bekannt.» (Mk 7,36)

Dies setzt jedoch ein Maß an literarischen Fähigkeiten voraus, für das es keinerlei Anhaltspunkte gibt. (Das Markus-Evangelium ist in einem groben, elementaren Griechisch verfasst, das den begrenzten Bildungsstand des Autors verrät.) Die Annahme, das Messiasgeheimnis könnte von Markus bewusst eingeführt worden sein, um Jesu Identität langsam zu offenbaren, widerspricht zudem der grundlegenden theologischen Versicherung, mit der das Evangelium beginnt: «Anfang des Evangeliums von *Jesus Christus, dem Sohn Gottes.*» (Mk 1,1)

Doch selbst in dem Augenblick, als Jesu messianische Identität von Simon Petrus in dessen dramatischem Bekenntnis bei Cäsarea Philippi erstmals vermutet wird – und sogar dann noch, als seine Identität von Gott persönlich auf spektakuläre Weise auf dem Berggipfel offenbart wird –, gebietet Jesus seinen Jüngern Stillschweigen. Er weist sie beharrlich an, niemandem zu sagen, was Petrus bekannt hat (Mk 8,30), und verbietet den drei Zeugen seiner Verklärung, auch nur ein Wort darüber zu verlieren, was sie gesehen haben (Mk 9,9). Es ist wahrscheinlicher, dass das Messiasgeheimnis auf den historischen Jesus zurückgeht, wenngleich es im Markus-Evangelium möglicherweise ausgeschmückt und interpretiert wurde, bevor Matthäus und Lukas es willkürlich und mit offensichtlichen Vorbehalten übernahmen.

Wenn das Messiasgeheimnis historisch wäre, könnte dies erklären, warum Markus' Redakteure so bemüht waren, das von ihrem Vorgänger, der mit diesem Titel offenbar nichts anfangen will, gezeichnete Porträt eines Messias wieder wettzumachen. Zum Beispiel: Während Markus' Schilderung von Simon Petrus' Bekenntnis damit endet, dass Jesus den Titel weder akzeptiert noch ablehnt, sondern schlicht seinen Jüngern verbietet, «mit jemand[em] über ihn zu sprechen», reagiert Jesus in Matthäus' Erzählung derselben Geschichte, die 20 Jahre später verfasst wurde, auf Petrus' Worte mit einer eindrucksvollen Bestätigung seiner messianischen Identität: «Selig bist du, Simon Barjona; denn nicht Fleisch und Blut haben dir das offenbart, sondern mein Vater im Himmel.» (Mt 16,17)

Bei Markus endet der wundersame Moment auf dem Berggipfel ohne einen Kommentar Jesu, abgesehen von der strikten Anweisung, niemandem davon zu erzählen. Bei Matthäus hingegen endet die Verklärung mit einem ausführlichen Diskurs Jesu, in welchem er Johannes den Täufer als den wiedergeborenen Elija identifiziert und damit die Rolle des Messias explizit für sich als den Nachfolger des Johannes/Elija beansprucht (Mt 17,9–13). Doch trotz dieser apologetischen Ausarbeitungen beenden sowohl Matthäus als auch Lukas das Bekenntnis des Petrus und die Verklärung mit der klaren Anweisung Jesu – in Matthäus' Worten –, «niemand[em] zu sagen, dass er der Messias sei» (Mt 16,20).

Wenn es zutrifft, dass das Messiasgeheimnis auf den historischen Jesus zurückgeht, könnte dies nicht nur der Schlüssel zum frühkirchlichen Verständnis von Jesu Identität sein, sondern auch dazu, für wen sich Jesus selbst hielt. Freilich ist das keine leichte Aufgabe. Es ist extrem schwierig, wenn nicht gänzlich unmöglich, zur Analyse von Jesu Selbstverständnis die Evangelien heranzuziehen.

Wie bereits mehrfach betont, handeln die Evangelien nicht von einem Mann namens Jesus von Nazaret, der vor 2000 Jahren lebte; sie handeln von einem Messias, den die Evangelisten als ewiges Wesen ansahen, das Gott zur Rechten sitzt. Die Juden, die im 1. Jahrhundert über Jesus schrieben, hatten sich bereits ein Bild davon gemacht, wer er war. Sie konstruierten einen theologischen Beweis für Natur und Funktion von Jesus *als Christus* und verfassten keine historische Biographie über ein menschliches Wesen.

Dennoch ist nicht zu übersehen, dass in den Evangelien eine Spannung existiert zwischen dem Jesus der Frühkirche und wie er sich selbst sah. Offensichtlich erkannten die Anhänger, die Jesus folgten, entweder noch zu Lebzeiten oder kurz nach seinem Tod in ihm den Messias.

Man sollte jedoch nicht vergessen, dass die messianischen Erwartungen im Palästina des 1. Jahrhunderts keineswegs uniform waren. Selbst diejenigen Juden, die Jesus als Messias anerkannten, waren sich nicht einig darin, was es eigentlich bedeutete, der Messias zu sein. Wenn sie die bruchstückhaften Prophezeiungen in den Schriften auslegten, stießen sie auf eine Vielzahl verwirrender, nicht selten widersprüchlicher Ansichten und Meinungen über Mission und Identität des Messias. Er ist ein Endzeitprophet, der das Ende der Zeiten einleitet (Dan 7,13–14; Jer 31,31–34); ein Befreier, der die Juden aus der Knechtschaft führt (5 Mos 18,15–19; Jes 49,1–7). Ein Thronanwärter, der das Königreich Davids wiedererstehen lässt (Mi 5,1–5; Sach 9,1–10).

Im Palästina des 1. Jahrhunderts entsprach beinahe jede Messiasbehauptung einem dieser messianischen Paradigmen. Hiskia der Bandenführer, Judas der Galiläer, Simon von Peräa und Athronges der Schäfer richteten sich allesamt nach dem davidischen Ideal, was auch Manaim und Simon bar Giora während des Jüdischen Krieges taten. Dies waren Königs-Messiasse, deren königliche Aspirationen in ihren revolutionären Handlungen gegen Rom und dessen Klienten in Jerusalem klar definiert waren. Andere, wie Theudas der Wundertätige, der Ägypter oder der Samariter traten nach Mosaichem Vorbild als Erlöser-Messiasse auf. Jeder der drei versprach, seine Anhänger durch eine Wundertat vom Joch der römischen Besatzung zu befreien. Orakelhafte Propheten wie Johannes der Täufer und der heilige Ananias legten vielleicht nicht allzu deutlich messianische Ambitionen an den Tag, doch ihre Prophezeiungen über die Endzeit und das kommende Gericht Gottes entsprachen eindeutig dem Typus des Propheten-Messias, der sich sowohl in den Hebräischen Schriften als auch in den als Targum bekannten rabbinischen Überlieferungen und Kommentaren findet.

Das Problem der Frühkirche war, dass Jesus in keines der messianischen Schemata der Hebräischen Schriften passte. Zudem erfüllte er nichts von alledem, was man von dem Messias erwartete.

Jesus sprach über das Ende der Zeiten, doch trat dieses nicht ein, nicht einmal, als die Römer Jerusalem zerstörten und den Tempel Gottes schändeten. Er versprach, Gott werde die Juden aus der Knechtschaft befreien, doch Gott tat nichts dergleichen. Er schwor, die Zwölf Stämme Israels und die Nation würden neu erstehen; stattdessen enteigneten die Römer das Gelobte Land, metzelten seine Einwohner nieder und verbannten die Überlebenden. Das von Jesus vorhergesagte Königreich Gottes kam nie; die neue Weltordnung, die er beschrieb, nahm nie Gestalt an. Gemessen an den Standards des jüdischen Kults und der Hebräischen Schriften war Jesus in seinen messianischen Bestrebungen genauso erfolgreich oder erfolglos wie alle anderen Möchtegern-Messiasse.

Offenbar erkannte die Frühkirche dieses Dilemma und traf, wie noch zu sehen sein wird, eine bewusste Entscheidung, diese messianischen Anforderungen zu ändern. Sie vermischten und veränderten die verschiedenen Messias-Darstellungen in den Hebräischen Schriften, um einen Kandidaten jenseits bestimmter Messias-Typen oder -Erwartungen zu erschaffen. Jesus mochte kein Prophet, Befreier oder König gewesen sein. Doch das lag daran, dass er über solch einfachen messianischen Paradigmen stand. Wie die Verklärung bewies, war Jesus größer als Elija (der Prophet), größer als Mose (der Befreier) und sogar größer als David (der König).

So könnte die Frühkirche die Identität Jesu begriffen haben. Es wird indes nicht klar, welches Verständnis Jesus von sich selbst hatte. Im gesamten ersten Evangelium gibt es schließlich nicht eine einzige definitive messianische Aussage von Jesus selbst, nicht einmal ganz am Schluss, als er vor Kajaphas steht und den Titel, den ihm andere ständig aufdrängen, eher passiv akzeptiert (Mk 14,62). Dasselbe trifft auf das Material der Logienquelle Q zu, wo sich ebenfalls keine einzige messianische Aussage Jesu findet. Vielleicht wollte Jesus die vielfältigen Erwartungen, die die Juden an den Messias hatten, einfach nicht erfüllen. Vielleicht lehnte er diese Bezeichnung vollständig ab.

In jedem Fall bleibt jedoch die Tatsache bestehen, dass, besonders bei Markus, jedes Mal, wenn jemand versucht, Jesus den Titel des Messias zuzuschreiben – sei es ein Dämon, ein Bittsteller, einer der Jünger oder sogar Gott selbst –, Jesus dies von sich weist oder bestenfalls widerstrebend akzeptiert, aber auch dann nur unter Vorbehalt.

Wie Jesus seine Mission und Identität auch begriffen haben mag, ob er sich nun für den Messias hielt oder nicht – die Hinweise im frühesten Evangelium deuten jedenfalls darauf hin, dass Jesus von Nazaret sich nie offen als Messias bezeichnete. Übrigens nannte er sich auch nie «Sohn Gottes», ein anderer Titel, der ihm von dritter Seite gegeben wurde. (Entgegen christlicher Auffassung beschrieb der Titel «Sohn Gottes» nicht Jesu Vater-Sohn-Beziehung mit Gott, sondern war vielmehr die traditionelle Bezeichnung der Könige Israels. Zahlreiche biblische Figuren werden «Sohn Gottes» genannt, keiner davon häufiger als David, der größte König – 2 Sam 7,14; Ps 2,7; 89,26; Jes 42,1.) Wenn er Bezug auf sich selbst nahm, gebrauchte Jesus vielmehr einen völlig anderen Titel, der so rätselhaft und einzigartig war, dass die Gelehrten Jahrhunderte lang verzweifelt zu ergründen versuchten, was er damit möglicherweise gemeint haben könnte. Jesus nannte sich «Menschensohn».

Die Bezeichnung «Menschensohn» (im Griechischen *ho hyios tou anthropou*) taucht im Neuen Testament etwa 80 Mal auf, und nur einmal, in einem möglicherweise opernhaft ausgeschmückten Abschnitt in der Apostelgeschichte, kommt sie einem anderen als Jesus selbst über die Lippen.

In diesem Abschnitt der Apostelgeschichte soll ein Anhänger Jesu namens Stephanus gesteinigt werden, weil er verkündet hat, Jesus sei der versprochene Messias. Als ihn eine Menge wütender Juden umstellt, hat Stephanus eine plötzliche, glückselige Vision, in der er zum Himmel hinaufsieht und dort Jesus in der Herrlichkeit Gottes erblickt. «Ich sehe den Himmel offen und den Menschensohn zur Rechten Gottes stehen», ruft Stephanus (Apg 7,56).

Dies sind die letzten Worte, die er hervorbringt, bevor die ersten Steine fliegen.

Stephanus' eindeutig formelhafter Gebrauch des Titels beweist, dass Jesus nach seinem Tod von Christen tatsächlich als Menschensohn bezeichnet wurde. Das extrem seltene Vorkommen dieses Begriffs außerhalb der Evangelien und die Tatsache, dass er in den Paulusbriefen nirgendwo auftaucht, machen es indes unwahrscheinlich, dass «Menschensohn» ein von der Frühkirche eingeführter, christologischer Begriff zur Beschreibung Jesu ist. Im Gegenteil: Dieser Titel, der so mehrdeutig ist und sich in den Hebräischen Schriften so unregelmäßig findet, dass bis zum heutigen Tag niemand genau weiß, was er tatsächlich bedeutet, ist mit an Sicherheit grenzender Wahrscheinlichkeit einer, den sich Jesus selbst gegeben hatte.

Natürlich sollte erwähnt werden, dass Jesus Aramäisch sprach, nicht Griechisch. Sollte sich der Begriff «Menschensohn» also tatsächlich bis zu ihm zurückverfolgen lassen, bedeutet dies, dass er wahrscheinlich den Ausdruck *bar enasch(a)*, oder vielleicht dessen hebräisches Äquivalent *ben adam* gebrauchte, die beide «Sohn eines menschlichen Wesens» bedeuten. Mit anderen Worten: Auf Hebräisch oder Aramäisch bedeutet «Menschensohn» so viel wie «Mensch», was exakt der Verwendung des Begriffs in der Hebräischen Bibel entspricht: «Gott ist kein Mensch, der lügt, kein Menschenkind [*ben adam*], das etwas bereut.» (4 Mos 23,19)

Man könnte nun argumentieren, dass auch Jesus den Begriff so verwendete – als allgemeines hebräisches/aramäisches Idiom für «Mensch». Die idiomatische Bedeutung wohnt sicherlich einigen der frühesten Menschensohn-Nennungen in Q und im Markus-Evangelium inne:

«Die Füchse haben ihre Höhlen und die Vögel ihre Nester; der Menschensohn [also: «ein Mensch wie ich»] aber hat keinen Ort, wo er sein Haupt hinlegen kann.» (Mt 8,20; Lk 9,58)

«Auch dem, der etwas gegen den Menschensohn [soll heißen: «gegen einen beliebigen Menschen»] sagt, wird vergeben werden;

wer aber etwas gegen den Heiligen Geist sagt, dem wird nicht vergeben, weder in dieser noch in der zukünftigen Welt.» (Mt 12,32; Lk 12,10)

Es wurde argumentiert, Jesus habe den Ausdruck bewusst verwendet, um seine Menschlichkeit zu unterstreichen, also um zu sagen: «Ich bin ein menschliches Wesen *[bar enasch]*.» Eine solche Erklärung fußt jedoch auf der Prämisse, dass man die Menschen in Jesu Tagen daran erinnern musste, dass Jesus tatsächlich ein «menschliches Wesen» war, als hätten daran irgendwelche Zweifel bestanden. Das war jedoch mit an Sicherheit grenzender Wahrscheinlichkeit nicht der Fall. Moderne Christen mögen Jesus als die Inkarnation Gottes betrachten, doch widerspricht eine derartige Messias-Vorstellung 5000 Jahren jüdischen Schrifttums, Denkens und jüdischer Theologie. Die Annahme, Jesu Publikum hätte ständig darauf hingewiesen werden müssen, dass er «nur ein Mensch» sei, ist schlicht unsinnig.

Es stimmt zwar, dass sich der aramäische Begriff in seiner indefiniten Form *(bar enasch* und nicht das definite *bar enascha)* als «Sohn eines Menschen» oder nur «Mensch» übersetzen lässt, doch kann die griechische Version *ho hyios tou anthropou* nur mit «Menschensohn» übersetzt werden. Der Unterschied zwischen dem Aramäischen und dem Griechischen ist signifikant und kaum das Resultat einer schlechten Übersetzung durch die Evangelisten. Durch die Verwendung der definiten Form des Begriffs gebraucht ihn Jesus auf vollkommen neue und unerhörte Weise: als *Titel*, nicht als Idiom. Vereinfacht gesagt: Jesus bezeichnete sich nicht als «Sohn eines Menschen». Er nannte sich *Menschensohn*.

Jesu eigenwilliger Gebrauch dieses kryptischen Begriffs muss für sein Publikum vollkommen neu gewesen sein. Es wird häufig angenommen, dass die Juden wussten, wovon Jesus sprach, wenn er sich als Menschensohn bezeichnete. Das stimmt aber nicht. Vielmehr hatten die Juden in Jesu Zeit keine einheitliche Vorstellung von einem «Menschensohn». Nicht, dass den Juden dieser Begriff unbekannt gewesen wäre – vermutlich rief er sofort eine ganze Reihe von Bildern aus den Büchern Ezechiel, Daniel oder den Psalmen hervor. Sie erkannten ihn nur nicht als Titel, wie sie es beispielsweise bei «Sohn Gottes» getan hätten.

Auch Jesus wählte das bildliche *Menschensohn* (als Bezeichnung für ein Individuum und nicht nur als Synonym für «Mensch») vermutlich mit Hinblick auf die Hebräischen Schriften. Vielleicht bediente er sich aus dem Buch Ezechiel, worin der Prophet beinahe 90-mal als «Menschensohn» bezeichnet wird: «Stell dich auf deine Füße, Menschensohn *[ben adam]*; ich will mit dir reden.» (Ez 2,1) Wenn es jedoch etwas gibt, worauf sich die Wissenschaftler einigen können, dann darauf, dass die Primärquelle für Jesu besondere Auslegung des Begriffs aus dem Buch Daniel stammt.

Das Buch Daniel wurde während der Herrschaft des Seleukidenkönigs Antiochus Epiphanes (175–164 v. Chr.) geschrieben, jenes Königs, der sich für einen Gott hielt. Es beschreibt eine Reihe apokalyptischer Visionen, die der Prophet während seiner Tätigkeit als Seher am babylonischen Hof gehabt haben will. In einer dieser Erscheinungen sieht Daniel vier monströse Tiere aus dem Ozean emporsteigen – jedes steht für eines der großen Königreiche: Babylon, Persien, Medea und das griechische Königreich Antiochien. Die vier Tiere werden auf die Erde losgelassen, um diese zu verheeren und die Städte der Menschen niederzutrampeln. Inmitten von Tod und Zerstörung sieht Daniel etwas, das er als «Hochbetagten» (Gott) bezeichnet, der auf einem Flammenthron sitzt, mit schneeweißem Gewand und Haupthaar wie aus reiner Wolle. «Tausendmal Tausende dienten ihm», schreibt Daniel, «zehntausendmal Zehntausende standen vor ihm». Der Hochbetagte richtet über die Tiere, tötet und verbrennt die einen und nimmt den anderen Macht und Herrschaft. Dann sieht Daniel, der das Spektakel voller Ehrfurcht beobachtet, «einen wie ein Menschensohn *[bar enasch]*», der «mit den Wolken des Himmels» kommt.

«Er gelangte bis zu dem Hochbetagten und wurde vor ihn geführt», schreibt Daniel über die geheimnisvolle Gestalt. «Ihm wurden Herrschaft, Würde und Königtum gegeben. Alle Völker,

Nationen und Sprachen müssen ihm dienen. Seine Herrschaft ist eine ewige, unvergängliche Herrschaft. Sein Reich geht niemals unter.» (Dan 7,1–14) Mit «einer wie der Menschensohn» bezieht sich Daniel also offenbar auf ein bestimmtes Individuum, das die Souveränität über die Erde erhält und mit der Macht und der Befugnis ausgestattet wird, *als König* über alle Nationen und Völker zu herrschen.

Daniel und Ezechiel sind nicht die einzigen Bücher, in denen «Menschensohn» zur Beschreibung einer einzelnen und bestimmten Person verwendet wird. Der Begriff taucht in recht ähnlicher Bedeutung auch in den apokryphen Büchern 4. Esra und 1. Henoch auf, noch spezifischer in den Parabeln bei Henoch, die allgemein als *Gleichnisse* bezeichnet werden (1 Henoch 37–72). In den *Gleichnissen* hat Henoch eine Vision, in der er zum Himmel aufblickt und eine Person sieht, die er als «Sohn des Menschen, dem die Rechtschaffenheit gehört» erkennt. Er nennt diese Gestalt den «Auserwählten» und unterstellt, er sei von Gott vor der Schöpfung dazu ausersehen worden, auf die Erde zu kommen und im Namen Gottes Gericht zu halten. Ihm werde ewige Macht und Königsherrschaft über die Erde zuteil, und er werde ein Feuergericht über die Könige dieser Welt kommen lassen. Die Reichen und Mächtigen würden um seine Gnade bitten, doch Gnade solle ihnen nicht zuteil werden. Gegen Ende des Abschnitts stellt der Leser jedoch fest, dass dieser Menschensohn in Wahrheit Henoch selbst ist.

Im 4. Buch Esra entsteigt der Menschensohn «auf den Wolken des Himmels fliegend» dem Meer. Wie bei Daniel und Henoch kommt auch Esras Menschensohn, um die Bösen zu richten. Betraut mit der Aufgabe, die zwölf Stämme Israels wiederherzustellen, wird er seine Streitmacht auf dem Berg Zion versammeln und die Armeen der Menschen zerstören. Esras apokalyptischer Richter wird zwar als «etwas wie die Gestalt eines Menschen» beschrieben, doch ist er kein gewöhnlicher Sterblicher. Er ist ein präexistentes Wesen mit übernatürlichen Kräften, aus dessen Mund Feuer schießt, um die Feinde Gottes zu vernichten.

Sowohl das 4. Buch Esra als auch die *Gleichnisse* von Henoch wurden gegen Ende des 1. Jahrhunderts geschrieben, nach der Zerstörung von Jerusalem und lange nach Jesu Tod. Ohne Zweifel beeinflussten diese beiden apokryphen Texte die Frühchristen, die das darin beschriebene, spirituellere Menschensohn-Ideal eines präexistenten Wesens übernahmen, um Jesu Mission und Identität neu zu deuten und zu erklären, warum es ihm nicht gelungen war, auch nur eine seiner messianischen Funktionen auf Erden zu erfüllen.

Insbesondere das Matthäus-Evangelium, das etwa zur selben Zeit wie die *Gleichnisse* und das 4. Buch Esra verfasst wurde, scheint sich in seiner Bildsprache großzügig aus diesen Texten zu bedienen, etwa mit dem «Thron seiner Herrlichkeit», auf welchem der Menschensohn am Ende der Zeiten sitzt (Mt 19,28; 1 Henoch 62,5), und dem «Feuerofen», in den er alle Übeltäter werfen wird (Mt 13,42–42; 1 Henoch 54,3–6) – keine dieser Passagen taucht irgendwo anders im Neuen Testament auf. Es steht allerdings außer Frage, dass Jesus von Nazaret, der mehr als 60 Jahre vor der Niederschrift der *Gleichnisse* und des 4. Buches Esra starb, von keinem der beiden beeinflusst werden konnte. Somit könnte es durchaus sein, dass das bei Esra/Henoch gezeichnete Bild eines von Gott zu Anbeginn der Zeit auserwählten ewigen Menschensohnes, der in Gottes Namen die Menschheit richten und die Erde beherrschen wird, schließlich auf Jesus übertragen wurde (und zwar dergestalt, dass zu der Zeit, als Johannes sein Evangelium schrieb, der Menschensohn bereits eine rein göttliche Figur war: der *logos* – ganz ähnlich dem frühesten Menschen im 4. Buch Esra). Jesus selbst allerdings begriff «Menschensohn» bestimmt nicht auf dieselbe Weise.

Akzeptiert man den allgemeinen Konsens, dass sich Jesu «Menschensohn» hauptsächlich, wenn nicht ausschließlich auf das Buch Daniel bezieht, dann sollte man sich diejenige Passage in den Evangelien genauer ansehen, in der Jesu Gebrauch des Titels dem Daniels am nächsten kommt. So lässt sich feststellen, was Jesus damit gemeint haben könnte. Es trifft sich, dass genau dieser Menschensohn-Ausspruch, der gegen Ende von Jesu Leben stattfindet, derjenige ist, über den sich die meisten Wissenschaftler dahingehend einig sind, dass er authentisch und auf den historischen Jesus zurückzuführen ist.

Den Evangelien zufolge ist Jesus vor den Sanhedrin gezerrt worden, um sich für die Anschuldigungen zu verantworten, die man gegen ihn vorbringt. Während die Hauptpriester, Ältesten und Schriftgelehrten einer nach dem anderen Jesus beschuldigen, sitzt dieser teilnahmslos, schweigend und ohne jede Reaktion da. Schließlich erhebt sich der Hohepriester Kajaphas und fragt Jesus direkt: «Bist du der Messias?»

Es ist hier, am Ende der Reise, die an den heiligen Ufern des Jordan begann, dass das Messiasgeheimnis endlich gelüftet und Jesu wahre Identität scheinbar offenbart wird.

«Ich bin es», antwortet Jesus.

Doch sofort darauf wird diese bisher klarste und prägnanteste Aussage Jesu über seine messianische Identität durch eine ekstatische Mahnrede verwässert, die sich direkt im Buch Daniel bedient und erneut für Verwirrung sorgt: «Und ihr werdet den Menschensohn zur Rechten der Macht sitzen und mit den Wolken des Himmels kommen sehen.» (Mk 14,62) Die erste Hälfte von Jesu Antwort auf die Frage des Hohepriesters ist eine Anspielung auf die Psalmen, in denen Gott König David verspricht, dass er zu seiner Rechten sitzen und ihm seine «Feinde als Schemel unter die Füße» legen werde (Ps 110,1). Die Formulierung «mit den Wolken des Himmels» hingegen ist eine direkte Bezugnahme auf den Menschensohn in Daniels Vision (Dan 7,13).

Dies ist nicht das erste Mal, dass Jesus die Zuschreibung der messianischen Identität nutzt, um über den Menschensohn zu sprechen. Nach Petrus' Bekenntnis bei Cäsarea Philippi gebietet ihm Jesus zunächst, zu schweigen, dann jedoch führt er aus, wie der Menschensohn leiden und abgewiesen werden müsse, bevor er getötet und drei Tage später auferstehen werde (Mk 8,31). Nach der Verklärung schwört Jesus die Jünger auf Stillschweigen ein, «bis der Menschensohn auferstünde von den Toten» (Mk 9,9). In beiden Fällen wird deutlich, dass Jesu Auffassung vom Menschensohn es ist, dass dieser Vorrang vor der zugeschriebenen Identität als Messias hat. Selbst am Ende seines Lebens, als er seinen Anklägern gegenübersteht, ist er nur dann gewillt, den generischen Titel des Messias zu akzeptieren, wenn sich dieser seiner spezifischen Auslegung à la Daniels «Menschensohn» anpassen lässt.

Dies legt nahe, dass der Schlüssel zum Verständnis des Messiasgeheimnisses und somit zu Jesu eigenem Selbstverständnis in der Entschlüsselung seiner einzigartigen Interpretation des «einen wie ein Menschensohn» bei Daniel liegt. Hier kann man Jesu Auffassung seiner eigenen Identität am nächsten kommen. Die seltsame Menschensohn-Gestalt bei Daniel wird zwar nie explizit als Messias identifiziert, doch nennt er sie klar und unzweifelhaft einen *König* – einen, der in Gottes Namen über alle Völker der Erde herrschen wird. Könnte das also der Grund dafür sein, dass sich Jesus den seltsamen Titel «Menschensohn» gibt? Nennt er sich selbst einen König?

Sicher, Jesus spricht ausführlich über den Menschensohn, und oft auf widersprüchliche Weise. Er ist mächtig (Mk 14,62), doch leidet er (Mk 13,26). Er ist gegenwärtig auf Erden (Mk 2,10), kommt jedoch erst in der Zukunft (Mk 8,38). Er wird von den Menschen abgewiesen (Mk 10,34), wird jedoch über sie richten (Mk 14,62). Er ist sowohl Herr (Mk 8,38) als auch Diener (Mk 10,45).

Was bei oberflächlicher Betrachtung als eine Reihe widersprüchlicher Aussagen erscheint, stimmt in Wahrheit jedoch in weiten Teilen damit überein, wie Jesus das Königreich Gottes beschreibt. Tatsächlich sind die beiden Vorstellungen – der Menschensohn und das Königreich Gottes – in den Evangelien häufig miteinander verbunden, als stünden sie für ein und dasselbe Konzept. Sie werden mit auffällig ähnlichen Begriffen beschrieben und erscheinen gelegentlich sogar als austauschbar, etwa, wenn Matthäus den berühmten Vers aus Markus 9,1 – «Und er sagte zu ihnen: Amen, ich sage euch: Von denen, die hier stehen, werden einige den Tod nicht erleiden, bis sie gesehen haben, dass *das Reich Gottes* in (seiner ganzen) Macht gekommen ist» – in «Amen, ich sage euch: Von denen, die hier stehen, werden einige den Tod nicht erleiden, bis sie *den Menschensohn in seiner königlichen Macht kommen sehen*» umformuliert (Mt 16,28).

Indem er einen Begriff gegen den anderen austauscht, impliziert Matthäus, dass das Königreich des Menschensohnes dasselbe ist wie das Königreich Gottes. Und da das Königreich Gottes auf einer vollkommenen Umkehrung der bestehenden Ordnung gründet, bei der die Armen mächtig und die Schwachen stark werden, gäbe es wohl kaum einen besseren König als einen, der diese neue soziale Ordnung selbst verkörpert. Einen Bauernkönig. Einen König ohne einen Platz, wo er sein Haupt zum Schlafen niederlegen kann. Einen König, der gekommen ist, zu dienen, und nicht, damit ihm gedient wird. Einen König, der auf einem Esel reitet.

Wenn sich Jesus Menschensohn nennt und die Beschreibung Daniels als Titel gebraucht, macht er eine klare Aussage darüber, wie er seine Identität und seine Mission sieht. Er assoziiert sich mit dem Paradigma des davidischen Messias, dem König, der im Namen Gottes über die Erde herrschen wird, der die zwölf Stämme Israels (in Jesu Falle durch seine zwölf Apostel, die auf zwölf Thronen sitzen sollen) um sich scharen und die Nation Israel zu ihrer einstigen Blüte zurückführen wird. Er beansprucht für sich dieselbe Position wie König David, «zur Rechten der Macht». Kurz: Er bezeichnet sich selbst als König. Er bestätigt, wenn auch in bewusst kryptischer Weise, dass seine Rolle nicht nur darin besteht, durch seine Wundertaten das Königreich Gottes herbeizuführen, sondern vielmehr darin, im Namen Gottes über dieses Königreich zu herrschen.

Da Jesus das offensichtliche Risiko seiner auf die Königswürde gerichteten Ambitionen erkennt und das Schicksal der anderen, die es wagten, Anspruch auf diesen Titel zu erheben, sofern irgend

möglich vermeiden will, versucht er, sich nicht zum Messias erklären zu lassen, sondern wählt stattdessen den mehrdeutigeren,
in seinem Bedeutungsgehalt weniger offensichtlichen Titel «Menschensohn». Zwischen Jesu Bestreben, seine Identität als Menschensohn kundzutun, und dem ihm von seinen Gefolgsleuten
gegebenen messianischen Titel entsteht somit eine Spannung, aus
welcher heraus das Messiasgeheimnis geboren wurde.

Unbenommen dessen, wie Jesus sich selbst sah, bleibt die Tatsache bestehen, dass es ihm nie gelang, das Königreich Gottes zu
errichten. Die Wahl, vor der die Frühkirche stand, war eindeutig:
Entweder war Jesus nur einer von vielen gescheiterten Messiassen,
oder die Erwartungen der Juden an den Messias zu Jesu Zeit waren
falsch und mussten entsprechend angepasst werden. Für diejenigen, die sich letzterer Strategie anschlossen, ebnete die apokalyptische Symbolik des 1. Buches Henoch und des 4. Buches Esra,
die beide lange nach Jesu Tod verfasst wurden, den Weg in die
Zukunft. Diese Texte erlaubten es der Frühkirche, Jesu Selbstverständnis als König und Messias durch ein neues, postrevolutionäres
Paradigma zu ersetzen, in dem der Messias ein präexistenter, aus-
erwählter, himmlischer und göttlicher Menschensohn war, dessen
«Königreich» nicht von dieser Welt war.

Doch Jesu Königreich – das Königreich Gottes – war sehr wohl
von dieser Welt. Die Vorstellung eines armen galiläischen Bauern,
der für sich selbst die Königswürde beansprucht, mag lachhaft erscheinen, doch ist sie auch nicht absurder als die Herrschaftsambi-
tionen anderer Messiasse, etwa von Judas dem Galiläer, Manaim,
Simon bar Giora, Simon bar Kochba und all den anderen. Wie sie
gründete auch Jesus seinen Herrschaftsanspruch nicht auf Macht
oder Reichtum. Wie sie hatte auch Jesus keine große Armee, mit
der er die Königreiche der Menschen hätte stürzen können, keine
Flotte, um die römischen Meere zu erobern. Die einzige Waffe,
die er besaß, um das Königreich Gottes zu errichten, war die, die
alle Messiasse vor und nach ihm einsetzten, dieselbe Waffe, die
auch von den Rebellen und Banditen gebraucht wurde, die das

römische Imperium schließlich aus der Stadt Gottes vertrieben: *Eifer*.

Nun, da das Paschafest – das Gedenken an Israels Befreiung von heidnischer Herrschaft – bevorstand, wird Jesus diese Botschaft schließlich nach Jerusalem bringen. Bewaffnet einzig mit seinem Eifer, wird er die Tempelobrigkeit und deren römische Aufseher direkt mit der Frage herausfordern, wer wirklich über dieses Heilige Land herrscht. Es mag zwar Pascha sein, doch wird Jesus nicht als niederer Pilger in die Heilige Stadt einziehen.

Er ist der rechtmäßige König von Jerusalem; er kommt, um seinen Anspruch auf den Thron Gottes zu behaupten. Und ein echter König kann in Jerusalem nur inmitten einer ihn preisenden und Palmzweige schwenkenden Menge einziehen, die seinen Sieg über die Feinde Gottes verkündet, ihre Mäntel vor ihm auf der Straße ausbreitet und ruft: «Hosanna dem *Sohn Davids*! Gesegnet sei er, der kommt im Namen des Herrn. Hosanna in der Höhe!» (Mt 21,9; Mk 11,9–10; Lk 19,38)

Kapitel zwölf

KEIN KÖNIG AUSSER DEM KAISER

Er predigt gerade, als sie ihn schließlich abholen kommen: eine kaum zu bändigende Menge, die Schwerter, Fackeln und Knüppel schwingt, geschickt von den obersten Priestern und Ältesten, um Jesus aus seinem Versteck in Getsemani zu zerren. Sie kommen nicht unerwartet. Jesus hatte seine Jünger gewarnt, dass sie ihn holen würden. Deshalb verstecken sie sich in Getsemani, ins Dunkel gehüllt und mit Schwertern bewaffnet – wie Jesus befohlen hat. Sie sind auf eine Konfrontation vorbereitet. Doch die Männer des Suchtrupps wissen genau, wo sie zu finden sind. Sie haben einen Tipp bekommen von einem der Zwölf, von Judas Iskariot, der ihren Aufenthaltsort kennt und Jesus jederzeit identifizieren kann. Aber Jesus und seine Jünger werden sich nicht einfach so gefangen nehmen lassen. Einer zieht sein Schwert, und in einem kurzen Handgemenge wird ein Diener des Hohepriesters verletzt. Widerstand ist allerdings zwecklos, die Jünger sehen sich gezwungen, ihren Lehrer im Stich zu lassen und in die Nacht hinaus zu fliehen, während Jesus festgenommen, gefesselt und zurück in die Stadt geschleppt wird, wo seine Ankläger auf ihn warten.

Sie bringen ihn in den Hof des Hohepriesters Kajaphas, wo die obersten Priester, die Schriftgelehrten und die Ältesten – der ganze Sanhedrin – versammelt sind. Dort verhören sie ihn zu seinen

Drohungen gegen den Tempel, wobei sie seine eigenen Worte gegen ihn verwenden: «Er hat gesagt: Ich kann den Tempel Gottes niederreißen und in drei Tagen wieder aufbauen.»

Das ist eine schwere Anschuldigung. Der Tempel ist die wichtigste bürgerschaftliche und religiöse Institution der Juden. Er ist die einzige Quelle des jüdischen Kultes und das bedeutendste Symbol der römischen Hegemonie über Judäa. Schon die geringste Bedrohung des Tempels erregt sofort die Aufmerksamkeit der priesterlichen und römischen Machthaber. Als ein paar Jahre zuvor zwei zelotische Rabbis, Judas, Sohn des Sepphoräus, und Matthias, Sohn des Margalus, mit ihren Schülern den Plan fassten, den goldenen Adler zu entfernen, den Herodes der Große über dem Haupttor des Tempels hatte anbringen lassen, wurden beide Rabbis und 40 ihrer Schüler zusammengetrieben und bei lebendigem Leib verbrannt.

Dennoch weigert sich Jesus, auf die gegen ihn erhobenen Vorwürfe zu antworten, wahrscheinlich, weil es einfach keine Antwort darauf gibt. Schließlich hat er den Tempel von Jerusalem mehrfach öffentlich bedroht. «Kein Stein wird auf dem andern bleiben, alles wird niedergerissen.» (Mk 13,2) Er ist erst seit ein paar Tagen in Jerusalem, doch schon in dieser kurzen Zeit hat er einen Krawall im Heidenvorhof verursacht und damit die finanziellen Transaktionen des Tempels gestört. Er hat das kostspielige Blut- und Fleischopfer, das der Tempel fordert, durch seine Gratis-Heilungen und Exorzismen ersetzt. Drei Jahre lang hat er gegen die Tempelpriesterschaft gewütet, ihren Vorrang und ihre Macht in Frage gestellt. Er hat die Schriftgelehrten und Ältesten als «Schlangenbrut» bezeichnet und versprochen, dass das Reich Gottes die ganze Priesterkaste hinwegfegen werde. Sein ganzes Wirken beruht auf der Zerstörung der bisherigen Ordnung und dem Machtverlust jedes einzelnen Mannes, der jetzt über ihn zu Gericht sitzt. Was gibt es da noch zu sagen?

Bei Tagesanbruch wird Jesus wieder gefesselt und durch die dicken Steinmauern der Burg Antonia eskortiert, um vor Pontius

Pilatus zu erscheinen. Als Statthalter hat Pilatus vor allem die Aufgabe, für den Kaiser die Ordnung in Jerusalem zu wahren. Wie die Historiker wissen, war Pilatus kein Freund langer Prozesse. In seinen zehn Jahren als Statthalter von Jerusalem schickte er mehrere tausend Menschen ans Kreuz, mit einem einfachen Strich seines Schreibrohrs auf einem Blatt Papyrus. Es gibt keine Anhörung, keine Fragen, nicht die Notwendigkeit einer Verteidigung. Die Vorstellung, dass Pilatus sich auch nur in einem Raum mit Jesus aufhielt, ganz zu schweigen davon, dass er ihm einen «Prozess» gewährte, übersteigt die Phantasie. Entweder ist die Bedrohung, die Jesus für die Stabilität Jerusalems darstellt, so groß, dass er einer von nur einer Handvoll Juden ist, die je die Chance bekamen, sich vor Pilatus zu den Vorwürfen zu äußern, oder aber der sogenannte Prozess vor Pilatus ist eine Erfindung.

Es gibt Gründe, Letzteres anzunehmen. Die Szene hat eindeutig etwas Theatralisches an sich. Sie ist der Abschluss des Wirkens Jesu, das Ende einer Reise, die drei Jahre zuvor am Ufer des Jordan begonnen hat. Im Markus-Evangelium spricht Jesus nach seiner Befragung durch Pilatus nur noch ein einziges Mal – als er sich vor Schmerzen am Kreuz windet. «Mein Gott, mein Gott, warum hast du mich verlassen?» (Mk 15,34)

In Markus' Schilderung der Geschichte geschieht zwischen Jesu Prozess vor Pilatus und seinem Tod am Kreuz etwas so Unglaubliches, so ganz offensichtlich Erfundenes, dass es Zweifel an der ganzen Episode, die zur Kreuzigung führt, aufkommen lässt. Pilatus, der Jesus befragt und in allen Anklagepunkten für unschuldig befunden hat, führt ihn zusammen mit einem Banditen namens Barabbas, der bei einem Aufstand am Tempel römische Wachen ermordet haben soll, den Juden vor. Laut Markus war es üblich, dass der römische Statthalter am Paschafest den Juden einen Gefangenen freigab, und zwar den, um den sie baten, egal, wer es war. Als Pilatus die Menge fragt, welchen Gefangenen er freilassen soll – Jesus, den Prediger, der Hochverrat gegen Rom begangen hat, oder Barabbas, den Aufrührer und Mörder –, fordern die

Menschen die Freilassung des Aufrührers und die Kreuzigung des Predigers.

Pilatus, dem bei dem Gedanken, einen unschuldigen jüdischen Bauern hinrichten lassen zu müssen, gar nicht wohl ist, fragt: «Was hat er denn für ein Verbrechen begangen?»

Doch die Menge fordert nur noch lauter den Tod Jesu. «Kreuzige ihn!» (Mk 15,1–20)

Die Szene widerspricht jeglicher Logik. Lassen wir außer Acht, dass es außerhalb der Evangelien nicht die Spur eines historischen Beweises für einen solchen Pascha-Brauch von Seiten irgendeines römischen Statthalters gibt. Wirklich außerhalb jeder Vorstellungskraft liegt das Bild des Pontius Pilatus – eines Mannes, der bekannt war für seinen Hass auf die Juden, seine völlige Verachtung jüdischer Rituale und Bräuche und seine Neigung zum wahllosen Unterzeichnen so vieler Hinrichtungsbefehle, dass in Rom eine offizielle Beschwerde gegen ihn einging –, wie er auch nur einen Moment seiner kostbaren Zeit darauf verschwendet, über das Schicksal eines jüdischen Unruhestifters, von denen es mehr als genug gibt, nachzudenken.

Warum wohl erfand Markus eine so offenkundig fiktive Szene, die sein jüdisches Publikum doch sofort als falsch erkennen musste? Die Antwort lautet ganz schlicht und einfach: Markus schrieb nicht für ein jüdisches Publikum. Markus' Leser saßen in Rom, wo auch er selbst lebte. Sein Bericht über Leben und Tod des Jesus von Nazaret entstand nur wenige Monate, nachdem der Jüdische Aufstand niedergeschlagen und Jerusalem zerstört worden war.

Wie die Juden hatten auch die frühen Christen Schwierigkeiten, dem Trauma des Jüdischen Aufstands und seiner Folgen einen Sinn abzugewinnen. Genauer gesagt: Sie mussten Jesu revolutionäre Botschaft und seine Identität als königlicher Menschensohn im Licht der Tatsache, dass sich das Reich Gottes, auf das sie warteten, ausblieb, ganz neu deuten. Für die im ganzen Römischen Reich verstreuten Verfasser der Evangelien war es nur natürlich, sich von der jüdischen Unabhängigkeitsbewegung zu distanzieren, indem sie so weit wie möglich alle Hinweise auf Radikalismus und Gewalt, Revolution oder Zelotentum aus der Geschichte Jesu entfernten und Jesu Worte und Taten der neuen politischen Situation anpassten, in der sie sich jetzt wiederfanden. Etwas leichter wurde diese Aufgabe dadurch, dass viele in der christlichen Gemeinde Jerusalems den Krieg mit Rom offenbar als ein willkommenes Zeichen des Zeitenendes sahen, das ihnen ihr Messias verheißen hatte. Nach Aussage des Eusebius von Cäsarea, eines Historikers des 4. Jahrhunderts, waren viele Christen Jerusalems auf die andere Seite des Jordan geflohen. «Die Kirchengemeinde in Jerusalem», schrieb Eusebius, «hatte in einer Offenbarung, die ihren Führern zuteil geworden war, die Weissagung erhalten, noch vor dem Kriege die Stadt zu verlassen und sich in einer Stadt Peräas namens Pella niederzulassen.» (Eusebius von Cäsarea, *Kirchengeschichte*. Übersetzt von Philipp Haeuser. München 1932, S. 104 f.) Den meisten Quellen zufolge wurde die Kirche, die sie zurückließen, 70 n. Chr. niedergerissen, und alle Anzeichen der ersten christlichen Gemeinde in Jerusalem verschwanden unter einem Berg aus Schutt und Asche.

Als der Tempel in Trümmern lag und das Judentum zur Außenseiterreligion wurde, mussten die Juden, die dem Messias Jesus folgten, eine Entscheidung treffen: Sie konnten entweder ihre kultischen Verbindungen zur Religion ihrer Väter aufrechterhalten und damit auch deren Feindschaft zu Rom teilen (Roms Feindschaft gegenüber den Christen sollte erst sehr viel später ihren Höhepunkt erreichen), oder sie konnten sich vom Judentum trennen und ihren Messias von einem glühenden jüdischen Nationalisten in einen pazifistischen Prediger guter Werke verwandeln, dessen Reich nicht von dieser Welt war.

Aber nicht nur die Angst vor der römischen Vergeltung prägte diese frühen Christen. Nach der Zerstörung und Plünderung Jerusalems war das Christentum keine winzige jüdische Sekte in einem vorwiegend jüdischen Land umgeben von Hunderttausenden Juden mehr. Nach 70 n. Chr. verschob sich das Zentrum der christlichen Bewegung vom jüdischen Jerusalem hin zu den griechisch-römischen Städten des Mittelmeerraums: Alexandria, Korinth, Ephesus, Damaskus, Antiochia, Rom. Eine Generation nach der Kreuzigung Jesu hatte er weit mehr nichtjüdische Anhänger als jüdische. Gegen Ende des 1. Jahrhunderts, als die Mehrzahl der Evangelien geschrieben wurde, war Rom – und vor allem die römische intellektuelle Elite – zum vorrangigen Ziel der christlichen Verkündigung geworden.

Um dieses besondere Publikum zu erreichen, brauchten die Evangelisten einiges an Kreativität. Nicht nur mussten alle Spuren revolutionären Eifers aus dem Leben Jesu getilgt werden – die Römer mussten völlig von jeder Verantwortung für Jesu Tod freigesprochen werden. *Es waren die Juden, die den Messias töteten.* Die Römer waren ahnungslose Bauern im Spiel des Hohepriesters Kajaphas, der Jesus unbedingt tot sehen wollte, aber nicht über die rechtlichen Mittel dazu verfügte. Der Hohepriester verleitete den römischen Statthalter Pontius Pilatus zu einem tragischen Fehlurteil. Der arme Pilatus versuchte alles, um Jesus doch noch zu retten, aber die Juden wollten Blut sehen. Sie ließen Pilatus keine andere Wahl, als ihnen Jesus zur Kreuzigung auszuliefern. Je mehr Zeit bei der Abfassung jedes weiteren Evangeliums seit 70 n. Chr. und der Zerstörung Jerusalems verstrichen ist, desto unbeteiligter und obskurer wird Pilatus' Rolle bei Jesu Tod.

Das Matthäus-Evangelium, geschrieben in Damaskus etwa 20 Jahre nach dem Jüdischen Aufstand, malt das Bild eines Pontius Pilatus, der sich alle Mühe gibt, Jesus wieder auf freien Fuß zu setzen. Nachdem seine Ehefrau ihn gewarnt hat, lieber die Hände von diesem Mann zu lassen, weil er unschuldig sei, und er erkannt hat, dass die religiösen Obrigkeiten ihm Jesus «nur aus Neid» ausliefern, wäscht Matthäus' Pilatus seine Hände buchstäblich in Unschuld an Jesu Tod. «Ich bin unschuldig am Blut dieses Menschen», erklärt er den Juden. «Das ist eure Sache!»

Bei Matthäus, der Markus nacherzählt, antwortet «das ganze Volk» – also die ganze jüdische Nation (*pas ho laos*) –, dass es die

Schuld am Tod Jesu von diesem Tag bis ans Ende der Zeiten auf sich nehmen werde: «Sein Blut komme über uns und unsere Kinder!» (Mt 27,1–26)

Lukas, der in der griechischen Stadt Antiochia etwa zur selben Zeit wie Matthäus schreibt, bestätigt nicht nur Pilatus' Schuldlosigkeit an Jesu Tod; er dehnt diese Amnestie ganz unerwartet auch auf Herodes Antipas aus. Die Abschrift des Markus-Evangeliums, die Lukas vorliegt, schildert, wie Pilatus die obersten Priester, die religiösen Führer und das Volk für die Anschuldigungen, die sie gegen Jesus erheben, heftig kritisiert. «Ihr habt mir diesen Menschen hergebracht und behauptet, er wiegle das Volk auf. Ich selbst habe ihn in eurer Gegenwart verhört und habe keine der Anklagen, die ihr gegen diesen Menschen vorgebracht habt, bestätigt gefunden, auch Herodes nicht, denn er hat ihn zu uns zurückgeschickt. Ihr seht also: Er hat nichts getan, worauf die Todesstrafe steht.» (Lk 23,13–15) Nachdem er *drei Mal* versucht hat, die Juden von ihrer Mordlust abzubringen, beugt sich Pilatus schließlich widerstrebend ihren Forderungen und übergibt Jesus, damit er gekreuzigt wird.

Es kann kaum überraschen, dass das letzte der kanonisierten Evangelien schließlich die Fiktion von Pilatus' Unschuld – und von der Schuld der Juden – auf die Spitze treibt. Im Johannes-Evangelium, geschrieben irgendwann nach 100 n. Chr. in Ephesus, tut Pilatus alles in seiner Macht Stehende, um das Leben dieses armen jüdischen Bauern zu retten, nicht weil er glaubt, dass Jesus unschuldig ist, sondern weil er offenbar glaubt, dass Jesus tatsächlich der «Sohn Gottes» sein könnte. Doch nachdem er sich bei den jüdischen Obrigkeiten ebenso entschieden wie vergeblich dafür eingesetzt hat, Jesus freizulassen, wird der gnadenlose Präfekt, der ganze Legionen unter seinem Kommando hat und sie regelmäßig in die Straßen Jerusalems schickt, um die Juden abzuschlachten, wann immer sie gegen eine seiner Entscheidungen protestieren (etwa, als sie etwas gegen seine Plünderung des Tempelschatzes einzuwenden hatten, um die neuen Aquädukte Jerusalems zu finanzieren) –, wird also dieser Präfekt durch die Forderungen der renitenten Menge *gezwungen*, Jesus preiszugeben.

Als Pilatus ihn schließlich zur Kreuzigung überstellt, räumt Jesus selbst alle Zweifel darüber aus, wer wirklich für seinen Tod verantwortlich ist: «[Es] liegt größere Schuld bei dem, der mich dir ausgeliefert hat», erklärt er dem Pilatus und spricht ihn persönlich von jeder Schuld frei, indem er direkt die jüdischen religiösen Obrigkeiten verantwortlich macht. Und dann fügt Johannes noch eine letzte, unverzeihliche Beleidigung für eine jüdische Nation hinzu, die zu der Zeit kurz vor einer großen Revolte stand, indem er ihnen den übelsten, den blasphemischsten Satz reiner Häresie in den Mund legt, den ein Jude im Palästina des 1. Jahrhunderts überhaupt von sich geben konnte. Auf die Frage des Pilatus, was er denn mit «ihrem König» tun solle, antworten die Juden: «Wir haben keinen König außer dem Kaiser!» (Joh 19,1–16)

So wird eine Geschichte, die sich Markus zu rein «verkündigungstechnischen» Zwecken ausgedacht hat, um die Schuld an Jesu Tod von Rom wegzuschieben, im Laufe der Zeit bis ins Absurde überdehnt und bietet dann den Ansatz für 2000 Jahre christlichen Antisemitismus.

Völlig unvorstellbar ist es natürlich nicht, dass Jesus eine kurze Audienz beim römischen Statthalter bekam – das setzte aber voraus, dass die Größe seines Verbrechens eine besondere Aufmerksamkeit rechtfertigte. Jesus war schließlich nicht einfach ein Querulant. Sein provokanter Einzug in Jerusalem mit einer großen Anhängerschar, die ihn zum König erklärte, seine Störung der öffentlichen Ordnung im Tempel, die Größe des Trupps, der nach Getsemani hinausmarschierte, um ihn festzunehmen – all dies lässt vermuten, dass die Machthaber Jesus von Nazaret als eine ernste Bedrohung der Stabilität und Ordnung in Judäa wahrnahmen. Ein solcher «Verbrecher» war vielleicht doch der Aufmerksamkeit des Pilatus würdig. Falls also Jesus tatsächlich einen Prozess bekommen haben sollte, war der sicher kurz und routinemäßig, mit dem einzigen Zweck, die Anklagen, deretwegen er hingerichtet werden würde, offiziell festzuhalten. Daher stellt Pilatus Jesus in allen vier Evangelien auch nur eine Frage: «Bist du der König der Juden?»

Wenn die Evangeliumsgeschichte ein Drama wäre (und im Grunde ist sie das), wäre Jesu Antwort auf diese Frage des Pilatus die Peripetie, die schon auf die Lösung, die Katastrophe des Stückes hindeutet: die Kreuzigung. Dies ist der Moment, in dem Jesus den Preis für alles zahlen muss, was er in den letzten drei Jahren gesagt und getan hat: die Angriffe auf die priesterlichen Obrigkeiten, die Verdammung der römischen Besatzung, die Ansprüche auf königliche Autorität. Das alles hat unausweichlich auf diesen Moment des Urteils hingeführt, genau wie Jesus vorausgesagt hatte. Von hier an gibt es nur noch das Kreuz und das Grab.

Und doch ist vielleicht kein anderer Moment im kurzen Leben Jesu undurchschaubarer und den Fachleuten unzugänglicher als dieser. Das hat zum einen mit den vielfältigen Quellen zu tun, auf denen die Geschichte von Jesu Prozess und Kreuzigung beruht. Markus war zwar das erste schriftlich festgehaltene Evangelium, aber es gab vorher schon Sammlungen mündlicher und schriftlicher Überlieferungen zu Jesus, die seine frühesten Anhänger weitergegeben hatten. Eine dieser Sammlungen haben wir schon vorgestellt: das nur in den Evangelien des Matthäus und des Lukas enthaltene Material, das die Wissenschaftler Logienquelle oder einfach Q nennen. Es gibt aber durchaus Grund zu der Annahme, dass es vor dem Markus-Evangelium noch weitere Sammlungen gab, die sich ausschließlich mit Jesu Tod und Auferstehung beschäftigten. Diese sogenannten Passionserzählungen formten eine grundlegende Abfolge von Ereignissen, die nach Überzeugung der ersten Christen am Ende von Jesu Leben stattfanden: Das Letzte Abendmahl. Der Verrat des Judas Iskariot. Die Verhaftung in Getsemani. Das Erscheinen vor dem Hohepriester und Pilatus. Die Kreuzigung und Beisetzung. Die Auferstehung drei Tage später.

Diese Ereignisfolge enthielt eigentlich kein Narrativ, sondern war zu rein liturgischen Zwecken so entworfen worden. Sie diente den frühen Christen dazu, die letzten Tage ihres Messias durch das

Ritual nachzuvollziehen, indem sie zum Beispiel das gleiche Mahl teilten, das er mit seinen Jüngern geteilt hatte, dieselben Gebete sprachen, die er in Getsemani gesprochen hatte, und so weiter. Markus' Beitrag zu den Passionserzählungen war seine Verwandlung dieser ritualisierten Abfolge von Ereignissen in eine zusammenhängende Geschichte über den Tod Jesu, die seine Redaktoren Matthäus und Lukas zusammen mit ihren jeweils eigenen Ausschmückungen in ihre Evangelien integrierten (Johannes könnte sich für sein Evangelium auf eine andere Sammlung von Passionserzählungen gestützt haben, da kaum eine Einzelheit, die er über die letzten Tage Jesu liefert, zu dem passt, was man bei den Synoptikern findet).

Wie alles andere in den Evangelien wurde auch die Geschichte von Jesu Verhaftung, Prozess und Hinrichtung aus einem Grund, und wirklich nur aus einem einzigen niedergeschrieben: um zu beweisen, dass er der verheißene Messias war. Faktentreue war unwichtig. Was zählte, war Christologie, nicht historische Genauigkeit. Die Verfasser der Evangelien erkannten ganz offenbar, wie wesentlich Jesu Tod für die im Entstehen begriffene Gemeinschaft war, doch die Geschichte dieses Todes musste noch ein bisschen ausgearbeitet, verlangsamt und neu ausgerichtet werden. Sie brauchte bestimmte Details und Ausschmückungen von Seiten der Evangelisten. Und so ist diese letzte, bedeutsamste Episode in der Geschichte des Jesus von Nazaret auch diejenige, die durch theologische Erweiterungen und reine Erfindungen am stärksten verdunkelt wird. Das einzige Mittel, das man als moderner Leser oder als moderne Leserin zur Verfügung hat, um vielleicht doch noch einen Anflug von historischer Genauigkeit in den Passionserzählungen aufzuspüren, besteht darin, langsam und vorsichtig den theologischen Firnis abzuziehen, den die Evangelisten über Jesu letzte Tage gelegt haben, und zu der primitivsten Version der Geschichte zurückzukehren, die aus den Evangelien geborgen werden kann. Und der einzige Weg, dies zu tun, beginnt am Ende der Geschichte, als Jesus bereits ans Kreuz geschlagen ist.

Die Kreuzigung war in der Antike eine weit verbreitete und überaus häufige Form der Hinrichtung. Die Perser und Inder setzten sie genauso ein wie die Assyrer, Skythen, Römer und Griechen. Selbst die Juden praktizierten die Kreuzigung; sie wird in rabbinischen Quellen wiederholt als Strafe erwähnt. Die Kreuzigung war billig. Sie konnte fast überall vollzogen werden, nur ein Baum war vonnöten. Die Qualen konnten Tage andauern, ohne dass man eigens einen Folterknecht brauchte. Die Prozedur der Kreuzigung – wie man das Opfer aufhängte – blieb völlig dem Henker überlassen. Manche Opfer wurden kopfüber gekreuzigt. Bei manchen wurden die Geschlechtsteile durchbohrt. Manche wurden verhüllt. Die meisten wurden nackt ausgezogen.

Rom stilisierte die Kreuzigung zu einer Form der staatlichen Bestrafung und schuf dabei eine gewisse Uniformität, insbesondere, was das Annageln von Händen und Füßen an einen Querbalken betraf. Die Kreuzigung wurde im Römischen Reich so häufig vollzogen, dass Cicero sie «jene Plage» nannte. In der Bürgerschaft wurde das Wort «Kreuz» (*crux*) zu einem beliebten, ziemlich vulgären Ausspruch, etwa so wie «Häng dich doch auf».

Und doch wäre es ungenau, die Kreuzigung als eine Todesstrafe zu bezeichnen, denn oft wurde das Opfer zuerst getötet und dann an ein Kreuz genagelt. Der Zweck der Kreuzigung bestand nicht so sehr darin, den Verbrecher zu töten, als vielmehr in einer Abschreckung für andere, die den Staat womöglich herausfordern konnten. Deshalb wurden Kreuzigungen immer öffentlich vollzogen – an Straßenkreuzungen, in Theatern, auf Hügeln oder sonstigen Erhebungen, überall, wo die Bevölkerung gar keine andere Wahl hatte, als diese gruselige Szene zur Kenntnis zu nehmen. Man ließ den Verbrecher immer lange hängen, nachdem er gestorben war; Gekreuzigte wurden fast nie begraben. Da der Sinn und Zweck der Kreuzigung allein darin bestand, das Opfer zu demütigen und die Betrachter in Angst und Schrecken zu versetzen, blieb der Leichnam hängen, um von Hunden und Raubvögeln gefressen zu werden. Dann wurden die Knochen auf einen Abfallhaufen geworfen. Daher hatte auch Golgota, der Ort von Jesu Kreuzigung, seinen Namen: *Schädelstätte.* Einfach gesagt, war die Kreuzigung mehr als eine Todesstrafe für Rom; sie war eine öffentliche Erinnerung daran, was geschah, wenn jemand das Reich herausforderte. Deshalb war sie den extremsten politischen Verbrechen vorbehalten: Verrat, Rebellion, Aufruhr, Banditentum.

Wenn man nichts weiter über Jesus von Nazaret wüsste, als dass er von Rom gekreuzigt wurde, wüsste man praktisch alles, was man brauchte, um aufzudecken, wer er war, was er war und warum er an einem Kreuz endete. Sein Vergehen lag nach Meinung Roms offen zutage. Es wurde auf eine Tafel geritzt und über seinem Kopf angebracht, sodass alle es sehen konnten: *Jesus von Nazaret, König der Juden.* Sein Verbrechen war, dass er gewagt hatte, Anspruch auf die Königsherrschaft zu erheben.

Die Evangelien bezeugen, dass Jesus zusammen mit anderen *lestai* oder Banditen gekreuzigt wurde: Revolutionäre, wie er einer war. Lukas, dem die Implikationen des Begriffes offenbar peinlich waren, änderte *lestai* zu *kakourgoi* oder «Übeltäter». Aber so sehr er es auch versuchte – Lukas konnte die grundlegendste Tatsache in Bezug auf seinen Messias nicht umgehen: Jesus wurde vom römischen Staat wegen des Verbrechens der Aufwiegelung zum Aufruhr hingerichtet. Alles andere über die letzten Tage des Jesus von Nazaret muss vor dem Hintergrund dieser einzigen, nicht wegzudiskutierenden Tatsache gesehen werden.

Man kann also den theatralischen Prozess vor Pilatus aus all den oben genannten Gründen als reine Phantasie abtun. Falls Jesus tatsächlich vor Pilatus erschien, war es ein kurzer und für Pilatus völlig nebensächlicher Auftritt. Der Statthalter schaute womöglich gar nicht lange genug von seinen Akten auf, um Jesu Gesicht wahrzunehmen, geschweige denn, dass er sich auf eine längere Diskussion über die Bedeutung von Wahrheit mit ihm einließ.

Er stellte diese eine Frage: «Bist du der König der Juden?» Er nahm Jesu Antwort zur Kenntnis. Er trug das Verbrechen in die

Akte ein. Und er schickte Jesus zu den zahllosen anderen Sterbenden oder schon Toten nach Golgota.

Selbst der frühere Prozess vor dem Sanhedrin muss im Lichte des Kreuzes noch einmal neu untersucht werden. Die Geschichte jenes Prozesses, wie die Evangelien sie präsentieren, ist voller Widersprüche und Ungereimtheiten, doch grob gesagt passiert Folgendes: Jesus wird abends verhaftet, kurz vor dem Sabbat, am Paschafest. Er wird im Schutze der Nacht zum Hof des Hohepriesters gebracht, wo die Mitglieder des Sanhedrin ihn schon erwarten. Sofort taucht eine Gruppe Zeugen auf und sagt aus, dass Jesus Drohungen gegen den Tempel von Jerusalem ausgestoßen hat. Als Jesus sich weigert, auf diese Vorwürfe zu antworten, fragt ihn der Hohepriester direkt, ob er der Messias sei. Jesu Antwort ist in allen vier Evangelien verschieden, aber immer kommt darin vor, dass er «der Menschensohn» sei. Diese Aussage erzürnt den Hohepriester, der Jesus sofort Blasphemie vorwirft, worauf als Strafe der Tod steht. Am nächsten Morgen schickt der Sanhedrin Jesus zur Kreuzigung zu Pilatus.

Es gibt zahllose Probleme bei dieser Szene. Der Prozess vor dem Sanhedrin verletzt praktisch alle Anforderungen des jüdischen Gesetzes für ein Gerichtsverfahren. Die Mischna ist da ganz eindeutig. Der Sanhedrin darf nicht nachts zusammentreten. Er darf nicht am Paschafest zusammentreten. Er darf nicht am Vorabend des Sabbat zusammentreten. Und ganz sicher darf er nicht so formlos im Hof (*aule*) des Hohepriesters zusammentreten, wie Matthäus und Markus behaupten. Dann muss die Sitzung mit einer ausführlichen Auflistung der Gründe, warum der Angeklagte womöglich unschuldig ist, beginnen, bevor irgendwelche Zeugen auftreten dürfen. Das Argument, dass die von den Rabbis in der Mischna niedergelegten Prozessregeln in jener Zeit, als Jesus vor Gericht stand, noch nicht zur Anwendung kamen, geht ins Leere, wenn man sich in Erinnerung ruft, dass die Evangelien gar nicht in jener Zeit geschrieben wurden. Der gesellschaftliche, religiöse und politische Kontext der Erzählung vom Prozess Jesu vor dem

Sanhedrin war das rabbinische Judentum nach 70 n. Chr.: die Zeit der Mischna. Diese krassen Ungenauigkeiten zeigen ganz deutlich die überaus schwachen Kenntnisse der Evangelisten, was das jüdische Gesetz und die Praxis des Sanhedrin angeht. Schon dies allein sollte Zweifel an der Historizität des Prozesses vor Kajaphas wecken.

Selbst wenn man über alle oben angeführten Verstöße hinwegsieht, bleibt noch der verstörendste Aspekt des Prozesses vor dem Sanhedrin – das Urteil. Falls der Hohepriester Jesus tatsächlich nach dessen messianischen Ansprüchen befragte und falls Jesu Antwort tatsächlich blasphemisch zu werten war, konnte die Aussage der Tora in Bezug auf die zu verhängende Strafe nicht klarer sein: «Wer den Namen des Herrn schmäht, wird mit dem Tod bestraft; *die ganze Gemeinde soll ihn steinigen.*» (3 Mos 24,16) Das ist die Strafe, die Stephanus für seine Blasphemie erleidet, als er Jesus den Menschensohn nennt (Apg 7,1–60). Stephanus wird nicht den römischen Machthabern überstellt, um sich für sein Verbrechen zu verantworten; er wird auf der Stelle gesteinigt. Es mag stimmen, dass unter der Herrschaft der Römer die Juden nicht das Recht hatten, Verbrecher hinzurichten (wobei sie das nicht daran hinderte, Stephanus zu töten). Aber man kann das fundamentale Faktum, mit dem wir begonnen haben, nicht außer Acht lassen: Jesus ist nicht von den Juden wegen Blasphemie gesteinigt worden; er ist von den Römern wegen Aufwiegelung des Volkes zum Aufstand gekreuzigt worden.

Genau wie ein Körnchen Wahrheit in der Geschichte von Jesu Prozess vor Pilatus stecken mag, so könnte auch die Geschichte des Prozesses vor dem Sanhedrin ein Körnchen Wahrheit enthalten. Die jüdischen Obrigkeiten verhafteten Jesus, weil sie ihn als Bedrohung ihrer Kontrolle über den Tempel wie auch als Gefahr für die gesellschaftliche Ordnung in Jerusalem sahen, für deren Aufrechterhaltung sie ihrer Übereinkunft mit Rom zufolge verantwortlich waren. Weil die jüdischen Obrigkeiten technisch nicht für Kapitalverbrechen zuständig waren, überstellten sie Jesus den Römern, vor denen er sich für seine aufrührerischen Lehren verantworten sollte. Die persönliche Beziehung zwischen Pilatus und Kajaphas vereinfachte die Überstellung vielleicht, doch man brauchte sicher wenig Überredungskunst, um die römischen Machthaber dazu zu bringen, noch einen weiteren jüdischen Aufwiegler hinzurichten.

Pilatus macht mit Jesus dasselbe wie mit allen, die die gesellschaftliche Ordnung bedrohen: Er schickt ihn ans Kreuz. Ein Prozess findet nicht statt, er ist nicht nötig. Es ist schließlich Pascha, immer eine Zeit gesteigerter Spannungen in Jerusalem. Die Stadt platzt aus allen Nähten vor lauter Pilgern, schon die kleinste Andeutung von Ärger muss im Keim erstickt werden. Und was immer Jesus auch sein mag, Ärger bedeutet er auf alle Fälle.

Nachdem sein Verbrechen in Pilatus' Akten festgehalten war, wurde Jesus sicher zur Burg Antonia hinausgeführt und auf den Hof gebracht, wo er nackt an einen Pfahl gebunden und brutal gegeißelt wurde, wie es bei allen zum Kreuz Verurteilten üblich war. Dann brachten die Römer einen Querbalken in seinem Genick an und hakten seine Arme nach hinten darüber – auch das war so üblich –, sodass der Messias, der versprochen hatte, die Juden vom Joch der Besatzung zu befreien, jetzt selbst ein Joch trug wie ein Schlachttier.

Wie alle zur Kreuzigung Verurteilten wurde Jesus sicher gezwungen, den Querbalken selbst zu einem Hügel vor den Mauern Jerusalems zu tragen, direkt an der Straße, die zu einem Stadttor führte – vielleicht an eben der Straße, auf der er ein paar Tage zuvor als ihr rechtmäßiger König in die Stadt eingezogen war. So hatten die Pilger, die zu den heiligen Feiern nach Jerusalem kam, gar keine andere Wahl: Sie wurden zwangsläufig Zeugen seines Leidens und so daran erinnert, was mit denen geschah, die sich der Herrschaft Roms widersetzten. Der Querbalken wurde an einem Gerüst oder einem Pfahl angebracht und Jesu Hand- und Fußgelenke mit drei Eisennägeln daran genagelt. Ein Ruck, und das Kreuz wurde in die Senkrechte gezogen. Der Tod ließ sicher nicht lange auf sich warten. Innerhalb einiger weniger Stunden versagten die Lungen, der Atem setzte aus.

So fand der Messias, der als Jesus von Nazaret bekannt war, auf einem kahlen, mit Kreuzen übersäten Hügel, gequält durch die Schmerzensschreie und das Stöhnen Hunderter sterbender Verbrecher, mit einem Krähenschwarm über sich, der gierig auf seinen letzten Atemzug wartete, das gleiche schmachvolle Ende wie alle anderen Messiasse vor und nach ihm.

Doch anders als all jene anderen geriet dieser nicht in Vergessenheit.

TEIL III

Auf dem Zion stoßt in das Horn,
schlagt Lärm auf meinem heiligen Berg!
Alle Bewohner des Landes sollen zittern;
denn es kommt der Tag des Herrn,
ja, er ist nahe,
der Tag des Dunkels und der Finsternis,
der Tag der Wolken und Wetter.
JOEL 2,1–2

Prolog

GOTT IN FLEISCHESGESTALT

Stephanus – jener, der von einer wütenden Menge Juden wegen Blasphemie gesteinigt wurde – war der erste Anhänger Jesu, der nach dessen Kreuzigung getötet wurde, und er sollte nicht der einzige bleiben. Es mutet seltsam an, dass der erste Mann, der zum Märtyrer wurde, weil er Jesus als «Christus» bezeichnete, Jesus von Nazaret gar nicht persönlich kannte. Stephanus war schließlich kein Jünger. Er war dem galiläischen Bauern und Tagelöhner, der den Thron im Königreich Gottes für sich beanspruchte, nie begegnet. Er hatte Jesus nicht begleitet und nicht mit ihm gesprochen. Er war nicht Teil der ekstatischen Menschenmenge, die Jesus in Jerusalem als rechtmäßigen Herrscher über die Stadt empfing. Er nahm nicht an der Tempelreinigung teil. Er war nicht zugegen, als Jesus verhaftet und wegen Volksverhetzung angeklagt wurde. Er sah Jesus nicht sterben. Stephanus erfuhr von Jesus von Nazaret erst nach dessen Kreuzigung. Als griechischsprachiger Jude, der in einer der hellenistischen Provinzen außerhalb des Heiligen Landes lebte, war Stephanus gemeinsam mit Tausenden anderer Diasporajuden als Pilger nach Jerusalem gekommen. Wahrscheinlich brachte er gerade den Tempelpriestern seine Opfergaben dar, als er eine Gruppe hauptsächlich galiläischer Bauern und Fischer bemerkte, die im Heidenvorhof herumliefen und von einem einfachen Nazoräer predigten, den sie den Messias nannten.

An sich wäre ein solcher Anblick im alten Jerusalem nichts Ungewöhnliches gewesen, schon gar nicht an Feier- und Festtagen, wenn Juden aus dem ganzen römischen Imperium in die Heilige Stadt kamen, um im Tempel zu opfern. Jerusalem war für die Juden das Zentrum spiritueller Aktivität, das kultische Herz der jüdischen Nation. Jeder Sektierer, jeder Fanatiker, jeder Zelot, Messias und selbsternannte Prophet fand irgendwann den Weg nach Jerusalem, um zu missionieren oder zu verdammen, um Gottes Gnade zu verkünden oder vor Gottes Zorn zu warnen. Die Feste waren eine ideale Zeit für solche Schismatiker, um ein möglichst breites und internationales Publikum zu erreichen.

Als Stephanus nun die Schar haariger Männer und zerlumpter Frauen unter einem Säulengang im äußeren Vorhof des Tempels erblickte – einfache Provinzler, die ihre Besitztümer verkauft und den Erlös den Armen gegeben hatten; die alles gemeinsam besaßen und selbst nichts außer ihren Tuniken und Sandalen hatten –, schenkte er ihnen anfangs vermutlich kaum Aufmerksamkeit. Möglicherweise horchte er auf, als diese Schismatiker verkündeten, sie folgten einem Messias, der bereits getötet (und zwar gekreuzigt!) worden sei. Vielleicht war er erstaunt, zu erfahren, dass Jesus trotz der unstrittigen Tatsache, dass er durch seinen Tod *per Definition* als Befreier Israels ausfiel, von seinen Anhängern immer noch als Messias bezeichnet wurde. Doch selbst das wäre in Jerusalem nicht vollkommen unerhört gewesen. Predigten nicht auch die Anhänger von Johannes dem Täufer von ihrem verstorbenen Meister, tauften sie nicht immer noch in seinem Namen?

Was Stephanus' Aufmerksamkeit aber bestimmt erregte, war die verblüffende Behauptung dieser Juden, ihr Messias sei, im Gegensatz zu allen anderen von Rom Gekreuzigten, nicht am Kreuz hängen geblieben, wo sein Körper bis auf die Knochen von den gierigen Vögeln abgenagt worden wäre, die Stephanus beim Eintritt in die Stadt über Golgota hatte kreisen sehen. Nein, die Leiche dieses speziellen Bauern – dieses Jesus von Nazaret – hatte man vom Kreuz abgenommen und in einem extravaganten Felsengrab bestattet, wie es den reichsten Männern Judäas zugestanden hätte. Noch bemerkenswerter war, dass seine Anhänger behaupteten, ihr Messias sei drei Tage nach seiner Bestattung in diesem Reichengrab wieder zum Leben auferstanden. Gott habe ihn wiedererweckt, aus der Umklammerung des Todes befreit. Der Sprecher der Gruppe, ein Fischer aus Kafarnaum namens Simon Petrus, schwor, wie viele andere von ihnen auch, er habe diese Wiederauferstehung mit eigenen Augen gesehen.

Dies war freilich nicht die Auferstehung, welche die Pharisäer am Ende der Zeiten erwarteten und die von den Sadduzäern geleugnet wurde. Die Gräber waren nicht aufgesprungen, die Erde hatte nicht die begrabenen Massen freigegeben, wie es der Prophet Jesaja vorhergesagt hatte (Jes 26,19). Dies hatte nichts zu tun mit der «Auferweckung Israels», die Ezechiel prophezeit hatte, bei welcher Gott den trockenen Knochen der Nation neues Leben einhaucht (Ez 37). Es handelte sich um ein einzelnes Individuum, das tagelang tot und unter Fels begraben gelegen hatte, plötzlich auferstanden war und aus eigener Kraft sein Grab verlassen hatte; nicht als Erscheinung oder Geist, sondern als Mensch aus Fleisch und Blut.

Was diese Anhänger Jesu da behaupteten, war damals alles andere als gang und gäbe. Vorstellungen von der Auferstehung der Toten fanden sich natürlich auch bei den alten Ägyptern und Persern. Die Griechen glaubten an die Unsterblichkeit der Seele, wenngleich nicht an die des Körpers. Manche Götter – zum Beispiel Osiris – hielt man für gestorben und wieder auferstanden. Manche Männer – Julius Cäsar, Cäsar Augustus – wurden nach ihrem Tode zu Göttern. Doch der Gedanke, dass ein Einzelner starb und in Fleisch und Blut zu ewigem Leben wieder auferstand, war in der antiken Welt extrem selten und im Judentum praktisch nicht existent.

Und doch verkündeten diese Anhänger Jesu nicht nur, er sei von den Toten auferstanden, sondern obendrein, dass seine Auferstehung seinen Status als Messias bestätige – eine außerordentliche Behauptung, die in der jüdischen Geschichte ohne Beispiel war. Ungeachtet zweier Jahrtausende christlicher Apologie ist es eine Tatsache, dass der Glaube an einen sterbenden und auferstehenden Messias im Judentum nicht existierte. In der gesamten Hebräischen Bibel gibt es nicht eine einzige Stelle oder Prophezeiung über den versprochenen Messias, die auch nur einen Hinweis auf dessen schmachvollen Tod gäbe, geschweige denn auf seine körperliche Wiederauferstehung.

Der Prophet Jesaja spricht von einem erhabenen, «gerechten Knecht», der «die Sünden von vielen» trägt und «für die Schuldigen» eintritt (Jes 52,13–53,12). Jesaja identifizierte diesen namenlosen Knecht jedoch nie als den Messias, noch behauptete er, dieser sei von den Toten auferstanden. Der Prophet Daniel erwähnt einen «Gesalbten» (also den Messias), der «umgebracht» wird, «aber ohne (Richterspruch)» (Dan 9,26). Daniels Gesalbter wird (nach der Auslegung durch Jesu Anhänger) jedoch nicht getötet; er wird lediglich vom «Volk eines Fürsten» abgesetzt, das kommen soll. Es mag sein, dass die Christen Jahrhunderte nach Jesu Tod diese Verse so auslegten, dass sie ihnen verstehen halfen, warum es ihrem Messias nicht gelungen war, auch nur eine der von ihm erwarteten messianischen Aufgaben auf Erden zu erfüllen. Die Juden in Jesu Zeit hingegen stellten sich keinen Messias vor, der litt und starb. Sie warteten auf einen Messias, der siegte und lebte.

Was Jesu Anhänger versprachen, war eine atemberaubend gewagte Neudefinition – nicht nur der messianischen Prophezeiungen, sondern des eigentlichen Wesens und der Funktion des jüdischen Messias. Mit der unbekümmerten Zuversicht eines Ungebildeten und im Schrifttum nicht Bewanderten ging der Fischer Simon Petrus sogar so weit zu behaupten, König David selbst habe Jesu Kreuzigung und Wiederauferstehung in einem seiner Psalmen prophezeit. «Da er ein Prophet war und wusste, dass Gott ihm den Eid geschworen hatte, einer von seinen Nachkommen werde auf seinem Thron sitzen», erzählte Petrus den im Tempel versammelten Pilgern. «[David sagte] vorausschauend über die Auferstehung des Christus: Er gibt ihn nicht der Unterwelt preis und sein Leib schaut die Verwesung nicht.» (Apg 2,30–31)

Hätte sich Stephanus in den heiligen Texten ausgekannt, wäre er ein Schriftgelehrter oder auch nur ein Einwohner Jerusalems gewesen, für den der Widerhall der Psalmen von den Tempelmauern so vertraut wie der Klang seiner eigenen Stimme gewesen wäre, dann hätte er sofort gewusst, dass König David nie so etwas über den Messias gesagt hatte. Die «Prophezeiung», von der Petrus spricht, war ein Psalm, den König David über sich *selbst* sang:

> *Darum freut sich mein Herz und frohlockt meine Seele;*
> *auch mein Leib wird wohnen in Sicherheit.*
> *Denn du gibst mich nicht der Unterwelt preis;*
> *du lässt deinen Frommen das Grab nicht schauen.*
> *Du zeigst mir den Pfad zum Leben.*
> *Vor deinem Angesicht herrscht Freude in Fülle,*
> *zu deiner Rechten Wonne für alle Zeit.*
> *Psalmen 16,9–11*

Stephanus – und hierin liegt der Schlüssel zum Verständnis der dramatischen Wandlung von Jesu Botschaft nach seinem Tod – war jedoch kein Schreiber oder Gelehrter. Er kannte sich im Schrifttum nicht aus. Er lebte nicht in Jerusalem. Somit war er das perfekte Publikum für diese neue, innovative und durch und durch unorthodoxe Interpretation des Messias, die von einer Gruppe ungebildeter Ekstatiker verbreitet wurde, deren Glauben an ihre Botschaft nur noch von der Leidenschaft übertroffen wurde, mit welcher sie diese Botschaft predigten.

Stephanus konvertierte kurz nach Jesu Tod zur Jesus-Bewegung. Wie die meisten Konvertiten aus der fernen Diaspora verließ er wahrscheinlich seinen Heimatort, verkaufte seinen Besitz, übertrug seine Habe der Allgemeinheit und ging nach Jerusalem, wo er im Schatten der Tempelmauern eine neue Heimat fand. Zwar gehörte er der neuen Gemeinde nur kurze Zeit an – vielleicht ein oder zwei Jahre –, doch durch seinen gewaltsamen Tod kurz nach der Konversion ging sein Name in die Annalen der christlichen Geschichte ein.

Die Geschichte jenes verherrlichten Todes findet sich in der Apostelgeschichte, in der die ersten fünf Jahrzehnte der Jesus-Bewegung nach der Kreuzigung aufgezeichnet sind. Der Evangelist Lukas, der das Buch angeblich als Fortsetzung seines Evangeliums verfasste, stellt die Steinigung des Stephanus als Wendepunkt in der frühen Kirchengeschichte dar. Stephanus nennt er einen Mann «voll Gnade und Kraft», der «Wunder und große Zeichen unter dem Volk» tut (Apg 6,8). Seine Reden und seine Weisheit, so behauptet Lukas, seien so mächtig gewesen, dass ihm nur wenige widerstanden hätten. Somit wird der spektakuläre Tod des Stephanus in der Apostelgeschichte für Lukas zur Koda der Passionsgeschichte Jesu; als einziges synoptisches Evangelium überträgt das Lukas-Evangelium die gegen Jesus vorgebrachte Anschuldigung, er habe mit der Zerstörung des Tempels gedroht, auf die «Gerichtsverhandlung» des Stephanus. «Und sie brachten falsche Zeugen bei, die sagten: Dieser Mensch hört nicht auf, gegen diesen heiligen Ort und das Gesetz zu reden. Wir haben ihn nämlich sagen hören: Dieser Jesus, der Nazoräer, wird diesen Ort zerstören und die Bräuche ändern, die uns Mose überliefert hat.» (Apg 6,13–14)

Lukas gewährt Stephanus zudem eine Gelegenheit zur Verteidigung, wie sie Jesus in seinem Evangelium nie zuteil wird. In einer langen und polternden Rede vor dem Mob fasst Stephanus beinahe die gesamte jüdische Geschichte zusammen, beginnt bei Abraham und hört bei Jesus auf. Diese Rede, die offensichtlich Lukas' Schöpfung ist, ist von grundlegenden Fehlern durchsetzt: So wird die Begräbnisstätte des großen Patriarchen Jakob darin falsch genannt und unerklärlicherweise behauptet, ein Engel hätte Moses das Gesetz überbracht, wo doch selbst der ungebildetste Jude in Palästina wusste, dass Gott persönlich Mose die Gesetzestafeln gab. Die wahre Bedeutung der Rede erschließt sich erst gegen Ende, als Stephanus in einem Anfall von Ekstase zum Himmel aufblickt und ruft: «Ich sehe den Himmel offen und den Menschensohn zur Rechten Gottes stehen.» (Apg 7,56)

Dieses Bild scheint in der frühchristlichen Gemeinde besonders beliebt gewesen zu sein. Markus, ebenfalls ein griechischsprachiger Jude aus der Diaspora, lässt in seinem Evangelium Jesus etwas ganz Ähnliches zu dem Hohepriester sagen: «Und ihr werdet den Menschensohn zur Rechten der Macht sitzen und mit den Wolken des Himmels kommen sehen.» (Mk 14,62) Diese Stelle wird später von Matthäus und Lukas – ebenfalls griechischsprachigen Diasporajuden – für ihre eigenen Berichte übernommen.

Während Jesus in den synoptischen Evangelien jedoch direkt Psalm 110 zitiert, um eine Verbindung zwischen sich selbst und König David herzustellen, wird in der Rede des Stephanus die Stelle «zur Rechten der Macht» bewusst durch «zur Rechten Gottes» ersetzt. Für diese Änderung gibt es einen Grund. Im antiken Israel war die Rechte (also die rechte Hand) ein Symbol von Macht und Herrschaft; sie signalisierte eine gehobene Position. «Zur Rechten Gottes» bedeutet, an Gottes Herrlichkeit teilzunehmen, dieselbe Ehre zu genießen und im Wesentlichen eins mit Gott zu sein. Wie Thomas von Aquin schrieb: «Zur Rechten des Vaters zu sitzen ist nichts anderes, als an der göttlichen Herrlichkeit teilzuhaben … [Jesus] sitzt zur Rechten des Vaters, weil er dasselbe Wesen besitzt wie der Vater.»

Mit anderen Worten: Stephanus' Menschensohn ist nicht die königliche Figur des Daniel, die «mit den Wolken des Himmels» kommt. Er errichtet sein Königreich nicht auf Erden, wo ihm «alle Völker, Nationen und Sprachen dienen müssen» (Dan 7,1–14). Er ist nicht mehr der Messias. Der Menschensohn in der Vision des Stephanus ist ein präexistentes, himmlisches Wesen, dessen Königreich nicht von dieser Welt ist; einer, der zur Rechten Gottes sitzt, ebenbürtig in Herrlichkeit und Ehre; der in Form und Substanz *Gott in Fleischesgestalt* ist.

Mehr bedarf es nicht, damit die Steine zu fliegen beginnen. Man muss wissen, dass es für einen Juden keine größere Blasphemie gibt als das, was Stephanus sagt. Die Behauptung, ein Einzelner sei gestorben und zu ewigem Leben auferstanden, mag im Judentum beispiellos gewesen sein. Die Anmaßung jedoch, Jesus als «Gott-Mensch» darzustellen, war schlicht nicht hinnehmbar.

Was Stephanus inmitten seines Todeskampfes hinausschreit, ist nichts anderes als die Ausrufung einer ganz neuen Religion, einer Religion, die sich ebenso radikal wie unversöhnlich von allem abkehrt, was Stephanus' eigene Religion jemals über das Wesen Gottes, des Menschen und über die Beziehung beider zueinander postulierte. Man könnte sagen, dass an diesem Tag nicht nur Stephanus vor den Toren Jerusalems starb. Mit ihm unter dem Steinhaufen begraben liegt die letzte Spur jener historischen Person, die man als Jesus von Nazaret kannte. Die Geschichte des eifernden galiläischen Bauern und jüdischen Nationalisten, der die Rolle des Messias einnahm und eine tollkühne Rebellion gegen die korrupte Priesterschaft des Tempels und die grausame römische Besatzung anzettelte, findet ein abruptes Ende – nicht mit seinem Tod am Kreuz oder dem leeren Grab, sondern in dem Augenblick, da einer seiner Anhänger erstmals zu mutmaßen wagt, er sei Gott.

Stephanus fand seinen Märtyrertod irgendwann zwischen 33 und 35 n. Chr. Unter denjenigen in der Menge, die seine Steinigung guthießen, war ein frommer junger Pharisäer aus Tarsus, einer reichen römischen Stadt am Mittelmeer. Sein Name war Saulus. Dieser war ein wahrhafter Zelot, ein glühender Verfechter des Gesetzes Mose, der sich dadurch einen Namen gemacht hatte, dass er Gotteslästerungen wie die des Stephanus gewaltsam unterdrückte. Um 49 n. Chr., also nur etwa 15 Jahre, nachdem er Stephanus mit Freuden hatte sterben sehen, schrieb derselbe fanatische Pharisäer – inzwischen ein glühender christlicher Konvertit namens Paulus – einen Brief an seine Freunde in der griechischen Stadt Philippi, in dem er Jesus von Nazaret eindeutig und ohne Vorbehalte «Gott» nannte: «Er war Gott gleich, hielt aber nicht daran fest, wie Gott zu sein, sondern er entäußerte sich und wurde wie ein Sklave und den Menschen gleich.» (Phil 2,6–7)

Wie konnte das geschehen? Wie konnte ein gescheiterter Messias, der einen schmachvollen Tod als Staatsfeind gestorben war, innerhalb weniger Jahre zum Schöpfer des Himmels und der Erde, zur Inkarnation Gottes werden?

Die Antwort auf diese Frage beruht auf der Erkenntnis dieser einen bemerkenswerten Tatsache: Praktisch alles, was jemals über Jesus von Nazaret geschrieben wurde, darunter auch die Evangelien von Markus, Matthäus, Lukas und Johannes, wurde von Menschen wie Stephanus oder Paulus verfasst, die Jesus zu dessen Lebzeiten nicht gekannt hatten (man darf nicht vergessen, dass die Evangelien nicht von denjenigen geschrieben wurden, nach denen sie benannt sind, möglicherweise allerdings mit Ausnahme des Lukas-Evangeliums). Diejenigen, die Jesus kannten – die ihn als König Jerusalems in die Stadt begleitet und ihm geholfen hatten, den Tempel zu reinigen, die bei seiner Verhaftung zugegen gewesen waren und ihn einen einsamen Tod hatten sterben sehen –, spielten eine überraschend untergeordnete Rolle bei der Definition der Bewegung, die Jesus hinterlassen hatte. Die Mitglieder von Jesu Familie, insbesondere sein Bruder Jakobus, der die Gemeinde in Jesu Abwesenheit leitete, waren in den Jahrzehnten nach der Kreuzigung sicherlich einflussreich. Dieser Einfluss wurde jedoch durch ihre Entscheidung geschmälert, mehr oder weniger versteckt in Jerusalem auszuharren und auf die Rückkehr Jesu zu warten. Im Jahre 70 n. Chr. wurden sie mitsamt ihrer Gemeinde und den meisten anderen Einwohnern der Heiligen Stadt von den Soldaten des Titus umgebracht.

Die Apostel indes, die Jesus mit der Aufgabe betraut hatte, seine Botschaft zu verbreiten, verließen Jerusalem und schwärmten mit der frohen Kunde über das ganze Land aus. Sie waren jedoch in ihrer Tätigkeit extrem eingeschränkt, weil sie nicht in der Lage waren, den neuen Glauben theologisch zu erläutern oder lehrreiche Geschichten über Leben und Tod Jesu zu erfinden. Schließlich waren es Bauern und Fischer; sie konnten weder lesen noch schreiben.

Die Aufgabe, Jesu Botschaft zu definieren, fiel stattdessen einer neuen Liga gebildeter, städtischer, griechischsprachiger Diasporajuden zu, die zu den wichtigsten Vehikeln für die Ausbreitung des neuen Glaubens werden sollten. Als diese außergewöhnlichen, oft von griechischer Philosophie und hellenistischem Denken beeinflussten Männer und Frauen die Botschaft Jesu neu auszulegen begannen, um sie sowohl für die übrigen griechischsprachigen Juden als auch für ihre heidnischen Nachbarn in der Diaspora schmackhafter zu machen, verwandelten sie den revolutionären Eiferer Jesus Schritt für Schritt in einen romanisierten Halbgott. Aus einem Mann, der versucht hatte, die Juden von der römischen Unterdrückung zu befreien, und dabei gescheitert war, wurde nun ein himmlisches Wesen, für das alles Weltliche vollkommen uninteressant war.

Dieser Wandel vollzog sich nicht ohne Konflikte und Schwierigkeiten. Die ursprünglichen aramäischsprachigen Anhänger Jesu, darunter die Mitglieder seiner Familie und die Verbliebenen der Zwölf, wandten sich offen gegen die griechischsprachigen Diasporajuden, wenn es um das korrekte Verständnis von Jesu Botschaft ging. Diese Uneinigkeit zwischen den beiden Gruppen führte in den Jahrzehnten nach der Kreuzigung zur Herausbildung zweier verschiedener und rivalisierender Lager christlicher Interpretation: Eines wurde von Jesu Bruder Jakobus vertreten, das andere von dem ehemaligen Pharisäer Paulus. Wie wir noch sehen werden, war es in erster Linie der Wettstreit zwischen diesen beiden bitter und offen verfeindeten Gegnern, der das Christentum als Weltreligion, wie wir sie heute kennen, formte.

Kapitel dreizehn

WENN ABER CHRISTUS NICHT AUFERWECKT WORDEN IST

Es war, so steht es in den Evangelien, die sechste Stunde des Tages – drei Uhr nachmittags – am Tag vor dem Sabbat, als Jesus seinen letzten Atemzug tat. Dem Markus-Evangelium zufolge überkam eine Finsternis die ganze Welt, als hielte die ganze Schöpfung inne, um den Tod dieses einfachen Nazoräers zu bezeugen, den man gegeißelt und hingerichtet hatte, weil er sich König der Juden genannt hatte. Zur neunten Stunde rief Jesus plötzlich aus: «Mein Gott, mein Gott, warum hast du mich verlassen?» (Mt 27, 46) Jemand tauchte einen Schwamm in Essig und führte ihn an seine Lippen, um sein Leiden etwas zu lindern. Schließlich konnte Jesus dem Druck auf seine Lungen nicht länger standhalten; er hob den Kopf zum Himmel und hauchte mit einem lauten, gequälten Schrei seinen Geist aus.

Jesu Hinrichtung wurde rasch vollzogen, und sein Tod wäre weitgehend unbemerkt geblieben – abgesehen vielleicht von der Handvoll weiblicher Jünger, die weinend am Fuße des Hügels standen und zu ihrem entstellten und verstümmelten Meister emporblickten. Die meisten Männer hatten sich bereits in Getsemani beim ersten Anzeichen von Ärger in die Nacht davongeschlichen. Der Tod eines Staatsfeindes, der auf Golgota am Kreuz hing, war ein tragisch banales Ereignis. Dutzende andere starben dort an jenem Tag mit Jesus. Ihre schlaffen Körper hingen noch tagelang am Kreuz und dienten als Nahrung für die über ihnen kreisenden, gefräßigen Vögel und für die Hunde, die im Schutze der Dunkelheit kamen, um sich über die Reste herzumachen, die die Vögel ihnen übrig gelassen hatten.

Jesus war jedoch kein gewöhnlicher Verbrecher, zumindest nicht für die Evangelisten, die seine letzten Augenblicke als Geschichte aufschrieben. Er war Gottes Vertreter auf Erden. Somit war es unvorstellbar, dass sein Tod unbemerkt blieb, weder von dem römischen Gouverneur, der ihn ans Kreuz schlagen ließ, noch von dem Hohepriester, der ihn zur Verurteilung auslieferte. Deshalb zerreißt genau im Augenblick seines Todes, als Jesus seine Seele gen Himmel schickt, der Vorhang des Tempels, der den Altar vom Allerheiligsten trennt – der Vorhang, der mit dem Blut tausender Opfer besudelt ist, der Schleier, den der Hohepriester, und nur der Hohepriester zurückzog, wenn er in die Gegenwart Gottes trat. «Wahrhaftig, das war Gottes Sohn!», erklärt ein verwirrter Zenturio zu Füßen des Kreuzes, dann rennt er zu Pilatus und berichtet ihm, was sich zugetragen hat.

Das Zerreißen des Tempelvorhangs ist ein passendes Ende der Passionsgeschichte, das perfekte Symbol dafür, was der Tod Jesu für jene Männer und Frauen bedeutete, die sich viele Jahrzehnte später darüber Gedanken machten. Jesu Opfer, so argumentierten sie, beseitigte die Schranken zwischen Menschheit und Gott. Der Vorhang, der die göttliche Gegenwart vom Rest der Welt trennte, war weggerissen worden. Durch Jesu Tod hatte nun jedermann Zugang zum Geist Gottes, ohne rituelle oder priesterliche Vermittlung. Das kostbare Privileg des Hohepriesters, ja, der Tempel selbst waren nun plötzlich irrelevant. Der Körper Christi hatte die Tempelrituale ersetzt, so wie Jesu Worte die Tora ersetzt hatten.

Freilich sind diese theologischen Überlegungen erst Jahre nach der Zerstörung des Tempels angestellt wurden; es war leicht, Jesu Tod als Ersatz für einen Tempel zu betrachten, den es nicht mehr gab. Für die Jünger hingegen, die nach der Kreuzigung in Jerusalem blieben, waren der Tempel und die Priesterschaft immer noch tagtägliche Realität. Der Vorhang, der vor dem Allerheiligsten hing, war immer noch für alle sichtbar. Der Hohepriester und seine Helfer herrschten immer noch auf dem Tempelberg. Die Soldaten des Pilatus machten immer noch die gepflasterten Straßen von Jerusalem unsicher. Die Welt blieb im Großen und Ganzen, wie sie gewesen war, bevor man ihnen den Messias genommen hatte.

Nach dem Tode Jesu standen die Jünger vor einer schweren Glaubensprobe. Die Kreuzigung war das Ende ihres Traumes vom Umsturz des bestehenden Systems, davon, dass die zwölf Stämme Israels wiedererstehen und sie, die Jünger, im Namen Gottes über diese herrschen würden. Das Königreich Gottes würde nicht auf Erden errichtet werden, wie Jesus es versprochen hatte. Die Armen und Schwachen würden nicht mit den Reichen und Mächtigen den Platz tauschen. Die römische Besatzung würde nicht überwunden werden. Wie den Anhängern jedes anderen Messias, den das Imperium hingerichtet hatte, blieb auch den Jüngern Jesu eigentlich nichts übrig, als ihre Sache aufzugeben, ihre revolutionären Aktivitäten einzustellen und zu ihren Höfen und Dörfern zurückzukehren.

Doch dann geschah etwas Außergewöhnliches. Was genau es war, lässt sich unmöglich sagen. Die Wiederauferstehung Jesu ist für die Historiker ein ausgesprochen schwieriges Thema, weil es weit jenseits aller Möglichkeiten liegt, welche die Erforschung des historischen Jesus bietet. Die Vorstellung eines Mannes, der einen grausamen Tod erleidet und drei Tage später ins Leben zurückkehrt, widerspricht ganz offensichtlich jeder Logik, aller Vernunft und dem gesunden Menschenverstand. Man könnte die Diskussion schlicht an dieser Stelle beenden und erklären, der Glaube an den wieder auferstandenen Jesus sei das Produkt eines irregeführten Geistes.

Eine bohrende Tatsache kann jedoch nicht außer Acht gelassen werden: Von denjenigen, die behaupteten, den auferstandenen

Jesus gesehen zu haben, wurden einer nach dem anderen selbst grausam getötet, weil sie sich weigerten, ihre Aussagen zu widerrufen. Das ist an sich nicht ungewöhnlich. Viele Zeloten starben auf grausige Weise, weil sie sich weigerten, ihre Überzeugungen zu widerrufen. Diese ersten Anhänger Jesu hingegen wurden nicht aufgefordert, Glaubensfragen zu leugnen, die auf Ereignissen gründeten, die Jahrhunderte, wenn nicht Jahrtausende zurücklagen. Sie wurden aufgefordert, etwas zu leugnen, das sie persönlich und direkt erlebt hatten.

In Jerusalem waren die Jünger Jesu selbst Flüchtige, mitschuldig an der Volksverhetzung, die zur Kreuzigung Jesu geführt hatte. Sie wurden wegen ihrer Predigten regelmäßig verhaftet und misshandelt. Mehr als einmal hatte man ihre Anführer vor den Sanhedrin gebracht, damit sie sich wegen Blasphemie verantworteten. Sie wurden geschlagen, ausgepeitscht, gesteinigt und gekreuzigt, doch wollten sie nicht ablassen, die Wiederauferstehung Jesu zu verkünden. Und es funktionierte!

Der vielleicht offensichtlichste Grund, die Auferstehungserlebnisse der Jünger nicht einfach von der Hand zu weisen, ist, dass von all den gescheiterten Messiassen, die vor und nach Jesus kamen, einzig und allein Jesus immer noch Messias genannt wird. Dieser feste Glaube, mit dem die Anhänger Jesu an seiner Auferstehung festhielten, machte aus einer kleinen jüdischen Sekte die größte Religion der Welt.

Obwohl die ersten Auferstehungsberichte erst gegen Ende der neunziger Jahre entstanden (weder in dem um das Jahr 50 n. Chr. zusammengestellten Material der Logienquelle Q noch im Markus-Evangelium, das nach dem Jahre 70 n. Chr. verfasst wurde, ist die Auferstehung erwähnt), scheint der Glaube an sie bereits Teil der frühesten liturgischen Muster der aufkeimenden christlichen Gemeinde gewesen zu sein. Paulus – der ehemalige Pharisäer, der zum einflussreichsten Deuter der Botschaft Jesu wurde – schreibt um das Jahr 50 n. Chr. in einem an die christliche Gemeinde der griechischen Stadt Korinth gerichteten Brief über die Auferstehung Christi: «Denn als Erstes habe ich euch weitergegeben, was ich auch empfangen habe: dass Christus gestorben ist für unsre Sünden nach der Schrift; und dass er begraben worden ist; und dass er auferstanden ist am dritten Tage nach der Schrift; und dass er gesehen worden ist von Kephas, danach von den Zwölfen. Danach ist er gesehen worden von mehr als fünfhundert Brüdern auf einmal, von denen die meisten noch heute leben, einige aber sind entschlafen. Danach ist er gesehen worden von Jakobus, danach von allen Aposteln. Zuletzt von allen ist er auch von mir als einer unzeitigen Geburt gesehen worden.» (1 Kor 15,3–8)

Paulus mag diese Worte im Jahre 50 n. Chr. geschrieben haben, doch wiederholt er darin vermutlich eine wesentlich ältere Formel, die sich möglicherweise bis in die frühen Vierziger zurückverfolgen lässt. Das bedeutet, dass der Glaube an die Auferstehung Christi zu den ersten Glaubenszeugnissen der Gemeinde gehörte – und somit älter als die Passionsgeschichten und selbst die Geschichte der jungfräulichen Empfängnis ist. Dennoch bleibt die Tatsache, dass die Auferstehung kein historisches Ereignis ist. Sie mag historisch Wellen geschlagen haben, doch das Ereignis selbst liegt jenseits des geschichtlichen Spektrums, im Bereich des Glaubens. Für Christen ist sie sogar die ultimative Glaubensprüfung, wie Paulus in seinem Brief an die Korinther schreibt: «Ist Christus aber nicht auferstanden, so ist euer Glaube nichtig, so seid ihr noch in euren Sünden.» (1 Kor 15,17)

Damit berührt Paulus einen Kernpunkt. Ohne die Auferstehung stürzt das gesamte Gebäude von Jesu Anspruch auf die Messiasrolle in sich zusammen. Die Auferstehung löst ein unlösbares Problem, eines, das die Jünger unmöglich ignorieren konnten: Die Kreuzigung Jesu entkräftet seine Behauptung, der Messias und der Nachfolger Davids zu sein. Nach dem Gesetz Mose ist Jesus durch seine Kreuzigung eigentlich ein von Gott Verfluchter: «Ein Gehenkter ist ein von Gott Verfluchter.» (5 Mos 21,23) Wenn Jesus aber in Wahrheit nicht gestorben ist und sein Tod nur das Vorspiel zu seiner spirituellen Entwicklung war, dann wäre das Kreuz kein

Fluch und kein Symbol des Versagens mehr. Es würde sich in ein Symbol des Sieges verwandeln.

Gerade weil die Behauptung der Auferstehung so absurd und einzigartig war, musste ein vollkommen neues Denkgebäude konstruiert werden, um dasjenige zu ersetzen, das im Schatten des Kreuzes eingestürzt war. Aus ebendiesem Grunde wurden die Auferstehungsberichte in den Evangelien geschaffen: um einer bereits bestehenden Überzeugung Substanz zu verleihen; um aus einem etablierten Glauben eine Erzählung zu machen; und natürlich, um jenen Kritikern etwas entgegenzuhalten, die eine Auferstehung abstritten und argumentierten, Jesu Anhänger hätten nichts weiter als einen Geist oder ein Gespenst gesehen – jenen, die dachten, die Jünger Jesu selbst hätten dessen Leichnam gestohlen, um die Auferstehung vorzutäuschen. Als diese Geschichten geschrieben wurden, waren seit der Kreuzigung sechs Jahrzehnte vergangen. Während dieser Zeit hatten die Evangelisten so ziemlich alles gehört, was sich gegen eine Auferstehung einwenden ließ, und waren nun in der Lage, Geschichten zu schreiben, die solche Kritik samt und sonders abschmetterten.

Die Jünger sahen nur einen Geist? Könnte ein Geist denn Fisch und Brot essen, wie es der auferstandene Jesus in Lukas 24,42–43 tut? Jesus war nur ein körperloser Geist? «Kein Geist hat Fleisch und Knochen», sagt der auferstandene Jesus zu seinen ungläubigen Jüngern und fordert sie auf, seine Hände und Füße zu berühren (Lk 24,36–39). Der Leichnam Jesu wurde gestohlen? Wie denn, hat Matthäus doch praktischerweise eine bewaffnete Wache vor seinem Grab postiert – Wächter, die den auferstandenen Jesus selbst sehen, jedoch von den Priestern bestochen werden und sagen, die Jünger hätten den Leichnam vor ihrer Nase geklaut? «So kommt es, dass dieses Gerücht bei den Juden bis heute verbreitet ist.» (Mt 28,1–15)

Auch diese Geschichten sollten keine Darstellung historischer Ereignisse sein; sie waren die sorgsam ausgearbeitete Widerlegung eines Streits, der außerhalb der Evangelien stattfand. Zu behaupten, Jesus von Nazaret sei von den Toten auferstanden, ist letztendlich eine Frage des Glaubens. Zu sagen, er sei auferstanden, *weil es so geschrieben steht*, ist hingegen etwas vollkommen anderes. In Lukas' Darstellung des auferstandenen Jesus spricht dieser selbst das Problem an, indem er seinen Jüngern, die gehofft hatten, «dass er der sei, der Israel erlösen werde» (Lk 24,21), geduldig erklärt, dass sein Tod und seine Auferstehung in Wahrheit die Erfüllung der messianischen Prophezeiungen seien – wie alles, was über den Messias «im Gesetz des Mose, bei den Propheten und in den Psalmen» geschrieben stehe, zum Kreuz und zum leeren Grab führe. «So steht es in der Schrift: Der Messias wird leiden und am dritten Tag von den Toten auferstehen», teilt Jesus seinen Jüngern mit (Lk 24,44–46).

Schade nur, dass sich nirgendwo in der Schrift etwas Derartiges findet: weder im Gesetz des Mose noch bei den Propheten, noch in den Psalmen. In der gesamten Geschichte jüdischen Denkens existiert nicht eine einzige Textzeile, die besagt, dass der Messias leiden, sterben und am dritten Tage auferstehen wird, was vielleicht erklärt, dass sich Jesus gar nicht erst die Mühe macht, eine entsprechende Textstelle zu zitieren, um seine unglaubliche Behauptung zu untermauern.

Kein Wunder, dass die Anhänger Jesu solche Probleme hatten, die anderen Jerusalemer Juden davon zu überzeugen, ihre Botschaft anzunehmen. Als Paulus in seinem Brief an die Korinther schreibt, die Kreuzigung sei «für Juden ein empörendes Ärgernis», spielt er damit das Dilemma der Jünger krass herunter (1 Kor 1,23). Für die Juden war ein gekreuzigter Messias nicht weniger als ein Widerspruch in sich selbst. Die Tatsache, dass er gekreuzigt worden war, entzog seinen messianischen Ansprüchen jeglichen Boden. Selbst die Jünger erkannten dieses Problem. Deshalb versuchen sie auch so verzweifelt, von ihren enttäuschten Hoffnungen abzulenken. Sie behaupten, das von ihnen ersehnte Königreich Gottes sei ein himmlisches Reich, kein irdisches; die messianischen Prophezeiungen seien falsch gedeutet worden; die Schriften, richtig ausgelegt, besagten das Gegenteil dessen, was gemeinhin angenommen wurde; tief in den Texten eingebettet befinde sich eine geheime Wahrheit über den sterbenden und auferstehenden Messias, die nur sie enthüllen könnten. Das Problem war, dass in einer mit Schrifttum überfrachteten Stadt wie Jerusalem solche Behauptungen wahrscheinlich auf taube Ohren stießen, insbesondere, wenn sie von einer Gruppe ungebildeter Bauern aus dem galiläischen Hinterland stammten, die über die Schriften gerade so viel wussten, wie sie zu Hause in ihren Synagogen darüber gehört hatten. So sehr sie sich auch bemühten, gelang es den Jüngern schlicht und einfach nicht, eine signifikante Anzahl Jerusalemer davon zu überzeugen, dass Jesus der lang ersehnte Befreier Israels war.

Die Jünger hätten Jerusalem verlassen, ihre Botschaft in ganz Galiläa verbreiten und in ihre Dörfer zurückkehren können, um dort ihren Freunden und Nachbarn zu predigen. Doch Jerusalem war der Ort von Jesu Tod und Auferstehung, der Ort, an den er, wie sie glaubten, bald zurückkehren würde. Es war das Zentrum des Judentums, und trotz ihrer etwas speziellen Auslegung des Schrifttums waren die Jünger in erster Linie Juden. Ihre Bewegung war rein jüdisch und wandte sich in jenen ersten Jahren nach Jesu Kreuzigung an ein ausschließlich jüdisches Publikum. Sie hatten nicht die Absicht, ihre Heilige Stadt aufzugeben oder sich vom jüdischen Kult loszusagen, ungeachtet der Verfolgung, die sie von den priesterlichen Behörden zu erwarten hatten. Die wichtigsten Führer der Bewegung – Paulus und Johannes sowie Jesu Bruder Jakobus – blieben den jüdischen Gebräuchen und dem Gesetz Mose bis zum Schluss treu. Unter ihrer Führung wurde die Jerusalemer Kirche als «Urgemeinde» bekannt. Ganz gleich, wie weit sich die Bewegung ausbreitete; gleich, wie viele andere Gemeinden in Städten wie Philippi, Korinth oder sogar Rom gegründet wurden; gleich, wie viele neue Konvertiten, ob Juden oder Heiden, sich der Bewegung anschlossen – jede Gemeinde, jeder Konvertit und jeder Missionar unterstand bis zu dem Tag, an dem die Stadt niedergebrannt wurde, der Autorität der «Urgemeinde» in Jerusalem.

Jerusalem zum Zentrum der Bewegung zu machen, hatte noch einen weiteren, eher praktischen Vorteil. Der jährliche Zyklus von Festen und Feiertagen brachte Tausende von Juden aus dem gesamten Imperium direkt zu ihnen. Im Gegensatz zu den in Jerusalem lebenden Juden, die Jesu Anhänger bestenfalls als ungebildet und schlimmstenfalls als irrgläubig abgetan hatten, erwiesen sich die Diasporajuden, die fern der heiligen Stadt und jenseits des Einflusses des Tempels lebten, als weitaus empfänglicher für die Botschaft der Jünger. Als kleine Minderheiten, die in den großen kosmopolitischen Zentren wie Antiochia und Alexandria lebten, waren diese Diasporajuden sowohl von der römischen Gesellschaft als auch vom griechischen Denken stark beeinflusst. Umgeben von einer Vielzahl verschiedener Rassen und Religionen, waren sie in der Regel offener dafür, jüdische Überzeugungen und Praktiken zu hinterfragen, selbst, wenn es um solch grundlegende Angelegenheiten wie die Beschneidung oder Ernährungsvorschriften ging.

Im Gegensatz zu ihren Brüdern im Heiligen Land sprachen die Diasporajuden nicht Aramäisch, sondern Griechisch: Dies war die Sprache ihrer Gedanken, die Sprache ihrer Gebete. Sie lasen die Schriften nicht in ihrer ursprünglichen, hebräischen Version, sondern in einer griechischen Übersetzung (der *Septuaginta*), die neue und erfinderische Wege bot, ihren Glauben auszudrücken, was ihnen gestattete, die traditionelle biblische Kosmologie leichter mit der griechischen Philosophie in Einklang zu bringen. Man nehme nur die jüdischen Schriften, die in der Diaspora entstanden: Bücher wie *Die Weisheit Salomos*, in dem die Weisheit als Frau dargestellt wird, die es über alles zu begehren gilt, und das Buch Jesus Sirach (auch bekannt als Ecclesiasticus) lasen sich mehr wie griechische philosophische Traktate denn wie semitische Schriften.

Es ist daher nicht überraschend, dass Diasporajuden für die innovative Auslegung der Schriften, wie sie ihnen die Anhänger Jesu boten, empfänglicher waren. Tatsächlich dauerte es nicht lange, bis diese griechischsprachigen Juden den ursprünglich aramäischsprachigen Anhängern Jesu in Jerusalem zahlenmäßig überlegen waren. Der Apostelgeschichte zufolge teilte sich die Gemeinde in zwei separate, verschiedene Lager: die «Hebräer», womit die in Jerusalem ansässigen Gläubigen unter der Führung von Jakobus und den Aposteln bezeichnet werden, und die «Hellenisten», jene Juden, die aus der Diaspora kamen und deren Hauptsprache Griechisch war (Apg 6,1).

Es war aber nicht nur die Sprache, wodurch sich die Hebräer von den Hellenisten abgrenzten. Die Hebräer waren hauptsächlich Bauern und Fischer aus den ländlichen Gegenden Judäas und Galiläas, die es nach Jerusalem verschlagen hatte. Die Hellenisten indes waren anspruchsvoller und urbaner, gebildeter und auf jeden Fall wohlhabender, was nicht zuletzt daran abzulesen ist, dass sie in der Lage waren, eine mehrere hundert Kilometer weite Pilgerreise zum Tempel zu unternehmen. Dennoch waren es schließlich die sprachlichen Unterschiede, die sich als wesentliches Abgrenzungsmerkmal der beiden Gemeinden erwiesen. Die Hellenisten, die Jesus auf Griechisch verehrten, benutzten eine Sprache, die auf ein vollkommen anderes Bezugssystem aus Symbolen und Metaphern zurückgriff als das Aramäische oder Hebräische. Die sprachlichen Unterschiede führten daher nach und nach auch zu Unterschieden in der Lehre. So begannen die Hellenisten, ihr griechisch geprägtes Weltbild mit der bereits recht eigenwilligen Auslegung des jüdischen Schrifttums durch die Hebräer zu vermengen.

Als es zwischen den beiden Gemeinden zum Streit um die gleiche Verteilung gemeindlicher Ressourcen kam, ernannten die Apostel unter den Hellenisten sieben Führer, die sich um deren Bedürfnisse kümmern sollten. Diese Führer, bekannt als «die Sieben», sind in der Apostelgeschichte aufgeführt: Philippus, Prochorus, Nikanor, Timon, Parmenas, Nikolaus (ein Proselyt aus Antiochia) und natürlich Stephanus, dessen Ermordung durch einen aufgebrachten Mob die Trennung zwischen Hebräern und Hellenisten zementieren sollte.

Nach Stephanus' Tod kam es zu einer Welle der Verfolgung. Die religiösen Behörden, welche die Anwesenheit der Anhänger Jesu in Jerusalem bis dahin zähneknirschend toleriert hatten, waren nun durch Stephanus' schockierend ketzerische Worte aufgestachelt. Es war schlimm genug, einen gekreuzigten Bauern Messias zu nennen, ihn aber Gott zu nennen, war unverzeihliche Blasphemie. Als Reaktion entfernten die Behörden systematisch die Hellenisten aus Jerusalem – ein Vorgehen, gegen welches die Hebräer interessanterweise kaum etwas einzuwenden hatten. Die Tatsache, dass die Jerusalemer Gemeinde nach Stephanus' Tod noch jahrzehntelang im Schatten des Tempels gedieh, deutet vielmehr darauf hin, dass die Hebräer durch die Hellenistenverfolgung mehr oder weniger unbehelligt blieben. Es schien, als hätten die priesterlichen Behörden keinerlei Verbindung zwischen den beiden Gruppierungen erkannt.

In der Zwischenzeit strömen die vertriebenen Hellenisten zurück in die Diaspora. Bewaffnet mit der Botschaft, die sie von den Hebräern in Jerusalem übernommen haben, beginnen sie, diese auf Griechisch unter den anderen Diasporajuden zu verbreiten, in den heidnischen Städten Aschdod und Cäsarea, in den Küstengebieten von Syrien-Palästina, auf Zypern, in Phönizien und in Antiochia, jener Stadt, in der sie erstmals als Christen bezeichnet werden (Apg 11,27). Im Laufe des folgenden Jahrzehnts mausert sich die von einer Gruppe ländlicher Galiläer gegründete Sekte nach und nach zu einer Religion urbanisierter, Griechisch sprechender Gläubiger.

Ohne die Zwänge des Tempels und des jüdischen Kults begannen die hellenistischen Prediger die Botschaft Jesu schrittweise von ihrem nationalistischen Anliegen zu entkleiden und verwandelten sie in einen universellen Aufruf, der die in einem griechisch-römischen Umfeld lebenden Menschen mehr ansprach. Dabei befreiten sie sich selbst von den strikten Regeln der jüdischen Gesetze, bis diese keine übergeordnete Bedeutung mehr besaßen. Jesus sei nicht gekommen, um das Gesetz zu erfüllen, argumentierten die Hellenisten. Vielmehr sei er gekommen, es abzuschaffen. Nicht die Priester habe er verachtet, die den Tempel mit ihrem Reichtum und ihrer Heuchelei entweihten. Seine Verachtung habe dem Tempel selbst gegolten.

Zu diesem Zeitpunkt predigten die Hellenisten immer noch ausschließlich ihren jüdischen Mitbürgern, wie Lukas in der Apostelgeschichte schreibt: «… doch verkündeten sie das Wort nur den Juden.» (Apg 11,19) Es war immer noch eine vorrangig jüdische Bewegung, die durch die theologische Experimentierfreude erblühte, welche das Leben in der Diaspora des römischen Imperiums kennzeichnete. Dann aber wurde vereinzelt damit begonnen, auch Nichtjuden das Evangelium zu verkünden, «und viele wurden gläubig und bekehrten sich zum Herrn». Die Missionierung der Heiden hatte keinen Vorrang – noch nicht. Doch je weiter sich die Hellenisten von Jerusalem und dem Herzen der Jesus-Bewegung entfernten, desto mehr veränderte sich auch ihr Fokus, der sich nun nicht mehr auf eine ausschließlich jüdische Zielgruppe, sondern auf eine vorrangig nichtjüdische richtete. Je größere Bedeutung die Bekehrung von Nichtjuden gewann, desto mehr synkretistische Vorstellungen aus dem griechischen Gnostizismus und den römischen Religionen schlichen sich in die Bewegung ein. Und je stärker die Bewegung von diesen neuen, «heidnischen» Konvertiten geprägt wurde, desto energischer legte sie ihre jüdische Vergangenheit zugunsten einer griechisch-römischen Zukunft ab.

Bis dahin sollten jedoch noch viele Jahre vergehen. Erst nach der Zerstörung Jerusalems im Jahre 70 n. Chr. wurde die Missionierung der Juden aufgegeben und das Christentum zu einer romanisierten Religion umgewandelt. Doch wurden die Weichen für eine nichtjüdische Dominanz bereits auf dieser frühen Stufe der Jesus-Bewegung gestellt, wenngleich der Umkehrpunkt erst kam, als ein junger Pharisäer und hellenistischer Jude aus Tarsus namens Saulus – derselbe Saulus, der billigend der Steinigung des Stephanus beigewohnt hatte – auf der Straße nach Damaskus dem auferstandenen Jesus begegnete und sich fortan Paulus nannte.

DRITTER TEIL

– 230 –

Kapitel vierzehn

BIN ICH NICHT EIN APOSTEL?

Als Saulus von Tarsus Jerusalem verließ, um jene Hellenisten zu finden und zu bestrafen, die nach der Steinigung des Stephanus aus Damaskus geflohen waren, wünschte er den Jüngern immer noch Mord und Totschlag an den Hals. Saulus war vom Hohepriester nicht dazu aufgefordert worden, Jagd auf diese Anhänger Jesu zu machen; er tat es aus freien Stücken. Als gebildeter, Griechisch sprechender Diasporajude und Bürger einer der reichsten Hafenstädte des römischen Imperiums war Saulus ein eifriger Diener des Tempels und der Tora. «Ich wurde am achten Tag beschnitten, bin aus dem Volk Israel, vom Stamm Benjamin, ein Hebräer von Hebräern», schreibt er über sich selbst in einem Brief an die Philipper, «lebte als Pharisäer nach dem Gesetz, verfolgte voll Eifer die Kirche und war untadelig in der Gerechtigkeit, wie sie das Gesetz vorschreibt.» (Phil 3,5–6)

Auf dem Weg nach Damaskus hatte der junge Pharisäer jedoch ein ekstatisches Erlebnis, dass alles für ihn veränderte und durch welches er den bis dahin verhassten Glauben selbst annahm. Als er sich mit seinen Reisebegleitern den Stadttoren näherte, traf ihn plötzlich ein Licht aus dem Himmel, das alles um ihn herum hell erleuchtete. Er stürzte zu Boden. Eine Stimme sagte zu ihm: «Saul, Saul, warum verfolgst du mich?»

«Wer bist du, Herr?», fragte Saulus.

Die Antwort schallte durch das grelle weiße Licht: «Ich bin Jesus.»

Geblendet durch diese Vision, gelangte Saulus nach Damaskus, wo er einem Anhänger Jesu namens Ananias begegnete, der ihm die Hände auflegte und seine Sehfähigkeit wiederherstellte. In diesem Augenblick fielen Saulus buchstäblich die Schuppen von den Augen, und er wurde vom Heiligen Geist erfüllt. Unverzüglich ließ er sich taufen und schloss sich der Jesus-Bewegung an. Er änderte seinen Namen in Paulus und begann sofort damit, von dem auferstandenen Jesus zu predigen – und zwar nicht seinen jüdischen Mitbürgern, sondern den Nichtjuden, die von den wichtigsten Missionaren der Bewegung bis zu diesem Zeitpunkt mehr oder weniger ignoriert worden waren.

Die Geschichte von Paulus' dramatischer Wandlung auf der Straße nach Damaskus ist freilich nichts weiter als eine propagandistische Legende aus der Feder des Evangelisten Lukas; Paulus selbst erwähnt nirgends, dass er vom Lichte Jesu geblendet worden sei. Wenn man den Überlieferungen Glauben schenken darf, war Lukas ein junger, begeisterter Anhänger von Paulus: Er ist in zwei Briefen erwähnt, Kolosser und Timotheus, die allgemein Paulus zugeschrieben werden, jedoch lange nach dessen Tod verfasst wurden. Lukas schrieb die Apostelgeschichte 30 oder 40 Jahre nach Paulus' Tod als eine Art Lobrede auf seinen früheren Meister. Tatsächlich ist die Apostelgeschichte weniger ein Bericht über das Wirken der Apostel als eine ehrfurchtsvolle Paulus-Biographie; schon früh im Buch verschwinden die Apostel und dienen kaum mehr denn als Brücke zwischen Jesus und Paulus. In Lukas' Neuauslegung ist Paulus – weder Jakobus noch Petrus, Johannes oder ein anderer der Zwölf – der wahre Nachfolger Jesu. Die Aktivitäten der Apostel in Jerusalem sind lediglich ein Vorspiel zu Paulus' Wirken in der Diaspora.

Obgleich Paulus keinerlei Details über seine Konversion preisgibt, beharrt er doch regelmäßig darauf, er habe den auferstandenen Jesus mit eigenen Augen gesehen und dass ihn diese Erfahrung mit derselben apostolischen Autorität ausstatte wie die Zwölf. «Bin ich nicht ein Apostel?», schreibt Paulus zur Verteidigung seiner Legitimation, die von der Urgemeinde in Jerusalem regelmäßig angezweifelt wird. «Habe ich nicht Jesus, unseren Herrn, gesehen?» (1 Kor 9,1)

Paulus mag sich selbst als Apostel betrachtet haben, aber es scheint, als hätten nur wenige andere führende Mitglieder der Bewegung seine Meinung geteilt. Nicht einmal Lukas, Paulus' Lobhudler, dessen Schriften einen bewussten, geschichtlich unhaltbaren Versuch offenbaren, den Status seines Mentors in der Frühkirche zu heben, bezeichnet ihn als Apostel. Was Lukas betrifft, gibt es nur zwölf Apostel, einen für jeden Stamm Israels, so wie Jesus es vorgesehen hat. In seiner Erzählung davon, wie die verbleibenden elf Apostel Judas Iskariot nach Jesu Tod durch Matthias ersetzen, schreibt Lukas, dass der Neuling einer «von den Männern» habe sein müssen, «die die ganze Zeit mit uns zusammen waren, als Jesus, der Herr, bei uns ein und aus ging, angefangen von der Taufe durch Johannes bis zu dem Tag, an dem er von uns ging und (in den Himmel) aufgenommen wurde» (Apg 1,21). Eine solche Anforderung hätte Paulus von vornherein ausgeschlossen, da er sich erst um das Jahr 37 der Bewegung angeschlossen hatte, also fast zehn Jahre nach Jesu Tod. Doch davon lässt sich Paulus nicht beirren. Er verlangt nicht nur, als Apostel bezeichnet zu werden – «Wenn ich für andere kein Apostel bin, bin ich es doch für euch», verkündet er seiner geliebten Gemeinde in Korinth (1 Kor 9,2) –, sondern beharrt obendrein darauf, weit höherstehend als alle anderen Apostel zu sein. «Sie sind Hebräer – ich auch. Sie sind Israeliten – ich auch. Sie sind Nachkommen Abrahams – ich auch. Sie sind Diener Christi – jetzt rede ich ganz unvernünftig –, ich noch mehr: Ich ertrug mehr Mühsal, war häufiger im Gefängnis, wurde mehr geschlagen, war oft in Todesgefahr.» (2 Kor 11,22–23)

Besonders verhasst sind Paulus die in Jerusalem ansässigen Jakobus, Petrus und Johannes, die er als die angeblichen «Säulen» der Kirche verspottet (Gal 2,9). «Was sie früher waren, kümmert mich nicht», schreibt er, «auch von den ‹Angesehenen› wurde mir nichts auferlegt.» (Gal 2,6) Die Apostel mochten den lebendigen Jesus (oder, wie ihn Paulus herablassend nennt, «Jesus im Fleische») begleitet und mit ihm gesprochen haben, Paulus hingegen wandelt und spricht mit dem göttlichen Jesus: Er behauptet, sie führten Gespräche, in denen ihm Jesus geheime Anweisungen gebe, die nur für seine Ohren bestimmt seien. Die Apostel mögen von Jesus persönlich auserkoren worden sein, als sie auf ihren Feldern schufteten oder gerade ihre Fischernetze einholten. Paulus indes will von Jesus erwählt worden sein, bevor er noch geboren war: Er sei «schon im Mutterleib auserwählt und durch seine Gnade berufen» worden, erzählt er den Galatern (Gal 1,15). Mit anderen Worten: Paulus betrachtet sich nicht als 13. Apostel. Er hält sich für den ersten Apostel.

Der Anspruch auf die Apostelrolle ist für Paulus von höchster Bedeutung, denn nur so lässt sich seine ausschließlich selbst auferlegte Missionierung der Nichtjuden rechtfertigen, scheint diese doch von den Führern der Jesus-Bewegung in Jerusalem anfänglich nicht unterstützt worden zu sein. Es gab unter den Aposteln zwar viele Diskussionen darum, wie strikt man sich an das Gesetz Mose halten solle – manche forderten dessen rigorose Befolgung, andere wiederum nahmen eine moderatere Haltung ein –, doch bestand kaum Uneinigkeit darüber, wem die Gemeinde dienen solle: Es war eine jüdische Bewegung, gerichtet auf ein jüdisches Publikum. Selbst die Hellenisten beschränkten sich in ihrem Predigen hauptsächlich auf die Juden. Wenn dann eine Handvoll Nichtjuden beschloss, Jesus als Messias anzunehmen, war das allerdings kein Problem, solange sie sich der Beschneidung und dem Gesetz unterwarfen.

Für Paulus indes gibt es keinerlei Spielraum, über die Rolle des Gesetzes Mose in der neuen Gemeinde zu debattieren. Er lehnt die Vorrangstellung des jüdischen Gesetzes nicht nur ab, sondern bezeichnet es gar als «Dienst, der zum Tod führt und dessen Buchstaben in Stein gemeißelt waren», der von einem viel herrlicheren

«Dienst des Geistes» abgelöst werden soll (2 Kor 3,7–8). Seine Mitgläubigen, die weiterhin die Beschneidung praktizieren – ein wesentliches Merkmal des Volkes Israel –, bezeichnet er als «Hunde», «falsche Lehrer» und «Verschnittene» (Phil 3,2). Für einen ehemaligen Pharisäer sind das durchaus verblüffende Aussagen. Für Paulus jedoch spiegelt sich in ihnen die Wahrheit über Jesus wider, die er allein zu erkennen glaubt und die da lautet: «Christus ist das Ende des Gesetzes.» (Röm 10,4)

Paulus' unbekümmerte Ablehnung der Grundfeste des Judentums war für die Anführer der Jesus-Bewegung in Jerusalem ebenso schockierend, wie sie für Jesus selbst gewesen wäre. Schließlich behauptete Jesus, er sei gekommen, um das Gesetz Mose zu erfüllen, und nicht, um es abzuschaffen. Weit davon entfernt, das Gesetz abzulehnen, strebte Jesus stets danach, es zu erweitern und zu intensivieren. Wo das Gesetz gebietet, «Du sollst nicht töten», fügt Jesus hinzu: «Jeder, der seinem Bruder auch nur zürnt, soll dem[selben] Gericht verfallen sein.» (Mt 5,22) Wo das Gesetz festlegt, «Du sollst nicht nach der Frau deines Nächsten verlangen», erweitert es Jesus zu «Wer eine Frau auch nur lüstern ansieht, hat in seinem Herzen schon Ehebruch mit ihr begangen.» (Mt 5,28) Jesus mochte hinsichtlich der korrekten Auslegung des Gesetzes mit den Schreibern und Gelehrten uneins sein, insbesondere, was solche Dinge wie das Arbeitsverbot am Sabbat betraf. Doch das Gesetz als solches zweifelte er niemals an. Im Gegenteil: «Wer auch nur eines von den kleinsten Geboten aufhebt und die Menschen entsprechend lehrt, der wird im Himmelreich der Kleinste sein», warnt er. (Mt 5,19)

Nun sollte man eigentlich denken, Jesu Ermahnung, anderen nicht den Bruch von Mose Gesetz zu predigen, müsste eine gewisse Wirkung auf Paulus gehabt haben. Diesem scheint es jedoch vollkommen egal zu sein, was «Jesus im Fleische» gesagt oder getan haben mag. Vielmehr zeigt Paulus keinerlei Interesse an dem historischen Jesus. In all seinen Briefen findet sich kaum mehr als eine Spur des Jesus von Nazaret. Abgesehen von der Kreuzigung und dem Letzten Abendmahl, welches er zu einer liturgischen Formel umwandelt, berichtet Paulus über kein einziges Ereignis aus Jesu Leben. Ebenso wenig zitiert er Jesus wörtlich (wiederum abgesehen von seiner Version der eucharistischen Formel «Das ist mein Leib ...»). Bisweilen widerspricht Paulus Jesus sogar direkt. Man vergleiche, was Paulus in seinem Römerbrief schreibt – «Jeder, der den Namen des Herrn anruft, wird gerettet werden» (Röm 10,13) –, mit der Aussage Jesu im Matthäus-Evangelium: «Nicht jeder, der zu mir sagt: Herr! Herr!, wird in das Himmelreich kommen.» (Mt 7,21)

Paulus' Desinteresse am historischen Jesus ist nicht, wie einige meinen, seiner Gewichtung christologischer Fragen vor historischen Fakten geschuldet, sondern der simplen Tatsache, dass Paulus keine Ahnung hatte, wer der historische Jesus gewesen war, und sich auch nicht darum scherte. Wiederholt brüstet er sich damit, weder von den Aposteln noch von irgendjemand anderem, der ihn gekannt haben könnte, etwas über Jesus erfahren zu haben. «Als aber Gott, der mich schon im Mutterleib auserwählt und durch seine Gnade berufen hat, mir in seiner Güte seinen Sohn offenbarte, damit ich ihn unter den Heiden verkündige, da zog ich keinen Menschen zu Rate; ich ging auch nicht sogleich nach Jerusalem hinauf zu denen, die vor mir Apostel waren, sondern zog nach Arabien und kehrte dann wieder nach Damaskus zurück.» (Gal 1,15–17) Drei Jahre lang predigt Paulus eine Botschaft, die er angeblich nicht von einem menschlichen Wesen (womit er offensichtlich Jakobus und die Apostel meint), sondern direkt von Jesus erhalten hat. Erst dann lässt er sich dazu herab, die Männer und Frauen in Jerusalem aufzusuchen, die jenen Mann gekannt haben, den er als den Herrn verehrt (Gal 1,12).

Warum ist es Paulus derart wichtig, sich nicht nur von der Autorität der Führer in Jerusalem zu befreien, sondern diese auch noch als irrelevant (oder Schlimmeres) zu verunglimpfen und abzulehnen? Weil Paulus' Ansichten über Jesus derart extrem sind, so jenseits aller noch akzeptablen Grenzen jüdischen Denkens, dass er sie nur dann ungestraft predigen kann, wenn er vorgibt, sie kämen direkt von Jesus. Was Paulus in seinen Briefen aufzeigt, ist nicht, wie einige seiner heutigen Fürsprecher immer noch betonen, eine alternative Version jüdischer Spiritualität. Vielmehr nähert er sich einer vollkommen neuen Doktrin, die jene Person, auf die er sie vorgeblich stützt, nicht mehr wiedererkannt hätte. Es war Paulus, der das Dilemma der Jünger löste, der den schmachvollen Tod Jesu am Kreuz mit den Messiaserwartungen der Juden in Einklang brachte, indem er diese Erwartungen schlicht verwarf und Jesus in ein vollkommen neues Wesen verwandelte, eines, das er zu großen Teilen selbst erschaffen hatte: *Christus.*

Zwar ist «Christus», technisch betrachtet, das griechische Wort für «Messias», aber Paulus verwendet den Begriff anders. Er verleiht Christus keinen der Sinnbezüge, mit denen der Begriff «Messias» in den Hebräischen Schriften verbunden ist. Er spricht von Jesus nie als dem «Gesalbten Israels». Paulus mag Jesus als Nachkomme König Davids anerkannt haben, doch verweist er nicht auf das Schrifttum, um zu beweisen, dass Jesus jener davidische Befreier sei, den die Juden erwartet haben. Er ignoriert sämtliche messianischen Prophezeiungen, mit deren Hilfe die Evangelisten viele Jahre später zu beweisen versuchen, dass Jesus der jüdische Messias sei (wenn Paulus die hebräischen Propheten zitiert – zum Beispiel Jesajas Prophezeiung über den Stammbaum Jesu, der eines Tages «als Zeichen für die Nationen» dastehen wird (Jes 11,10) –, dann glaubt er, die Propheten kündigten *ihn* an, nicht Jesus). Am auffälligsten ist, dass Paulus, im Gegensatz zu den Evangelisten (mit Ausnahme von Johannes), Jesus nicht *den Christus* nennt (Iesus ho Xristos), als wäre Christus ein Titel. Vielmehr nennt er ihn «Jesus Christus» oder nur «Christus», als ob es sein Nachname wäre. Dies ist eine extrem ungewöhnliche Formulierung, deren nächste Parallele sich in der Übernahme des «Cäsar» als Kognomen durch die römischen Kaiser findet, etwa bei «Cäsar Augustus».

Der Christus des Paulus ist nicht einmal menschlich, wenngleich er eine menschenähnliche Gestalt angenommen hat

(Phil 2,7). Er ist ein kosmisches Wesen, das vor der Zeit existiert hat. Er ist die erste Schöpfung Gottes, durch die der Rest seiner Schöpfung erst entsteht (1 Kor 8,6). Er ist Gottes eingeborener Sohn, Gottes *physischer* Abkömmling (Röm 8,3). Er ist der neue Adam, geboren nicht aus Staub, sondern aus dem Himmel. Allerdings ist «der letzte Adam», wie Paulus Christus nennt, kein Lebewesen wie «Adam, der erste Mensch», sondern ein «lebendig machender Geist» (1 Kor 15,45–47). Kurz, Christus ist ein vollkommen neues Wesen. Doch er ist nicht einzigartig. Er ist lediglich der Erste seiner Art, «der Erstgeborene von vielen Brüdern» (Röm 8,29). Alle, die wie Paulus an Christus glauben, also Paulus' Christuslehre annehmen, können in einer mystischen Vereinigung eins mit ihm werden (1 Kor 6,17). Durch ihren Glauben werden ihre Körper zum herrlichen Körper Christi (Phil 3,20–21). Sie werden dazu bestimmt, an Wesen und Gestalt von Gottes Sohn teilzuhaben, die, wie Paulus seine Anhänger erinnert, Wesen und Gestalt Gottes sind (Röm 8,29). Als «Erben Gottes und Miterben Christi» können Gläubige somit zu göttlichen Wesen werden (Röm 8,17). Sie können wie Christus in seinem Tode werden (Phil 3,10) – also göttlich und ewig –, betraut mit der Aufgabe, an seiner Seite über die gesamte Menschheit und die Engel im Himmel zu richten (1 Kor 6,2–3).

Paulus' Darstellung Jesu als Christus mag heutigen Christen vertraut erscheinen, da sie seitdem zur Standarddoktrin der Kirche geworden ist, aber für die jüdischen Anhänger Jesu muss sie schlichtweg bizarr gewesen sein. Die Verwandlung des Nazoräers in einen göttlichen, tatsächlichen Sohn Gottes, der gestorben und auferstanden war, führte eine ganz neue Art ewiger Wesen ein, denen es nun oblag, über die Welt zu richten. In sämtlichen Schriften über Jesus, die auch nur ungefähr zur selben Zeit entstanden sind wie die des Paulus, ist dies ohne jede Parallele (ein deutlicher Hinweis darauf, dass der Christus des Paulus hauptsächlich dessen eigene Schöpfung war). So findet sich in der Logienquelle Q nichts, was den Vorstellungen des Paulus nahe käme, obgleich dieses Material etwa zur selben Zeit gesammelt wurde, wie Paulus seine Briefe schrieb. Paulus' Christus ist auch bestimmt nicht der Menschensohn, der im Markus-Evangelium auftaucht, das nur wenige Jahre nach Paulus' Tod entstand. Nirgendwo im Lukas- oder Matthäus-Evangelium – verfasst zwischen 90 und 100 n. Chr. – wird Jesus als tatsächlicher Sohn Gottes betrachtet. Beide Evangelien verwenden den Begriff «Sohn Gottes» genau so, wie er in den gesamten Hebräischen Schriften gebraucht wird: als königlichen Titel, nicht als Beschreibung. Erst im letzten der kanonisierten Evangelien, dem des Johannes, das irgendwann zwischen 100 und 120 n. Chr. geschrieben wurde, findet sich Paulus' Sichtweise von Jesus als Christus – als ewiger *logos*, als eingeborener Sohn Gottes. Freilich war das Christentum, fast ein halbes Jahrhundert nach der Zerstörung Jerusalems, inzwischen eine durch und durch romanisierte Religion, und der Christus des Paulus hatte längst keine Ähnlichkeit mit dem jüdischen Messias mehr, der Jesus einmal gewesen war. In den fünfziger Jahren des 1. Jahrhunderts, als Paulus seine Briefe verfasste, muss seine Jesusdarstellung jedoch schockierend und regelrecht gotteslästerlich gewesen sein. Deshalb fordern Jakobus und die Apostel ihn etwa im Jahre 57 auf, nach Jerusalem zu kommen und sich für seine abweichlerischen Lehren zu verantworten.

Für Paulus war es nicht das erste Mal, dass er vor den Führern der Bewegung erschien. Wie er in seinem Brief an die Galater erwähnt, begegnete er den Aposteln erstmals drei Jahre nach seiner Konversion, also etwa um 40 n. Chr., bei einem Besuch in der Heiligen Stadt. Damals lernte er Petrus und Jakobus kennen. Die beiden Anführer waren offensichtlich begeistert: «Er, der uns einst verfolgte, verkündigt jetzt den Glauben, den er früher vernichten wollte.» (Gal 1,23) Sie priesen Gott für Paulus und schickten ihn los, die Botschaft Jesu in den Regionen Syrien und Kilikien zu verkünden. Als Begleiter und Aufpasser stellten sie ihm einen jüdischen Konvertiten und engen Vertrauten Jakobus' namens Barnabas zur Seite.

Paulus' zweite Reise nach Jerusalem fand etwa ein Jahrzehnt später statt, etwa um das Jahr 50 n. Chr., und verlief weitaus weniger freundlich als die erste. Er war bestellt worden, vor einer Zusammenkunft des Apostelkonzils zu erscheinen, um sich wegen seiner selbst gewählten Rolle als Missionar bei den Nichtjuden zu erklären (Paulus beharrt darauf, er sei nicht nach Jerusalem beordert worden, sondern freiwillig gekommen, weil Jesus ihm dies aufgetragen habe). Mit seinem Begleiter Barnabas und einem unbeschnittenen griechischen Konvertiten namens Titus an seiner Seite stand Paulus vor Jakobus, Petrus, Johannes und den Ältesten der Jerusalemer Gemeinde, um nach Kräften die Botschaft zu verteidigen, die er den Nichtjuden verkündet hatte.

Lukas, der etwa 40 oder 50 Jahre später über dieses Treffen schrieb, zeichnet ein Bild vollkommener Harmonie zwischen Paulus und den Mitgliedern des Konzils, bei dem Petrus persönlich für Paulus einsteht und Partei für ihn ergreift. Lukas zufolge segnete Jakobus, in seiner Funktion als Führer der Jerusalemer Urgemeinde und Vorsitzender des Apostelkonzils, die Lehren des Paulus und verfügte, dass künftig auch Heiden der Zugang zur Gemeinde offen stehen solle, ohne dass diese das Gesetz Mose befolgen müssten, solange sie «Verunreinigung durch Götzen(opferfleisch) und Unzucht meiden und weder Ersticktes noch Blut essen» (Apg 15,1–21). Lukas' Darstellung des Treffens ist ein offensichtlicher Versuch, Paulus' Wirken zu legitimieren – und zwar durch nichts Geringeres als die Zustimmung des «Bruders des Herrn».

Paulus' eigene Schilderung der Konzilssitzung, die sich in einem kurz darauf verfassten Brief an die Galater findet, bietet jedoch ein vollkommen anderes Bild davon, was sich in Jerusalem zugetragen hat. So behauptet Paulus, er sei von einer Gruppe «falscher Brüder» (jene, die immer noch die Vorherrschaft von Tempel und Tora akzeptierten), die ihn und sein Wirken heimlich ausspioniert hätten, in einen Hinterhalt gelockt worden. Obwohl Paulus nur sehr ungenau auf das Treffen eingeht, gelingt es ihm jedoch nicht, seine Entrüstung über die Behandlung zu verbergen, die er durch die von ihm spöttisch als «Angesehene» bezeichneten Kirchenführer erfährt – Jakobus, Petrus und Johannes. Paulus schreibt, er habe sich ihnen «keinen Augenblick unterworfen; wir haben ihnen nicht nachgegeben», da weder sie selbst, noch ihre Meinung über sein Wirken ihn auch nur im Geringsten kümmere (Gal 2,1–10). Was auch immer sich beim Apostelkonzil ereignete, so endete das Treffen offenbar damit, dass Jakobus, der Führer der Jerusalemer Gemeinde, versprach, die nichtjüdischen Anhänger des Paulus nicht zur Beschneidung zu verpflichten. Kurz darauf geschah jedoch etwas, das darauf hindeutet, dass Paulus und Jakobus weit von einer Versöhnung entfernt waren: Praktisch unverzüglich nach Paulus' Abreise aus Jerusalem begann Jakobus seine eigenen Missionare in Paulus' Gemeinden in Galatien, Korinth und Philippi sowie in die meisten anderen Orte zu entsenden, wo sich Paulus eine Anhängerschaft aufgebaut hatte. Sie sollten dessen unorthodoxe Lehre über Jesus korrigieren.

Paulus war darüber erbost, sah er doch zu Recht darin eine Bedrohung seiner Autorität. Beinahe alle Paulusbriefe im Neuen Testament wurden nach dem Apostelkonzil geschrieben und richten sich an Gemeinden, die von den Abgesandten aus Jerusalem besucht worden waren. So wurde Paulus' erster Brief (an die Thessalonicher) zwischen 48 und 50 n. Chr. geschrieben, sein letzter Brief (an die Römer) etwa um 56 n. Chr. Deshalb wird in diesen Briefen so viel Raum darauf verwendet, Paulus' Apostelstatus zu verteidigen, seine direkte Verbindung zu Jesus zu betonen und gegen die Führer in Jerusalem zu wettern, die sich «als Apostel Christi tarnen», nach Paulus' Auffassung tatsächlich jedoch Diener Satans sind, die seine Anhänger verhext haben (2 Kor 11,13–16).

Nichtsdestotrotz konnten die Abgesandten des Jakobus offenbar einen gewissen Erfolg verzeichnen, da Paulus seine Gemeinden wiederholt bezichtigt, ihn im Stich gelassen zu haben: «Ich bin erstaunt, dass ihr euch so schnell von dem abwendet, der euch durch die Gnade Christi berufen hat.» (Gal 1,6) Er beschwört seine Anhänger, weder den Delegationen noch irgendjemand anderem Gehör zu schenken, sondern nur ihm selbst: «Wer euch ein anderes Evangelium verkündigt, als ihr angenommen habt, der sei verflucht» (Gal 1,9). Selbst wenn «ein Engel vom Himmel» eine solche Botschaft bringe, solle die Gemeinde ihn ignorieren, schreibt Paulus (Gal 1,8). Stattdessen solle sie nur Paulus allein gehorchen: «Nehmt mich zum Vorbild, wie ich Christus zum Vorbild nehme.» (1 Kor 11,1)

Paulus ist verbittert und fühlt sich an die Autorität des Jakobus und der Apostel in Jerusalem nicht länger gebunden («was sie früher waren, kümmert mich nicht»). In den folgenden Jahren verbreitet er ungehindert seine Doktrin von Jesus als Christus. Ob Jakobus und die Apostel in Jerusalem über Paulus' Aktivitäten während dieser Zeit in vollem Umfang Bescheid wussten, ist strittig. Schließlich verfasste Paulus seine Briefe in Griechisch, also einer Sprache, die weder Jakobus noch die Apostel lesen konnten. Hinzu kam, dass Barnabas, die einzige Verbindung zu Jakobus, Paulus aus unklaren Gründen kurz nach dem Apostelkonzil verlassen hatte (wenngleich erwähnt werden sollte, dass Barnabas ein Levit war und als solcher das jüdische Gesetz strikt befolgte). Wie dem auch sei – im Jahre 57 n. Chr. ließen sich die Gerüchte um Paulus' Lehren jedenfalls nicht länger ignorieren. Daher bestellte man ihn erneut nach Jerusalem ein, damit er sich verantworte.

Diesmal wendet sich Jakobus direkt an Paulus und teilt ihm mit, es sei ihnen zu Ohren gekommen, dass Paulus Gläubigen lehre, «von Mose abzufallen», und sie auffordere, «ihre Kinder nicht zu beschneiden und sich nicht an die Bräuche [des Gesetzes] zu halten (Apg 21,21). Paulus nimmt zu dieser Anschuldigung nicht Stellung, obwohl es exakt das ist, was er predigt. Er ist sogar so weit gegangen, zu behaupten, dass diejenigen, die sich beschneiden ließen, «mit Christus nichts mehr zu tun» hätten (Gal 5,2–4). Um die Angelegenheit ein für alle Mal zu klären, zwingt Jakobus Paulus, zusammen mit vier anderen Männern an einem strengen Reinigungsritual im Tempel teilzunehmen – demselben Tempel, der Paulus zufolge durch das Blut Jesu ersetzt worden ist: «So wird jeder einsehen, dass an dem, was man von dir erzählt hat, nichts ist, sondern dass auch du das Gesetz genau beachtest.» (Apg 21,24)

Paulus gehorcht; er scheint in der Sache keine andere Wahl zu haben. Doch als er das Ritual gerade vollendet, wird er von einer Gruppe tiefgläubiger Juden erkannt. «Israeliten!», schreien sie. «Kommt zu Hilfe! Das ist der Mensch, der in aller Welt Lehren verbreitet, die sich gegen das Volk und das Gesetz und gegen diesen Ort richten.» (Apg 21,27–28) Da fällt eine aufgebrachte Menge über Paulus her. Sie ergreifen ihn und zerren ihn aus dem Tempel. Als sie ihn gerade totschlagen wollen, erscheint plötzlich eine Gruppe römischer Soldaten. Die Soldaten lösen den Tumult auf und nehmen Paulus in Gewahrsam – nicht wegen der Unruhe im Tempel, sondern, weil sie ihn fälschlicherweise für jemand anderen halten. «Dann bist du also nicht der Ägypter, der vor einiger Zeit die 4000 Sikarier aufgewiegelt und in die Wüste hinausgeführt hat?», fragt ein Offizier Paulus. (Apg 21,38)

Es scheint, als hätte Paulus im Jahre 57 zu keiner chaotischeren Zeit in Jerusalem eintreffen können. Ein Jahr zuvor hatten die Sikarier ihre Schreckensherrschaft begonnen und den Hohepriester Jonatan ermordet. Nun brachten sie gezielt die Mitglieder des priesterlichen Adels um, brannten ihre Häuser nieder, kidnappten ihre Familien und säten Angst in den Herzen der Juden. Die messianische Stimmung in Jerusalem war auf dem Siedepunkt. Einer nach dem anderen waren selbsternannte Messiasse aufgetreten, um die Juden vom Joch Roms zu befreien. Der Wunder wirkende Theudas war wegen seiner messianischen Ambitionen bereits von Rom zum Schweigen gebracht worden. Die rebellischen Söhne von Judas dem Galiläer, Jakob und Simon, hatte man gekreuzigt. Der Bandenführer Eleasar, Sohn des Dinaios, der die ländlichen Gebiete unsicher gemacht hatte, war vom römischen Präfekten Felix gefangen und enthauptet worden. Dann war plötzlich der Ägypter auf dem Ölberg aufgetaucht und hatte geschworen, er könne auf sein Geheiß die Mauern Jerusalems zum Einsturz bringen.

Für Jakobus und die Apostel in Jerusalem konnte dieser ganze Aufruhr nur eines bedeuten: Das Ende war nahe; bald würde Jesus zurückkehren. Das Königreich Gottes, von dem sie geglaubt hatten, Jesus würde es zu seinen Lebzeiten errichten, würde nun endlich kommen – ein Grund mehr, dafür zu sorgen, dass jene, die den abweichlerischen Lehren in Jesu Namen anhingen, in den Schoß der Familie zurückgebracht wurden.

In diesem Lichte mag Paulus' Verhaftung in Jerusalem zwar unerwartet gewesen sein, doch angesichts der apokalyptischen Erwartungen in Jerusalem kam sie keinesfalls zur falschen Zeit und wurde sogar begrüßt. Wenn Jesus bald zurückkehrte, wäre es nicht schlecht, wenn ihn Paulus in einer Gefängniszelle erwartete, wo man ihn und seine perversen Ansichten wenigstens so lange festhalten könnte, bis Jesus sich selbst ein Urteil darüber gebildet hätte. Da die Soldaten, die die Verhaftung vornahmen, jedoch glaubten, Paulus wäre der Ägypter, schickten sie ihn unverzüglich nach Cäsarea, um ihn von dem römischen Präfekten Felix aburteilen zu lassen. Dieser hielt sich damals gerade in der Küstenstadt auf, weil zwischen den Juden der Stadt und den Syrern und Griechen ein Konflikt ausgebrochen war. Felix sprach Paulus am Ende zwar von den ihm vorgeworfenen Verbrechen des Ägypters frei, warf ihn aber trotzdem in ein Gefängnis in Cäsarea. Dort schmachtete er, bis Felix von Festus als Prokurator abgelöst wurde, auf dessen Geheiß Paulus prompt nach Rom überstellt wurde.

Festus gestattete Paulus, nach Rom zu gehen, weil dieser darauf beharrte, ein römischer Bürger zu sein. Er war in Tarsus zur Welt gekommen, einer Stadt, deren Bewohnern Marcus Antonius ein Jahrhundert zuvor die römischen Bürgerrechte zuerkannt hatte. Als Bürger hatte Paulus Anspruch auf ein ordentliches Gerichtsverfahren, und Festus, der nur eine sehr kurze und unruhige Zeit als Präfekt diente, schien ihm dies gerne gewährt zu haben – und wenn auch nur, um ihn loszuwerden.

Für Paulus mag es noch einen dringenderen Grund gegeben haben, warum er unbedingt nach Rom gehen wollte. Nach dem peinlichen Spektakel im Tempel, bei dem man ihn gezwungen hatte, alles zu widerrufen, was er jahrelang gepredigt hatte, wollte Paulus so weit fort wie möglich von Jerusalem und dem immer kürzer werdenden Gängelband, das ihm Jakobus und die Apostel um den Hals gelegt hatten. Obendrein schien Rom der perfekte Ort für Paulus zu sein. Schließlich war es die kaiserliche Metropole, die Hauptstadt des römischen Imperiums.

Bestimmt wären die hellenistischen Juden, welche die Stadt Cäsars zu ihrer Heimat erwählt hatten, empfänglich für Paulus' unorthodoxe Lehren über Jesus Christus. In Rom gab es bereits eine kleine, aber stetig wachsende Christenschar, die dort neben einer recht ansehnlichen jüdischen Gemeinde lebte. Ein Jahrzehnt vor Paulus' Ankunft hatten Konflikte zwischen den beiden Glaubensgemeinschaften zum Ausschluss beider Gruppen aus der Stadt durch Kaiser Claudius geführt. Als Paulus irgendwann Anfang der sechziger Jahre dort eintraf, florierten beide Gemeinden jedoch längst wieder. Die Stadt schien reif für seine Botschaft.

Obwohl Paulus in Rom offiziell unter Hausarrest stand, scheint es ihm gelungen zu, seine Tätigkeit als Prediger mehr oder weniger ungestört fortzusetzen. Nach übereinstimmenden Berichten hatte er jedoch bei der Konversion der römischen Juden nur mäßigen Erfolg. Die jüdische Bevölkerung war seiner einzigartigen Interpretation des Messias gegenüber nicht nur verschlossen, sie begegnete ihm offen feindselig. Selbst die nichtjüdischen Konvertiten scheinen Paulus nicht gerade mit offenen Armen empfangen zu haben. Dies mag daran gelegen haben, dass Paulus nicht der einzige «Apostel» war, der in der kaiserlichen Stadt von Jesus predigte. Petrus, der erste der Zwölf, war ebenfalls in Rom.

Petrus war einige Jahre vor Paulus wahrscheinlich auf Jakobus' Geheiß nach Rom gekommen, um eine stabile Gemeinde Griechisch sprechender, jüdischer Gläubiger im Herzen des römischen Imperiums aufbauen zu helfen. Diese Gemeinde sollte unter dem Einfluss der Jerusalemer Urgemeinde stehen und gemäß deren Doktrin unterrichtet werden. Kurz: eine Anti-Paulus-Gemeinde.

Es lässt sich nicht genau sagen, wie erfolgreich Petrus vor Paulus' Eintreffen mit dieser Aufgabe war. Der Apostelgeschichte zufolge aber reagierten die Hellenisten in Rom derart negativ auf Paulus' Predigten, dass er beschloss, sich ein für alle Mal von den Juden loszusagen, «denn das Herz dieses Volkes ist verstockt und ihre Ohren hören schwer und ihre Augen sind geschlossen, damit sie nicht etwa mit den Augen sehen und mit den Ohren hören und mit dem Herzen verstehen». Fortan wollte er nur noch den Heiden predigen, denn «sie werden es hören» (Apg 28,27;29).

Es gibt keine Aufzeichnungen über diese letzten Jahre im Leben von Petrus und Paulus, jenen beiden Männern, die zu den bedeutendsten Figuren des Christentums werden sollten. Seltsamerweise beschließt Lukas seinen Bericht über das Leben des Paulus mit dessen Ankunft in Rom und erwähnt dabei nicht, dass sich Petrus ebenfalls in der Stadt aufhielt. Noch seltsamer ist, dass er das wichtigste Ereignis ihrer gemeinsamen Jahre in der kaiserlichen Stadt einfach weglässt. Im Jahre 66 n. Chr. nämlich, also in dem Jahr, in dem die Unruhen in Jerusalem ausbrachen, reagierte Kaiser Nero auf eine plötzliche Welle der Christenverfolgung in Rom damit, dass er Petrus und Paulus verhaften und hinrichten ließ. Er nahm an, beide verträten denselben Glauben. Er irrte sich.

Kapitel fünfzehn

DER GERECHTE

Jakobus, der Bruder Jesu, wurde «Jakobus der Gerechte» genannt. In Jerusalem – der Stadt, die er nach dem Tod seines Bruders zu seiner neuen Heimat erwählt hatte – war Jakobus aufgrund seiner großen Frömmigkeit und seines unermüdlichen Einsatzes für die Armen allseits geachtet. Er selbst besaß nichts, nicht einmal die Kleider, die er am Leibe trug, einfache Gewänder aus Leinen, nicht aus Wolle. Er trank keinen Wein und aß kein Fleisch. Er badete nicht. Er rasierte sich nicht, schnitt sich nicht die Haare und rieb sich auch nicht mit Duftöl ein. Es hieß, er verbringe so viel Zeit damit, Gott in Demutshaltung um Vergebung für die Menschen zu bitten, dass seine Knie hart wie die eines Kamels geworden seien.

Für die Anhänger Jesu war Jakobus das lebende Bindeglied zum Messias, das Blut des Herrn. Für alle anderen in Jerusalem war er einfach nur «der Gerechte». Sogar die jüdische Obrigkeit pries Jakobus für seine Rechtschaffenheit und seine unerschütterliche Befolgung der Gesetze. War es nicht Jakobus, der den ketzerischen Paulus für seinen Abfall von der Tora verurteilt hatte? Hatte nicht er den ehemaligen Pharisäer gezwungen, seine Ansichten zu widerrufen und sich einer Reinigung im Tempel zu unterziehen? Seitens der Obrigkeit anerkannte man Jakobus' Botschaft von Jesus vielleicht nicht mehr als die des Paulus, aber man respektierte Jakobus und betrachtete ihn als aufrechten und ehrenhaften Mann.

Dem frühchristlichen Historiker Hegesippus (110–180 n. Chr.) zufolge baten die jüdischen Machthaber Jakobus wiederholt, seinen Einfluss bei den Menschen zu nutzen und sie davon abzubringen, Jesus «Messias» zu nennen: «Wir bitten dich, dem Volke Einhalt zu gebieten; denn es ließ sich von Jesus verführen, da es ihn für den Messias hält. Wir bitten dich: Kläre alle, die zum Osterfeste gekommen sind, über Jesus auf! Dir schenken wir alle Vertrauen. Denn wir und das ganze Volk geben dir das Zeugnis, dass du gerecht und unparteiisch bist. Rede daher dem Volke zu, dass es sich nicht bezüglich der Person Jesu irreführen lasse!»

Ihr Ersuchen blieb freilich unbeachtet. Denn obwohl Jakobus, wie ihm jedermann bescheinigte, ein eifriger Diener des Gesetzes war, so war er doch auch ein treuer Anhänger Jesu; nie hätte er das Vermächtnis seines älteren Bruders verraten, nicht einmal, wenn er dafür den Märtyrertod hätte erleiden müssen.

Die Geschichte von Jakobus' Tod findet sich in Josephus' *Jüdische Altertümer*. Es war im Jahre 62 n. Chr. Ganz Palästina versank in Anarchie, die Felder lagen brach, und die Bauern verhungerten. In Jerusalem herrschte Panik, da die Sikarier willkürlich mordeten und brandschatzten. Der revolutionäre Eifer der Juden geriet zusehends außer Kontrolle, obwohl sich die priesterliche Klasse spaltete, auf die sich Rom zur Aufrechterhaltung der Ordnung stützte. Die reichen Priester hatten einen Plan ausgeheckt, sich die Zehntabgaben anzueignen, die eigentlich für den Unterhalt der niederen Klasse der Landpriester gedacht waren. Gleichzeitig machte eine ganze Reihe unfähiger römischer Präfekten – von dem hitzköpfigen Cumanus über den Halunken Felix bis hin zu dem glücklosen Festus – alles nur noch schlimmer.

Als Festus unerwartet und ohne sofortigen Nachfolger verstarb, stürzte Jerusalem vollends ins Chaos. Kaiser Nero erkannte den Ernst der Lage und entsandte einen gewissen Lucceius Albinus, um die Ordnung in der Stadt wieder herzustellen. Es dauerte jedoch Wochen, bis er dort eintraf. Diese Verzögerung verschaffte dem neu ernannten Hohepriester, einem unbedachten und jähzornigen jungen Mann namens Hannas, Zeit und Gelegenheit, das Machtvakuum in Jerusalem selbst zu füllen.

Hannas war der Sohn des extrem einflussreichen ehemaligen Hohepriesters Hannas, dessen vier weitere Söhne (und ein Schwiegersohn, Josef Kajaphas) diesen Posten alle schon einmal bekleidet hatten. Es war jener von Josephus als großer «Geldhorter» bezeichnete Hannas der Ältere, der zu dem schamlosen Komplott angestachelt hatte, die niederen Priester um ihren Zehnten zu bringen, ihre einzige Einkommensquelle. Ohne einen römischen Statthalter, der ihn hätte überwachen können, begann der junge Hannas nun einen rücksichtslosen Feldzug, um seine mutmaßlichen Feinde aus dem Weg zu räumen. Eine seiner ersten Handlungen war es, so schreibt Josephus, den Sanhedrin einzuberufen, um über «Jakobus, den Bruder Jesu, des sogenannten Christus», Gericht zu halten. Hannas beschuldigte Jakobus der Blasphemie und Gesetzesübertretung und verurteilte ihn zum Tod durch Steinigung.

Die Reaktion auf Jakobus' Hinrichtung kam prompt. Eine Gruppe in der Stadt wohnhafter Juden, die Josephus als «diejenigen, die im Rufe standen, am gerechtesten zu urteilen und die Gesetze streng einzuhalten» schildert, waren über Hannas' Tun außer sich. Sie entsandten einen Boten zu Albinus, der unterwegs nach Jerusalem war, und teilten ihm mit, was sich in seiner Abwesenheit zugetragen hatte. Als Reaktion darauf schrieb Albinus einen wutentbrannten Brief an Hannas, in welchem er ihm androhte, im Augenblick seines Eintreffens mörderische Rache an ihm zu nehmen. Als Albinus endlich Jerusalem erreichte, war Hannas jedoch bereits seines Postens enthoben worden. Seinen Platz nahm nun ein Mann namens Jesus bar Damneus ein, der wiederum ein Jahr später, kurz vor Beginn des Jüdischen Aufstandes, selbst abgesetzt wurde.

Der Abschnitt über Jakobus' Tod bei Josephus ist berühmt als frühester nichtbiblischer Bezug auf Jesus. Wie bereits erwähnt, beweist Josephus' Gebrauch der Bezeichnung «Bruder Jesu, des sogenannten Christus, Jakobus mit Namen», dass im Jahre 94 n. Chr., als die *Altertümer* geschrieben wurden, Jesus von Nazaret bereits als

Begründer einer wichtigen und dauerhaften Bewegung galt. Bei genauerer Betrachtung der Passage zeigt sich indes, dass Josephus' eigentlicher Fokus nicht Jesus ist, welchen er als «sogenannten Christus» abtut, sondern Jakobus, dessen ungerechter Tod durch die Hand des Hohepriesters den Kern der Geschichte bildet. Dass Josephus Jesus erwähnt, ist zweifellos von Bedeutung. Die Tatsache aber, dass ein für eine römische Leserschaft schreibender jüdischer Historiker die Umstände von Jakobus' Tod und die überwältigend negative Reaktion auf seine Hinrichtung – nicht von den Christen Jerusalems, sondern von denjenigen, «die im Rufe standen, am gerechtesten zu urteilen und die Gesetze streng einzuhalten» – in allen Einzelheiten berichtet, ist ein klarer Hinweis darauf, welch prominente Gestalt Jakobus im Palästina des 1. Jahrhunderts war. Tatsächlich war Jakobus mehr als nur der Bruder Jesu. Er war, wie das historische Material belegt, der unangefochtene Führer der von Jesus hinterlassenen Bewegung.

Hegesippus, der zur ersten Generation von Jesu Anhängern gehörte, bestätigt in seiner fünfbändigen Geschichte der Frühkirche Jakobus' Rolle als Haupt der christlichen Gemeinde: «Die Kirche [wurde] übernommen von den Aposteln und Jakobus, dem Bruder des Herrn, der von den Zeiten des Herrn an bis auf unsere Tage allgemein der Gerechte genannt wurde; denn es gab noch viele, die den Namen Jakobus führten.» Im nichtkanonischen *Brief des Petrus* bezeichnet der Hauptapostel Jakobus als «Herrn und Bischof der Heiligen Kirche». Clemens von Rom (30–97 n. Chr.), der Petrus in der kaiserlichen Stadt ablöste, richtet einen Brief an den «Bischof der Bischöfe, der Jerusalem regiert, die heilige Gemeinde der Hebräer und deren Gemeinden allüberall». Im Thomas-Evangelium, das nach allgemeiner Auffassung zwischen dem Ende des ersten und Anfang des zweiten Jahrhunderts entstanden ist, benennt Jesus selbst Jakobus als seinen Nachfolger: «‹Wir wissen, dass du uns verlassen wirst. Wer ist es, der groß über uns werden soll?› Jesus sprach zu ihnen: ‹Wo auch immer ihr herkommt, geht zu Jakobus, dem Gerechten, dessentwegen Himmel und Erde entstanden sind.›»

Der frühe Kirchenvater Clemens von Alexandria (150–215 n. Chr.) behauptet, Jesus habe ein geheimes Wissen «an Jakobus den Gerechten, an Johannes und an Petrus» weitergegeben, die dieses wiederum an die anderen Apostel weitergegeben hätten. Daneben merkt er allerdings an, dass es von den drei Mitgliedern des Triumvirats Jakobus gewesen sei, der, «wie die Berichte uns sagen, als Erster auf den bischöflichen Thron der Jerusalemer Kirche gewählt wurde».

In seinem Werk *Über berühmte Männer* schrieb der Kirchenvater Hieronymus (ca. 347–420 n. Chr.), der die Bibel ins Lateinische übersetzte (die sogenannte Vulgata), dass nach Jesu Himmelfahrt «Jakobus von den Aposteln unverzüglich zum Bischof Jerusalems ernannt» worden sei. Hieronymus behauptet sogar, Jakobus' Heiligkeit und Reputation bei den Menschen sei so bedeutend gewesen, dass «man glaubte, die Zerstörung Jerusalems wäre aufgrund seines Todes erfolgt».

Hieronymus stützt sich damit auf eine Überlieferung von Josephus, die der christliche Theologe Origenes (ca. 185–254 n. Chr.) im 3. Jahrhundert erwähnt und die auch in der *Kirchengeschichte* des Eusebius von Cäsarea (ca. 260–339 n. Chr.) geschildert ist. Darin behauptet Josephus, dass «diese Dinge [der Jüdische Aufstand und die Zerstörung Jerusalems] den Juden als Vergeltung für Jakobus den Gerechten widerfuhren, einen Bruder Jesu, bekannt als Christus; denn obwohl er ein sehr gerechter Mann war, ließen ihn die Juden töten». Als Kommentar zu diesem nicht erhaltenen Abschnitt aus Josephus' Werk schreibt Eusebius: «Jakobus war so bewundert und allgemein wegen seiner Gerechtigkeit so gefeiert, dass selbst die Juden, soweit sie noch klar dachten, glaubten, das erwähnte Vorgehen gegen ihn sei die Ursache der bald auf seinen Martertod erfolgten Belagerung von Jerusalem gewesen.» (*Kirchengeschichte* 2.23)

Sogar das Neue Testament bestätigt Jakobus' Rolle als Führer der christlichen Gemeinde: Es ist Jakobus, der in der Regel als Erster der drei «Säulen» Jakobus, Petrus und Johannes genannt wird; Jakobus, der seine Gesandten in die zahlreichen in der Diaspora verstreuten Gemeinden schickt (Gal 2,1–14); Jakobus, dem Petrus über seine Tätigkeit Bericht erstattet, bevor er Jerusalem verlässt (Apg 12,17); Jakobus, der den «Ältesten» vorsitzt, als Paulus kommt, um sich im Tempel zu weihen (Apg 21,21–26); Jakobus, der im Apostelkonzil die höchste Autorität genießt, der bei dessen Beratungen als Letzter spricht und dessen Urteil abschließend ist (Apg 15,13). Tatsächlich tauchen die Apostel nach dem Konzil im verbleibenden Teil der Apostelgeschichte nicht mehr auf. Im Gegenteil: Es ist der schicksalhafte Disput zwischen Jakobus und Paulus, in dessen Verlauf Jakobus seinen Gegner für dessen abweichlerische Lehren öffentlich demütigt und zu einem Reinigungsritual im Tempel auffordert, der zum Höhepunkt des Buches führt: Paulus' Verhaftung und Überstellung nach Rom.

In drei Jahrhunderten frühchristlicher und jüdischer Geschichtsschreibung, ganz abgesehen von der beinahe einhelligen Meinung in der zeitgenössischen Lehre, wird Jakobus, der Bruder Jesu, als Haupt der ersten christlichen Gemeinde anerkannt – vor Petrus und dem Rest der Zwölf; vor Johannes, «dem Jünger, den Jesus liebte» (Joh 20,2); weit vor Paulus, mit dem sich Jakobus ständig in den Haaren lag. Warum wurde Jakobus dann im Neuen Testament beinahe vollständig totgeschwiegen und seine Rolle in der Frühkirche in der Vorstellung der meisten modernen Christen durch Petrus und Paulus ersetzt?

Zum Teil liegt das an Jakobus' Eigenschaft als Bruder Jesu. Für die Juden zu Jesu Zeit war die Dynastie die Norm. Die jüdischen Familien der Herodier und Hasmonäer, die Hohepriester und der priesterliche Adel, die Pharisäer und sogar die Räuberbanden praktizierten allesamt die Erbnachfolge. Verwandtschaft war für eine Gruppierung wie die Jesus-Bewegung vielleicht noch ausschlaggebender, da diese ihre Legitimation auf die Abstammung von König David gründete. Wenn Jesus ein Abkömmling Davids war, dann war es Jakobus schließlich auch; warum sollte er also nach dem Tode des Messias nicht die Gemeinde Davids leiten?

Jakobus war auch nicht das einzige Mitglied von Jesu Familie, das in der Frühkirche eine gehobene Position bekleidete. Jesu Vetter Simeon bar Klopas folgte Jakobus als Haupt der Jerusalemer Gemeinde nach, während andere Familienmitglieder, darunter die Enkel von Jesu anderem Bruder Judas, im gesamten 1. und 2. Jahrhundert eine aktive Führungsrolle beibehielten.

Im 3. und 4. Jahrhundert indes, als sich das Christentum von einer heterogenen jüdischen Bewegung mit einer Vielzahl von Sekten und Schismen zu einer institutionalisierten und streng orthodoxen Religion Roms entwickelte, wurde Jakobus' Eigenschaft als Bruder Jesu zu einem Hindernis für diejenigen, welche die «fortwährende Jungfräulichkeit» seiner Mutter Maria propagierten. Man ersann ein paar überschlaue Lösungen, um die unleugbaren Fakten von Jesu Familie mit dem unflexiblen Dogma der Kirche in Einklang zu bringen. Zu nennen wäre beispielsweise die ausgetretene und durch und durch ahistorische Behauptung, Jesu Brüder und Schwestern wären Josefs Kinder aus einer früheren Ehe gewesen, oder dass «Bruder» tatsächlich «Vetter» bedeutete. Das Endergebnis war jedoch, dass Jakobus' Rolle in der Frühkirche immer weiter kleingeredet wurde.

Mit Jakobus' schwindendem Einfluss gewann Petrus an Bedeutung. Das imperiale Christentum forderte, wie das Imperium selbst, eine transparente Machtstruktur, vorzugsweise mit Hauptsitz in Rom, nicht in Jerusalem, und mit einer direkten Verbindung zu Jesus. Petrus' Rolle als erster Bischof Roms und sein Status als Hauptapostel machten ihn zur idealen Figur, auf der sich die Autorität der römischen Kirche gründen ließ. Die Bischöfe, die Petrus in Rom nachfolgten (und schließlich zu unfehlbaren Päpsten wurden), rechtfertigten die Autoritätskette, auf die sie sich beriefen, um ihre Macht in einer stetig wachsenden Kirche zu sichern, mit jener berühmten Stelle im Matthäus-Evangelium, bei der Jesus zu dem Apostel sagt: «Ich aber sage dir: Du bist Petrus und auf diesen Felsen werde ich meine Kirche bauen und die Mächte der Unterwelt werden sie nicht überwältigen.» (Mt 16,18)

Das Problem mit diesem heftig umstrittenen Vers, den die meisten Wissenschaftler als unhistorisch verwerfen, ist nicht nur, dass er die einzige Stelle im gesamten Neuen Testament darstellt, an der Petrus zum Kirchenführer bestimmt wird. Vielmehr ist es überhaupt das einzige Mal, dass Petrus in einem frühen geschichtlichen – biblischen oder nichtbiblischen – Dokument als Nachfolger Jesu und Führer der von ihm zurückgelassenen Gemeinde genannt wird. Im Gegensatz dazu gibt es mindestens ein Dutzend Stellen, an denen Jakobus diese Rolle zugesprochen wird. Was an historischen Aufzeichnungen über Petrus' Rolle im frühen Christentum existiert, bezieht sich ausschließlich auf seine Führerschaft der Gemeinde in Rom. Diese war zwar sicherlich eine bedeutende, jedoch nur eine von vielen Gemeinden, die der übergeordneten Autorität der Jerusalemer Gemeinde unterstanden, der «Urgemeinde». Mit anderen Worten: Petrus war zwar Bischof von Rom, aber Jakobus war «Bischof der Bischöfe».

Es gibt aber noch einen weitaus interessanteren Grund für Jakobus' sinkende Bedeutung im Urchristentum, der weniger mit seiner Eigenschaft als Bruder Jesu oder seinem Verhältnis zu Petrus, sondern mit seinen Überzeugungen und seinem Widerstand gegen Paulus zu tun hat. Wofür Jakobus in der frühchristlichen Gemeinde stand, ist zu einem gewissen Grad bereits durch sein Wirken in der Apostelgeschichte und seine theologischen Unstimmigkeiten mit Paulus deutlich geworden. Ein weitaus besseres Verständnis seiner Ansichten findet sich in seinem oft übersehenen und viel geschmähten Brief (dem Jakobusbrief), der etwa zwischen 80 und 90 n. Chr. verfasst wurde.

Offensichtlich stammt dieser Brief nicht von Jakobus selbst. Wie sein Bruder Jesus und die meisten Apostel war auch er ein des Lesens und Schreibens unkundiger Bauer ohne formale Bildung. Der Jakobusbrief wurde vermutlich von jemandem geschrieben, der zu seinem engeren Kreis gehörte. Dies trifft im Übrigen auf beinahe sämtliche Bücher des Neuen Testaments zu, darunter auch auf die Evangelien von Markus, Matthäus und Johannes sowie auf einen guten Teil der Paulusbriefe (Kolosser, Epheser, 2. Thessalonicher, 1. und 2. Timotheus und Titus). Wie bereits erwähnt, war es gang und gäbe, ein Buch nach einer bedeutenden Persönlichkeit zu benennen, um dieser Respekt zu zollen und deren Ansichten darzulegen. Jakobus mag seinen eigenen Brief nicht selbst geschrieben haben, doch spiegelt er zweifellos seine Überzeugung wider (man hält den Brief für die redigierte und erweiterte Fassung einer Predigt, die Jakobus kurz vor seinem Tod im Jahre 62 n. Chr. in Jerusalem hielt). Der überwiegende Konsens ist, dass sich die in dem Brief enthaltenen Überlieferungen auf Jakobus den Gerechten zurückführen lassen. Somit ist der Jakobusbrief wahrscheinlich eines der wichtigsten Bücher des Neuen Testaments: Weiß man erst, was Jesu Bruder Jakobus glaubte, lässt sich mit hoher Wahrscheinlichkeit auch sagen, was Jesus selbst glaubte.

Zunächst kann man feststellen, dass die Notlage der Armen ein leidenschaftliches Anliegen des Jakobusbriefes ist. Das ist an sich nicht überraschend. In sämtlichen Überlieferungen ist Jakobus als Held der Notleidenden und Enteigneten dargestellt; das brachte ihm auch den Beinamen «der Gerechte» ein. Der Dienst an den Armen war für Jakobus bei der Gründung der Jerusalemer Gemeinde oberstes Prinzip. Es gibt sogar Hinweise darauf, dass sich die ersten Anhänger Jesu, die sich unter Jakobus' Führung zusammenfanden, kollektiv als «die Armen» bezeichneten.

Was an Jakobus' Brief vielleicht etwas überrascht, ist die bittere Kritik an den Reichen. «Ihr aber, ihr Reichen, weint nur und klagt über das Elend, das euch treffen wird. Euer Reichtum verfault und eure Kleider werden von Motten zerfressen. Euer Gold und Silber verrostet; ihr Rost wird als Zeuge gegen euch auftreten und euer Fleisch verzehren wie Feuer.» (Jak 5,1–3) Für Jakobus gibt es für die Wohlhabenden, die «ein üppiges und ausschweifendes Leben geführt» haben und «noch in den letzten Tagen Schätze sammeln», keinen Pfad zur Erlösung (Jak 5,3;5). Ihr Schicksal ist in Stein gemeißelt. «Die Sonne geht auf und ihre Hitze versengt das Gras; die Blume verwelkt und ihre Pracht vergeht. So wird auch der

Reiche vergehen mit allem, was er unternimmt.» (Jak 1,11) Er legt sogar nahe, dass man kein wahrer Anhänger Jesu sein könne, ohne die Armen aktiv zu begünstigen. «Meine Brüder, haltet den Glauben an unseren Herrn Jesus Christus, den Herrn der Herrlichkeit, frei von jedem Ansehen der Person [von jeder Bevorzugung der Reichen]», sagt er. «Wenn ihr aber nach dem Ansehen der Person urteilt, begeht ihr eine Sünde und aus dem Gesetz selbst wird offenbar, dass ihr es übertreten habt.» (Jak 2,1;9)

Jakobus' scharfes Urteil über die Reichen könnte erklären, warum er den Zorn des Hohepriesters Hannas auf sich zog, dessen Vater den Plan ausgeheckt hatte, die niedere Klasse der Landpriester um ihre Zehntabgaben zu bringen. Tatsächlich wiederholt Jakobus lediglich die Worte aus den Seligpreisungen seines Bruders: «Aber weh euch, die ihr reich seid; denn ihr habt keinen Trost mehr zu erwarten. Weh euch, die ihr jetzt satt seid; denn ihr werdet hungern. Weh euch, die ihr jetzt lacht; denn ihr werdet klagen und weinen.» (Lk 6,24–25)

Über weite Strecken spiegelt der Jakobusbrief die Worte Jesu wider, ob es nun um die Armen geht («Hört, meine geliebten Brüder: Hat Gott nicht die Armen in der Welt auserwählt, um sie durch den Glauben reich und zu Erben des Königreichs zu machen, das er denen verheißen hat, die ihn lieben?», Jak 2,5; «Selig, ihr Armen, denn euch gehört das Reich Gottes», Lk 6,20), das Leisten von Schwüren («Vor allem, meine Brüder, schwört nicht, weder beim Himmel noch bei der Erde noch irgendeinen anderen Eid. Euer Ja soll ein Ja sein und euer Nein ein Nein, damit ihr nicht dem Gericht verfallt», Jak 5,12; «Ich aber sage euch: Schwört überhaupt nicht, weder beim Himmel, denn er ist Gottes Thron … Euer Ja sei ein Ja, euer Nein ein Nein; alles andere stammt vom Bösen», Mt 5,34;37) oder darum, wie wichtig es ist, seinen Glauben auch zu praktizieren («Hört das Wort nicht nur an, sondern handelt danach; sonst betrügt ihr euch selbst», Jak 1,22; «Wer diese meine Worte hört und danach handelt, ist wie ein kluger Mann, der sein Haus auf Fels baute … Wer aber meine Worte hört und nicht danach handelt, ist wie ein unvernünftiger Mann, der sein Haus auf Sand baute», Mt 7,24;26).

Der Punkt jedoch, in welchem Jakobus und Jesus am deutlichsten übereinstimmen, ist die Rolle und Anwendung des Gesetzes Mose. «Wer auch nur eines von den kleinsten Geboten aufhebt und die Menschen entsprechend lehrt, der wird im Himmelreich der Kleinste sein», sagt Jesus im Matthäus-Evangelium. «Wer sie aber hält und halten lehrt, der wird groß sein im Himmelreich.» (Mt 5,19) Jakobus wiederholt in seinem Brief: «Wer das ganze Gesetz hält und nur gegen ein einziges Gebot verstößt, der hat sich gegen alle verfehlt.» (Jak 2,10)

Das Hauptanliegen des Jakobusbriefes ist die Frage, wie sich die richtige Balance zwischen der Befolgung der Tora und dem Glauben an Jesus als Messias halten lässt. Im gesamten Text ermahnt Jakobus die Anhänger Jesu immer wieder, dem Gesetz treu zu bleiben. «Wer sich aber in das vollkommene Gesetz der Freiheit vertieft und an ihm festhält, wer es nicht nur hört, um es wieder zu vergessen, sondern danach handelt, der wird durch sein Tun selig sein.» (Jak 1,25) Juden, die sich vom Gesetz abkehren, nachdem sie sich zu Jesus bekannt haben, vergleicht er mit einem Menschen, «der sein eigenes Gesicht im Spiegel betrachtet … Er betrachtet sich, geht weg und schon hat er vergessen, wie er aussah.» (Jak 1,23–24)

Es sollte keinen Zweifel daran geben, auf wen sich Jakobus in diesen Versen bezieht. Tatsächlich wurde der Jakobusbrief sehr wahrscheinlich als Korrektiv zu den Predigten des Paulus angesehen, weshalb er auch an «die zwölf Stämme, die in der Zerstreuung leben [in der Diaspora]», gerichtet ist. Die Feindseligkeit des Briefes gegenüber paulinischer Theologie ist unübersehbar. Paulus lehnt das Gesetz Mose ab als «Dienst, der zum Tod führt und dessen Buchstaben in Stein gemeißelt waren» (2 Kor 3,7), Jakobus hingegen preist es als «das vollkommene Gesetz der Freiheit» (Jak 1,25). Paulus behauptet, «dass der Mensch nicht durch Werke des Gesetzes gerecht wird, sondern durch den Glauben an Jesus Christus»

(Gal 2,16). Jakobus weist Paulus' Vorstellung, der Glaube allein führe zur Erlösung, entschieden ab. «Was nützt es, wenn einer sagt, er habe Glauben, aber es fehlen die Werke?», gibt er zurück. «Kann etwa der Glaube ihn retten? Das glauben auch die Dämonen und sie zittern.» (Jak 2,14;19) In seinem Brief an die Römer schreibt Paulus, «dass der Mensch gerecht wird durch Glauben, unabhängig von Werken des Gesetzes» (Röm 3,28). Jakobus bezeichnet dies als Überzeugung eines «unvernünftigen Menschen» und hält dagegen, auch der Glaube sei «tot ohne Werke» (Jak 2,20;26).

Was beide Männer mit «Werken» meinen, ist die Umsetzung des jüdischen Gesetzes im Alltag des Gläubigen. Vereinfacht gesagt: Paulus betrachtet solche «Werke» als für die Erlösung irrelevant, Jakobus hingegen sieht darin die Voraussetzung für den Glauben an Jesus Christus. Um diese Auffassung zu unterstreichen, liefert Jakobus ein vielsagendes Beispiel, welches zeigt, dass er Paulus in seinem Brief gezielt widerlegen will: «Wurde unser Vater Abraham nicht aufgrund seiner Werke als gerecht anerkannt? Denn er hat seinen Sohn Isaak als Opfer auf den Altar gelegt», sagt er und bezieht sich damit auf die Geschichte, in der Abraham auf Geheiß Gottes beinahe seinen Sohn Isaak geopfert hätte (1 Mos 22,9–14). «Du siehst, dass bei ihm der Glaube und die Werke zusammenwirkten und dass erst durch die Werke der Glaube vollendet wurde. So hat sich das Wort der Schrift erfüllt: Abraham glaubte Gott, und das wurde ihm als Gerechtigkeit angerechnet, und er wurde Freund Gottes genannt.» (Jak 2,20–23)

Dieses Beispiel ist deshalb so entlarvend, weil Paulus in seinen Briefen oft dieselbe Geschichte anführt, um exakt gegenteilig zu argumentieren. «Müssen wir nun nicht fragen: Was hat dann unser leiblicher Stammvater Abraham erlangt?», schreibt Paulus. «Wenn Abraham aufgrund von Werken Gerechtigkeit erlangt hat, dann hat er zwar Ruhm, aber nicht vor Gott. Denn die Schrift sagt: Abraham glaubte Gott und das wurde ihm als Gerechtigkeit angerechnet.» (Röm 4,1; siehe auch Gal 3,6–9)

Jakobus konnte zwar vielleicht keinen von Paulus' Briefen lesen, aber er war mit dessen Lehren über Jesus offensichtlich vertraut. Die letzten Jahre seines Lebens widmete er der Entsendung von Missionaren in Paulus' Gemeinden, um zu korrigieren, was er als dessen Fehler betrachtete. Die Predigt, aus welcher schließlich der Jakobusbrief wurde, war ein Versuch, Paulus' Einfluss zu schmälern. Glaubt man dessen Anhängern, dann waren Jakobus' Bemühungen erfolgreich, da sich in Paulus' Gemeinden viele von ihm abwandten, um fortan den Lehrern in Jerusalem zu folgen.

Die Wut und Verbitterung, die Paulus gegenüber diesen «Lügenaposteln, unehrlichen Arbeitern» und «Handlangern» Satans verspürte, die ausgesandt wurden, um seine Gemeinden zu infiltrieren – von einem Mann, den er verächtlich als einen der «Angesehenen» der Kirche abtut, als Mann, von dem ihm «nichts auferlegt» wurde –, sickert wie Gift durch die Seiten seiner späteren Briefe (2 Kor 11,13; Gal 2,6).

Paulus' Versuche, seine Gemeinden zu überzeugen, nicht von ihm abzufallen, erwiesen sich jedoch am Ende als nutzlos. Es gab nie einen Zweifel daran, wem bei einem Disput zwischen einem ehemaligen Pharisäer und dem Fleisch und Blut des lebendigen Christus die Loyalität der Gemeinschaft gehörte. Ganz gleich, wie hellenistisch die Diasporajuden geworden sein mochten, so wankten sie doch nicht in ihrer Treue zur Urgemeinde in Jerusalem. Jakobus, Petrus, Johannes – sie waren die Säulen der Kirche. Sie waren die Hauptfiguren in allen Geschichten, die sich die Menschen über Jesus erzählten. Sie waren die Männer, die Jesus begleitet und mit ihm gesprochen hatten. Sie waren unter den Ersten gewesen, die ihn nach der Auferstehung von den Toten gesehen hatten; sie würden unter den Ersten sein, die ihn mit den Wolken des Himmels zurückkehren sahen. Die Autorität, die Jakobus und die Apostel zu ihren Lebzeiten über die Gemeinde genossen, war unumstößlich. Nicht einmal Paulus konnte ihr entrinnen, wie er im Jahre 57 n. Chr. feststellen musste, als ihn Jakobus zwang, seine Überzeugungen öffentlich zu widerrufen, indem er an einem Reinigungsritual im Jerusalemer Tempel teilnahm.

Wie bei seiner Schilderung der Zusammenkunft des Apostelkonzils einige Jahre zuvor, versucht Lukas auch diese letzte Begegnung von Jakobus und Paulus so darzustellen, als hätte es zwischen den beiden keinerlei Konflikte oder Animositäten gegeben.
Dazu lässt er Paulus still gehorchen und das geforderte Tempelri-
tual durchführen. Doch nicht einmal Lukas kann die offensichtliche Spannung in dieser Szene verbergen. Noch bevor Jakobus
Paulus in den Tempel schickt, um der Jerusalemer Gemeinde zu
beweisen, «dass auch du das Gesetz genau beachtest», zieht er in
Lukas' Schilderung eine scharfe Trennlinie zwischen allem, «was
Gott durch seinen Dienst unter den Heiden getan hat» und «wie
viele Tausende unter den Juden gläubig geworden sind, und sie
alle sind *Eiferer* für das Gesetz» (Apg 21,19–20). Dann stellt er ihm
«vier Männer, die ein Gelübde auf sich genommen haben», zur
Seite und trägt Paulus auf: «Weihe dich zusammen mit ihnen; trag
die Kosten für sie, damit sie sich das Haar abscheren lassen können.
So wird jeder einsehen, dass an dem, was man von dir erzählt hat,
nichts ist.» (Apg 21,23–24)

Was Lukas in diesem Abschnitt beschreibt, wird als «Nasiräergelübde» bezeichnet (4 Mos 6,2). Nasiräer hielten sich strikt an das
Gesetz Mose. Als Akt der Frömmigkeit oder als Gegenleistung
für die Erfüllung eines Wunsches, etwa ein gesundes Kind oder
eine sichere Reise, gelobten sie, eine bestimmte Zeitlang keinen
Wein zu trinken, sich nicht zu rasieren oder keiner Leiche nahe zu
kommen (Jakobus selbst könnte ein Nasiräer gewesen sein, da die
Beschreibung derer, die das Gelübde ablegen, perfekt auf seine Beschreibungen in den alten Chroniken passt). In Anbetracht seiner
Haltung gegenüber dem Gesetz Mose oder dem Tempel in Jerusalem muss die erzwungene Teilnahme an einem solchen Ritual
extrem demütigend für Paulus gewesen sein. Der einzige Zweck
des Rituals war, der Jerusalemer Gemeinde zu demonstrieren, dass
er nicht länger an das glaubte, was er seit beinahe einem Jahrzehnt
predigte. Seine Teilnahme an dem Nasiräerschwur lässt sich nicht
anders deuten denn als feierliche Abkehr von seiner eigenen Lehre

und die öffentliche Anerkennung von Jakobus' Autorität – umso mehr ist Lukas' Darstellung anzuzweifeln, in der sich Paulus kommentar- und klaglos dem Ritual unterzieht.

Interessanterweise könnte Lukas' Schilderung nicht der einzige Bericht dieses wichtigen Wendepunktes sein. Eine auffallend ähnliche Geschichte findet sich in einer Sammlung von Schriften, die als *Pseudoklementinen* bekannt sind. Obwohl diese um etwa 300 n. Chr. zusammengestellt wurden (also fast ein Jahrhundert, bevor das Neue Testament offiziell kanonisiert wurde), enthalten sie zwei separate Überlieferungen, die wesentlich weiter zurückdatieren. Die erste sind die sogenannten *Homilien*, die wiederum zwei Briefe enthalten: einen des Apostels Petrus und einen von Klemens, dessen Nachfolger in Rom. Der zweite Überlieferungsstrang sind die sogenannten *Rekognitionen*, die ihrerseits auf einem älteren Dokument mit dem Titel *Die Himmelfahrt des Jakobus* beruhen, welches nach Ansicht der meisten Wissenschaftler etwa Mitte des 2. Jh.s n. Chr. entstand, also vielleicht zwei oder drei Jahrzehnte nach dem Johannes-Evangelium.

Die *Rekognitionen* enthalten eine unglaubliche Geschichte über eine gewaltsame Auseinandersetzung, die Jesu Bruder Jakobus mit jemandem hat, der schlicht als «Feind» bezeichnet wird. Im Text sind Jakobus und der Feind in ein lautstarkes Wortgefecht im Tempel verstrickt, als der Feind plötzlich in einem Wutausbruch auf Jakobus losgeht und ihn die Tempelstufen hinabstößt. Jakobus wird bei dem Sturz schwer verletzt, doch seine Anhänger eilen ihm zu Hilfe und bringen ihn in Sicherheit. Bemerkenswerterweise wird der Angreifer später als Saulus von Tarsus identifiziert *(Rekognitionen* 1,70–71).

Wie in Lukas' Version hat die Geschichte des Streits zwischen Jakobus und Paulus auch in den *Rekognitionen* gewisse Mängel. Die Tatsache, dass Paulus im Text als Saulus bezeichnet wird, legt nahe, dass der Autor glaubt, dieses Ereignis hätte vor Paulus' Konversion stattgefunden (obwohl in den *Rekognitionen* nie direkt auf diese Konversion eingegangen wird). Ungeachtet der Historizität der Geschichte selbst wird Paulus' Identität als «der Feind» wiederholt bestätigt, und zwar nicht nur in den *Rekognitionen*, sondern auch in den anderen Texten der *Pseudoklementinen*. Im *Brief des Petrus* beispielsweise beklagt der Hauptapostel: «Einige unter den Heiden haben meine gerechte Predigt abgewiesen und sich gewissen gesetzlosen und nichtigen Lehren des Mannes angeschlossen, der mein Feind ist.» (*Brief des Petrus* 2,3) An anderer Stelle entlarvt Petrus diesen «falschen Propheten» rundheraus als Paulus, dem er vorwirft, «die Auflösung des Gesetzes» zu verkünden, und seine Anhänger warnt, «keinem Lehrer zu glauben, es sei denn, er bringt von Jerusalem das Zeugnis von Jakobus, dem Bruder des Herrn, oder von dessen Nachfolger» (*Rekognitionen* 4,34–35).

Was die pseudoklementinischen Dokumente andeuten und das Neue Testament eindeutig bestätigt, ist, dass Jakobus, Petrus, Johannes und die anderen Apostel Paulus mit Argwohn und Misstrauen, wenn nicht sogar mit offenem Hohn gegenüberstanden, weshalb sie auch solchen Aufwand trieben, sein Wirken zu untergraben, ihn für seine Worte maßregelten, andere warnten, sich ihm nicht anzuschließen, und sogar eigene Missionare in seine Gemeinden aussandten.

Kein Wunder, dass Paulus so darauf bedacht war, nach dem Ereignis im Tempel im Jahre 57 n. Chr. nach Rom zu entfliehen. Es ging ihm bestimmt nicht darum, vom Kaiser für seine angeblichen Verbrechen verurteilt zu werden, wie Lukas anzudeuten scheint. Vielmehr ging Paulus nach Rom in der Hoffnung, auf diese Weise der Autorität von Jakobus zu entrinnen. Bei seiner Ankunft in der kaiserlichen Stadt musste er jedoch feststellen, dass Petrus dort bereits eifrig an der Arbeit war und man dem Einflussbereich von Jakobus und Jerusalem nicht so leicht entkommen konnte.

Während Paulus die letzten Jahre seines Lebens in Rom verbrachte, frustriert über die mangelnde Begeisterung, die er für seine Botschaft erntete (vielleicht, weil die Juden Petrus' Aufforderung ernst nahmen, «keinem Lehrer zu glauben, es sei denn, er bringt von Jerusalem das Zeugnis von Jakobus, dem Bruder des Herrn, oder von dessen Nachfolger»), erblühte die Jerusalemer Gemeinde unter Jakobus' Führung. Freilich waren die Hebräer in Jerusalem gegen Verfolgungen durch die religiöse Obrigkeit nicht gefeit. Sie wurden für ihr Wirken oft verhaftet und bisweilen auch getötet. Jakobus, der Sohn des Zebedäus, einer der ursprünglichen Zwölf, wurde sogar enthauptet (Apg 12,3). Doch blieb es eher bei vereinzelten Übergriffen, die offenbar auch nicht Ergebnis einer Gesetzesuntreue seitens der Hebräer waren, wie es etwa bei den Hellenisten der Fall war, die aus der Stadt vertrieben wurden.

Offensichtlich hatten die Hebräer einen Weg gefunden, sich mit der priesterlichen Obrigkeit zu arrangieren, ansonsten hätten sie nicht in Jerusalem bleiben dürfen. In erster Linie handelte es sich schließlich um gesetzestreue Juden, die an den Bräuchen und Traditionen ihrer Vorväter festhielten – gleichzeitig aber glaubten sie, dass der einfache jüdische Bauer aus Galiläa namens Jesus von Nazaret der verheißene Messias war.

Das soll nicht heißen, dass Jakobus und die Apostel nicht daran interessiert gewesen wären, die Nichtjuden zu erreichen, oder dass sie geglaubt hätten, Nichtjuden könnten sich ihrer Bewegung nicht anschließen. Wie Jakobus durch seinen Beschluss im Apostelkonzil andeutet, war er gewillt, bei nichtjüdischen Konvertiten auf die Praxis der Beschneidung zu verzichten und ihnen «keine Lasten aufzubürden». Jakobus wollte die Nichtjuden nicht zwingen, erst Juden zu werden, bevor sie sich zum Christentum bekennen durften. Er bestand lediglich darauf, dass sie sich nicht vollständig vom Judentum abkehrten und sich an gewisse Grundsätze und Praktiken jenes Mannes hielten, dem sie folgen wollten (Apg 15,12–21). Andernfalls bestand die Gefahr, dass aus der Bewegung eine vollkommen neue Religion wurde, was weder Jakobus noch sein Bruder Jesus vorgesehen hatten.

Jakobus' stete Führung der Jerusalemer Urgemeinde endete im Jahre 62 n. Chr. mit seiner Hinrichtung durch den Hohepriester Hannas. Der Grund dafür war sicherlich nicht, dass er ein Anhänger Jesu war, und bestimmt auch nicht, dass er das Gesetz übertreten hatte (sonst wären «diejenigen, die im Rufe standen, am gerechtesten zu urteilen und die Gesetze streng einzuhalten», angesichts seiner ungerechten Exekution nicht derart im Aufruhr geraten). Wahrscheinlich wurde Jakobus hingerichtet, weil er tat, was er am besten konnte: die Armen und Schwachen gegen die Reichen und Mächtigen verteidigen. Hannas' Pläne, die niedere Priesterklasse um ihre Zehnten zu bringen, hieß Jakobus wahrscheinlich nicht gerade gut. Daher nutzte Hannas die kurze Abwesenheit römischer Autorität in Jerusalem dazu, sich eines Mannes zu entledigen, der zu einem Stachel in seinem Fleisch geworden war.

Es lässt sich nicht sagen, was Paulus in Rom empfand, als er die Nachricht von Jakobus' Tod erhielt. Wenn er jedoch annahm, das Dahinscheiden von Jesu Bruder würde nun den eisernen Griff Jerusalems um die Gemeinde lockern, dann irrte er sich. Die Führerschaft der Jerusalemer Urgemeinde wurde rasch einem anderen Familienmitglied Jesu übertragen, seinem Vetter Simeon bar Klopas. Die Gemeinde wirkte nach Jakobus' Tod noch vier Jahre ungehindert weiter, bis sich die Juden plötzlich gewaltsam gegen die römische Herrschaft auflehnten.

Als die Unruhen begannen, scheinen viele Hebräer nach Pella geflohen zu sein. Es gibt jedoch keinen Hinweis darauf, dass der Führungskern der Urgemeinde Jerusalem verließ. Vielmehr harrten sie in der Stadt von Jesu Tod und Auferstehung aus und warteten voller Ungeduld auf seine Wiederkehr, bis zu dem Augenblick, als die Armee des Titus eintraf und die Heilige Stadt mitsamt ihren Einwohnern – Juden wie Christen – dem Erdboden gleich machte.

Mit der Zerstörung Jerusalems wurden die Verbindungen zwischen den überall in der Diaspora verstreuten Gemeinden zu der in der Stadt Gottes verwurzelten Urgemeinde dauerhaft beschädigt und damit auch die letzte physische Verbindung der christlichen Gemeinde zu dem Juden Jesus. Jesus dem Zeloten.

Jesus von Nazaret.

Epilog

WAHRER GOTT VON WAHREM GOTT

Die graubärtigen Männer mit dem schütteren Haar, die den Glauben und die Praxis des Christentums festlegten, begegneten sich zum ersten Mal in der byzantinischen Stadt Nicäa am Ostufer des Iznik-Sees im Gebiet der heutigen Türkei. Es war im Sommer des Jahres 325 n. Chr. Die Männer waren von Kaiser Konstantin zusammengerufen worden, um endlich einen Konsens über die Doktrin jener Religion zu finden, die er kürzlich selbst angenommen hatte. Gehüllt in Gewänder aus Purpur und Gold und mit einem Lorbeerkranz auf dem Kopf, rief der erste christliche Kaiser Roms das Konzil zur Ordnung, als wäre es ein römischer Senat – was verständlich ist, wenn man bedenkt, dass jeder der fast 2000 Bischöfe, die er nach Nicäa bestellt hatte, um das Christentum dauerhaft zu definieren, ein Römer war.

Die Bischöfe sollten erst dann wieder auseinandergehen, wenn sie die theologischen Differenzen untereinander beigelegt hätten, insbesondere, was das Wesen Jesu und seine Beziehung zu Gott betraf. In den Jahrhunderten seit der Kreuzigung Jesu hatte es zwischen den Kirchenführern immer wieder erbitterten Streit darum gegeben, ob Jesus menschlich oder göttlich sei. War er die Inkarnation Gottes, wie etwa Athanasius von Alexandria behauptete, oder war er, wie Arius' Anhänger annahmen, nur ein Mensch – ein perfekter Mensch vielleicht, aber eben nur ein Mensch?

Nach Monaten hitziger Verhandlungen übergab das Konzil Konstantin das sogenannte Bekenntnis von Nicäa, in dem zum ersten Mal die offiziell anerkannten, orthodoxen Überzeugungen der christlichen Kirche umrissen wurden. Jesus sei «als Einziggeborener aus dem Vater gezeugt», hieß es darin, «Licht aus Licht, wahrer Gott aus wahrem Gott, gezeugt, nicht geschaffen, eines Wesens mit dem Vater».

Diejenigen, die mit dem Bekenntnis nicht einverstanden waren – darunter die Arianer, die glaubten, es habe eine Zeit gegeben, in der Jesus nicht existierte –, wurden umgehend aus dem Reich verbannt, ihre Lehren wurden gewaltsam unterdrückt.

Es mag verführerisch sein, das Bekenntnis von Nicäa als offenkundig politischen Versuch zu werten, die berechtigten Gegenmeinungen innerhalb der Kirche zum Schweigen zu bringen. Auf jeden Fall trifft es zu, dass die Entscheidung des Konzils zu einem mindestens tausendjährigen furchtbaren Blutvergießen im Namen der christlichen Orthodoxie führte. Die Wahrheit aber ist, dass die Mitglieder des Konzils lediglich eine Glaubenshaltung festschrieben, die bereits Mehrheitsmeinung war – nicht nur nach Ansicht der in Nicäa versammelten Bischöfe, sondern der gesamten Christenheit. Der Glaube an Jesus als Gott war dank der ungeheuren Popularität des Paulusbriefes schon Jahrhunderte vor dem Konzil fest in der Kirche verankert worden.

Nach der Zerstörung des Tempels, dem Niederbrennen der Heiligen Stadt und der Auflösung der Jerusalemer Urgemeinde erfuhr Paulus innerhalb der christlichen Gemeinde eine erstaunliche Rehabilitation. Mit der möglichen Ausnahme der Logienquelle Q (die jedoch ein hypothetischer Text ist) waren die Paulusbriefe die einzigen Schriften über Jesus, die im Jahre 70 n. Chr. existierten. Diese Briefe waren seit den fünfziger Jahren in Umlauf. Sie waren an die Diasporagemeinden gerichtet, die nach der Zerstörung Jerusalems als einzige christliche Gemeinden übrig geblieben waren. Ohne Anleitung durch die Urgemeinde war die Verbindung der Bewegung zum Judentum abgebrochen. Nun wurde Paulus zum wichtigsten Vehikel, Jesus Christus einer neuen Generation von Christen nahezubringen. Sogar die Evangelien wurden durch die Paulusbriefe deutlich geprägt. Bei Markus und Matthäus etwa kann man den Einfluss der paulinischen Theologie klar erkennen. Die Dominanz von Paulus' Überzeugungen zeigt sich jedoch insbesondere im Lukas-Evangelium, das von einem ergebenen Anhänger Paulus' verfasst wurde. Das Johannes-Evangelium wiederum ist kaum mehr als paulinische Theologie in Erzählform. Paulus' Vorstellung des Christentums mag vor 70 n. Chr. von der Kirche verurteilt worden sein, danach jedoch wurde seine Idee einer völlig neuen Religion von Konvertiten im gesamten römischen Imperium begeistert aufgenommen. Diese Religion war befreit von der Autorität eines nicht mehr existenten Tempels, nicht mehr belastet von einem längst irrelevanten Gesetz und abgekehrt von einem Judentum, das zur Außenseiterreligion geworden war.

Der Legende zufolge kam daher im Jahre 393 n. Chr. in der Stadt Hippo Regius im heutigen Algerien eine weitere Gruppe Bischöfe zu einem Konzil zusammen, um zu kanonisieren, was wir heute als Neues Testament kennen. Für diese christlichen Schriften wählten sie einen Brief des Jakobus, des Bruders und Nachfolgers Jesu, zwei Briefe von Petrus, des Hauptapostels und Ersten der Zwölf, drei Briefe von Johannes, des geliebten Jüngers und Säule der Kirche, und vierzehn Briefe von Paulus, des Abweichlers und Ausgestoßenen, der von den Führern in Jerusalem abgelehnt und verachtet worden war. Tatsächlich stammen mehr als die Hälfte der 27 Bücher, aus denen heute das Neue Testament besteht, entweder von Paulus selbst oder sie handeln von ihm.

Das sollte nicht weiter überraschen. Nach der Zerstörung Jerusalems war das Christentum eine fast ausschließlich nichtjüdische Religion; sie brauchte eine nichtjüdische Theologie. Und genau das bot Paulus. Die Wahl zwischen Jakobus' Vision einer jüdischen, im Gesetz Mose verankerten und von einem gegen Rom kämpfenden jüdischen Nationalisten abgeleiteten Religion und

Paulus' Vorstellung von einer römischen Religion, die sich vom jüdischen Provinzialismus lossagte und zur Erlösung nichts außer dem festen Glauben an Jesus einforderte, war für die zweite und dritte Generation der Anhänger Jesu nicht weiter schwer. Zweitausend Jahre später hat der von Paulus geschaffene Christus den historischen Jesus gänzlich verdrängt. Die Erinnerung an den revolutionären Eiferer, der durch Galiläa zog und eine Armee von Anhängern um sich scharte, um das Königreich Gottes auf Erden zu errichten, an den charismatischen Prediger, der sich gegen die Autorität der Jerusalemer Tempelpriester wehrte, den radikalen jüdischen Nationalisten, der die römische Besatzungsmacht herausforderte und verlor, ist beinahe vollständig verblasst. Das ist schade. Denn wenn es etwas gibt, was eine umfassende Studie über den historischen Jesus im besten Fall ergeben sollte, dann dies: Jesus von Nazaret – Jesus der *Mensch* – ist ebenso fesselnd, charismatisch und bewundernswert wie Jesus der Christus. Er ist, kurz gesagt, jemand, an den es sich zu glauben lohnt.

DANKSAGUNG

Dieses Buch ist das Ergebnis von zwei Jahrzehnten Forschungs-
arbeit zum Neuen Testament und den Ursprüngen der christlichen
Bewegung, die ich an der Santa Clara University, der Harvard Uni-
versity und der University of California in Santa Barbara betrieben
habe. Obwohl ich natürlich all meinen Professoren zu großem
Dank verpflichtet bin, möchte ich doch meine extrem geduldige
Griechischprofessorin Helen Moritz und meine kluge Ratgeberin,
die inzwischen verstorbene Catherine Bell, beide von der Santa
Clara University, besonders hervorheben. Gleiches gilt für Harvey
Cox und Jon Levinson in Harvard sowie Mark Juergensmeyer
von der UCSB. Daneben danke ich meinem Herausgeber Will
Murphy für die bedingungslose Unterstützung, die ich von ihm
erfahren habe, sowie dem gesamten Team bei Random House. Be-
sonderer Dank gebührt Elyse Cheney, der besten Literaturagentin
der Welt, und Ian Werrett, der nicht nur sämtliche hebräischen
und aramäischen Passagen in diesem Buch übersetzt, sondern auch
zahlreiche Entwürfe des Manuskripts gelesen und wertvolle Rat-
schläge erteilt hat. Am meisten aber danke ich wie immer meiner
geliebten Frau und besten Freundin Jessica Jackley, deren Liebe
und Hingabe mich zu dem Mann gemacht haben, der ich immer
gerne werden wollte.

ANMERKUNGEN

Einführung

Einen großen Teil meiner Erkenntnisse verdanke ich John P. Meiers umfassendem Werk *A Marginal Jew. Rethinking the Historical Jesus* (4 Bde., New Haven 1991–2009). Zum ersten Mal begegnete ich Father Meier während meines Studiums des Neuen Testaments an der Santa Clara University. Seine konsequente Sichtweise des historischen Jesus, von der damals nur der erste Band vorlag, legte den Keim zu diesem Buch. Father Meiers Darstellung beantwortet die Frage, warum uns so wenige historische Informationen über einen Mann überliefert sind, der den Lauf der Menschheitsgeschichte so grundlegend veränderte. Seine These, dass wir so wenig über Jesus wissen, weil man ihn zu Lebzeiten nur für einen unbedeutenden jüdischen Bauern aus den Wäldern Galiläas hielt, bildet die theoretische Basis für das vorliegende Buch.

Freilich argumentiere ich darüber hinaus, dass wir nicht zuletzt deshalb so wenig über den historischen Jesus wissen, weil seine messianische Mission – so bedeutend sie sich im Nachhinein auch erwiesen haben mochte – im Palästina des 1. Jahrhunderts keineswegs ungewöhnlich war. Aus diesem Grund verweise ich auch auf das Zitat des Philosophen Kelsos, «Ich bin der Gott oder Gottes Knecht oder ein göttliches pneuma [Geist] …», das in Rudolf Ottos Standardwerk *Reich Gottes und Menschensohn. Ein religionsgeschichtlicher Versuch* (2. Aufl., München 1940), S.1 zitiert wird.

Eine kurze Anmerkung zu Palästina im 1. Jahrhundert, von

dem im ganzen Buch die Rede ist: Palästina war zu Jesu Lebzeiten zwar die inoffizielle römische Bezeichnung für das Territorium, das sich heute über Israel, Palästina, Jordanien, Syrien und den Libanon erstreckt, aber erst nachdem die Römer den Bar-Kochba-Aufstand um die Mitte des 2. Jahrhunderts zerschlagen hatten, wurde die Region offiziell als *Syria Palaestina* bezeichnet. Dennoch ist die Bezeichnung Palästina des 1. Jahrhunderts in akademischen Diskussionen über die Zeit Jesu so gebräuchlich, dass ich keinen Grund sehe, sie hier nicht zu verwenden.

Nähere Angaben zu den messianischen Zeitgenossen von Jesus – zu den sogenannten falschen Messiassen – finden sich in den Studien Richard A. Horsleys, insbesondere in «Popular Messianic Movements Around the Time of Jesus», in: *Catholic Biblical Quarterly* 46 (1984), S. 409–432; «Popular Prophetic Movements at the Time of Jesus: Their Principal Features and Social Origins», in: *Journal for the Study of the New Testament* 26 (1986), S. 3–27; und, gemeinsam mit John S. Hanson, *Bandits, Prophets, and Messiahs* (Minneapolis 1985), S. 135–189. Der Leser wird bemerken, dass ich mich stark auf Prof. Horsleys Studien stütze. Immerhin ist er der renommierteste Spezialist für die apokalyptische Stimmung im 1. Jahrhundert.

Die sogenannte Zweiquellentheorie wird zwar von fast allen Gelehrten akzeptiert, doch es gibt eine Handvoll Bibelkundiger, die sie als plausible Erklärung für die Entstehung der vier kanonischen Evangelien, wie wir sie kennen, ablehnen. Beispielsweise vereinfacht laut Jean Magne in *Logique des Dogmes* (Paris 1989; englische Ausgabe: *From Christianity to Gnosis and from Gnosis to Christianity*, Atlanta 1993) die Zweiquellentheorie allzu sehr den Entstehungsprozess und erklärt nicht ausreichend die in seinen Augen komplexen Abweichungen unter den synoptischen Evangelien.

Neben der Geschichte von dem teuflischen jüdischen Priester Hannas erwähnt Flavius in den *Jüdischen Altertümern* Jesus von Nazaret noch an einer zweiten Stelle. Die Rede ist von dem sogenannten Testimonium Flavianum in Buch 18, Kapitel 3, in dem Josephus allem Anschein nach im Wesentlichen den Inhalt der Evangelien wiederholt. Aber diese Stelle ist durch spätere christliche Erweiterungen so sehr korrumpiert, dass ihre Authentizität zumindest zweifelhaft ist, und sämtliche Versuche der Gelehrten, aus der Passage ein Körnchen historische Wahrheit herauszufiltern, sind bislang gescheitert. Die zweite Stelle ist immerhin insofern wichtig, weil sie die Kreuzigung Jesu erwähnt.

Im Römischen Reich kam die Kreuzigung als Strafe zur Abschreckung vor Sklavenaufständen auf, vermutlich bereits 200 v. Chr. Zur Zeit Jesu war es die bevorzugte Strafe für das «Schüren eines Aufstands» (also Verrat oder Aufruhr), eben jenes Verbrechen, das man Jesus zur Last legte. Siehe dazu Hubert Cancik et al. (Hg.), *Brill's New Pauly Encyclopedia of the Ancient World: Antiquity* (Leiden 2005), Bd. 6, S. 60 und 966. Die Strafe wurde ausschließlich gegen nichtrömische Bürger verhängt. Römer konnten allerdings auch gekreuzigt werden, wenn sie so schwere Verbrechen begangen hatten, dass sie ihren Bürgerstatus verloren.

Im Markus-Evangelium sind keine Erscheinungen nach der Auferstehung enthalten, weil sich die Gelehrten weitgehend einig sind, dass die Originalversion des Evangeliums mit dem Vers Mk 16,8 endete. Näheres dazu siehe Anmerkung zu Kapitel 3.

Im Jahr 313 verabschiedete Kaiser Konstantin das Edikt von Mailand, das eine Phase der Toleranz des Christentums im Römischen Reich einleitete. Von Christen beschlagnahmter Besitz wurde zurückgegeben, Christen konnten nun ungehindert und ohne Angst vor Repressionen seitens der Regierung ihren Glauben ausüben. Das Toleranzedikt schuf zwar die Grundlage dafür, dass das Christentum zur offiziellen Religion des Reiches wurde, aber Konstantin vollzog nie diesen Schritt. Julian Apostata († 363), der letzte nichtchristliche Kaiser, unternahm sogar den Versuch, das Reich wieder zum Heidentum zurückzuführen, indem er dem alten System gegenüber dem Christentum den Vorrang einräumte und christliche Führungspersonen aus der Regierung entfernte.

Das Edikt von Mailand hob er allerdings nie auf. Erst im Jahr 380 unter der Herrschaft des Kaisers Flavius Theodosius wurde das Christentum zur offiziellen Religion des Römischen Reiches.

Der sehr knappe Abriss vom Leben und Wirken Jesu am Ende der Einführung gibt die Anschauung der großen Mehrheit der Gelehrten zu der Frage wieder, was man mit Sicherheit über den historischen Jesus sagen kann. Näheres dazu bei Charles H. Talbert (Hg.), *Reimarus: Fragments* (Chico, Kalif. 1985), sowie James K. Beilby und Paul Rhodes Eddy (Hg.), *The Historical Jesus: Five Views* (Downers Grove, Ill. 2009).

Teil I
Prolog: Ein Opfer anderer Art

Die Beschreibung des Tempels von Jerusalem und des Opferkultes stützt sich auf unzählige Quellen sowie auf meine zahlreichen Reisen an den Ort des Tempels. Aber einige Bücher waren mir bei der Rekonstruktion des alten jüdischen Tempels besonders hilfreich, darunter Martin Jaffee, *Early Judaism* (Bethesda 2006), vor allem die Seiten 172–188; Joan Comay, *The Temple of Jerusalem* (London 1975); und John Day (Hg.), *Temple and Worship in Biblical Israel* (New York 2005).

Die Anweisungen für den Bau des Altars mit vier Hörnern erhielt Mose, während das israelitische Volk auf der Suche nach einer neuen Heimat durch die Wüste irrte: «Dann mach aus Akazienholz den Altar, fünf Ellen lang und fünf Ellen breit – der Altar soll also quadratisch sein – und drei Ellen hoch. Mach ihm Hörner an seinen vier Ecken – seine Hörner sollen mit ihm ein Ganzes bilden – und überzieh ihn mit Kupfer! Stell auch die Gefäße her für seine Fett-Asche, seine Schaufeln und Schalen, seine Gabeln und Feuerpfannen! Alle seine Geräte sollst du aus Kupfer herstellen. Mach für den Altar ein Gitterwerk, ein Netzgitter aus Kupfer, und befestige am Netzgitter vier Kupferringe, und zwar an seinen vier Enden! Bring das Gitterwerk unterhalb der Altar-einfassung unten an! Das Netzgitter soll bis zur Mitte des Altars reichen. Verfertige für den Altar Stangen aus Akazienholz und überzieh sie mit Kupfer! Man soll die Stangen in die Ringe ste-cken, und zwar sollen die Stangen an beiden Seiten des Altars an-gebracht sein, wenn man ihn trägt. Mach ihn hohl, aus Brettern! Wie man es dir auf dem Berg gezeigt hat, so soll man es aus-führen.» (2 Mos 27,1–8)

Welche Bedeutung hatte es für den Tempel, wenn er der ein-zige Ort war, wo die Gegenwart Gottes möglich war? Man halte sich vor Augen: Die Samariter lehnten die privilegierte Stellung des Tempels von Jerusalem als einzigem Ort der Gottesanbetung ab. Stattdessen beteten sie Gott auf dem Berg Garizim an. Im We-sentlichen war das zwar der einzige religiöse Unterschied zwischen den beiden Völkern, aber deswegen wurden die Samariter nicht als Juden angesehen. Es gab noch andere Opferstätten für Juden (beispielsweise in Heliopolis), aber sie wurden nur als Stellvertre-ter, nicht als Ersatz angesehen.

Näheres zum Charakter Judäas als «Tempelstaat» siehe H. D. Mantel in «The High Priesthood and the Sanhedrin in the Time of the Second Temple», in: *The Herodian Period*, M. Avi-Yonah und Z. Baras (Hg.), *The World History of the Jewish People* 1.7 (Jerusalem 1975), S. 264–281. Das Josephus-Zitat zum Charak-ter Jerusalems als Theokratie stammt aus *Contra Apionem* 2.164 ff. Näheres zum Bankencharakter des Tempels bei Neill Q. Hamil-ton, «Temple Cleansing and Temple Bank», in: *Journal of Biblical Literature* 83.4 (1964), S. 365–372. Eine sehr knappe Aufstellung der Einnahmen des Tempels ist zu finden in Magen Broshi, «The Role of the Temple in the Herodian Economy», in: *Jewish Stu-dies* 38 (1987), S. 31–37. Die Gemeinde in Qumran lehnte den Tempel von Jerusalem ab, weil er in die Hände einer korrupten Priesterschaft geraten war. Stattdessen betrachtete sie sich selbst als vorübergehenden Ersatz für den Tempel und bezeichnete die Gemeinde als «Tempel des/der Menschen» oder *miqdash adam*.

Einige Gelehrte argumentierten, das liege daran, dass die Essener so großen Wert auf rituelle Reinheit legten; sie glaubten, dass ihre Gebete und Kulthandlungen mächtiger wären als die Rituale und Opfer in Jerusalem, die von den Priestern des Tempels befleckt worden waren. Eine ausführliche Erörterung der Wendung «Tempel des/der Menschen» ist enthalten in G. Brooke, *Exegesis at Qumran: 4QFlorilegium in its Jewish Context,* (Sheffield, U.K. 1985), S. 184–193; D. Dimant, «4QFlorilegium and the Idea of the Community as Temple», in: A. Caquot (Hg.), *Hellenica et Judaica: Hommage à Valentin Nikiprowetzky,* (Leuben-Paris 1986), S. 165–189.

Bekanntlich bezeichnete Josephus in seiner *Geschichte des Jüdischen Kriegs* die gesamte Priesterkaste als «Liebhaber des Luxus», allerdings war er mit dieser Kritik nicht allein. In den Qumran-Rollen werden die Priester ähnlich scharf kritisiert. Sie werden dort die «Streber nach angenehmen Dingen» genannt oder die «Freunde von Lobhudeleien».

Es existiert eine herrliche Beschreibung des Hohepriesters in dem berühmten *Aristeasbrief* aus dem 2. Jh. v. Chr. Es folgt der betreffende Abschnitt nach der online verfügbaren Übersetzung von Paul Rießler: «Als wir Eleazar beim Dienste sahen, rief seine Gewandung sowie die Würde, die sich in dem Leibrock und den Steinen an ihm ausdrückt, bei uns großes Staunen hervor. Rings um sein Gewand sind goldene Glöckchen, die ein eigenartiges Klingen ertönen ließen, und an beiden Seiten davon bunte Granatäpfel von erstaunlicher Farbenpracht.

Gegürtet ist er mit einem herrlichen, großartigen Gürtel, der in den schönsten Farben gewirkt ist. Auf der Brust trägt er die sogenannte Orakeltasche, worin zwölf verschiedene Steine eingesetzt sind, in Gold gefasst und mit den Namen der Stammväter nach der ursprünglichen Reihenfolge, jeder Stein strahlend in der unbeschreiblichen Eigenart seiner natürlichen Farbe. Auf dem Haupt trägt er den sogenannten Kopfbund und über der Stirn die unvergleichliche Mitra, das ist das heilige Diadem mit dem in

heiligen Buchstaben ins goldene Stirnblatt eingegrabenen Gottes-
namen aller Herrlichkeit. So ist beim Gottesdienst die Gewandung
dessen, der ihrer würdig befunden ward.

Der Anblick alles dessen ruft Ehrfurcht und Staunen hervor,
sodass man sich wie in eine andere Welt versetzt fühlt. Ja, ich ver-
sichere aufs Bestimmteste: Jeder, der an dem beschriebenen Schauspiel teilnimmt, gerät in Staunen und unbeschreibliche Verwun-
derung; er gerät außer sich über die Heiligkeit, die sich in allen
Einzelheiten äußert.»
Eine englische Übersetzung ist enthalten in James H. Charlesworth (Hg.), *The Old Testament Pseudepigrapha,* (New York 1985),
Bd. 2, S. 7–34.

Kapitel eins: Ein Loch im Winkel

Als Einführung in die Politik Roms gegenüber den unterworfenen
Völkern und insbesondere zu seiner Beziehung zum Hoheprie-
ster und dem Priesteradel in Jerusalem siehe Martin Goodman,
The Ruling Class of Judea (New York 1987); sowie Richard A.
Horsley, «High Priests and the Politics of Roman Palestine», in:
Journal for the Study of Judaism 17.1 (1986), S. 23–55. Goodmans
Monographie *Rome and Jerusalem: The Clash of Ancient Civilizations* (London 2007) enthält eine unverzichtbare Erörterung der
bemerkenswert toleranten Haltung Roms gegenüber den Juden
und vermittelt darüber hinaus eine Reihe von römischen Anschauungen zur Einzigartigkeit des jüdischen Volkes. Über Goodmans
Studie bin ich auch auf die Zitate von Cicero, Tacitus und Seneca
gestoßen. Eine ausführlichere Erörterung der römischen Haltung
gegenüber jüdischen Bräuchen ist zu finden in Eric S. Gruen,
«Roman Perspectives on the Jews in the Age of the Great Revolt»,
in: Andrea M. Berlin und J. Andrew Overman (Hg.), *The First Jewish Revolt,* (New York 2002), S. 27–42. Ausführlicher werden die
religiösen Bräuche und Kulte des Römischen Reichs beschrieben

in Mary Beard, John North und Simon Price, *Religions of Rome: A Sourcebook*, 2 Bde. (Cambridge 1998).

Der Akt einer «völligen Vernichtung» (auf Hebräisch *herem*), wenn Gott die unerbittliche Tötung «alles, was Odem hat» befiehlt, ist ein immer wiederkehrendes Motiv in der Bibel, wie ich in meinem Buch *How to Win a Cosmic War* (New York 2009), S. 66–69, näher ausführe. Es handelt sich hier um eine «ethnische Säuberung als ein Mittel, um die kultische Reinheit zu gewährleisten», um den großen Bibelexperten John Collins zu zitieren in «The Zeal of Phinehas: The Bible and the Legitimation of Violence», in: *Journal of Biblical Literature* 122.1 (2003), S. 7. Zu den genauen Steuern und Maßnahmen, die Rom gegenüber den jüdischen Bauern ergriff, siehe Lester L. Grabbe, *Judaism from Cyrus to Hadrian*, 2 Bde. (Minneapolis 1992), S. 334–337; sowie Horsley und Hanson, *Bandits, Prophets, and Messiahs*, S. 48–87. Grabbe weist darauf hin, dass einige Gelehrte Zweifel äußerten, ob die jüdische Bevölkerung gezwungen war, an Rom Tribut zu zahlen. Es steht allerdings außer Frage, dass die Juden den Bürgerkrieg zwischen Pompeius und Cäsar finanzierten mussten. Zum Thema der Massenurbanisierung und zur Migration der Bevölkerung aus ländlichen Gegenden in städtische Zentren siehe Jonathan Reed, «Instability in Jesus' Galilee: A Demographic Perspective», in: *Journal of Biblical Literature* 129.2 (2010), S. 343–365.

Kapitel zwei: König der Juden

Von dem «Messias» oder «Gesalbten» oder allgemein von Salben ist in der hebräischen Bibel im Zusammenhang mit König Saul (1 Sam 12,5), König David (2 Sam 23,1), König Salomo (1 Kg 1,39) und mit dem Priester Aaron und seinen Söhnen (2 Mos 1–9) die Rede, sowie beim Propheten Jesaja (Jes 61,1) und Elischa (1 Kg 19, 15 f.). Die große Ausnahme in dieser Liste ist in Jesaja 45,1 zu finden, wo der persische König Kyrus der «Gesalbte» des Herrn genannt wird, obwohl er den Gott der Juden gar nicht kennt (45,4). Insgesamt ist in der Hebräischen Bibel 39 Mal davon die Rede, dass jemand oder auch ein Gegenstand wie Sauls Schild (2 Sam 1,21) oder das Allerheiligste (4 Mos 7,1) gesalbt sei. Aber kein einziges Mal wird auf den Messias als den künftigen Heilsbringer verwiesen, den Gott zum Wiederaufbau des Königreichs unter David und zur Wiederherstellung Israels in seinem ganzen Ruhm und seiner Macht ernannte. Diese Sichtweise des Messias, die zur Lebenszeit Jesu offenbar weit verbreitet war, wurde in Wirklichkeit in der unruhigen Phase des Babylonischen Exils im 6. Jh. v. Chr. geprägt. Es besteht zwar kein Zweifel daran, dass die Banden Galiläas eine apokalyptische, eschatologische und millenaristische Bewegung waren, aber Richard Horsley und John Hanson betrachten dies als drei eigenständige Kategorien und lehnen es folglich ab, die Banditen als eine «messianische» Bewegung zu bezeichnen. Mit anderen Worten, die Autoren behaupten, dass man «messianisch» und «eschatologisch» nicht als Synonyme betrachten darf. Allerdings besteht, wie ich in diesem Abschnitt darlege, keinerlei Veranlassung, davon auszugehen, dass in den Köpfen der jüdischen Bauern eine derartige Unterscheidung verankert war. Anstelle einer so subtilen Auffassung des Messianismus dürften sie alle diese «eigenen Kategorien» in einen Topf geworfen und eine unbestimmte Erwartung der «Endzeit» empfunden haben. Jedenfalls räumen Horsley und Hanson selbst ein, dass «viele wesentliche Bedingungen für Banditentum und messianische Bewegungen identisch waren. In Wirklichkeit wäre es durchaus möglich, dass überhaupt kein Unterschied zwischen ihnen bestand, wenn es unter den Juden nicht eine Tradition des Königtums aus dem Volk und historische Prototypen eines ‹Gesalbten› gegeben hätte.» *Bandits, Prophets, and Messiahs*, S. 88–93.

Zum Cäsar als dem «Sohn Gottes» siehe Adela Yarbro Collins, «Mark and His Readers: The Son of God Among Greeks and Romans», in: *Harvard Theological Review* 93.2 (2000), S. 85–100. Zwei zelotische Rabbinen, Judas, Sohn des Sepphoräus, und Matthias,

Sohn des Margalus, führten einen Aufstand an, der sich gegen den Tempel richtete. Sie versuchten, den Adler zu zerstören, den Herodes auf das Tempeltor gesetzt hatte. Gemeinsam mit ihren Anhängern wurden sie alle von den Truppen des Herodes gefasst und zu Tode gefoltert. Die komplexen Zusammenhänge der Sektiererei im Judentum des 1. Jahrhunderts werden trefflich geschildert von Jeff S. Anderson in seiner überzeugenden Analyse *The Internal Diversification of Second Temple Judaism* (Lanham 2002).

Laut Josephus nannte sich Simon von Peräa selbst «König», woraus Horsley und Hanson schließen, dass er den «populären messianischen Bewegungen» angehörte, die nach Herodes' Tod aus dem Boden schossen. Siehe *Bandits, Prophets, and Messiahs,* S. 93. Einmal mehr besteht meiner Ansicht nach kein Grund zu der Annahme, dass die jüdischen Bauern einen Unterschied zwischen «Messias» und «König» machten, weil beide Titel nicht auf den Schriften basierten, zu denen die große Mehrheit der Juden keinen Zugang hatte und die sie ohnehin nicht lesen konnte, sondern sie stützten sich auf die Überlieferung und die Geschichten der messianischen Bewegungen aus der jüdischen Geschichte sowie auf Prophezeiungen, allgemeine Vorstellungen, Fabeln und mündliche Überlieferungen. Natürlich lehnen manche Gelehrte die Auffassung eindeutig ab, dass «König» gleichbedeutend mit Messias sei. Anders ausgedrückt, sie machen einen Unterschied zwischen, wie Craig Evans schreibt, «politischen Königsanwärtern und messianischen Königsanwärtern». In dieses Lager gehört auch M. De Jong, *Christology in Context: The Earliest Christian Response to Jesus* (Philadelphia 1988). Evans hat allerdings recht mit seinem Argument, dass, wenn man sich mit einem Königsanwärter im 1. Jahrhundert in Palästina befasst, man «davon ausgehen sollte, dass jeder jüdische Anspruch auf den israelitischen Thron aller Wahrscheinlichkeit nach in gewisser Weise ein Kandidat für Messianismus ist». Dem kann ich nur zustimmen. Siehe Craig Evans, *Jesus and His Contemporaries* (Leiden 1995), S. 55.

Kapitel drei: Ihr wisst, woher ich bin

Zur Bevölkerung Nazarets in der Antike siehe den entsprechenden Eintrag im *Anchor Bible Dictionary* (New York 1992). Siehe auch E. Meyers und J. Strange, *Archaeology, the Rabbis, and Early Christianity* (Nashville 1981) und John Dominic Crossan, *The Historical Jesus: The Life of a Mediterranean Jewish Peasant* (New York 1992; deutsch: *Der historische Jesus,* München 1995), S. 18. Die Gelehrten sind sich nicht einig darüber, wie viele Menschen zur Zeit Jesu in Nazaret lebten. Die einen behaupten, höchstens ein paar hundert, andere hingegen gehen von mehreren tausend aus. Ich tendiere zu einer Einwohnerzahl etwa in der Mitte, weshalb ich die Bevölkerung des Ortes auf etwa 100 Familien geschätzt habe. Ausführlicher zum Leben in der damaligen Provinz Galiläa bei Scott Korb, *Life in Year One: What the World Was Like in First-Century Palestine* (New York 2011).

Trotz der Geschichten in den Evangelien, Jesus habe in der Synagoge seines Heimatortes gepredigt, ist bislang kein archäologischer Hinweis darauf gefunden worden, der auf die Existenz einer Synagoge im damaligen Nazaret schließen ließe. Allerdings ist es durchaus möglich, dass es ein kleines Gebäude gab, das als Synagoge genutzt wurde (immerhin konnte das Wort «Synagoge» in Jesu Zeiten auch einfach nur einen Raum mit einer Torarolle bezeichnen). Man sollte auch nicht vergessen, dass der Tempel von Jerusalem zu der Zeit, als die Evangelien niedergeschrieben wurden, zerstört war und die Synagoge der einzige Versammlungsort für die Juden war. Es ist also nur logisch, dass Jesus nach Darstellung der Evangelien in jeder Stadt, die er besuchte, in der Synagoge predigte.

In Nazaret sind keine Inschriften entdeckt worden, die darauf hindeuten, dass die Bevölkerung besonders lesekundig war. Schätzungen zufolge konnten zur Zeit Jesu 95 bis 97 Prozent der jüdischen Bauern weder lesen noch schreiben. Siehe dazu Crossan, *Historical Jesus,* S. 24 ff.

Zur These, Nazaret sei der Geburtsort von Jesus gewesen, siehe John P. Meier, *A Marginal Jew*, Bd. 1, S. 277 f.; E. P. Sanders, *The Historical Figure of Jesus* (New York 1993); und John Dominic Crossan, *Jesus: A Revolutionary Biography* (New York 1995), S. 18–23.

Näheres zu den messianischen Anschauungen zur Zeit Jesu bei Gershom Scholem, *The Messianic Idea in Judaism* (New York 1971), S. 1–36. Scholem unterscheidet zwei messianische Strömungen im frühen Judentum: die restaurative und die utopische. Restaurativer Messianismus strebt eine Rückkehr zu einem Idealzustand in der glorifizierten Vergangenheit an, anders gesagt: Die Anhänger gehen davon aus, dass die Verbesserung der gegenwärtigen Verhältnisse unmittelbar mit den Ruhmestaten der Vergangenheit verknüpft ist. Aber wenn der restaurative Zweig auch seine Hoffnung aus der Vergangenheit schöpft, so hat er dennoch einen unmittelbaren Bezug zu dem Streben nach einer besseren Zukunft, die «einen Zustand der Dinge, der noch nie existierte», hervorbringen wird. Der utopische Messianismus ist mit dem restaurativen Zweig verwandt. Der seinem Wesen nach apokalyptische, utopische Messianismus strebt mit dem Kommen des Messias eine katastrophale Wendung an: das heißt die Vernichtung der jetzigen Welt und die Begründung eines messianischen Zeitalters. Den restaurativen Messianismus kann man in die königlichen Überlieferungen einordnen, die zu dem Ideal Davids aufblicken – er trachtet nach der Gründung eines Königreichs in der Jetztzeit –, der utopische Messianismus hingegen wird mit der Priesterfigur in Verbindung gebracht, die in den Qumran-Rollen entdeckt wurde. Natürlich bestanden diese Strömungen nicht unabhängig voneinander. Im Gegenteil, beide Extreme existierten in der einen oder anderen Form in so gut wie jeder messianischen Gruppierung. Genau genommen ließ gerade diese Spannung zwischen den beiden messianischen Strömungen die vielfältige Eigenart des Messias im Judentum entstehen. Mehr Einzelheiten zum jüdischen Messianismus enthalten die Studien von Richard Horsley, unter anderen

«Messianic Figures and Movements in First-Century Palestine», in: James H. Charlesworth (Hg.), *The Messiah*, (Minneapolis 1992), S. 295; «Popular Messianic Movements Around the Time of Jesus», in: *Catholic Biblical Quarterly* 46 (1984), S. 471–493; und «‹Like One of the Prophets of Old›: Two Types of Popular Prophets at the Time of Jesus», in: *Catholic Biblical Quarterly* 47 (1985), S. 435–463. Diese drei Studien von Horsley hatten allesamt maßgeblich Anteil an meiner Bewertung der messianischen Gedanken in der Zeit Jesu. Darüber hinaus empfehle ich den entsprechenden Eintrag in D. N. Freedman et al. (Hg.), *The Anchor Bible Dictionary*, (New York 1992); und J. Werblowsky et al. (Hg.), *The Encyclopedia of the Jewish Religion* (New York 1966).

Offenbar erwartete die Gemeinschaft in Qumran tatsächlich zwei verschiedene Messiasse. Diese Vermutung liegt nahe, wenn in IX,12 von dem Kommen des «Propheten und der Gesalbten Aarons und Israels» die Rede ist. Ganz eindeutig wird hier zwischen einer königlichen und einer priesterlichen Messiasgestalt unterschieden. In der Gemeinschaftsregel wird diese Vorstellung weiter ausgeführt. In dieser Rolle wird ein Festmahl «am Ende der Tage» beschrieben, bei dem der Messias Israels auf einem Platz sitzt, der dem des Priesters der Gemeinde untergeordnet ist. Im Text wird der Priester zwar nicht ausdrücklich als «Messias» oder Gesalbter bezeichnet, aber sein übergeordneter Platz am Tisch lässt auf seine eschatologische Macht schließen. Aus diesen Textstellen haben Gelehrte den Schluss gezogen, dass die Gemeinde der Essener in Qumran an das Kommen eines königlichen und eines priesterlichen Messias glaubte, wobei Letzterer über Ersteren herrschte. Siehe dazu James Charlesworth, «From Jewish Messianology to Christian Christology; Some Caveats and Perspectives», in: Jacob Neusner et al. (Hg.), *Judaisms and Their Messiahs at the Turn of the Christian Era* (Cambridge 1987), S. 225–264 (zitiert nach Eduard Lohse [Hg.], *Die Texte aus Qumran. Hebräisch und Deutsch,* Darmstadt 1971, S. 33. Dort wird mit römischen Ziffern unterteilt).

An dieser Stelle darf man nicht vergessen, dass der Messias in den Hebräischen Schriften nirgendwo ausdrücklich als physischer Nachkomme Davids, also als «Sohn Davids», bezeichnet wird. Doch die mit dem Messias assoziierten Vorstellungen und die Tatsache, dass man davon ausging, seine Hauptaufgabe werde die Wiederherstellung von Davids Königreich sein, verknüpften die messianischen Erwartungen unablässig mit der Abstammungslinie Davids. Das liegt zum großen Teil an dem sogenannten Davidischen Bund, der sich auf die Prophezeiung Natans stützte: «Dein [Davids] Haus und dein Königtum sollen durch mich auf ewig bestehen bleiben; dein Thron soll auf ewig Bestand haben.» (2 Sam 7,16)

Die Abstammung Jesu vom König David wird immer wieder betont, nicht nur in den Evangelien, sondern auch in den Briefen des Paulus, wo Jesus mehrfach als «Nachkomme Davids» (Röm 1,3 f.; 2. Timotheus 2,8) bezeichnet wird. Ob das der Wahrheit entsprach, kann niemand sagen. Viele Menschen behaupteten, sie würden von dem größten israelitischen König abstammen (der 1000 Jahre vor Jesus von Nazaret lebte), und offen gesagt war kein einziger imstande, diese Abstammung zu beweisen oder zu widerlegen. Die Verbindung zwischen Jesus und David war für die frühen Christen jedoch offensichtlich von essentieller Bedeutung, weil sie nicht zuletzt bewies, dass dieser kleine Bauer in Wirklichkeit der Messias war.

Gemeinhin gehen die Gelehrten davon aus, dass der ursprüngliche Text von Markus mit 16,8 endete und dass die Verse 9 bis 20 später hinzugefügt wurden. Wie Norman Perrin schreibt: «Es ist die so gut wie einhellige Meinung der modernen Forschung, dass das, was in den meisten Überlieferungen des Markus-Evangeliums unter 16,9–20 enthalten ist, eine Zusammenstellung von Material ist, das man den anderen Evangelien entnommen und dem Originaltext hinzugefügt hatte, als es von den Schreibern der frühen christlichen Gemeinden kopiert und weitergegeben wurde.» (Norman Perrin, *The Resurrection According to Matthew, Mark, and Luke*, Philadelphia 1977, S. 16) Allerdings zweifeln manche

Theologen diese Vermutung immer noch an und argumentieren, dass ein Buch doch keinesfalls wie Markus 16,8 mit dem griechischen Wort γαρ enden könne. Diese Anschauung ist widerlegt worden von P. W. van der Horst, «Can a Book End with ΓAP? A Note on Mark XVI.8», in: *Journal of Theological Studies* 23 (1972), S. 121–124. Horst weist auf etliche Texte der Antike hin, die tatsächlich auf diese Weise enden (z. B. das 32. Traktat des Plotin). Jedenfalls merkt jeder, der das Markus-Evangelium im griechischen Originaltext liest, sofort, dass die letzten Verse von einem anderen geschrieben wurden.

Zu den Prophezeiungen, in denen es heißt: «Wenn jedoch der Messias kommt, weiß niemand, woher er stammt», siehe die Apokryphen 1. Henoch 48,6 und 4. Esra 13,51 f. Eine vollständige Aufstellung der sogenannten messianischen «Beweistexte» findet sich bei J. J. M. Roberts, «The Old Testament's Contribution to Messianic Expectations», in: *The Messiah*, S. 39–51. Laut Roberts lassen sich diese Texte in fünf Kategorien einordnen. Erstens gibt es Stellen, die offenbar Prophezeiungen *ex eventu* waren, also im Nachhinein erfolgten. Roberts zitiert Bileams Orakelspruch in 4. Mose 24,17 («Ein Stern geht in Jakob auf») als einen Fall, wo eine Prophezeiung, die scheinbar bereits mit der frühen Königszeit erfüllt war (in diesem Fall die Feier der Siege Davids als König über Moab und Edom, wie in den Versen 17b und 18 beschrieben), zu einer Prophezeiung bezüglich des künftigen göttlichen Königtums umgedeutet wurde. Eine so futuristische Auslegung lasse jedoch, so Roberts, die ursprünglichen Rahmenbedingungen der Prophezeiung außer Acht. Die zweite Kategorie befasst sich mit prophetischen Stellen, die allem Anschein nach im Rahmen der Thronbesteigung der gesalbten Könige anzutreffen sind. Zum Beispiel Psalm 2 («Mein Sohn bist du. Heute habe ich dich gezeugt») und Jesaja 9,5 («Denn uns ist ein Kind geboren, ein Sohn ist uns geschenkt. Die Herrschaft liegt auf seiner Schulter; man nennt ihn: Wunderbarer Ratgeber, Starker Gott, Vater in Ewigkeit, Fürst des Friedens») wurden höchstwahrscheinlich eigens für bestimmte Anlässe verfasst, um sowohl religiöse als auch politische Funktionen zu erfüllen. Die politische Verwendung dieser Texte zeigt sich in den Ansprüchen auf eine autoritäre Macht des Königs sowie seine direkt Verbindung zu Gott. Sie stellen darüber hinaus eine Verbindung zwischen den Pflichten des Königs gegenüber seinem Volk und Gottes Geboten her. Der König, der im Namen Gottes herrscht, muss die Gerechtigkeit Gottes repräsentieren. Dies ungeachtet, wären Erklärungen, wie sie in diesen Versen enthalten sind, zweifellos ein wirkungsvolles Instrument für jede königliche Propaganda. Die dritte Kategorie der Beweistexte spricht in der Tat von einem künftigen Herrscher und sind vermutlich die Verse, die am häufigsten von jenen zitiert werden, die dem Messias in den Hebräischen Schriften eine Heilserwartung zusprechen wollen (Mi 5,15; Sach 9,110). In diesen Texten ist von der Inkarnation des Davidischen Ideals die Rede. Und der Betreffende wird *metaphorisch* (nicht physisch) als ein König aus der Linie Davids bezeichnet, die der Monarchie Israels wieder zu ihrem früheren Ruhm verhelfen wird. In den Augen von Roberts impliziert jedoch das Versprechen eines guten Königs in der Zukunft (etwa Michas Versprechen eines Königs, der aus dem bescheidenen Betlehem kommen wird) «eine schwere Kritik an dem gegenwärtigen Inhaber des Davidischen Throns als alles andere als würdiger Erbe Davids». Solche Kritik taucht in den prophetischen Texten immer wieder auf (siehe Jes 1,21–26; 11,19; 32,1–8). Den gleichen Ansatz verwendet Roberts bei der vierten Gruppe messianischer Beweistexte, die einen künftigen König vor Augen haben. Diese Texte, in erster Linie Jeremia und Ezechiel, ordnet Roberts in die Endphase des jüdischen Königtums ein, als eine Restauration der Davidischen Dynastie eine Reaktion auf die wachsenden Existenzängste wegen der Zukunft Israels als Theokratie war. In die letzte Kategorie fallen die Textstellen, die nach dem Exil entstanden. Laut Roberts standen die Juden nach der Rückkehr aus dem Exil vor einem zerstörten Tempel, ihre Priesterschaft war verrufen und sie hatten keinen König. Die prophetischen Texte Sacharjas und

Haggais befassten sich in Orakeln mit diesen Problemen, die es Serubbabel ermöglichten, Israels Monarchie und den Tempel wiederherzustellen (Hag 2,2023; Sach 4,610). Laut Roberts beziehen sich die Prophezeiungen zur Wiederherstellung der Krone und des Tempels (z.b. Sach 6,915) ausschließlich auf die Maßnahmen Serubbabels und sind eine optimistische Antwort auf die furchtbaren Zustände, die in der Phase nach dem Exil herrschten. Er führt auch die späteren, priesterlichen Messiaserwartungen auf die Texte dieses Zeitraums zurück, die auch eine Wiederherstellung der Priesterschaft unter Joshua einschließen (Sach 3,110). Nach seiner Untersuchung der messianischen Beweistexte ist Roberts überzeugt, dass die Idee eines messianischen Heilsbringers in den Hebräischen Schriften nicht ausdrücklich enthalten ist, sondern eine spätere Entwicklung der jüdischen Eschatologie ist, die von den Pharisäern möglicherweise im 2. oder 5. Jh. v. Chr. übernommen und später in das «normative Judentum» integriert wurde.

Kapitel vier: Die Vierte Philosophie

Nach Ansicht mancher Wissenschaftler bezeichnet der Ausdruck *tekton* nicht allein «Zimmermann», sondern jeden Handwerker im Baugewerbe. Markus 6,3 ist zwar die einzige Stelle, an der Jesus als *tekton* benannt wird, bei Matthäus 13,55 jedoch heißt es, dass Jesus' Vater ein *tekton* war. In Anbetracht der damaligen Gebräuche dürfte der Vers wahrscheinlich ein Hinweis darauf sein, dass auch Jesus ein *tekton* war (obwohl Jesus' Vater in dieser Passage bei Matthäus nicht tatsächlich beim Namen genannt wird). Einige Wissenschaftler glauben, dass Handwerker und Tagelöhner zu Zeiten von Jesus in der sozialen Hierarchie von Galiläa in etwa der unteren Mittelschicht entsprachen, eine Auffassung, die jedoch von Ramsay MacMullen in *Roman Social Relations: 50 B.C. to A.D. 384* (New Haven 1974) widerlegt worden ist.

Zur Sprache von Jesus und im Palästina des 1. Jahrhunderts im

Allgemeinen gibt es zahlreiche Studien, doch sind keine besser als die von Joseph Fitzmyer. Siehe «Did Jesus Speak Greek?», in: *Biblical Archaeology Review* 18.5 (September/Oktober 1992), S. 58–63; und «The Languages of Palestine in the First Century a.d.», in: Stanley E. Porter (Hg.), *The Language of the New Testament* (Sheffield 1991), S. 126–162. Weitere gute Studien zur Sprache von Jesus sind unter anderem James Barr, «Which Language Did Jesus Speak? Some Remarks of a Semitist», in: *Bulletin of the John Rylands Library* 53.1 (Herbst 1970), S. 14f.; und Michael O. Wise, «Languages of Palestine», in: Joel B. Green und Scot McKnight (Hg.), *Dictionary of Jesus and the Gospels* (Downers Grove, Ill. 1992), S. 434f.

John Meier steuert einen interessanten Kommentar über die Passage im Lukas-Evangelium bei, in der Jesus in der Synagoge aus der Jesaja-Rolle liest: «Wer auch immer es unternehmen wollte, Lukas' Darstellung von Jesus als historisch fundiert zu verteidigen, der aus der Jesaja-Rolle liest, müsste erstens erklären, wie Jesus es zuwege bringt, aus einer Jesaja-Rolle eine Passage vorzulesen, die sich zusammensetzt aus Jesaja 61,1a, b, d; 58,6d; und 61,2a (unter Auslassung von 61,1c, 2d), und zweitens, wie es kommt, dass Jesus einen Jesaja-Text liest, der größtenteils dem der griechischen Septuaginta entspricht, wo doch die Septuaginta an manchen Stellen vom Masoretischen Text abweicht.» Siehe Meier, *Marginal Jew,* Bd. 1, S. 303. Nichtsdestotrotz ist Meier überzeugt, dass Jesus kein Analphabet war und möglicherweise sogar eine gewisse formale Bildung erhalten haben könnte, was Meier aber nicht daran hindert, eine erhellende Darstellung der Argumente beider Seiten der Debatte zu liefern (S. 271–278).

Was Jesu Brüder betrifft, haben etliche katholische (und einige evangelische) Gelehrte darauf verwiesen, dass das griechische Wort *adelphos* (Brüder) auch «Vetter» oder «Stiefbruder» bezeichnen könnte. Das mag so sein, doch nirgendwo im Neuen Testament wird der Ausdruck *adelphos* zur Bezeichnung des einen oder anderen verwendet (und verwendet wird es oft, insgesamt rund

340-mal). Markus 6,17 verwendet das Wort *adelphos* im Sinne von «Halbbruder», als er Philippus' Beziehung zu Herodes Antipas beschreibt, aber selbst diese Verwendung impliziert einen «physischen Bruder».

Ein interessanter Nebenaspekt der Familie Jesu ist, dass sie alle nach großen Helden und Patriarchen der Bibel benannt waren. Jesu Name war Yeshu, die Kurzform von Yeshua oder Josua, dem großen israelitischen Krieger, der die in Kanaan siedelnden Stämme vernichtete und so das Land für die Israeliten säuberte. Seine Mutter war Mirjam, benannt nach der Schwester Mose. Sein Vater, Josef, war nach dem Sohn des Jakob benannt, der unter dem Namen Israel bekannt werden sollte. Seine Brüder – Jakobus, Josef, Simon und Judas – waren ausnahmslos nach biblischen Helden benannt. Offenbar wurde es nach der Makkabäischen Erhebung Sitte, Kinder nach den großen Patriarchen zu benennen, was auf ein wiedererwachtes Gefühl der nationalen Identität hinweisen könnte, das insbesondere in Galiläa stark ausgeprägt zu sein schien.

Die bei Matthäus vertretene Ansicht, Jesu Geburt durch eine Jungfrau sei von Jesaja prophezeit worden, kann als hinfällig gelten, insofern die Wissenschaftler den entsprechenden Vers in Jesaja 7,14 nahezu einmütig eben nicht mit «Seht, die Jungfrau wird ein Kind empfangen», sondern mit «Seht, eine junge Frau (*alma*) wird ein Kind empfangen» übersetzen. In dieser Hinsicht ist kein Zweifel möglich: *Alma* ist Hebräisch für «junge Frau». Punkt.

Ein besonders kontroverses Argument zur illegitimen Geburt Jesu findet sich bei Jane Schaberg, *The Illegitimacy of Jesus* (San Francisco 1978). Schaberg behauptet, Maria sei aller Wahrscheinlichkeit nach vergewaltigt worden, versäumt es aber aufzuzeigen, wie sie zu dieser Schlussfolgerung gelangt.

Kelsus' Geschichte über den Soldaten Panthera stammt aus seinem im 2. Jahrhundert erschienenen – und im Originaltext verloren gegangenen – Traktat *Wahre Lehre*. Was wir darüber wissen, beschränkt sich auf Origenes' polemische Antwort *Gegen Kelsos*, verfasst irgendwann gegen Mitte des 3. Jahrhunderts.

ANMERKUNGEN

Es sollte darauf verwiesen werden, dass sowohl Matthäus wie auch Lukas die «Marias Sohn»-Passage aus Markus 6,3 wiederholen, beide aber Markus' Feststellung korrigieren, indem sie Jesus explizit als «Sohn des Zimmermanns» (Mt 13,55) beziehungsweise «Sohn Josefs» (Lk 4,22) bezeichnen. Es gibt zwar abweichende Übersetzungen von Markus, bei denen der Vers den Zusatz «der Sohn des Zimmermanns» enthält, doch dabei handelt es sich nach allgemein akzeptierter Sichtweise um spätere Hinzufügungen. Im Original wird Jesus bei Markus 6,3 eindeutig als «Marias Sohn» bezeichnet. Es ist denkbar, wenn auch höchst unwahrscheinlich, dass Jesus als «Marias Sohn» bezeichnet wurde, weil Josef schon vor so langer Zeit verstorben war, dass man ihn vergessen hatte. Aber wie John Meier anmerkt, findet sich in den gesamten Hebräischen Schriften nur ein einziges weiteres Beispiel, bei dem ein Mann als Sohn seiner Mutter bezeichnet wird. Diese Stelle betrifft die Söhne von Zeruja – Joab, Abischai und Asael –, die Soldaten in König Davids Armee waren (1 Sam 26,6; 2 Sam 2,13). Alle drei werden wiederholt als «Zerujas Söhne» bezeichnet. Siehe Meier, *Marginal Jew,* Bd. 1, 226.

Mehr zur Frage, ob Jesus verheiratet war, findet sich bei William E. Phipps, *Was Jesus Married?* (New York 1970) sowie *The Sexuality of Jesus* (New York 1973). Karen King, Professorin an der Harvard University, hat unlängst einen winzigen Papyrusschnipsel ausgegraben, den sie auf das 4. Jh. n. Chr. datiert und auf dem sich ein koptischer Satz findet, dessen Übersetzung folgendermaßen lautet: «Jesus sagte zu ihnen, meine Frau ...» Zum Zeitpunkt, da ich diese Zeilen schreibe, stand eine Authentifizierung des Fragments noch aus, doch selbst wenn es sich dabei um keine Fälschung handelt, würde das nur Auskunft darüber geben, welchen Familienstand man Jesus im 4. Jh. n. Chr. zuschrieb.

In den gnostischen Evangelien finden sich einige erstaunliche Geschichten über den jungen Jesus, insbesondere im *Kindheitsevangelium des Thomas,* in denen ein aufmüpfiger Jesus mit seinen magischen Kräften protzt, etwa als er Vögel aus Ton zum Leben erweckt oder Nachbarskinder, die ihm nicht die nötige Ehrfurcht beweisen, tot umfallen lässt. Die beste und umfangreichste Sammlung der gnostischen Evangelien auf Englisch findet sich in Marvin W. Meyer (Hg.), *The Nag Hammadi Library* (New York 1977). Genauere Angaben zu Sepphoris finden sich im diesbezüglichen Eintrag von Z. Weiss in: Ephraim Stern (Hg.), *The New Encyclopedia of Archeological Excavations in the Holy Land* (New York 1993), S.1324–1328.

Zu Sepphoris als wichtigem Handelszentrum in Galiläa siehe Arlene Fradkin, «Long-Distance Trade in the Lower Galilee: New Evidence from Sepphoris», in: Douglas R. Edwards und C. Thomas McCollough (Hg.), *Archaeology and the Galilee* (Atlanta 1997), S. 107–116. Ob es sich bei den in Sepphoris gefundenen *Mikwaot* (rituelle Badehäuser) tatsächlich um Ritualbäder handelte, ist umstritten; Hanan Eshel von der Bar-Ilan-Universität gehört zu denen, die das abstreiten. Siehe «A Note on ‹Miqvaot› at Sepphoris», *Archaeology and the Galilee*, S. 131–133. Siehe auch Eric Meyers, «Sepphoris: City of Peace», in: Andrea M. Berlin und J. Andrew Overman (Hg.), *The First Jewish Revolt: Archaeology, History, and Ideology* (London 2002), S. 110–120. Ich selbst halte Eshels Argumentation für ziemlich überzeugend, die Mehrheit der Wissenschaftler und Archäologen auf dem Gebiet jedoch nicht …

Der genaue Zeitpunkt von Antipas' Verkündung und des Wiederaufbaus von Sepphoris als Königssitz lässt sich nicht mit Sicherheit bestimmen. Laut Eric Meyers zog Antipas fast sofort nach der Zerstörung der Stadt durch die Römer im Jahre 6 v. Chr. nach Sepphoris; siehe Eric M. Meyers, Ehud Netzer und Carol L. Meyers, «Ornament of All Galilee», *The Biblical Archeologist*, 49.1 (1986), S. 4–19. Shirley Jackson Case allerdings setzt in «Jesus and Sepphoris», *Journal of Biblical Literature* 45 (1926), S. 14–22, dafür einen deutlich späteren Zeitpunkt an, nämlich um 10 n. Chr. So oder so können wir Antipas' Einzug in Sepphoris nicht genauer als auf die Zeit um den Beginn des 1. Jahrhunderts herum datieren. Nicht vergessen werden sollte, dass Antipas die Stadt in *Autokrato-*

ris, sprich «Imperiale Stadt» umbenannte, nachdem er sie zum Sitz seiner Tetrarchie erhoben hatte.

Zu mehr über Jesu Leben in Sepphoris siehe Richard A. Batey, *Jesus and the Forgotten City: New Light on Sepphoris and the Urban World of Jesus* (Grand Rapids, Mich. 1991). Archäologische Arbeiten Eric Meyers' haben einigen Zweifel an der weithin vertretenen Ansicht geschürt, dass Sepphoris von Varus zerstört wurde, wie beispielsweise Josephus in *Geschichte des Jüdischen Krieges* 2,68 behauptet. Siehe «Roman Sepphoris in the Light of New Archeological Evidence and Research», in: Lee I. Levine (Hg.), *The Galilee in Late Antiquity* (New York 1992), S.323. (Siehe auch: http://de.wikisource.org/wiki/Juedischer_Krieg/Buch_II_1–9)

Obwohl Judas allem Anschein nach aus dem Ort Gamala im Golan stammte, war er unter dem Namen «Judas der Galiläer» bekannt. Die genaue Beziehung zwischen Ezechias und Judas dem Galiläer ist Gegenstand heftiger Debatten, und auch wenn sich nicht definitiv beweisen lässt, dass es sich bei Judas dem Galiläer und Judas dem Banditen – der Ezechias' Sohn war – um dieselbe Person handelte, ist das unzweifelhaft die Feststellung, die Josephus trifft (und zwar gleich an zwei Stellen!), und ich sehe keinen Grund, ihm darin keinen Glauben zu schenken. Siehe *Geschichte des Jüdischen Krieges* 2,56 und *Jüdische Altertümer* 17, 271–271. Mehr zu Judas' genealogischer Verbindung zu Ezechias findet sich im relevanten Beitrag in Geza Vermes, *Who's Who in the Age of Jesus* (New York 2006), S. 165 ff.; sowie in J. Kennard, «Judas the Galilean and His Clan», *Jewish Quarterly Review* 36 (1946), S. 281–286. Die widerstreitende Position wird unter anderem vertreten in Richard A. Horsley, «Menahem [Manaim] in Jerusalem: A Brief Messianic Episode Among the Sicarii – Not ‹Zealot Messianism›», *Novum Testamentum* 27.4 (1985), S. 334–348.

Zur innovativen Kraft von Judas dem Galiläer und seiner Bedeutung für die revolutionären Gruppen, die auf ihn folgten, siehe Morton Smith, «The Zealots and the Sicarii», *Harvard Theological Review* 64 (1971), S. 1–19.

Das biblische Konzept des Zelotismus lässt sich am besten als «eifersüchtiger Zorn» definieren und leitet sich ab vom Charakter Gottes, der in der Bibel als «ein verzehrendes Feuer und ein eifernder Gott» (5 Mos 4,24) beschrieben wird. Das berühmteste Beispiel des biblischen Zeloten ist Pinhas, der Enkelsohn von Mose Bruder Aaron, dessen Beispiel spontanen individuellen Handelns als Ausdruck von Gottes eifersüchtigem Zorn sowie als Buße für die Sündhaftigkeit des Volkes Israel zum Vorbild für persönliche Rechtschaffenheit in der Bibel wurde (4 Mos 25). Siehe Reza Aslan, *How to Win a Cosmic War*, S. 70 ff., sowie den Eintrag in *The Anchor Bible Dictionary*, Bd. 6, S. 1043–1054.

Richard Horsley weist einmal mehr die These zurück, Judas der Galiläer habe messianische Absichten gehegt. Dabei basiert seine Zurückweisung auf zwei Annahmen: erstens, dass Judas der Galiläer nicht von Ezechias dem Räuberhauptmann abstammt, was wir bereits weiter oben in Frage gestellt haben; und zweitens, dass bei Josephus Judas nirgendwo direkt als «König» oder «Messias», sondern vielmehr als «Sophist» benannt wird, eine Bezeichnung mit keinerlei messianischen Konnotationen. Siehe *Menahem [Manaim] in Jerusalem*, S. 342 f. Allerdings verhöhnt Josephus unverkennbar Judas den Galiläer für dessen «Streben nach der Königsherrschaft». Was sonst könnte dies bedeuten, als dass Judas messianische (soll heißen königliche) Absichten hegte? Mehr noch, Josephus verwendet denselben Begriff – «Sophist» –, um damit sowohl Mattatias (*Jüdische Altertümer* 17.6) zu beschreiben, dem während der makkabäischen Erhebung offen messianische Absichten zugeschrieben wurden, wie auch Manaim (*Die Geschichte des Jüdischen Krieges* 2.433–448), dessen messianischer Ehrgeiz über jeden Zweifel erhaben ist. In diesem Punkt stimme ich mit Martin Hengel überein, der schreibt, «auch dass von Judas eine Dynastie von Bandenführen ausging, unter denen wenigstens bei einem, Manaim, messianische Prätentionen sichtbar werden, lässt vermuten, dass die ‹4. Sekte› schon bei ihrem Gründer Judas eine messianische Grundlage hatte». Siehe *Die Zeloten* (Leiden/Köln 1976), S. 299. Allerdings widerspreche ich Hengel darin, dass man die Anhänger der Vierten Philosophie im eigentlichen Sinne als Zeloten bezeichnen konnte. Meiner Überzeugung nach predigten sie das Zelotentum vielmehr als biblische Doktrin, die die Vertreibung fremder Elemente aus dem Heiligen Land verlangte. Für mehr zu Josephus' Verwendung des Begriffs «Sophist», siehe Anm. 71 in Whistons Übersetzung von *The Jewish War*, Buch 2, Kapitel 1, Abschnitt 3.

Kapitel fünf: Wo ist die Flotte, mit der ihr die römischen Meere erobert?

Zum Leben des Pontius Pilatus vor seiner Amtszeit als Präfekt in Jerusalem liegen nur wenige historische Angaben vor, aber Ann Wroe hat unter dem Titel *Pontius Pilate* (New York 1999) einen interessanten Bericht vorgelegt, dessen Lektüre, wenn auch kein wissenschaftliches Werk, definitiv unterhaltsam ist. Im Hinblick auf den Unterschied zwischen einem Präfekten des Römischen Reichs und einem Prokurator lautet die kurze Antwort, dass es keinen gibt, zumindest nicht in einer kleinen und ziemlich unbedeutenden Provinz wie Judäa. Josephus bezeichnet Pilatus in die *Jüdischen Altertümer* 18.5.6 als Prokurator, während Philo ihn einen Präfekten nennt. Wahrscheinlich waren die Begriffe zu der Zeit austauschbar, und so habe ich einfach den Ausdruck «Statthalter» gewählt, um beides zu bezeichnen, Präfekt und Prokurator.

Was zusätzliche Angaben zu den Schilden angeht, die Pilatus in den Tempel von Jerusalem brachte, empfehle ich G. Fuks, «Again on the Episode of the Gilded Roman Shields at Jerusalem», *Harvard Theological Review* 75 (1982), S. 503–507, sowie P. S. Davies, «The Meaning of Philo's Text About the Gilded Shields», *Journal of Theological Studies* 37 (1986), S. 109–114.

Über die Gründe, warum die Juden sich gegen Rom erhoben, ist sehr viel geschrieben worden. Ohne Zweifel kam eine Gemengelage aus sozialen, wirtschaftlichen, politischen und religiösen

Missständen zusammen, die schlussendlich in den Jüdischen Krieg mündete, aber David Rhoads benennt in seinem Buch *Israel in Revolution: 6–74 C.E.* (Philadelphia 1976) sechs hauptsächliche Gründe: 1. Die Juden kämpften um die Bewahrung des Gesetzes Gottes. 2. Die Juden glaubten, dass Gott sie zum Sieg führen würde. 3. Die Juden wollten das Heilige Land von Fremden und Heiden befreien. 4. Die Juden wollten die Entweihung der Stadt Gottes, Jerusalem, verhindern. 5. Die Juden wollten den Tempel reinigen, und 6. hofften die Juden, dadurch das Zeitenende einzuleiten und die Ankunft des Messias zu bewirken.

Allerdings heben manche Experten (zu denen auch ich mich zähle) die eschatologischen Motive der Juden gegenüber diesen Gründen hervor. Siehe zum Beispiel A. J. Tomasino, «Oracles of Insurrection: The Prophetic Catalyst of the Great Revolt», *Journal of Jewish Studies* 59 (2008), S. 86–111. Andere wiederum warnen davor, der Rolle des apokalyptischen Eifers bei der Anstiftung der Juden zur Rebellion allzu viel Bedeutung beizumessen. Siehe etwa Tessa Rajak, «Jewish Millenarian Expectations», in: Andrea M. Berlin und J. Andrew Overman (Hg.), *The First Jewish Revolt* (New York 2002), S. 164–188, die dort schreibt: «Die Erwartung eines unmittelbar bevorstehenden Endes … gehörte nicht zum üblichen Gedankengut des Judentums im 1. Jahrhundert.» Allerdings halte ich die für die gegenteilige Sichtweise sprechenden Indizien für überzeugend, da man die Verbindung zwischen dem Messianismus und der jüdischen Erhebung in Josephus' Bericht über den Jüdischen Krieg kaum deutlicher hätte darstellen können.

Hinsichtlich der Liste der messianischen Aspiranten, die im Vorlauf zum Jüdischen Krieg auftauchten, beweist laut P. W. Barnett der Umstand, dass Josephus diesen messianischen Protagonisten (mit Ausnahme des «Ägypters») die Bezeichnung *Basileus* beziehungsweise «König» vorenthält, dass sie sich selbst weniger als Messias begriffen, sondern vielmehr als «Zeichenpropheten».

Doch selbst diese Zeichenpropheten erwarteten, wie Barnett anmerkt, «einen großen Akt der eschatologischen Erlösung», mithin etwas, was sich mit Fug und Recht als das inhärente Vorrecht eines Messias beschreiben lässt. Siehe P. W. Barnett, «The Jewish Sign Prophets», *New Testament Studies* 27 (1980), S. 679–697. James S. McLaren versucht (meiner Meinung nach vergeblich), sich nicht allzu sehr auf die Vorstellung zu berufen, dass die Juden in ihrem Kampf gegen das Römische Reich auf «göttlichen Beistand» hofften beziehungsweise von einem messianischen Eifer beflügelt waren, indem er behauptet, die Juden seien «einfach zuversichtlich gewesen, den Sieg davonzutragen», nicht anders, wie, sagen wir die Deutschen überzeugt waren, sie würden die Briten besiegen. Aber was konnte der Ausdruck «Optimismus» im Palästina des 1. Jahrhunderts anderes bedeuten als Vertrauen in Gott? Siehe «Going to War Against Rome: The Motivation of the Jewish Rebels», in: M. Popovic (Hg.), *The Jewish Revolt Against Rome: Interdisciplinary Perspectives, Supplements to the Journal for the Study of Judaism* 154 (Leiden 2011), S. 129–153.

Es sollte angemerkt werden, dass «der Samariter», auch wenn er sich selbst als «Messias» bezeichnete, er dies nicht exakt im jüdischen Sinne des Wortes tat. Das samaritanische Äquivalent zu «Messias» ist *Taheb,* wobei sich Taheb jedoch direkt auf den Messias bezog.

In der Tat waren die Begriffe synonym, wie durch die Samariterin im Johannes-Evangelium (Joh 4,25) bezeugt wird, die zu Jesus sagt: «Ich weiß, dass der Messias kommt, das ist: der Gesalbte (Christus). Wenn er kommt, wird er uns alles verkünden.»

Josephus ist der Erste, der den lateinischen Begriff «Sikarier» (beziehungsweise «Sicarier») verwendet (Josephus, *Die Geschichte des Jüdischen Krieges* 2.254–55), auch wenn offenkundig ist, dass er den Begriff von den Römern übernommen hat. Der Begriff «Sikarier» erscheint in der Apostelgeschichte 21,38 in Bezug auf den als «der Ägypter» benannten «falschen Propheten», für den Paulus gehalten wird. In der Apostelgeschichte heißt es, der Ägypter habe 4000 Anhänger, eine Angabe, die realistischer erscheint als die 30 000, von denen Josephus in *Die Geschichte des Jüdischen Krieges*

2.247–270 spricht (allerdings gibt auch Josephus selbst in *Jüdische Altertümer* 20.171 eine deutlich geringere Zahl an).

Obgleich Josephus die Sikarier als «eine andere Gattung von Räubern» beschreibt, verwendet er die Begriffe «Sicarier» und «Räuber» in seiner *Geschichte des Jüdischen Krieges* durchgängig synonym. Tatsächlich beschreibt er mit dem Begriff «Sicarier» gelegentlich Räuberbanden, die keine Dolche als Waffen benutzen. Aller Wahrscheinlichkeit nach dürfte ein Grund für die Unterscheidung der Sikarier von den anderen «Räubergattungen» darin gelegen haben, dass er um der Erzählung willen die zahlreichen verschiedenen Räuberbanden auseinanderhalten wollte, obwohl man natürlich einwenden könnte, dass die Sikarier nach dem Aufstieg Manaims im ersten Jahr des Krieges eine eindeutig eigenständige Gruppe bildeten, eben die Gruppe, die Masada unter ihre Kontrolle brachte. Siehe Shimon Applebaum, «The Zealots: The Case for Revaluation», *Journal of Roman Studies* 61 (1971), S. 155–170. Die meiner Meinung nach beste und aktuellste Studie zu den Sikariern ist Mark Andrew Brightons *The Sicarii in Josephus's Judean War: Rhetorical Analysis and Historical Observations* (Atlanta 2009).

Andere Sichtweisen zu den Sikariern werden unter anderem vertreten von Emil Schürer, *Geschichte des Jüdischen Volkes im Zeitalter Jesu Christi*, 3 Bde. (Leipzig ca. 1901), der in den Sikariern eine fanatische Splittergruppe der zelotischen Partei sieht; Martin Hengel, *Die Zeloten* (Leiden/Köln 1976), der Schürer widerspricht und die Sikarier lediglich als eine extrem gewalttätige Untergruppe der Banditen betrachtet; Solomon Zeitlin, «Zealots and Sicarii», *Journal of Biblical Literature* 81 (1962), S. 395–398, der überzeugt ist, dass Sikarier und Zeloten zwei separate und «einander feindselig gegenüberstehende» Gruppen waren; Richard A. Horsley, «Josephus and the Bandits», *Journal for the Study of Judaism* 10 (1979), S. 37–63, für den die Sikarier ein bloß lokales Phänomen und als solches Teil der umfassenderen und im ländlichen Judäa weit verbreiteten Bewegung des «sozialen Banditentums» waren; sowie

Morton Smith, «Zealots and Sicarii: Their Origins and Relation», *Harvard Theological Review* 64 (1971), S. 7–31, dessen Auffassung, dass Bezeichnungen wie Sikarier und Zeloten weniger statische Bezeichnungen waren, sondern vielmehr eine generalisierte und weit verbreitete Sehnsucht nach der biblischen Doktrin des Eiferns darstellten, in diesem Buch vollumfänglich übernommen wird.

In *Jüdische Altertümer,* verfasst einige Zeit nach der *Geschichte des Jüdischen Krieges,* deutet Josephus an, dass es der römische Prokonsul Felix war, der aus eigenen politischen Erwägungen die Sikarier zur Ermordung des Hohepriesters Jonatan anstiftete. Manche Wissenschaftler, darunter insbesondere Martin Goodman in *The Ruling Class of Judea* (Cambridge 1987), halten an dieser Auffassung fest und sehen in den Sikariern wenig mehr als gedungene Meuchelmörder oder Söldner. Das erscheint wenig plausibel. Erstens und vor allem widerspricht die Erklärung in die *Jüdische Altertümer* Josephus' früherer und wohl zuverlässigerer Darstellung in *Die Geschichte des Jüdischen Krieges,* in der keine Rede ist von einer Beteiligung Felix' bei der Ermordung Jonatans. In der Tat werden in der Wiedergabe der Ermordung Jonatans in die *Jüdische Altertümer* die Sikarier überhaupt nicht erwähnt. Stattdessen werden die Mörder in dem Text ganz allgemein als «Räuber» (*lestai*) beschrieben. So oder so, der Bericht von Jonatans Ermordung in *Die Geschichte des Jüdischen Krieges* wurde bewusst mit dem Ziel verfasst, die ideologischen/religiösen Motive der Sikarier hervorzuheben (daher auch ihre Losung «Kein Herr außer Gott!») – und als Präludium für die weitaus wichtigeren Morde an den Hohepriestern Ananus Ben Ananus (62 n. Chr.) und Jesus Ben Gamaliel (63–64 n. Chr.), die schließlich den Krieg mit Rom einläuteten.

Tacitus' Zitat zu Felix stammt aus Geza Vermes, *Who's Who in the Age of Jesus* (London 2005), S. 89, Josephus' Zitat, dass jeder stündlich den Tod erwartete, aus *Die Geschichte des Jüdischen Krieges* 7.253.

Tatsächlich entsandte Rom nach Gessius Florus einen weiteren Prokurator nach Jerusalem: Marcus Antonius Julianus. Doch das geschah in der Zeit des Jüdischen Aufstands, und allem Anschein nach setzte er nie auch nur einen Fuß nach Jerusalem. Agrippas Rede stammt aus *Die Geschichte des Jüdischen Krieges* 2.355–378. So bewegend sie auch erscheinen mag, ist sie doch ganz offenkundig Josephus' eigener Feder entsprungen.

Kapitel sechs: Jahr eins

Für mehr zur Geschichte von Masada und seiner Veränderungen unter Herodes siehe Solomon Zeitlin, «Masada and the Sicarii», *Jewish Quarterly Review* 55.4 (1965), S. 299–317.

Josephus scheint das Wort «Messias» in Bezug auf Manaim absichtlich zu vermeiden, doch in der Beschreibung von Manaims Auftritt als allgemein anerkannter «gesalbter König», bezieht er sich zweifelsohne auf Phänomene, die nach Richard Horsley «als konkrete Beispiele für populäre ‹Messiasse› und ihre Bewegungen» interpretiert werden können. Siehe Horsley, «Menahem [Manaim] in Jerusalem», S. 340.

Schöne Beispiele für die von den siegreichen jüdischen Rebellen geprägten Münzen finden sich unter anderem bei Ya'akov Meshorer, *Treasury of Jewish Coins from the Persian Period to Bar Kokhba* (Jerusalem und Nyack, N.Y. 2001).

Die Rede des sikarischen Räuberhauptmanns wurde von Eleasar Ben Yair gehalten und findet sich bei Josephus, *Die Geschichte des Jüdischen Krieges* 7.323–336. Tacitus' Beschreibung der Zeit Roms «reich an Katastrophen» stammt aus Goodman, *Rome and Jerusalem,* S. 430.

Die zelotische Partei wurde angeführt von einem revolutionären Priester namens Eleasar, Sohn des Simon. Manche Wissenschaftler argumentieren, dass dieser Eleasar eben der Tempelhauptmann Eleasar war, der zu Beginn des Aufstands die Kontrolle über den Tempel an sich riss und die Opfergaben zugunsten des römischen Herrschers aussetzte. Dazu siehe Rhoads, *Israel in Revolu-*

tion; sowie Geza Vermes, *Who's Who in the Age of Jesus,* S. 83. Vermes behauptet, dass dies derselbe Eleasar war, der Manaim angriff und tötete. Das ist unwahrscheinlich. Der Tempelhauptmann war Eleasar, Sohn des Ananias, und wie sowohl Richard Horsley als auch Morton Smith gezeigt haben, hatte er keinerlei Verbindung zu Eleasar, Sohn des Simon, der 68 n. Chr. die Führung der Zelotenpartei übernahm. Siehe Smith, «Zealots and Sicarii», *Harvard Theological Review* 64 (1971), S. 1–19, und Horsley, «The Zealots: Their Origin, Relationship and Importance in the Jewish Revolt», *Novum Testamentum* 28 (1986), S. 159–192.

Den Großteil dessen, was wir über Johannes von Gischala wissen, stammt von Josephus, dessen Verhältnis zu Johannes allerdings höchst unfreundlich war, was erklärt, warum Johannes in den Schriften Josephus' als verrückter Tyrann erscheint, der mit seinem Hunger nach Macht und Blut ganz Jerusalem in Gefahr brachte, eine Darstellung, die kein zeitgenössischer Wissenschaftler teilt. Ein besseres Porträt Johannes' bietet Uriel Rappaport, «John of Gischala: From Galilee to Jerusalem», *Journal of Jewish Studies* 33 (1982), S. 479–493. Hinsichtlich Johannes' zelotischem Eifer und seiner eschatologischen Ideale merkt Rappaport völlig korrekt an, dass seine religionspolitische Orientierung sich zwar nur schwerlich exakt einschätzen lässt, aber seine Allianz mit der Zelotenpartei deutet doch zum Allermindesten darauf hin, dass er Sympathien für die zelotische Ideologie hegte. Auf jeden Fall gelang es Johannes schlussendlich, die Zeloten zu überwältigen und die Kontrolle über den inneren Tempel zu übernehmen, auch wenn er allem Anschein nach Eleasar, Sohn des Simon, gestattete, zumindest nominell als Führer der Zelotenpartei im Amt zu bleiben, und zwar bis zu Titus' Einmarsch in Jerusalem.

Eine Beschreibung der Hungersnot, die in Jerusalem während der Belagerung durch Titus ausbrach, siehe Josephus, *Die Geschichte des Jüdischen Krieges* 5.427–571 und 6.271–276. Josephus, der die Geschichte des Krieges für eben jenen Mann verfasste, der ihn gewonnen hatte, zeichnet Titus als einen Heerführer, der verzweifelt versucht, seine Männer von willkürlichem Morden und Brandschatzen und insbesondere von der Zerstörung des Tempels abzuhalten. Das ist offenkundig Unsinn und nur ein Beleg für Josephus' Bemühen, seinem römischen Publikum zu gefallen. Dazu passt auch, dass er die Zahl der in Jerusalem getöteten Juden mit einer Million veranschlagt, was ganz eindeutig eine Übertreibung darstellt.

Eine vollständige Übersicht der Wechselkurse, die zwischen den verschiedenen Währungen im Palästina des 1. Jahrhunderts bestanden, bietet Fredric William Maddens kolossales Werk *History of Jewish Coinage and of Money in the Old and New Testament* (London 1864). Wie Madden schreibt, setzt Josephus den Schekel im Wert mit vier attischen Drachmen gleich, was bedeutet, dass zwei Drachmen einem halben Schekel entsprachen (S. 238).

Siehe auch J. Liver, «The Half-Shekel Offering in Biblical and Post-Biblical Literature», *Harvard Theological Review* 56.3 (1963), S. 173–198.

Manche Wissenschaftler argumentieren – wenig überzeugend –, es hätte keine wahrnehmbare Veränderung in der römischen Haltung gegenüber den Juden gegeben; siehe zum Beispiel Eric S. Gruen, «Roman Perspectives on the Jews in the Age of the Great Revolt», *First Jewish Revolt, S.* 27–42.

Was den Symbolgehalt der Zurschaustellung der Tora während der Triumphprozession betrifft, hat dies meiner Meinung nach Martin Goodman in *Rome and Jerusalem* am treffendsten auf den Punkt gebracht: «Eine klarere Demonstration dafür, dass der Sieg, der hier gefeiert wurde, nicht nur einer über Judäa war, sondern auch über das Judentum, konnte es nicht geben» (S. 453). Mehr zum Judentum nach der Zerstörung des Tempels findet sich bei Michael S. Berger, «Rabbinic Pacification of Second-Century Jewish Nationalism», in: James K. Wellman, Jr. (Hg.), *Belief and Bloodshed* (Lanham, Md. 2007), S. 48.

Hier muss darauf hingewiesen werden, dass in den frühesten Manuskripten des Markus-Evangeliums, die uns vorliegen, der erste Vers mit «Jesus Christus» endet. Die Worte «dem Sohn Gottes» wurden erst von einem späteren Bearbeiter hinzugefügt. Auch die Bedeutung des Umstandes, dass das Evangelium auf Griechisch verfasst worden war, darf nicht übersehen werden – immerhin waren die Schriftrollen vom Toten Meer, die zeitlich der Zerstörung Jerusalems am nächsten liegenden jüdischen Texte, die von den Themen und Fragen her denen des Neuen Testaments sehr eng verbunden sind, fast ausschließlich auf Hebräisch und Aramäisch verfasst.

Teil II
Prolog: Eifer für dein Haus

Die Geschichte von Jesu triumphalem Einzug in Jerusalem und der Reinigung des Tempels findet sich in Matthäus 21,1–22, Markus 11,1–19, Lukas 19,29–48 und Johannes 2,13–25. Im Johannes-Evangelium wird dieses Ereignis an den Anfang von Jesu Wirken gesetzt, in den synoptischen Evangelien dagegen an das Ende. Dass Jesu Einzug in Jerusalem seine königlichen Prätentionen enthüllt, ist unverkennbar. Erinnern wir uns nur daran, dass auch Salomo auf einem Maultier sitzt, als er sich zum König ausrufen lässt, (1 Kg 1,32–40), nicht anders wie Absalom, als er versucht, seinem Vater David den Thron zu entwinden (2 Sam 19,26–27). Nach David Catchpole fügt sich Jesu Einzug in Jerusalem perfekt in eine ganze Reihe von Geschichten ein, die «den feierlichen Einzug eines Helden in eine Stadt [beschreiben], der gerade einen großen Triumph errungen hat». Dieses «feststehende Muster des triumphalen Einzugs» kennt man, wie Catchpole anmerkt, nicht nur von den israelitischen Königen (siehe zum Beispiel 1 Kg 1,32–40), sondern auch von Alexanders Einzug in Jerusalem, von Apollonius' Einzug in Jerusalem, von Simon Makkabäus' Einzug in Jerusalem, Marcus Agrippas Einzug in Jerusalem und so weiter und so fort. Siehe David R. Catchpole, «The ‹Triumphal› Entry», in: Ernst Bammel und C.F.D. Moule (Hg.), *Jesus and the Politics of His Day*, (New York 1984), S. 319–334.

Jesus verwendet explizit den Ausdruck *lestai*, als er von einem «Diebesnest» spricht, und nicht das gängige Wort für Diebe, *kleptai* (siehe Mk 11,17). Auch wenn es auf der Hand liegen mag, dass Jesus in diesem Fall den Begriff nicht in seinem politisierten Sinne des «Banditen» – sprich einer Person mit zelotischen Neigungen – verwendete, vertreten manche Wissenschaftler die Auffassung, dass sich Jesus in dieser Passage ganz bewusst auf Banditen bezog. In der Tat postulieren nicht wenige Experten eine Verbindung zwischen Jesu Reinigung des Tempels und einem von Barabbas angeführten Aufstand, der ungefähr zur gleichen Zeit stattfand (siehe Mk 15,7). Argumentiert wird folgendermaßen: Da Barabbas *immer* mit dem Epithet *lestai* bezeichnet wird, muss Jesus sich in seiner Verwendung des Begriffs auf das Blutbad beziehen, zu dem es im Laufe des von Barabbas geführten Aufstands in der Umgebung des Tempels kam. Die zutreffendste Übersetzung von Jesu Worten hier ist demnach nicht «Diebesnest», sondern vielmehr «Räuberhöhle», was gleichbedeutend ist mit «zelotischer Festung» und somit explizit auf Barabbas' Aufstand bezogen. Siehe George Wesley Buchanan, «Mark 11:15–19, Brigands in the Temple», *Hebrew Union College Annual* 30 (1959), S. 169–177. Dieses Argument verfängt, dennoch gibt es eine einfachere Erklärung dafür, warum Jesus in dieser Passage das Wort *lestai* anstelle von *kleptai* verwendet. Der Evangelist zitiert hier aller Wahrscheinlichkeit nach den Propheten Jeremia (7,11) in seiner septuagintischen (griechischen) Übersetzung: «Haltet ihr denn dies Haus, das nach meinem Namen genannt ist, für eine Räuberhöhle? Siehe, ich sehe es wohl, spricht der HERR.» Diese Übersetzung verwendet den Ausdruck *spelaio leston* in der Bedeutung «Räuberhöhle», was insofern schlüssig erscheint, als die septuagintische Übersetzung verfasst wurde, lange bevor *lestai* zu einem Beiwort für «Banditen» wurde, genau genommen sogar lange bevor es so etwas wie Banditen in Judäa oder Galiläa gab. Mithin handelt es sich bei *lestai* um die bevorzugte griechische Übersetzung des hebräischen Wortes *paritsim,* das in der hebräischen Bibel kaum bezeugt ist und im gesamten Text höchstens zwei Mal auftaucht. Das Wort *paritsim* kann etwas in der Art von «Gewalttätige» bedeuten, auch wenn Ezechiel 7,22, wo ebenfalls das hebräische *paritsim* verwendet wird, in der Septuaginta mit *aphylaktos* ins Griechische übersetzt wird, was eher in Richtung «unbewacht» geht. Worauf es hier ankommt, ist, dass das hebräische *paritsim* die griechischen Übersetzer offenkundig vor Probleme stellte und jeder Versuch, die Bedeutung des hebräischen oder griechischen Wortes auf eine bestimmte Bedeutung oder eine allzu enge semantische Bandbreite zu begrenzen, problematisch ist, um es einmal zurückhaltend zu formulieren. So ist es wahrscheinlich, dass Jesus, wenn er in diesem Vers das Wort *lestai* verwendet, eben einfach das meint, «Diebe», und genau das waren die Händler und Geldwechsler vor dem Tempel für ihn ja auch.

Das enge Geflecht, das die Tempelbehörden mit Rom verband, und die Auffassung, dass eine Bedrohung des Tempels auch einen Angriff gegen Rom darstellte, wird auf brillante Weise von S.G.F. Brandon, *Jesus and the Zealots* (Manchester 1967), S. 9 vorgetragen. Brandon weist auch zu Recht darauf hin, dass die Römer auf jeden Fall von der Tempelreinigung erfahren hätten, da die römische Garnison auf der Burg Antonia freien Blick auf den Vorplatz des Tempels hatte. Für eine abweichende Sichtweise siehe Cecil Roth, «The Cleansing of the Temple and Zechariah XIV.21», *Novum Testamentum* 4 (1960), S. 174–181. Roth scheint Jesu Einzug in Jerusalem und auch der Tempelreinigung jegliche nationalistische oder zelotische Bedeutung abzusprechen, die er in einem «spirituellen und grundsätzlich unpolitischen Sinne» umdeutet; vielmehr, behauptet er, ging es Jesus vor allem darum, den Tempel von allem «Handelstreiben» zu befreien. Andere Wissenschaftler gehen noch einen Schritt weiter und behaupten, die Tempelreinigung habe niemals stattgefunden, zumindest nicht so, wie sie von den vier Evangelisten berichtet wurde, da sie in völligem Widerspruch zu Jesu Botschaft vom Frieden steht. Siehe Burton Mack, *A Myth of Innocence: Mark and Christian Origins* (Philadelphia 1988). Hier scheint es sich einmal mehr um ein klassisches Beispiel für Bibelforscher zu handeln, die sich einer offenkundigen Wahrheit verweigern, weil sie ihren vorgefertigten christologischen Vorstellungen davon widersprechen, wer Jesus war und was Jesus meinte. Craig Evans nimmt Macks These nach allen Regeln der Kunst auseinander und legt nicht nur überzeugend dar, wie sich die Tempelreinigung auf den historischen Jesus zurückführen lässt, sondern auch, dass der Vorfall gar nicht anders denn als ein Akt von zutiefst politischer Bedeutung verstanden werden kann. Siehe Evans, *Jesus and His Contemporaries* (Leiden 1995), S. 301–318. An anderer Stelle jedoch widerspricht Evans mir im Hinblick auf Jesu Vorhersage der Zerstörung des Tempels. Evans ist nicht nur überzeugt, dass die Vorhersage auf Jesus zurückgeführt werden kann, während ich davon ausgehe, dass sie ihm von den Evangelisten in den Mund gelegt wurde. Er hält es sogar für möglich, dass dies der hauptsächliche Grund war, der den Hohepriester dazu veranlasste, gegen ihn vorzugehen. Siehe Craig Evans, «Jesus and Predictions of the Destruction of the Herodian Temple in the Pseudepigrapha, Qumran Scrolls, and Related Texts», *Journal for the Study of the Pseudepigrapha* 10 (1992), S. 89–147.

Sowohl Josephus wie auch der Babylonische Talmud deuten an, dass die zur Opferung bestimmten Tiere lange Zeit hindurch auf dem Ölberg gehalten wurden, sie dann aber irgendwann um das Jahr 30 n. Chr. herum von Kajaphas in den Heidenvorhof verlegt wurden. Bruce Chilton sieht in Kajaphas' Neuerung den Auslöser für Jesu Verhalten am Tempel und zugleich den Hauptgrund für den Wunsch des Hohepriesters, Jesus verhaften und hinrichten zu lassen; siehe Bruce Chilton, «The Trial of Jesus Reconsidered», in: Bruce Chilton und Craig Evans (Hg.), *Jesus in Context* (Leiden 1997), S. 281–500.

Die Jesus gestellte Frage, ob es das Gesetz Mose erlaube, Tribut an Rom zu zahlen, findet sich bei Markus 12,13–17, Matthäus 22,15–22 und Lukas 20,20–26. Im Johannes-Evangelium fehlt die Episode, da hier die Tempelreinigung zu den ersten Handlungen Jesu gehört und nicht zu seinen letzten. Siehe Herbert Loewe, *Render unto Caesar* (Cambridge 1940).

Die jüdischen Offiziellen, die Jesus mit der Frage nach der Bezahlung des Tributs in die Enge zu treiben versuchen, werden in den synoptischen Evangelien als Pharisäer und Anhänger des Herodes (Mk 12,13; Mt 22,15) beziehungsweise als «Schriftgelehrte und Hohepriester» (Lk 20,19–20) bezeichnet. Dieses Zusammenwerfen ganz verschiedener Amtsträger deutet hin auf eine überraschende Ignoranz seitens der Evangelisten (die ihre Berichte um 40 bis 60 Jahre nach den hier beschriebenen Ereignissen verfassten) hinsichtlich der jüdischen religiösen Hierarchie im Palästina des 1. Jahrhunderts. Die Schriftgelehrten gehörten der Unter- oder Mittelschicht an, die Hohepriester dagegen zählten zum Adel; Pharisäer und Herodianer wiederum standen wirtschaftlich, gesellschaftlich und (wenn Markus mit «Anhänger des Herodes» eine Verbindung zu den Sadduzäern andeutet) theologisch so weit auseinander, wie man sich das nur vorstellen kann. Man könnte fast den Eindruck gewinnen, die Verfasser der Evangelien hätten diese Begriffe quasi formelhaft als Umschreibung für «die Juden» verwendet.

Dass es sich bei der Münze, die Jesus sich geben lässt, um einen Denar handelt und damit dieselbe Münze, mit der der Tribut an Rom bezahlt wurde, wird eindeutig bewiesen von H. St. J. Hart, «The Coin of ‹Render unto Caesar›», in: *Jesus and the Politics of His Day*, S. 241–248.

Zu den vielen Wissenschaftlern, die versucht haben, Jesu Antwort auf die Frage nach dem Tribut ihrer politischen Bedeutung zu berauben, gehören J. D. M. Derrett, *Law in the New Testament* (Eugene, Or. 2005) und F. F. Bruce, «Render to Caesar», in: *Jesus and the Politics of His Day,* S. 249–263. Bruce zumindest anerkennt die Bedeutung des Ausdrucks *apodidomi,* und in der Tat ist es seine Analyse des Verbs, auf die ich mich hier beziehe. Helmut Merkel

ist einer von vielen Forschern, die in Jesu Antwort an die religiö-
sen Amtsträger eine Nichtantwort sehen; siehe «The Opposition
Between Jesus and Judaism», in: *Jesus and the Politics of His Day,*
S. 129–144. Merkel zitiert den deutschen Wissenschaftler Eduard
Lohse in seiner Zurückweisung von Brandon und all jenen, die
wie ich überzeugt sind, dass Jesu Antwort seine zelotische Gesin-
nung verrät: «Jesus ließ sich weder dazu verleiten, der bestehenden
Machtstruktur göttlichen Status zuzuweisen, noch ging er mit den
Revolutionären konform, die die bestehende Ordnung stürzen
und das Kommen des Königreichs Gottes mit Gewalt herbeizwin-
gen wollten.» Erstens und vor allem ist festzustellen, dass die Verwendung von Gewalt hier gar nicht der entscheidende Punkt ist.
Ob Jesus mit den Anhängern von Judas dem Galiläer darin über-
einstimmte, dass die Juden sich nur mit Hilfe von Waffen aus der
römischen Herrschaft befreien konnten, ist an dieser Stelle überhaupt nicht relevant. Alles, worum es hier geht, ist die Frage, wo
Jesus im Hinblick auf die entscheidende Frage steht, eine Frage,
bei der es sich zugleich um den Lackmustest für Zelotentum handelte: Sollten, durften die Juden Rom Tribut leisten? Diejenigen
Wissenschaftler, die Jesu Antwort als apolitisch interpretieren, sind
meiner Auffassung nach völlig blind für den politischen und religiösen Kontext der Zeit, in der Jesus lebte, und, wichtiger noch,
für den Umstand, dass die Frage nach der Tributzahlung hier unverkennbar in Verbindung zu Jesu provokativem Einzug nach Jerusalem gesetzt wird, der sich unter keinen Umständen apolitisch
interpretieren lässt.

Aus demselben Grund haben zahlreiche Wissenschaftler und
Christen den *titulus,* der über Jesus am Kreuz hängt, als eine Art
Witz betrachtet, einen sarkastisch-humoristischen Kommentar seitens der Römer. Nun sind die Römer für vielerlei Dinge bekannt,
ein ausgeprägter Sinn für Humor aber gehört ganz gewiss nicht
dazu. Wie üblich gründet diese Interpretation auf einer oberfläch-
lichen Sichtweise Jesu als eines Mannes ohne jegliche politischen
Ambitionen. Das ist Unsinn. Alle zur Hinrichtung verurteilten

Verbrecher erhielten einen *titulus*, damit jedermann sehen konnte, für welches Verbrechen sie bestraft wurden – und sich gebührlich abgeschreckt fühlte, es ihnen gleichzutun. Dass die Aufschrift auf Jesu *titulus* wohl in der Tat KÖNIG DER JUDEN lautete, wird von Joseph A. Fitzmyer bekräftigt, der schreibt: «Hätten sich Christen [den *titulus*] ausgedacht, hätten sie *Christos* geschrieben, schließlich hätten die frühen Christen ihren Herrn kaum als ‹König der Juden› bezeichnet.» Siehe *The Gospel According to Luke I–IX* (Garden City, N.Y. 1981), S. 773. Ich werde in folgenden Kapiteln näher auf den «Prozess» gegen Jesus eingehen, hier genügt es zu sagen, dass die Vorstellung, ein unbekannter jüdischer Bauer würde zu einer persönlichen Audienz mit Pontius Pilatus geladen, seines Zeichens römischer Statthalter, der wohl allein an diesem Tag ein Dutzend Hinrichtungsbefehle abgezeichnet haben dürfte, so abwegig ist, dass man sie nicht einmal ansatzweise ernst nehmen kann.

Seltsamerweise bezeichnet Lukas die beiden Männer, die zu Seiten Jesu ans Kreuz geschlagen wurden, nicht als *lestai*, sondern als *kakourgoi*, sprich «Übeltäter» (Lk 23,32).

Kapitel sieben: Die Stimme in der Wüste

Alle vier Evangelisten geben unterschiedliche Berichte über Johannes den Täufer (Mt 3,1–17; Mk 1,2–15; Lk 3,1–22; Joh 1,19–42). Allgemein stimmt man darin überein, dass ein Großteil dieses Materials, darunter auch Johannes' Kindheitsgeschichte bei Lukas, von unabhängigen «baptistischen Traditionen» abgeleitet ist, die von Johannes' Anhängern bewahrt wurden. Siehe dazu Charles Scobie, *John the Baptist* (Minneapolis 1964), S. 50f. und Walter Wink, *John the Baptist in the Gospel Tradition* (Eugene, Or. 2001), S. 59f. Allerdings nimmt Wink an, dass nur ein Teil dieses Materials aus Johannes' eigenen Quellen stammt, es wurden seiner Ansicht nach die Kindheitsgeschichten von Johannes und Jesus parallel zueinander entwickelt. Siehe auch Catherine Murphy, *John the Baptist: Prophet of Purity for a New Age* (Collegeville, Minn. 2003).

Obwohl Johannes laut Matthäus die Juden vor dem nahenden «Himmelreich» warnt, handelt es sich dabei lediglich um Matthäus' Umschreibung für das «Reich Gottes». Tatsächlich verwendet Matthäus in seinem Evangelium durchgängig den Ausdruck «Himmelreich», selbst in den Passagen, die er von Markus übernommen hat. Mit anderen Worten, wir können davon ausgehen, dass «Himmelreich» und «Reich Gottes» dasselbe bedeuten und beide Begriffe teilweise auf die Lehren Johannes des Täufers zurückgehen.

Die Darstellungen von Johannes' Ende in den Evangelien enthalten zahlreiche Ungenauigkeiten (Mk 6,17–29; Mt 14,1–12; Lk 9,7–9). Erstens bezeichnen die Evangelisten Herodias als Frau des Philippus. Tatsächlich aber war sie Herodes' Frau, und die Frau des Philippus war Salome. Alle Bemühungen konservativer christlicher Kommentatoren, diese eklatanten Fehler zu vertuschen – etwa indem sie Antipas' Halbbruder den Namen «Herodes Philippus» geben (ein Name, der nirgendwo in den Aufzeichnungen erwähnt wird) – scheitern kläglich. Weiter scheinen die Evangelisten den Ort von Johannes' Hinrichtung (die Festung Machærus) mit Antipas' Hof zu verwechseln, der sich zu der Zeit in Tiberias befunden haben müsste. Schließlich sollte darauf verwiesen werden, dass ein Tanzauftritt einer königlichen Prinzessin vor Antipas' Gästen angesichts der damals für jüdische Frauen gleich welcher gesellschaftlichen Stellung geltenden Sitten völlig undenkbar gewesen wäre. Natürlich mangelt es nicht an apologetischen Versuchen, die Darstellung von Johannes' Enthauptung in den Evangelien zu retten und ihre Historizität zu behaupten (so zum Beispiel Geza Vermes, *Who's Who in the Age of Jesus*, S. 49), doch ich für meinen Teil halte es mit Rudolf Bultmann, *History of the Synoptic Tradition* (San Francisco 1968), S. 301 f. und Lester L. Grabbe, *Judaism from Cyrus to Hadrian*, Bd. 2, S. 427 f., die beide die in den Evangelien erzählte Geschichte für viel zu phantastisch und fehlergespickt halten, als dass man sie historisch ernst nehmen könnte.

Was Parallelen zwischen Markus' Darstellung von Johannes' Tod und dem Buch Esther angeht, siehe Roger Aus, *Water into Wine and the Beheading of John the Baptist* (Providence 1988). Darüber hinaus klingt in dieser Geschichte auch Elijas Konflikt mit Isebel an, der Frau von König Ahab (1 Kg 13; 19–22).

Josephus' Bericht über das Leben Johannes' des Täufers findet sich in *Jüdische Altertümer* 18.116–19. König Aretas IV. war der Vater von Antipas' erster Frau, Phasaelis, von der Antipas sich scheiden ließ, um Herodias zu ehelichen. Ob Antipas nach Spanien ins Exil geschickt wurde, wie Josephus in *Die Geschichte des Jüdischen Krieges* 2.183 schreibt, oder nach Gallien, wie er in *Jüdische Altertümer* 18.252 behauptet, bleibt ungewiss.

Ein Katalog der Waschungen und Wasserrituale im jüdischen Schrifttum und Gebrauch findet sich bei R. L. Webb, *John the Baptizer and Prophet: A Socio-Historical Study* (Sheffield 1991), S. 95–132. Für mehr zu der Verwendung von Wasser in jüdischen Konvertierungsritualen siehe Shaye J. D. Cohen, «The Rabbinic Conversion Ceremony», *Journal of Jewish Studies* 41 (1990), S. 177–203. Im Palästina des 1. Jahrhunderts gab es eine erhebliche Anzahl prominenter Figuren, die die Immersionstaufe praktizierten, deren Berühmtester der unter dem Namen Bannus bekannte Asket war, der als Eremit in der Wüste lebte und sich zum Zwecke der rituellen Reinigung jeden Morgen und jeden Abend mit kaltem Wasser wusch; siehe Josephus, *Aus meinem Leben (Vita)* (Tübingen 2001), 2.11–12.

Josephus schreibt sowohl in *Jüdische Altertümer* wie auch in *Die Geschichte des Jüdischen Krieges* ausführlich über die Essener, der früheste Hinweis auf die Essener allerdings findet sich in Philons von Alexandria *Die Anklage der Juden,* verfasst zwischen 35 und 45 n. Chr. Auch Plinius der Ältere erwähnt sie in seiner um 77 n. Chr. geschriebenen *Naturgeschichte*, und es ist Plinius, der schreibt, dass die Essener in der Nähe von Engeddi am westlichen Ufer des Toten Meeres lebten, auch wenn die meisten Wissenschaftler sie in Qumran ansiedeln. Plinius' Fehler mag darauf zurückzuführen sein, dass er nach dem Krieg mit Rom und der Zerstörung Jerusalems schrieb, nach der Qumran aufgegeben wurde. Nichtsdestotrotz hat sich eine heftige Debatte darüber entzündet, ob die Gemeinde in Qumran tatsächlich zu den Essenern gehörte. Norman Golb dürfte wohl der bekannteste Forscher sein, der die Qumran-Hypothese zurückweist. Golb ist der Ansicht, dass die Siedlung Qumran keine essenitische Gemeinde war, sondern vielmehr eine Festung der Hasmonäer. Die Dokumente, die in den Höhlen nahe Qumran gefunden wurden, die sogenannten Schriftrollen vom Toten Meer, wurden seiner Überzeugung nach nicht von den Essenern geschrieben, sondern zur sicheren Aufbewahrung aus Jerusalem dorthin gebracht. Siehe Norman Golb, *Who Wrote the Dead Sea Scrolls? The Search for the Secret Qumran* (New York 1995), sowie «The Problem of Origin and Identification of the Dead Sea Scrolls», *Proceedings of the American Philosophical Society* 124 (1980), S. 1–24. Golb und seine Mitstreiter führen eine Reihe relevanter Punkte ins Feld, und in der Tat muss man zugeben, dass einige der in den Höhlen bei Qumran gefundenen Schriftrollen nicht von den Essenern verfasst wurden und auch die essenitische Theologie nicht widerspiegeln. In der Tat können wir nicht mit letzter Bestimmtheit sagen, dass die Essener in Qumran gelebt haben. Andererseits stimme ich mit Frank Moore Cross überein, der die Beweislast auf Seiten derjenigen verortet, die eine Verbindung der Essener mit Qumran abstreiten, und nicht auf Seiten derer, die eine solche Verbindung postulieren.

«Der Wissenschaftler, der dafür plädiert, ‹Vorsicht walten zu lassen›, was die Gleichsetzung der Qumransekte mit den Essenern betrifft, platziert sich selbst in einer merkwürdigen Position», schreibt Cross. «Er muss allen Ernstes behaupten, dass zwei wichtige Gruppierungen in ein und demselben Wüstenbereich am Toten Meer kommunistische religiöse Kommunen begründeten und dort über zwei Jahrhunderte praktisch zusammen existierten, dieselben bizarren Ansichten vertraten und ähnliche oder vielmehr in hohem Maße identische Lustrationen, rituelle Speisungen und Zeremonien vollzogen. Er muss davon ausgehen, dass die eine, im Detail beschrieben von den klassischen Autoren, verschwand, ohne irgendwelche Bauwerke oder auch nur Tonscherben zu hinterlassen, während die andere, von den klassischen Autoren systematisch ignoriert, eine Vielzahl Ruinen und sogar eine große Bibliothek hinterließ. Ich ziehe es vor, in dieser Sache unbesorgt zu sein und die Bewohner von Qumran ohne viel Federlesens mit ihren dauerhaften Hausgästen gleichzusetzen, den Essenern.» Frank Moore Cross, *Canaanite Myth and Hebrew Epic: Essays in the History of the Religion of Israel* (Cambridge, Mass. 1973), S. 331 f. Alles, was man sich je über die Reinigungsrituale der Essener gewünscht hat zu wissen – und noch einiges mehr –, findet sich bei Ian C. Werrett, *Ritual Purity and the Dead Sea Scrolls* (Leiden 2007).

Zu denen, die die Auffassung vertreten, Johannes der Täufer sei ein Mitglied der Essener gewesen, gehören Otto Betz, «Was John the Baptist an Essene?», in: Hershel Shanks (Hg.), *Understanding the Dead Sea Scrolls* (New York 1992), S. 205–214; W.H. Brownlee, «John the Baptist in the New Light of Ancient Scrolls», in: Krister Stendahl (Hg.), *The Scrolls and the New Testament* (New York 1957), S. 71–90; und J.A.T. Robinson, «The Baptism of John and the Qumran Community: Testing a Hypothesis», *Twelve New Testament Studies* (London 1962), S. 11–27. Zu denjenigen, die das abstreiten, gehören H.H. Rowley, «The Baptism of John and the Qumran Sect», in: A.J.B. Higgins (Hg.), *New Testament Essays: Studies in Memory of Thomas Walter Manson, 1893–1958* (Manchester 1959), S. 218–229; Bruce D. Chilton, *Judaic Approaches to the Gospels* (Atlanta 1994), S. 17–22; und Joan E. Taylor, *The Immerser: John the Baptist Within Second Temple Judaism* (Grand Rapids, Mich. 1997).

Mehr zu Johannes' möglicher Kindheit «in der Wildnis» findet man bei Jean Steinmann, *Saint John the Baptist and the Desert Tradition* (New York 1958). Unabhängig davon, ob Johannes der

Täufer ein Mitglied der Essener war oder nicht, ist unverkennbar, dass eine Reihe von Parallelen zwischen beiden besteht, darunter zeitliche und räumliche Umgebung, Asketismus, priesterliche Abstammung, Immersionstaufe und gemeinschaftlicher Besitz. Für sich allein genommen beweist keine dieser Gemeinsamkeiten eine definitive Verbindung, zusammengenommen aber deuten sie stark auf gewisse Affinitäten zwischen den beiden hin, die man nicht so einfach von der Hand weisen sollte. So oder so hätte Johannes gar kein Angehöriger der Essener sein müssen, um von ihren Lehren und Vorstellungen beeinflusst zu werden, die in hohem Maße in der damaligen jüdischen Spiritualität integriert waren. Obwohl nirgendwo explizit darauf verwiesen wird, dass Johannes' Taufe nicht dazu gedacht war, ständig wiederholt zu werden, lässt sich das aus zwei Gründen ableiten: Erstens scheint die Taufe eine Person wie Johannes zu verlangen, die sie durchführt, worin sie sich von meisten anderen Wasserritualen unterscheidet, die selbständig durchgeführt wurden, und zweitens basiert Johannes' Taufe auf der Annahme vom bevorstehenden Ende der Welt, was, um es zurückhaltend auszudrücken, eine Wiederholung vor gewisse Schwierigkeiten stellen würde. Siehe John Meier, *Marginal Jew*, Bd. 2, 51.

John Meier argumentiert zudem überzeugend für die Historizität der Formulierung von einer «Taufe der Buße zur Vergebung der Sünden». Siehe *Marginal Jew*, Bd. 2, S. 53. Josephus' Behauptung des Gegenteils findet sich in *Jüdische Altertümer* 18.116. Für Robert L. Webb handelte es sich bei Johannes' Taufe um eine «Reue-Taufe, deren Funktion darin bestand, sie [die Juden] in die Gruppe der vorbereiteten Personen einzuführen, in das wahre Israel», woraus folgt, dass Johannes in der Tat eine eigene Sekte anführte; siehe *John the Baptizer and Prophet*, S. 197 und S. 364, eine Argumentation, die Bruce Chilton in «John the Purifier», S. 203–220, auseinandernimmt.

Die himmlische Bestätigung «Du bist mein geliebter Sohn» [Einheitsübersetzung: «Mein Sohn bist du»] stammt aus Psalm 2,7, wo Gott zu David spricht anlässlich von dessen Krönung zum König in Jerusalem («Geliebter» war Davids Kosename). Wie John Meier zutreffend anmerkt, ist dieser Moment «kein Zeugnis einer inneren Erfahrung, die Jesus zu dieser Zeit machte, sondern vielmehr Ausdruck des Wunsches der christlichen Kirche der ersten Generation, Jesus gleich zu Beginn der frühen Evangeliengeschichte zu definieren – umso mehr, als diese Definition erforderlich war, um dem Eindruck entgegenzutreten, Jesus sei Johannes untergeordnet, wie es der Umstand impliziert, dass Ersterer von Letzterem getauft wurde», *Marginal Jew,* Bd. 2, S. 107.

Zu den Wissenschaftlern, die überzeugend argumentieren, dass Jesus sein Wirken als Schüler des Johannes begann, gehören P. W. Hollenbach, «Social Aspects of John the Baptizer's Preaching Mission in the Context of Palestinian Judaism», *Aufstieg und Niedergang der römischen Welt (ANRW)* 2.19.1 (1979), S. 852 f. und «The Conversion of Jesus: From Jesus the Baptizer to Jesus the Healer», *ANRW* 2.25.1 (1982), S. 198 ff., sowie Robert L. Webb, «Jesus' Baptism: Its Historicity and Implications», *Bulletin for Biblical Research* 10.2 (2000), S. 261–309. Webb fasst die Beziehung zwischen Johannes und Jesus folgendermaßen zusammen: «Jesus wurde von Johannes getauft und blieb wahrscheinlich in der Rolle des Schülers einige Zeit bei ihm. Später, in Übereinstimmung und unter Beteiligung von Johannes und dessen Bewegung, nahm Jesus an dessen Seite auch an einer Taufzeremonie teil. Obgleich immer noch Johannes' Schüler, sollte Jesus an diesem Punkt wohl eher als Johannes' rechte Hand beziehungsweise als sein Protegé gesehen werden. Auch wenn es Spannungen zwischen Johannes' Gefolgsleuten und denen gegeben haben mochte, die sich um Jesus scharten, betrachteten die beiden Männer sich als Partner. Erst später, nach der Festnahme Johannes', fand eine Gewichtsverschiebung statt, und Jesus ließ in gewissem Maße den konzeptionellen Rahmen hinter sich, den Johannes' Bewegung ihm anfänglich geboten hatte.»

Was Jesu Aufenthalt in der Wüste betrifft, darf man nicht vergessen, dass «die Wüste» mehr ist als ein bloß geographischer Ort.

Hier wurde der Pakt mit Abraham geschlossen, hier empfing Mose die Zehn Gebote, durch sie wanderte das Volk Israel eine Generation lang; in der Wüste war es, wo Gott war und wo er gefunden und wo mit ihm kommuniziert werden konnte. Die «40 Tage», von denen in den Evangelien die Rede ist – die Zahl der Tage, die, wie es heißt, Jesus in der Wüste verbrachte –, sind nicht als wortwörtlich gemeinter Zeitraum zu verstehen. In der Bibel ist «40» eine Umschreibung für «viele», so wie in «dann lasse ich es 40 Tage und 40 Nächte lang regnen auf die Erde». Die Wendung bedeutet, dass Jesus eine lange Zeit in der Wüste verbrachte.

Ich widerspreche Rudolf Otto, wenn er in *Reich Gottes und Menschensohn*, S. 48 ff. schreibt, dass Johannes «nicht vom kommenden Himmelreiche [...] verkündet hat, sondern vom ‹kommenden Zorngericht›». Otto geht davon aus, dass Johannes hauptsächlich das kommende Gericht Gottes im Auge hatte, also den «Tag Jahvehs», während Jesu Hauptaugenmerk auf der erlösenden Natur von Gottes Reich auf Erden lag. Doch selbst Jesus sieht in Johannes' Wirken einen Beitrag zur Einsetzung des Reiches Gottes auf Erden: «Bis zu Johannes hatte man nur das Gesetz und die Propheten. Seitdem wird das Evangelium vom Reich Gottes verkündet und alle drängen sich danach, hineinzukommen.» (Lk 16,16)

Kapitel acht: Folgt mir nach

Josephus' Beschreibung der Galiläer findet sich in *Die Geschichte des Jüdischen Krieges* 3.41–42.

Richard Horsley stellt die Geschichte des galiläischen Widerstands detailliert dar, selbst im Hinblick auf die «politisch-ökonomisch-religiöse Unterwerfung unter die hasmonäische Hohepriesterschaft in Jerusalem». Siehe Richard Horsley, *Galilee: History, Politics, People* (Valley Forge, Pa. 1995), S. 51. «Der Tempel selbst», schreibt Horsley weiter, «und die von der Hohepriesterschaft aufgestellten Tempelpflichten und -regeln mussten den Galiläern, deren Vorfahren sich Jahrhunderte zuvor gegen die salomonische Monarchie und den Tempel erhoben hatten, fremd vorkommen.

Mithin dürften die Galiläer, nicht anders als die Idumäer, die ihren eigenen Gebräuchen übergestülpten Gesetze der Judäer als ein Mittel wahrgenommen haben, ihre Unterordnung unter die Herrschaft Jerusalems zu definieren und zu legitimieren.»

Somit bringt Lukas, wenn er schreibt, dass Jesu Eltern jedes Jahr zum Paschafest in den Tempel nach Jerusalem gingen, eindeutig seine eigene Agenda zum Ausdruck und weniger die tatsächlichen Gebräuche der Galiläer (Lk 2,41–51). Siehe auch Sean Freyne, *Galilee, Jesus, and the Gospels* (Dublin 1988), S. 187 ff. Zur eigentümlichen Mundart der Galiläer, siehe Obery M. Hendricks, *The Politics of Jesus* (New York 2006), S. 70–73. Was die Implikationen der Formulierung «die Leute vom Land» angeht, siehe die umfassende Studie von Aharon Oppenheimer, *The 'Am Ha-Aretz: A Study in the Social History of the Jewish People in the Hellenistic-Roman Period* (Leiden 1977).

Mehr zum Verhältnis von Jesu Familie zu seiner Bewegung, siehe John Painter, *Just James: The Brother of Jesus in History and Tradition* (Columbia 2004), S. 14–31.

Der griechische Ausdruck für «die Jünger», *hoi mathetai,* kann gleichermaßen männliche wie weibliche Schüler bezeichnen. Der Anblick von Frauen ohne Begleitung, die einem umherziehenden Prediger und seinen zumeist männlichen Anhängern folgen, musste in Galiläa natürlich einen Skandal hervorrufen, und in der Tat finden sich in den Evangelien zahlreiche Stellen, an denen Jesus der Umgang mit «Dirnen» vorgeworfen wird. In einigen Varianten des Lukas-Evangeliums wird die Zahl der Jünger Jesu mit 70, nicht mit 72, angegeben, ein Unterschied, der irrelevant ist, da die Zahlenangaben in der Bibel – insbesondere sinnträchtige Zahlen wie drei, zwölf, vierzig und zweiundsiebzig – nicht wortwörtlich, sondern vielmehr symbolisch zu verstehen sind, nicht aber, wenn von zwölf Jüngern die Rede ist, eine Angabe, die sowohl symbolisch wie wörtlich gemeint ist.

Daran, dass Jesus ganz bewusst zwölf Jünger als Repräsentanten der zwölf Stämme Israel benannte, kann kein Zweifel bestehen. Bezüglich der tatsächlichen Namen und Biographien «der Zwölf» jedoch herrscht erhebliche Verwirrung. Gott sei gedankt gibt es John Meier, der alles, was es zu diesem Thema zu wissen gibt, in *Marginal Jew,* Bd. 3, S. 198–285, darlegt. Dass die «Zwölf» einzigartig und gegenüber dem Rest der Jünger herausgehoben waren, ist unverkennbar: «Als es Tag wurde, rief er seine Jünger zu sich und wählte aus ihnen zwölf aus; sie nannte er auch Apostel.» (Lk 6,13) Manche Wissenschaftler bestehen darauf, dass die Zwölf eine Erfindung der frühen Kirche waren, doch das erscheint unwahrscheinlich. Warum hätte man dann Judas zu einem der Zwölf machen sollen? Siehe Craig Evans, «The Twelve Thrones of Israel: Scripture and Politics in Luke 22, 24–30», in: Craig Evans und J. A. Sanders (Hg.), *Luke and Scripture: The Function of Sacred Tradition in Luke-Acts* (Minneapolis 1993), S. 154–170; Jacob Jervell, «The Twelve on Israel's Thrones: Luke's Understanding of the Apostolate», in: Jacob Jervell (Hg.), *Luke and the People of God: A New Look at Luke-Acts* (Minneapolis 1972), S. 75–112; und R. P. Meyer, *Jesus and the Twelve* (Grand Rapids, Mich. 1968).

Mehr zu Jesu antiklerikaler Botschaft findet sich bei John Meier, *Marginal Jew,* Bd. 1, S. 346 f. Wie Meier anmerkt, gab es zu der Zeit, da die Evangelien verfasst wurden, im Judentum keine Priester mehr. Nach der Zerstörung des Tempels wurden die spirituellen Erben der Pharisäer – die Rabbinen – zu den hauptsächlichen Opponenten der neuen christlichen Bewegung, und so ist es wenig verwunderlich, wenn sie in den Evangelien als die wichtigsten Feinde Jesu dargestellt werden. Umso mehr spricht dafür, die wenigen feindseligen Auseinandersetzungen, die Jesus mit den Tempelpriestern zugeschrieben werden, für authentisch zu halten. Helmut Merkel befasst sich eingehender mit der Entzweiung zwischen Jesus und der Tempel-Priesterschaft in «The Opposition Between Jesus and Judaism», in: *Jesus and the Politics of His Day,* S. 129–144. Interessanterweise wird Jesus nur einmal im Gespräch mit den Sadduzäern beschrieben, und zwar in einer Debatte um die Auferstehung am Jüngsten Tag (Mk 12,18–27).

Kapitel neun: Durch den Finger Gottes

Eine umfassende Abhandlung über die von Jesus bewirkten Wunder ist H. van der Loos, *The Miracles of Jesus* (Leiden 1965). Mehr zu Honi und Hanina ben Dosa findet man bei Geza Vermes, «Hanina ben Dosa: A Controversial Galilean Saint from the First Century of the Christian Era», *Journal of Jewish Studies* 23 (1972), S. 28–50, sowie Geza Vermes, *Jesus the Jew* (Minneapolis 1981), S. 72–78. Eine allgemeinere Darstellung der Wundertätigen zur Zeit Jesu liefert William Scott Green, «Palestinian Holy Men: Charismatic Leadership and Rabbinic Tradition», in: *ANRW* 19.2 (1979), S. 619–647. Eine sehr gute Kritik der wissenschaftlichen Arbeiten zu Hanina findet sich in Baruch M. Bokser, «Wonder-Working and the Rabbinic Tradition: The Case of Hanina ben Dosa», in: *Journal of Jewish Studies* 16 (1985), S. 42–92.

Die früheste Arbeit zu Apollonius ist der aus dem 3. Jahrhundert stammende Text *Das Leben des Apollonius von Tyana* von Flavius Philostratus. Für eine englische Übersetzung siehe F. C. Conybeare (Hg.), *Philostratus: The Life of Apollonius of Tyana* (London 1912). (Eine deutsche [bzw. zweisprachige] Ausgabe liegt vor mit Vroni Mumprecht [Hg.], *Das Leben des Apollonios von Tyana: griech.-dt. / Philostratos*, München und Zürich 1983. [Anm.d.Ü.]) Das von Conybeare herausgegebene Buch enthält auch die Übersetzung eines späteren Werkes zu Apollonius von Hierocles mit dem Titel *Lover of Truth,* in dem Apollonius dezidiert mit Jesus von Nazaret verglichen wird. Siehe auch Robert J. Penella, *The Letters of Apollonius of Tyana* (Leiden 1979). Für eine Analyse der Parallelen zwischen Apollonius und Jesus siehe Craig A. Evans, «Jesus and Apollonius of Tyana», in: *Jesus and His Contemporaries,* S. 245–250.

Wissenschaftliche Untersuchungen von Harold Remus lassen

keine Unterschiede in der Art und Weise erkennen, wie Heiden und frühe Christen Wunder beziehungsweise die Wundertätigen darstellten; siehe Harold Remus, «Does Terminology Distinguish Early Christian from Pagan Miracles?», in: *Journal of Biblical Literature* 101.4 (1982), S. 531–551; sowie Meier, *Marginal Jew*, Bd. 2, S. 536. Mehr zu Eleasar dem Exorzisten findet sich bei Josephus, *Jüdische Altertümer* 8.46–48.

Ein Überblick über die Magie und die gegen sie gerichteten Gesetze in der Zeit des Zweiten Tempels gibt Gideon Bohak, *Ancient Jewish Magic: A History* (London 2008). Wie im Märchen vom Rumpelstilzchen herrschte damals allgemein der Glaube vor, dass die Kenntnis des Namens eines Menschen einem eine gewisse Macht über ihn verleiht.

Die Macht magischer Gebete leitete sich häufig von dem Namen desjenigen ab, der darin verflucht oder gesegnet wurde. So schreibt etwa Bultmann: «Der Gedanke, dass ... die Kenntnis des Namens eines Dämons einem Macht über ihn verleiht, ist ein wohlbekanntes und weit verbreitetes Motiv.» Siehe Bultmann, *History of the Synoptic Tradition,* S. 232. Ulrich Luz zitiert aus der hellenistischen Tradition die Geschichte von Chonsu, «dem Gott, der Dämonen austreibt», als ein Beispiel für die Anerkennung der Existenz von Dämonen; siehe Ulrich Luz, «The Secrecy Motif and the Marcan Christology», in: Christopher Tuckett (Hg.), *The Messianic Secret* (Philadelphia 1983), S. 75–96.

In «The 4Q Zadokite Fragments on Skin Disease», in: *Journal of Jewish Studies* 41 (1990), S. 153–165, diskutiert Joseph Baumgarten die Beziehung zwischen Krankheit und der Besessenheit durch Dämonen und nennt eine Vielzahl von Verweisen auf andere Beiträge zu dem Thema.

Weitere nützliche Studien zur Magie in der Welt der Antike sind Matthew W. Dickie, *Magic and Magicians in the Greco-Roman World* (London 2001); Naomi Janowitz, *Magic in the Roman World* (London 2001); und Ann Jeffers, *Magic and Divination in Ancient Palestine and Syria* (Leiden 1996). Der Begriff «Magie» stammt vom griechischen Ausdruck *mageia* ab, das seinerseits auf das persische Wort für Priester, *magos,* zurückgeht. Entgegen der allgemeinen Wahrnehmung waren Jesu Wunder nicht dazu gedacht, seine messianische Identität zu bestätigen. In keiner der über den Messias verfassten biblischen Prophezeiungen findet sich eine Charakterisierung des Messias als Wunderheiler oder Exorzist; der Messias ist der König, seine Aufgabe ist es, Israel zurück zu Ruhm und Ehre zu führen und seine Feinde zu vernichten, nicht Kranke zu heilen oder Dämonen auszutreiben (tatsächlich kommen dämonische Wesen nirgendwo in der Hebräischen Bibel vor).

Justin der Märtyrer, Origenes und Irenäus werden zitiert in Anton Fridrichsen, *The Problem of Miracle in Primitive Christianity* (Minneapolis 1972), S. 87–95. Das vielleicht berühmteste Argument zu Jesus als Magier ist die von Morton Smith in *Jesus the Magician* (New York 1978) aufgestellte kontroverse These. Tatsächlich ist Smiths Argument sehr einfach: Die von Jesus bewirkten Wunder in den Evangelien weisen eine verblüffende Ähnlichkeit mit dem auf, was wir in den «magischen Texten» aus der Zeit finden, und dies ist ein Indiz dafür, dass Jesus von seinen jüdischen Zeitgenossen und den Römern möglicherweise nur als ein Magier unter vielen gesehen wurde. Etliche andere Wissenschaftler, darunter insbesondere John Dominic Crossan, stimmen mit dieser Sichtweise überein. Siehe Crossan, *Historical Jesus,* S. 137–167. Smiths Argument ist stichhaltig und hat die Schmähungen nicht verdient, mit denen es in manchen wissenschaftlichen Kreisen bedacht worden ist – wiewohl meine eigenen Einwände gegen seine Auffassung im Text deutlich zum Ausdruck kommen. Was Parallelen zwischen den Wundergeschichten in den Evangelien und denen in den rabbinischen Schriften betrifft, siehe zum Beispiel Craig A. Evans, «Jesus and Jewish Miracle Stories», in: *Jesus and His Contemporaries,* S. 213–243.

Was die Reinigungsriten für vom Aussatz Geheilte angeht, sollte darauf hingewiesen werden, dass die Tora jenen, die arm sind, gestattet, einen Widder und ein Schaf durch zwei Turteltauben oder zwei junge Tauben zu ersetzen (3 Mos 14,21–22).

Kapitel zehn: Dein Reich komme

Eine verständliche und knappe Abhandlung über die Vorstellung des Reiches Gottes im Neuen Testament bietet Joachim Jeremias, *Neutestamentliche Theologie. Erster Teil: Die Verkündigung Jesu* (Gütersloh 1971, insb. S. 99 ff.). Jeremias nennt «die königliche Herrschaft Gottes» das «zentrale Thema der öffentlichen Verkündigung Jesu». Siehe auch Norman Perrin, *The Kingdom of God in the Teaching of Jesus* (Philadelphia 1963) und *Rediscovering the Teachings of Jesus* (New York 1967; dt.: *Was lehrte Jesus wirklich? Rekonstruktion und Deutung*, Göttingen 1972). Laut Perrin stand das Reich Gottes im Mittelpunkt der Botschaft Jesu: «Alles andere in seiner Lehre geht von dieser zentralen, Ehrfurcht gebietenden – oder, je nach Standpunkt, zum Spott reizenden – Überzeugung aus.»

Laut John Meier «wird außerhalb der synoptischen Evangelien und dem Mund Jesu [der Begriff Reich Gottes] allem Anschein nach weder von Juden noch von Christen im frühen 1. Jahrhundert häufig verwendet» (*Marginal Jew*, Bd. 2, S. 239). In der Hebräischen Bibel kommt kein einziges Mal der Begriff «Reich Gottes» vor, allerdings heißt es in 1 Chronik 28,5 «Königsthron des Herrn» (hebräisch: Jahweh), als David davon spricht, dass Salomo einst auf dem Thron des Herrn sitzen werde. Man kann wohl ohne weiteres behaupten, dass diese Wendung gleichbedeutend ist mit Königreich Gottes. Abgesehen davon, ist nur in dem Apokryphentext *Weisheit Salomos* (10,10) exakt die Wendung «Reich Gottes» anzutreffen. Beispiele für das Königtum Gottes und seinen rechtmäßigen Anspruch auf Herrschaft finden sich natürlich überall in der Hebräischen Bibel. Beispielsweise heißt es im 2. Buch Mose: «Der Herr ist König für immer und ewig.» (2 Mos 15,18) Perrin meint, der Anstoß für die Verwendung des Wortes «Reich» im Vaterunser könne auf ein aramäisches Kaddisch-Gebet zurückgeführt werden, das in einer alten Synagoge in Israel entdeckt wurde und, wie er behauptet, zur Zeit Jesu gebräuchlich war. Das Gebet lautet: «Verherrlicht und geheiligt sei sein großer Name in der Welt, die er nach seinem Willen geschaffen hat. Möge er sein Reich rasch und in Kürze zu deinen Lebzeiten und in deinen Tagen und in den Tagen des ganzen Hauses Israel errichten.» (Vgl. Perrin, *Kingdom of God in the Teaching of Jesus*, S. 19.) Wie viele Theologen ist Perrin überzeugt, dass Jesus den Begriff «Reich Gottes» in einem eschatologischen Sinn gebraucht. Aber Richard Horsley weist darauf hin, dass Gottes Handlungen mit Blick auf das Reich zwar als «endgültig» angesehen werden können, aber das impliziert nicht unbedingt ein eschatologisches Ereignis. «Die Symbole im Umfeld des Königreichs Gottes verweisen nicht auf den ‹letzten›, ‹finalen›, ‹eschatologischen› und ‹alles verändernden› ‹Akt› Gottes», schreibt Horsley. «Wenn der ursprüngliche Kern aller Aussagen über den Menschensohn, der ‹mit den Wolken des Himmels› kam, von Jesus stammt, dann sind sie wie das Bild in Daniel 7,13, auf das sie verweisen, Symbole der Verteidigung aller Verfolgten und leidenden Gerechten.» Laut Horsley kann man das Reich Gottes durchaus nach eschatologischen Kriterien deuten, aber nur insofern, als dies Gottes letztes und endgültiges Handeln auf Erden impliziert. Mit einer Beobachtung hat er recht: Sobald wir die Vorstellung aufgeben, die Lehren Jesu vom Reich Gottes würden sich auf eine Endzeit beziehen, können wir auch die historische Debatte darüber beenden, ob sich Jesus dieses Reich als ein gegenwärtiges oder als etwas Zukünftiges vorstellte. Siehe R. Horsley, *Jesus and the Spiral of Violence: Popular Jewish Resistance in Roman Palestine* (Minneapolis 1993, S. 168 f.). Nichtsdestotrotz, wer sich für die Diskussion um «gegenwärtig oder künftig» interessiert, findet bei John Meier, der seinerseits das Reich Gottes für ein eschatologisches Ereignis hält, knapp die Argumente beider Seiten in *Marginal Jew*, Bd. 2, S. 289–351. Zu den Kritikern Meiers zählen John Dominic Crossan, *Jesus: A Revolutionary Biography*, S.

54–74 (dt.: *Jesus. Ein revolutionäres Leben*, München 1995); Marcus J. Borg, *Jesus: A New Vision* (New York 1991), S. 1–21; und meine Wenigkeit. Wie Werner Kelber schreibt: «Das Reich bedeutet das Ende einer älteren Ordnung.» Siehe Kelber, *The Kingdom in Mark* (Philadelphia 1974), S. 23.

Ausführlicher zum jüdischen Charakter des Jesus von Nazaret siehe Amy-Jill Levine, *The Misunderstood Jew* (New York 2006). Die Äußerungen Jesu gegen Nichtjuden kann man durchaus als historisch korrekt betrachten, wenn man bedenkt, dass die frühen Christen aktiv unter den Heiden für die Konversion warben und solche Verse in den Evangelien dem gewiss nicht dienlich waren. Es trifft zu, dass Jesus überzeugt war, dass man auch Nichtjuden in das Reich Gottes einlassen würde, sobald es errichtet war. Aber allem Anschein nach ging Jesus, wie John Meier anmerkt, davon aus, dass den Nichtjuden erst am Ende der israelitischen Geschichte der Zutritt zum Reich gestattet werde, noch dazu als Untertanen der Juden (Meier, *Marginal Jew*, Bd. 3, S. 251).

Ich stimme Richard Horsley zu, dass die Gebote «Liebet eure Feinde» und «Haltet auch die andere Wange hin» im Lukas-Evangelium vermutlich dem ursprünglichen Material der Logienquelle Q näher sind als die parallelen Äußerungen in Matthäus, in denen die Gebote Jesu dem Gebot der Hebräischen Schrift «Auge um Auge» (*lex talionis*) gegenübergestellt werden. Siehe Horsley, *Jesus and the Spiral of Violence*, S. 255–265.

Mit Blick auf Matthäus 11,12 habe ich hier eine abweichende Version des Verses eingefügt – «Das Himmelreich kommt gewaltsam» –, weil ich überzeugt bin, dass dies der ursprüngliche Wortlaut der Stelle ist und weil es besser in den Kontext passt. Die übliche Version der Stelle lautet wie folgt: «Seit den Tagen des Johannes bis jetzt übt das Himmelreich seine Gewalt *(biazetai)* und die Gewalt Übenden erbeuten es.» So übersetzt Rudolf Otto in *Reich Gottes und Menschensohn*, S. 79, die Stelle. Man beachte, dass der Vers weit häufiger ungenau folgendermaßen übersetzt wird: «Seit den Tagen Johannes des Täufers bis heute wird dem Himmelreich Gewalt angetan; die Gewalttätigen reißen es an sich.» Allerdings lassen selbst diese Übersetzungen auch eine abweichende Lesart zu, die auf das Aktiv hinweist, das ich in meiner Übersetzung verwende. Das Problem liegt in dem Verb *biazomai*, das heißt «Gewalt oder Kraft anwenden». Im Perfekt kann *biazomai* heißen «jemandem Gewalt angetan haben», aber das Verb steht hier nicht im Perfekt. Ganz ähnlich kann *biazomai* im Passiv bedeuten «Gewalt erleiden», aber in Matthäus 11,12 liegt auch kein Passiv vor. Laut UBS Lexicon steht das Verb *biazomai* an dieser Stelle in dem altgriechischen Medium und bedeutet deshalb «Gewalt anwenden». Ein Fingerzeig, wie die Stelle zu übersetzen ist, findet sich in der parallelen Stelle im Lukas-Evangelium unter 16,16. Lukas unterschlägt die erste Hälfte des Verses («das Himmelreich wirkt durch Gewalt»), womöglich um Missverständnisse zu vermeiden. Allerdings verwendet er danach genau dasselbe Verb *biazetai* im Aktiv in dem Satz: «und alle wollen mit Gewalt [ins Reich] hineinkommen». Schließlich passt die übliche Übersetzung «dem Himmelreich wird Gewalt angetan» weder zu dem Zeitpunkt, als Jesus diese Worte aussprach, noch zu dem Kontext, in dem er lebte. Und Kontext ist alles. Zur Diskussion um diese Stelle in der englischsprachigen Literatur siehe *Analytic Greek New Testament* (Grand Rapids, Mich. 1981), sowie die Fußnote zu Matthäus 11,12 in *Thayer's Greek-English Lexicon of the New Testament* (Ann Arbor 1996) und Johannes P. Louw und Eugene A. Nida (Hg.), *Greek-English Lexicon of the New Testament* (Grand Rapids, Mich. 1988). Louw und Nida weisen ganz richtig darauf hin, dass es «in vielen Sprachen schwierig oder gar unmöglich ist, davon zu sprechen, dass dem Himmelreich ‹Gewalt angetan› werde». Allerdings räumen sie ein, dass «eine aktive Form verwendet werden kann, etwa ‹und gewaltsam das Himmelreich angreifen› oder ‹die Herrschaft Gottes›».

Kapitel elf: Für wen haltet ihr mich?

Zur Frage, ob die Juden im Palästina des 1. Jahrhunderts die Rückkehr Elijas und den Beginn des messianischen Zeitalters erwarteten, siehe John J. Collins, *Apocalypticism in the Dead Sea Scrolls* (London 1997). Zur bewussten Nachahmung Elijas durch Jesus siehe John Meier, *Marginal Jew*, Bd. 3, S. 622–626.

Im Gegensatz zu Matthäus und Lukas, die eine Veränderung in der physischen Erscheinung Jesu während der Verklärung überliefern (Mt 17,2; Lk 9,29), schreibt Markus, dass Jesus auf eine Weise verklärt wurde, die lediglich seine Kleidung betraf (9,3). Die Parallelen zum 2. Buch Mose sind in der Schilderung der Verklärung unverkennbar: Mose nimmt Aaron, Nadab und Abihu zum Berg Sinai mit, wo er von einer Wolke umfangen wird und die Gebote und den Plan für den Bau des Heiligtums empfängt. Wie Jesus wird auch Mose auf dem Berg in der Gegenwart Gottes verklärt. Aber es besteht ein wesentlicher Unterschied zwischen den beiden Geschichten. Mose bekam die Gesetzestafeln von Gott selbst, während Jesus Mose und Elija nur sieht, aber nichts Materielles erhält. Dieser Unterschied soll demonstrieren, dass Jesus höher als Mose steht. Mose wird wegen seiner Begegnung mit der Herrlichkeit Gottes verklärt, Jesus hingegen wird wegen seiner eigenen Herrlichkeit verklärt. In den Augen von Morton Smith wird diese These noch durch den Umstand unterstrichen, dass Mose und Elija, also das Recht und die Propheten, als Untergebene Jesu in Erscheinung treten. Siehe Smith, «The Origin and History of the Transfiguration Story», in: *Union Seminary Quarterly Review* 36 (1980), S. 42. Auch Elija stieg einmal auf einen Berg und spürte, wie der Geist des Herrn an ihm vorüberzog. «Der Herr antwortete: ‹Komm heraus und stell dich auf den Berg vor den Herrn!› Da zog der Herr vorüber: Ein starker, heftiger Sturm, der die Berge zerriss und die Felsen zerbrach, ging dem Herrn voraus. Doch der Herr war nicht im Sturm. Nach dem Sturm kam ein Erdbeben. Doch der Herr war nicht im Erdbeben. Nach dem Beben kam ein Feuer.

Doch der Herr war nicht im Feuer. Nach dem Feuer kam ein sanftes, leises Säuseln.» (1 Kg 19,11 f.) Man sollte darauf hinweisen, dass die Verklärungsgeschichte nach Smiths Meinung «aus der Welt der Magie» stammt. Seine These hat mit seiner Auffassung von Jesus als einem Magier «wie andere Magier» zu tun. Deshalb glaubt Smith, die Verklärung sei ein auf hypnotische Weise hervorgerufenes mystisches Ereignis gewesen, das absolute Stille erfordere; folglich wurde der Bann gebrochen, als Petrus sprach. Der Versuch des Markus, mit Hilfe dieser Geschichte Jesus als den wahren Messias zu bestätigen, ist für Smith somit ein Irrtum seitens des Evangelisten. Das Ganze demonstriert Markus' Auffassung, dass Jesus beide Personen an Herrlichkeit übertrifft. Selbstverständlich ist das keine neue Auffassung in der Christologie des Neuen Testaments. Paulus erklärt ausdrücklich die Überlegenheit Jesu über Mose (Röm 5,14; Kor 10,2), genau wie der Verfasser des Briefes an die Hebräer (3,1–6). Mit anderen Worten, Markus hält lediglich eine vertraute Überzeugung der frühen Christen fest, dass Jesus der dem jüdischen Volk versprochene neue Mose ist (5 Mos 18,15). Siehe dazu auch Morna D. Hooker, «‹What Doest Thou Here, Elijah?› A Look at St. Mark's Account of the Transfiguration», in: L. D. Hurst et al. (Hg.), *The Glory of Christ in the New Testament* (Oxford 1987), S. 59–70. Hooker misst dem Umstand große Bedeutung zu, dass im Markus-Evangelium Elija als Erster auftritt und es danach heißt «und mit ihm Mose».

Der Begriff *Messiasgeheimnis* geht auf William Wredes immer wieder neu aufgelegtes Standardwerk *Das Messiasgeheimnis in den Evangelien. Zugleich ein Beitrag zum Verständnis des Markusevangeliums* (Göttingen 3. Aufl. 1963; Original: 1901) zurück. Die Theorien zum Messiasgeheimnis lassen sich in zwei Denkschulen unterteilen: die einen glauben, das Geheimnis lasse sich aus dem historischen Jesus ableiten, die anderen meinen, entweder der Evangelist oder die ersten Markusanhänger hätten es geschaffen. Wrede argumentierte, das Messiasgeheimnis sei ein Produkt der Gemeinde und ein redaktionelles Motiv des Evangeliums selbst.

Nach seiner These geht das Messiasgeheimnis auf Markus' Versuch zurück, den ursprünglichen christlichen Glauben im Jerusalem des 1. Jahrhunderts, der erst nach der Auferstehung Jesus als den Messias betrachtete, mit der Anschauung in Einklang zu bringen, Jesus sei sein ganzes Leben und Wirken lang der Messias gewesen. Der Haken an Wredes Theorie ist, dass in Markus 16,1–8 (dem ursprünglichen Ende des Evangeliums) abgesehen von dem unerklärlichen Verschwinden aus dem Grab, nichts auf eine Veränderung der Identität Jesu schließen lässt. Wie dem auch sei, es fällt ohnehin schwer zu erklären, wie die Auferstehung – eine Vorstellung, die den Messiaserwartungen im Palästina des 1. Jahrhunderts völlig fremd war – die Überzeugung hervorrufen konnte, Jesus sei der Messias. Wrede geht es in seiner Studie darum, anhand des messianischen Geheimnisses zu beweisen, dass sich Jesus zu seinen Lebzeiten in Wirklichkeit niemals selbst als Messias ausgegeben habe – eine faszinierende und vermutlich zutreffende Hypothese. Zu den Gegnern, die argumentieren, das Messiasgeheimnis könne tatsächlich bis zur historischen Person Jesus zurückverfolgt werden, zählen Oscar Cullman, *Christology of the New Testament* (Philadelphia 1963), S. 111–136, und James D. G. Dunn, «The Messianic Secret in Mark», in: Christopher Tuckett (Hg.), *The Messianic Secret* (Philadelphia 1983), S. 116–136. Allgemeinere Informationen zum Messiasgeheimnis finden sich bei James L. Blevins, *The Messianic Secret in Markan Research, 1901–1976* (Washington, D. C. 1981), und Heikki Räisänen, *The «Messianic Secret» in Mark* (Edinburgh 1990). Wie Raisanen ganz richtig argumentiert, gehen viele Theorien, die für das «Messiasgeheimnis» angeboten werden, generell von der Vorstellung aus, dass «sich der theologische Standpunkt des Markus-Evangeliums auf eine *einzige* Geheimhaltungstheologie stützt». Er ist überzeugt, und in diesem Punkt stimmen die meisten zeitgenössischen Gelehrten ihm zu, dass wir das Messiasgeheimnis nur begreifen werden, wenn das Geheimhaltungskonzept «aufgegliedert wird [...] in seine Bestandteile, die nur lose miteinander verknüpft sind». Siehe Räisänen, *Messianic Secret*, S. 242 f.

Einen kurzen Abriss über die unzähligen messianischen Paradigmen, die im Palästina des 1. Jahrhunderts existierten, bietet Craig Evans, «From Anointed Prophet to Anointed King: Probing Aspects of Jesus' Self-Understanding», in: *Jesus and His Contemporaries*, S. 437–456.

Die meisten zeitgenössischen Gelehrten werden mir zwar zustimmen, dass die Verwendung des Titels Menschensohn bis zum historischen Jesus zurückverfolgt werden kann, aber es herrscht eine große Uneinigkeit darüber, wie viele und welche Aussagen über den Menschensohn wirklich authentisch sind. Markus deutet drei Hauptfunktionen für die Interpretation dieses nebulösen Titels an. Erstens wird er bei Beschreibungen einer künftigen Gestalt verwendet, die beim Jüngsten Gericht kommen wird (Mk 8,38; 13,26; 14,62). Zweitens wird er verwendet, wenn vom erwarteten Leiden und Tod Jesu die Rede ist (Mk 8,31; 9,12; 10,33). Schließlich wird der Menschensohn an etlichen Stellen als ein irdischer Herrscher präsentiert, der befugt ist, Sünden zu vergeben (Mk 2,10; 2,28). Von diesen drei Funktionen hat im Markus-Evangelium die zweite wohl den größten Einfluss. Einige Wissenschaftler, darunter der Aufklärer Hermann Samuel Reimarus, *Von dem Zwecke Jesu und seiner Jünger* (Braunschweig 1778), erkennen lediglich die Historizität der nichteschatologischen, sogenannten Niedrigkeitsaussagen an. Andere wie Barnabas Lindars, *Jesus Son of Man* (London 1983) erkennen nur jene aus der «Spruchüberlieferung» *(*Q und Markus) als authentisch an, die das zugrunde liegende Idiom *bar enasha* (es gibt neun davon) als Form des Selbstbezugs wiedergeben. Wieder andere halten nur die apokalyptischen Textstellen für authentisch: «Menschensohn ist also in den Stellen, wo es authentisch ist, reines eschatologisches Messiasprädikat ...», schreibt Albert Schweitzer in *Geschichte der Leben-Jesu-Forschung* (München 1966; Originaltitel: *Von Reimarus zu Wrede,* 1906), Bd. 1, S. 256.

Schließlich gibt es natürlich auch Gelehrte, die so gut wie alle Aussagen über den Menschensohn als nicht authentisch zurückweisen. In der Tat kam das berühmte «Jesus-Seminar» unter der

Leitung von Robert W. Funk und Roy W. Hoover, *The Five Gospels: The Search for the Authentic Words of Jesus* (New York 1993), mehr oder weniger zu dieser Schlussfolgerung. Eine umfassende Analyse der jahrhundertealten Diskussion um den Menschensohn liefert Delbert Burkett in seiner unverzichtbaren Monographie: *The Son of Man Debate* (New York 1999). In einem bemerkenswerten Kommentar weist Burkett darauf hin, dass Gnostiker allem Anschein nach «Sohn» wörtlich auffassten und glaubten, Jesus gebe damit seine Vater-Kind-Beziehung zum gnostischen «aeon» oder göttlichen Anthropos oder schlicht «Mensch» bekannt.

Geza Vermes weist nach, dass *bar enasha* in aramäischen Quellen niemals ein Titel ist; «The Son of Man Debate», in: *Journal for the Study of the New Testament* 1 (1978), S. 19–32. Allerdings zählt Vermes zu den wenigen Gelehrten, welche die Meinung vertreten, der Begriff «Menschensohn» sei in seiner aramäischen Form lediglich eine Umschreibung für «Ich» – eine indirekte und respektvolle Art, von sich selbst zu sprechen, etwa wenn Jesus sagt: «Die Füchse haben ihre Höhlen und die Vögel ihre Nester; der Menschensohn [d.h. ich] aber hat keinen Ort, wo er sein [ich mein] Haupt hinlegen kann.» (Mt 8,20, Lk 9,58). Siehe auch P. Maurice Casey, *Son of Man. The Interpretation and Influence of Daniel 7* (London 1979). Wie Burkett anmerkt, liegt das Grundproblem der Umschreibungstheorie darin, dass «die idiomatische Wendung ein Demonstrativpronomen («dieser Mann») erfordert, das in der Wendung im Evangelium fehlt». Siehe Burkett, *The Son of Man Debate*, S. 96. Andere argumentierten genau umgekehrt: Nach ihrer Auffassung bezeichnet der Begriff «Menschensohn» überhaupt nicht Jesus selbst, sondern eine andere Person, von der Jesus erwartete, dass er nach ihm kommen werde. «Wenn der Menschensohn in seiner Herrlichkeit kommt und alle Engel mit ihm, dann wird er sich auf den Thron seiner Herrlichkeit setzen.» (Mt 25,31) Zu den bekanntesten Verfechtern der Theorie, dass Jesus mit Menschensohn einen anderen meinte, zählten Julius Wellhausen und Rudolf Bultmann. Aber auch das ist unwahrscheinlich; aus dem Kontext der meisten Äußerungen zum Menschensohn geht eindeutig hervor, dass er von sich selbst spricht. Etwa vergleicht er sich einmal mit Johannes dem Täufer: «Johannes ist gekommen, er isst nicht und trinkt nicht und sie sagen: Er ist von einem Dämon besessen. Der Menschensohn ist gekommen, er isst und trinkt; darauf sagen sie: Dieser Fresser und Säufer ...» (Mt 11,18 f., Lk 7,33 f.) Zu den Gelehrten, die «Menschensohn» für eine idiomatische Wendung des Aramäischen halten, die entweder allgemein «ein Mensch» oder konkreter «ein Mensch wie ich» bedeutet, zählen Barnabas Lindars, *Jesus Son of Man,* und Reginald Fuller, «The Son of Man: A Reconsideration», in: Dennis E. Groh und Robert Jewett (Hg.), *The Living Texts: Essays in Honor of Ernest W. Saunders* (Lanham 1985), S. 207–217. Diese Gelehrten weisen darauf hin, dass Gott den Propheten Ezechiel als *ben adam* anspricht, was so viel heißt wie menschliches Wesen, aber womöglich den Idealtypus eines Menschen impliziert. Zum Fehlen einer einheitlichen Vorstellung vom Menschensohn unter den Juden siehe Norman Perrin, «Son of Man», in: *Interpreter's Dictionary of the Bible. Supplementary Volume* (Nashville 1976, S. 833–836), und Adela Yarbro Collins, «The Influence of Daniel on the New Testament», in: John J. Collins (Hg.), *Daniel* (Minneapolis 1993), S. 90–123.

Obwohl der «eine wie ein Menschensohn» niemals als der Messias bezeichnet wird, hat es den Anschein, als hätten die jüdischen Gelehrten und Rabbinen des 1. Jahrhunderts ihn dafür gehalten. Ob auch Jesus den «einen» bei Daniel genannten ebenfalls für eine messianische Figur hielt, ist unklar. Nicht alle Wissenschaftler sind der Meinung, dass Daniel auf eine bestimmte Person oder ein konkretes Individuum verweist, wenn er die Wendung «Menschensohn» verwendet. Möglicherweise benutzt er den Begriff als ein Symbol für Israel als Sieger über seine Feinde. Das Gleiche gilt für Ezechiel, wo «Menschensohn» möglicherweise keine bestimmte von Ezechiel gemeinte Person ist, sondern ein symbolischer Stellvertreter für den Idealtypus des Menschen. In Wirklichkeit hält Maurice Casey selbst den «Menschensohn» im Buch Henoch nicht

für eine bestimmte Person, sondern schlicht für den Gattungs-
begriff «Mensch», siehe «The Use of the Term ‹Son of Man› in
the Similitudes of Enoch», in: *Journal for the Study of Judaism* 7.1
(1976), S. 11–29. Dem kann ich nicht widersprechen, aber meiner
Meinung nach besteht ein signifikanter Unterschied zwischen der
Verwendung des Gattungsbegriffs in, sagen wir, Jeremia 51,43 –
«Seine Städte werden zur Wüste, ein Land der Dürre und Steppe,
wo niemand wohnt und wo kein Mensch *[ben adam]* mehr hin-
durchzieht» – und der Verwendung wie in Daniel 7,13, wo auf
eine einzelne Person verwiesen wird.

Sowohl das Buch Henoch als auch das 4. Buch Esra setzen die
Figur des Menschensohns ausdrücklich mit dem Messias gleich,
aber bei Esra wird er darüber hinaus von Gott «mein Sohn» genannt: «Denn mein Sohn der Messias wird sich offenbaren samt
allen bei ihm, und wird den Übriggebliebenen Freude geben,
400 Jahre lang. Nach diesen Jahren wird mein Sohn der Messias
sterben, und alle, die Menschenodem haben» (4 Esra 7,28 f.). Es
steht außer Frage, dass das 4. Buch Esra gegen Ende des 1. oder
Anfang des 2. Jahrhunderts geschrieben wurde. Die Datierung der
Similitudines (Parabeln) des Buches Henoch war hingegen lange
umstritten. Weil unter den unzähligen Quellen in Qumran keine Kopie der *Similitudines* gefunden wurde, gehen die meisten
Gelehrten davon aus, dass es erst lange nach der Zerstörung des
Tempels im Jahr 70 n. Chr. geschrieben wurde. Siehe Matthew
Black, *The Book of Enoch or 1 Enoch: A New English Edition with
Commentary and Textual Notes* (Leiden 1985); dazu auch David
Suter, «Weighed in the Balance: The Similitudes of Enoch in Re-
cent Discussion», in: *Religious Studies Review* 7 (1981), S. 217–221,
und J. C. Hindly, «Towards a Date for the Similitudes of Enoch:
A Historical Approach», in: *New Testament Studies* 14 (1967–68),
S. 551–565. Hindly nennt einen Zeitraum zwischen 115 und
135 n. Chr. für die Entstehung der *Similitudines*, was mir ein we-
nig spät erscheint. Wie dem auch sei, die beste Datierung für die
Similitudines liegt irgendwann nach der Zerstörung Jerusalems,

aber noch vor der Niederschrift des Matthäus-Evangeliums um 90 n. Chr.

Zu den Parallelen zwischen dem Menschensohn bei Henoch und dem Menschensohn der Evangelien in dem Material, das ausschließlich bei Matthäus zu finden ist, siehe Burkett, *The Son of Man Debate*, S. 78; siehe auch John J. Collins, «The Heavenly Representative: The ‹Son of Man› in the Similitudes of Enoch», in: John J. Collins und George Nickelsburg (Hg.), *Ideal Figures in Ancient Judaism: Profiles and Paradigms* (Chico, Kalif. 1980), S. 111–133. Zum Verständnis des Menschensohns als einem präexistenten himmlischen Wesen im vierten Evangelium siehe Delbert Burkett, *The Son of the Man in the Gospel of John* (Sheffield 1991) und R. G. Hamerton-Kelly, *Pre-Existence, Wisdom, and the Son of Man* (Cambridge 1973). An dieser Stelle darf nicht vergessen werden, dass weder in den *Similitudines* noch im 4. Buch Esra der Begriff «Menschensohn» als ein Titel verwendet wird, mit Sicherheit nicht in der Weise, wie Jesus ihn verwendet.

Als Jesus vor Kajaphas steht, zitiert er nicht nur Daniel 7,13, sondern auch Psalm 110,1 («Der HERR sprach zu meinem Herrn: ‹Setze dich zu meiner Rechten, bis ich deine Feinde zum Schemel deiner Füße mache»»). Der Verweis auf Daniel 7,13 und Psalm 110,1 in der Antwort Jesu an den Hohepriester mag auf den ersten Blick ein wenig unzusammenhängend scheinen. Aber laut T. F. Glasson stellt Jesus hiermit eine ganz natürliche Verbindung her. Glasson weist darauf hin, dass das Kommen des Menschensohns «mit den Wolken des Himmels» im Buch Daniel symbolisch für die Gründung des Reichs Gottes auf Erden steht. Folglich wird, sobald Jesus zur rechten Hand Gottes erhöht wird, das Königreich, von dem er nach Markus 1,15 predigt, als die «neue Gemeinschaft der Heiligen» entstehen. Laut Glasson führt der Verweis auf die Psalmen die persönliche Erhöhung Jesu vor Augen, während der Verweis auf Daniel den Beginn des Reichs Gottes auf Erden andeutet – ein Ereignis, das mit seinem Tod und der Auferstehung beginnen muss. Diese Idee lässt sich gut mit der dreifachen Interpretation des

Menschensohns in Einklang bringen. Anders ausgedrückt ist Glasson überzeugt, dass für Jesus in genau diesem Moment die beiden Titel Messias und Menschensohn vereint werden. Siehe Thomas Francis Glasson, «Reply to Caiaphas (Mark 14:62)», in: *New Testament Studies* 7 (1960), S. 88–93. Mary Ann L. Beavis weist auf die Parallelen zwischen dem Auftritt Jesu vor Kajaphas und dem vorherigen Bekenntnis des Petrus hin. Beide Szenen beginnen mit der Frage nach der Identität Jesu (Mk 8,27; 14,60), und beide enden mit einem Verweis auf den Menschensohn. Darüber hinaus stößt in beiden Fällen die Neuinterpretation des Messiastitels durch Jesus auf massiven Widerspruch (Mk 8,32 f.; 14,63 ff.); siehe Mary Ann L. Beavis, «The Trial Before the Sanhedrin (Mark 14:53–65): Reader Response and Greco-Roman Readers», in: *Catholic Biblical Quarterly* 49 (1987), S. 581–596.

Kapitel zwölf: Kein König außer dem Kaiser

So groß die Versuchung auch sein mag, den Verrat des Judas Iskariot lediglich als eine erzählerische Ausschmückung zu verwerfen, lässt sich nicht bestreiten, dass dieses Detail von allen vier Evangelisten bezeugt wird, auch wenn jeder einen anderen Beweggrund für den Verrat nennt.

Markus und Matthäus erklären ausdrücklich, dass «die Schar» vom Sanhedrin ausgesandt worden sei, und Lukas fügt der Schar sogar noch die Hauptleute der Tempelwache hinzu, um diesen Punkt noch stärker hervorzuheben. Nur das Johannes-Evangelium deutet auch die Anwesenheit römischer Soldaten unter den Häschern an, die Jesus gefangen nahmen. Allerdings ist das höchst unwahrscheinlich, weil kein römischer Soldat einen Verbrecher ergriffen und an den Sanhedrin ausgeliefert hätte, wenn ihm das sein Präfekt nicht ausdrücklich befohlen hätte. Und es besteht kein Grund zu der Annahme, dass Pilatus an dem Geschehen beteiligt war, bevor man Jesus vor ihn brachte. Markus deutet zwar an, derjenige, der das Schwert schwingt, sei kein Jünger gewesen, sondern «einer von denen, die dabeistanden», aber die anderen Evangelien stellen eindeutig fest, dass tatsächlich ein Jünger dem Diener das Ohr abhieb. Johannes identifiziert den angriffslustigen Jünger sogar als Simon Petrus (Joh 18,8–11). Das Unbehagen von Lukas über einen Jesus, der sich scheinbar gegen die Gefangennahme wehrt, wird dadurch gelindert, dass er nachdrücklich betont, dass Jesus das Handgemenge gestoppt und das Ohr des armen Dieners geheilt habe, ehe er sich abführen ließ (Lk 22,49–53). Andererseits erklärt ausgerechnet Lukas, Jesus habe seinen Jüngern befohlen, Schwerter zu kaufen und mitzunehmen in den Garten (Lk 22,35–38).

Zu Eusebius siehe Eusebius, *Historia ecclesiae* (deutsch: *Kirchengeschichte)* III.3, zitiert in: George R. Edwards, *Jesus and the Politics of Violence* (New York 1972), S. 31. Die Darstellung des Eusebius ist von einigen heutigen Wissenschaftlern angezweifelt worden, unter anderen von L. Michael White, *From Jesus to Christianity* (New York 2004), S. 230.

Raymond Brown legt knapp die Gründe dar, die für die Existenz einer Reihe von Passionsgeschichten schon vor Entstehung der Evangelien sprechen, und zwar in seinem enzyklopädischen zweibändigen Werk *The Death of the Messiah* (New York 1994), S. 53–93. Der größte Gegner von Brown, die sogenannte Perrin-Schule, lehnt jede Vorstellung einer Passionsgeschichte vor Markus ab und erklärt, die Erzählung des Prozesses und der Kreuzigung sei von Markus verfasst und von allen kanonisierten Evangelien übernommen worden, auch von Johannes. Siehe W. H. Kelber (Hg.), *The Passion in Mark: Studies on Mark 14–16* (Philadelphia 1976).

Zur Anwendung der Kreuzigungsstrafe unter den Juden siehe Ernst Bammel, «Crucifixion as a Punishment in Palestine», in: Ernst Bammel (Hg.), *The Trial of Jesus* (Naperville, Ill. 1970), S. 162–165. Josef Blinzler weist darauf hin, dass in der Zeit des Römischen Reiches eine gewisse Einheitlichkeit beim Verlauf der Kreuzigung bestand, insbesondere was das Nageln der Hände und

Füße an einen Querbalken betraf. In der Regel wurden die Verurteilten zuvor ausgepeitscht, und zumindest unter den Römern wurde erwartet, dass der Verbrecher selbst sein Kreuz zum Ort der Kreuzigung schleppte. Siehe Blinzler, *The Trial of Jesus* (Westminster, Md. 1959).

Laut Josephus wurden die Juden, die während der Belagerung Jerusalems durch Titus zu fliehen versuchten, zuerst hingerichtet, dann ans Kreuz geschlagen; *Geschichte des Jüdischen Krieges* 5.449–451. Martin Hengel schreibt, auch wenn die Kreuzigung eine nichtrömischen Bürgern vorbehaltene Strafe war, sei es durchaus vorgekommen, dass römische Bürger gekreuzigt wurden. Allerdings geschah dies ganz bewusst als Reaktion auf Verbrechen, die als Verrat galten. Mit anderen Worten, wenn der Bürger eine «Sklavenstrafe» bekam, wurde signalisiert, dass er ein so schweres Verbrechen begangen hatte, dass der Verbrecher die römische Bürgerschaft verloren hatte. Siehe dazu Hengel, *Crucifixion in the Ancient World and the Folly of the Message of the Cross* (Philadelphia 1977), S. 39–45. Das Cicero-Zitat stammt aus Hengel, ebenda, S. 37. Siehe auch J. W. Hewitt, «The Use of Nails in the Crucifixion», in: *Harvard Theological Review* 25 (1932), S. 29–45.

Mit Blick auf Jesu Prozess vor Kajaphas in den Evangelien erklären Matthäus und Markus, dass Jesus in den Hof *(aule)* des Hohepriesters gebracht wurde, nicht zum Hohen Rat. Im Gegensatz zu Markus nennt Matthäus den Hohepriester beim Namen: Kajaphas. Johannes behauptet, Jesus sei zuerst zum vorherigen Hohepriester gebracht worden, zu Hannas, bevor man ihn zu dessen Schwiegersohn und amtierenden Hohepriester Kajaphas brachte. Interessanterweise bewertet Markus die Behauptung als falsch, dass Jesus den Tempel zerstören und ohne Menschenhand einen neuen aufbauen werde. Wie Matthäus stellen auch Lukas in der Apostelgeschichte und Johannes klar, dass Jesus genau dies angekündigt hatte (Mt 26,59 ff.; Apg 6,13 f.; Joh 2,19). In Wirklichkeit ist eine Variante eben dieser Aussage im Thomas-Evangelium zu finden: «Ich werde dieses Haus zerstören, und niemand wird imstande sein, es wiederaufzubauen.» Selbst Markus legt die Drohung Jesu allerdings den Passanten in den Mund, die ihn am Kreuz verspotten. Wenn die Aussage falsch wäre, wie Markus andeutet, wo hätten die Passanten dann den Spruch gehört haben sollen? Aus der geschlossenen, nächtlichen Sitzung des Hohen Rats? Unwahrscheinlich. In der Tat ist so eine Aussage allem Anschein nach ein Bestandteil der christologischen Grundlage der Kirche nach 70 n. Chr., die von der christlichen Gemeinde für den «nicht von Menschenhand» geschaffenen Tempel gehalten wurde. Es besteht kein Zweifel daran, dass Jesus, wie immer er sich genau ausgedrückt haben mag, dem Tempel in der einen oder anderen Weise gedroht hatte. Markus bezeugt dies selbst: «Siehst du diese großen Bauten? Kein Stein wird auf dem andern bleiben, alles wird niedergerissen.» (Mk 13,2) Ausführlicher zu den Drohungen Jesu gegen den Tempel siehe Richard Horsley, *Jesus and the Spiral of Violence*, S. 292–296. Wenn man dies alles bedenkt, kommt einem die apologetische Tünche des Markus in dem Prozess vor dem Sanhedrin vor wie ein grotesker Versuch, die Ungerechtigkeit derjenigen zu veranschaulichen, die gegen Jesus Anklagen vorbrachten, unabhängig davon, ob diese Anklagen zutrafen. In diesem Fall kann man mit großer Wahrscheinlichkeit davon ausgehen, dass sie richtig waren.

Raymond Brown zählt 27 Diskrepanzen zwischen Jesu Prozess vor dem Sanhedrin und dem späteren rabbinischen Verfahren auf; siehe *Death of the Messiah,* S. 358 f. D. R. Catchpole untersucht die Gründe, die gegen die historische Authentizität des Prozesses sprechen, in «The Historicity of the Sanhedrin Trial», in: *Trial of Jesus,* S. 47–65. Dass nächtliche Gerichtsverfahren zumindest ungewöhnlich waren, wird auch in der Apostelgeschichte (Apg 4,3 ff.) gezeigt, als Petrus und Johannes abends verhaftet werden, aber bis zum Morgen warten mussten, ehe sie vor dem Sanhedrin verurteilt wurden. Lukas, der diese Stelle in der Apostelgeschichte geschrieben hat, versucht, den Patzer der übrigen Evangelisten zu korrigieren, indem er für zwei Sitzungen des Sanhedrin plädiert: eine abends, als Jesus verhaftet wurde, und eine zweite, «am nächsten Morgen». In der Apostelgeschichte (12,1–4) wird Petrus während des Paschafestes verhaftet, aber den Leuten nicht zur Verurteilung vorgeführt, bis das Fest vorüber ist. Solomon Zeitlin nimmt jedoch Anstoß an der Behauptung, dass der Sanhedrin am Vorabend des Sabbat nicht tagen dürfe; Zeitlin, *Who Crucified Jesus?* (New York 1964). Man könnte hier für die von Johannes beschriebene Abfolge der Ereignisse plädieren, nach der der Sanhedrin schon Tage vor der Verhaftung Jesu getagt hatte. Wenn man jedoch bedenkt, dass im Johannes-Evangelium gerade der triumphale Einzug Jesu in Jerusalem und seine Reinigung des Tempels, die nach Meinung aller Gelehrten den Anlass zu seiner Verhaftung gaben, zu den ersten Akten des Wirkens Jesu zählten, fällt seine Logik in sich zusammen.

Zur Diskussion, ob die Juden unter der römischen Besatzung das Recht hatten, Verbrecher zum Tode zu verurteilen, siehe Raymond Brown, *Death of the Messiah,* Bd. 1, S. 331–348. Die Schlussfolgerung Catchpoles zu dieser Frage trifft meiner Meinung nach zu: «Die Juden konnten [einen Prozess über die Todesstrafe] verhandeln, aber sie durften sie nicht vollstrecken.» Siehe «The Historicity of the Sanhedrin trial», in: *The Trial of Jesus,* S. 63. G. W. H. Lampe deutet an, dass amtliche Unterlagen über den «Prozess» Jesu vor Pilatus erhalten sein könnten, wenn man bedenkt, dass ähnliche *acta* christlicher Märtyrer ebenfalls erhalten sind. Allem Anschein nach erwähnen mehrere christliche Schreiber die *Acta Pilati,* die im 2. und 3. Jahrhundert angeblich existierten. Aber selbst wenn dies zutreffen sollte (und mit großer Wahrscheinlichkeit tut es das nicht), besteht noch lange kein Grund zu der Annahme, dass so ein Dokument etwas anderes als eine christologische Propagandaschrift darstellen sollte. Siehe dazu G. W. H. Lampe, «The Trial of Jesus in the *Acta Pilati»,* in: *Jesus and the Politics of His Day,* S. 173–182.

Laut Plutarch trägt «jeder Übeltäter, der zur Hinrichtung geht, sein eigenes Kreuz».

Teil III
Prolog: Gott in Fleischesgestalt

Dass Stephanus ein Jude aus der Diaspora war, geht daraus hervor, dass er zum Führer der Sieben auserwählt wurde, der «Hellenisten», die mit den «Hebräern» in Streit gerieten, wie in Apostelgeschichte 6 berichtet wird (Näheres zu den Hellenisten siehe unten). Die Leute, die Stephanus steinigten, waren Freigelassene, selbst Hellenisten, die erst vor kurzem nach Jerusalem ausgewandert waren, weil sie sich theologisch mit der jüdischen Führung in Jerusalem verbunden fühlten. Siehe Marie-Eloise Rosenblatt, *Paul the Accused* (Collegeville 1995), S. 24.

Die ältesten erhaltenen Quellen, die einen Glauben an eine Auferstehung dokumentieren, sind in der ugaritischen und iranischen Überlieferung zu finden. Zoroastrische Schriften, in erster Linie die Gathas, bilden die älteste und wohl am weitesten entwickelte Konzeption der Auferstehung des Einzelnen, wenn davon die Rede ist, dass die Toten am Ende der Zeit «ihre Körper erheben» werden (Yasna 54). Die Ägypter wiederum glaubten, dass der Pharao auferstehen werde, aber sie akzeptierten nicht die Auferstehung der Masse der Bevölkerung.

Stanley Porter findet in der griechischen und römischen Religion Beispiele für die leibliche Auferstehung, erklärt jedoch, dass kaum etwas auf die Vorstellung einer leiblichen Auferstehung der Toten im jüdischen Denken hinweise. Siehe Stanley E. Porter, Michael A. Hayes, und David Tombs, *Resurrection* (Sheffield 1999). Jon Douglas Levenson widerspricht Porter und argumentiert, der Glaube an die Auferstehung des Leibes sei tatsächlich in der Hebräischen Bibel verwurzelt und keineswegs, wie manche behaupten, lediglich Teil der Zeitspanne des Zweiten Tempels oder der apokalyptischen Literatur, die nach 70 n. Chr. entstand; *Resurrection and the Restoration of Israel* (New Haven 2006). Laut Levenson wuchs nach der Zerstörung Jerusalems im Rabbinat die Überzeugung, dass für die Rettung Israels die Auferstehung der Toten in Fleisch und Blut nötig sei. Aber auch er räumt ein, dass die weitaus meisten Auferstehungsüberlieferungen im Judentum nicht von einer individuellen Erhöhung, sondern von einer nationalen Wiedergeburt handeln. Mit anderen Worten, es geht um eine metaphorische Auferstehung des jüdischen Volkes insgesamt, nicht um die buchstäbliche Auferstehung der Sterblichen, die gestorben waren und nunmehr in Fleisch und Blut wiederkehren. Tatsächlich weist Charlesworth auf folgenden Punkt hin: Wenn wir mit «Auferstehung» die Vorstellung meinen, dass Gott «den Leib und die Seele nach dem Tod zu einem neuen und ewigen Leben (nicht zu einer Rückkehr in das sterbliche Dasein) erweckt (im wörtlichen Sinn)», so gibt es in der ganzen Hebräischen Bibel nur eine Stelle, die zu diesem Kriterium passt, nämlich Daniel 12,2 f.: «Von denen, die im Land des Staubes schlafen, werden viele erwachen, die einen zum ewigen Leben, die anderen zur Schmach, zu ewigem Abscheu.» Die vielen anderen Stellen, die manche als Hinweis auf die Auferstehung der Toten interpretierten, halten einer näheren Prüfung nicht stand. Zum Beispiel bezeichnet Ezechiel 37 – «So spricht Gott, der Herr, zu diesen Gebeinen: Ich selbst bringe Geist in euch, dann werdet ihr lebendig.» – die Gebeine ausdrücklich als das «Haus Israel». Und in Psalm 30, in dem David schreibt: «Herr, mein Gott, ich habe zu dir geschrien und du hast mich geheilt. Herr, du hast mich herausgeholt aus dem Reich des Todes, aus der Schar der Todgeweihten mich zum Leben gerufen.» (30,3 f.), ist ganz offensichtlich von der Heilung von einer Krankheit die Rede, nicht von der Erweckung vom Tod im wörtlichen Sinn. Das Gleiche gilt für die Erzählung von Elija, der einen toten Knaben erweckte (1 Kg 17,1724), oder, was dies betrifft, für die Auferweckung des Lazarus durch Jesus (Joh 11,146). Beide Geschichten gehören zu der Kategorie der Heilungsgeschichten, nicht der Auferstehungsgeschichte, weil die Person, die «auferweckt» wurde, früher oder später wiederum sterben wird. Charlesworth entdeckt jedoch in den Qumran-Rollen einen Hinweis auf den Glauben an die Auferstehung der Toten zum ewigen Leben, insbesondere in der Rolle «Über Auferstehung» (4Q521), die erklärt, dass Gott durch den Messias die Toten zum Leben erwecken werde. Bemerkenswerterweise passt dies allem Anschein nach zu der Überzeugung des Paulus, dass diejenigen, die an den auferstandenen Christus glauben, ebenfalls auferweckt werden: «Zuerst werden die in Christus Verstorbenen auferstehen» (1 Thess 4,15 ff.), siehe James H. Charlesworth et al., *Resurrection: The Origin and Future of a Biblical Doctrine* (London 2006). Jene Rollen, die anscheinend darauf hinweisen, dass der Lehrer der Gerechtigkeit aus Qumran von den Toten auferstehen wird, sprechen nicht von einer wörtlichen Auferstehung des Leibes, sondern von einer metaphorischen Erhebung von der Entrechtung für ein Volk, das man von seinem Tempel getrennt hatte. Es existiert eine Art Auferstehungsgedanke in den *Pseudepigraphen,* zum Beispiel in 1 Henoch 22–27 oder in 2 Makkabäer 14, als Rasi sich die Eingeweide aus dem Leib reißt und Gott bittet, sie ihm wiederzugeben. Außerdem deutet das *Testament Judas* an, dass Abraham, Isaak und Jakob zu neuem Leben auferstehen werden (25,1). Was die Vorstellungen von der Auferstehung in der Mischna, der Niederschrift der mündlichen Überlieferung, betrifft, weist Charlesworth ganz richtig darauf hin, dass diese Stellen zu spät niedergeschrieben wurden (teils nach dem 2. Jh. n. Chr.), um als Beispiele für jüdische Überzeugungen vor dem Jahr 70 n. Chr. zu dienen, auch wenn er es für denkbar hält, dass «die Überlieferung im Mischna Sanhedrin die Überzeugungen einiger Pharisäer vor 70 definierte».

Rudolf Bultmann entdeckt Belege für die Konzeption der sterbenden und auferstehenden Sohn-Gottheit in den sogenannten Mysterienreligionen Roms. Nach seinen Ausführungen kennt vor allem der Gnostizismus die Vorstellung des Mensch gewordenen Gottessohnes – und des himmlischen Erlösers. Vgl. Rudolf Bultmann, *Theologie des Neuen Testaments* (Tübingen 1965), S. 170–179. Allerdings hat Martin Hengel meiner Ansicht nach recht, wenn er darauf hinweist, dass die große Welle der «Mysterienreligionen», die im Römischen Reich aufkam, und die Synthese mit dem

Judentum und dem daraus hervorgehenden Proto-Christentum erst im 2. Jahrhundert erfolgte. Mit anderen Worten, es könnte durchaus das Christentum die Vorstellung einer sterbenden und auferstehenden Gottheit im Gnostizismus und den Mysterienreligionen beeinflusst haben, nicht umgekehrt. Siehe dazu Martin Hengel, *Der Sohn Gottes* (Tübingen 1975), S. 41–60.

Weitere wichtige Texte für die historische und kulturelle Untersuchung der Auferstehung in der Antike sind Geza Vermes, *The Resurrection: History and Myth* (New York 2008) und N. T. Wright, *The Resurrection of the Son of God* (Minneapolis 2003).

Es besteht nicht der geringste Zweifel, dass David in Psalm 16 sich selbst meint, weil von Anfang an die erste Person Singular verwendet wird: «Behüte mich, Gott, denn ich vertraue dir.» Das hebräische Wort, das in der deutschen Einheitsübersetzung mit «deine Frommen» wiedergegeben wird, lautet *chassid*. In meinen Augen liegt es auf der Hand, dass David, wenn er sich zu den «Frommen» zählt, eher seine Frömmigkeit und Hingabe zu Gott im Sinn hat als die Gottwerdung von David selbst (was undenkbar gewesen wäre) oder von einer künftigen davidischen Figur. Lukas dürfte natürlich die Fassung der Septuaginta von Psalm 16,8–11 verwendet haben, wo das hebräische *chassid* in das griechische Wort *hosion* mit der Bedeutung «Heiliger» übertragen wird. Mit Blick auf den Kontext und die Bedeutung des Psalms kann man dies als gleichbedeutend mit «Frommer» betrachten. Es mag schon eine gehörige Portion Phantasie erfordern, diesen Psalm mit dem Messias in Verbindung zu bringen, aber es ist geradezu lächerlich, ihn als die Prophezeiung von Jesu Tod und seiner Auferstehung zu interpretieren.

Die lange Verteidigungsrede des Stephanus in der Apostelgeschichte hat Lukas ganz offensichtlich selbst verfasst; sie wurde sechs Jahrzehnte nach dem Tod des Stephanus geschrieben. Aber sie hält dennoch einer Prüfung stand, weil Lukas selbst ein Diasporajude war – ein griechischsprachiger syrischer Konvertit aus Antiochien – und seine Wahrnehmung, wer Jesus war, stand gewiss im Einklang mit der des Stephanus.

In der Kurzfassung der biblischen Geschichte, die Stephanus präsentiert, sind etliche teils krasse Fehler enthalten: Etwa sagt er, Abraham habe bei Sichem für seinen Enkel Jakob ein Grab gekauft, in dem er bestattet werden sollte, dabei heißt es in der Bibel, Jakob habe selbst das Grab bei Sichem gekauft (1 Mos 33,19), allerdings wurde er mit Abraham in Hebron beigesetzt (1 Mos 50,13). Stephanus behauptet, Mose habe den brennenden Dornbusch auf dem Berg Sinai gesehen, obwohl er ihm in Wirklichkeit auf dem Berg Horeb erschien. Das war nicht, obwohl manche das Gegenteil behaupten, identisch mit dem Sinai (2 Mos 3,1). Ferner erklärt er, ein Engel habe Mose die Gebote gegeben, wo Gott doch persönlich Mose die Steintafeln übergab. Es ist allerdings möglich, dass Lukas selbst von der Tradition im Jubiläenbuch beeinflusst war, wo es heißt, dass Mose die Gebote vom «Engel des Angesichts» erhalten habe. Im Jubiläenbuch 45,14 f. steht: «Und Israel segnete seine Kinder, bevor er starb. Und er erzählte ihnen alles, wie es ihnen zukommen würde im Land Ägypten. Und er segnete sie und gab dem Joseph zwei Teile auf der Erde. Und er (ent)schlief mit seinen Vätern und wurde begraben in der Doppelhöhle im Lande Kanaan, nahe seinem Vater Abrahem in dem Grab, das er für sich gegraben in der Doppelhöhle im Lande Hebron. Und er gab alle seine Schriften und die Schriften seiner Väter seinem Sohn Levi, dass er sie aufbewahre und dass er sie erneuere für seine Söhne bis auf diesen Tag.» (Klaus Berger, *Das Buch der Jubiläen*, Gütersloh 1981) Bemerkenswerterweise deutet das Buch der Jubiläen darüber hinaus an, dass die Tora von Mose niedergeschrieben wurde. Das ist das älteste Zeugnis für die mosaische Urheberschaft der Tora.

Ausführlicher zur Bedeutung der Wendung «die rechte Hand Gottes» bei David Noel Freedman (Hg.), *Eerdmans Dictionary of the Bible* (Cambridge 2000), S. 1129: Der Siegelring wurde an der zuverlässigen rechten Hand getragen (Jer 22,24); der älteste Sohn bekam mit der rechten Hand den stärkeren Segen (1 Mos 48,14, 17); der Ehrenplatz befand sich zur Rechten (Ps 110,1); und die Rechte Gottes befreite aus der Sklaverei (2 Mos 15,6), errang den

Sieg (Ps 20,6) und die Macht (Jes 62,8). Die Kommentare des Thomas Aquin sind entnommen aus *Summa Theologica III*, Frage 58,3.

Kapitel dreizehn: Wenn aber Christus nicht auferweckt worden ist

In Wirklichkeit trennten zwei Vorhänge (auch wenn manche sagen drei) das Allerheiligste vom Rest des Tempels: ein äußerer Vorhang, der am Eingang zum inneren Heiligtum befestigt war, und ein innerer Vorhang in dem Raum selbst, der den *hekal* oder das Heiligtum von der kleineren Kammer trennte, in welcher der Geist Gottes weilte. Welcher Vorhang von den Evangelisten gemeint wurde, ist irrelevant, weil die Geschichte ohnehin nur eine Legende ist. Allerdings sollte man darauf hinweisen, dass nur der äußere Vorhang für irgendjemanden außer dem Hohepriester sichtbar war. Siehe Daniel Gurtner, *Torn Veil: Matthew's Exposition of the Death of Jesus* (Cambridge 2007).

Die historischen Quellen und das Neue Testament belegen zwar eindeutig, dass die Jesus-Anhänger nach der Kreuzigung in Jerusalem blieben. Aber es ist interessant, dass der auferstandene Jesus laut dem Matthäus-Evangelium seinen Jüngern gesagt haben soll, sie würden ihn in Galiläa treffen (Mt 28,7).

Oscar Cullmann, *Der Staat im Neuen Testament* (Tübingen 1956); sowie *Die Christologie des Neuen Testaments* (Tübingen 1957); John Gager, *Kingdom and Community: The Social World of the Early Christians* (Englewood Cliffs 1975); und Martin Dibelius, *Aufsätze zur Apostelgeschichte* (Göttingen 1951), haben allesamt nachgewiesen, dass es den ersten Jesus-Anhängern nicht gelang, andere Jerusalemer für ihre Bewegung zu gewinnen. John Gager weist zu Recht darauf hin, dass die ersten Bekehrten im Allgemeinen «nicht die etablierten Bereiche der jüdischen Gesellschaft repräsentierten» (*Kingdom and Community*, S. 26). Dibelius deutet an, dass die Gemeinde in Jerusalem nicht einmal daran interessiert war, außerhalb der Stadt zu missionieren, sondern lieber ein ruhiges Leben voller Frömmigkeit und Besinnung führte, während sie auf die Wiederkunft Jesu warteten.

Gager erklärt den Erfolg der frühen Bewegung, ungeachtet der unzähligen Widersprüche in der Lehre, mit dem Verweis auf eine faszinierende soziologische Studie von L. Festinger, H. W. Riecken, und S. Schachter mit dem Titel *When Prophecy Fails: A Social and Psychological Study of a Modern Group That Predicted the Destruction of the World* (New York 1956). Nach Gagers Auffassung weist diese Studie nach, dass «eine religiöse Gemeinschaft, deren grundlegende Überzeugungen von den Ereignissen in der Welt widerlegt werden, unter bestimmten Rahmenbedingungen nicht unbedingt zerfallen und sich auflösen muss. Vielmehr kann sie eine fanatische missionarische Tätigkeit entfalten als Reaktion auf ihr Gefühl einer kognitiven Dissonanz, d.h. einem Zustand der Bedrängnis und des Zweifels, die auf die Widerlegung einer zentralen Überzeugung zurückzuführen sind» (S. 39). Wie Festinger selbst in seiner darauffolgenden Studie *A Theory of Cognitive Dissonance* (Stanford 1957) sagt: «Die Existenz einer Dissonanz erhöht den Druck, diese Unstimmigkeit zu verringern oder zu beseitigen. Der Grad des Drucks, die Dissonanz zu verringern, ist abhängig von dem Ausmaß der Dissonanz» (S. 18).

Es ist ziemlich umstritten, was «Hellenisten» hier genau bedeutete. Es könnte bedeuten, dass es sich um zum Christentum konvertierte Heiden handelte, wie Walter Bauer argumentiert in *Rechtgläubigkeit und Ketzerei im ältesten Christentum* (Tübingen 1934). H. J. Cadbury stimmt Bauer zu. In seinen Augen waren die Hellenisten heidnische Christen, die möglicherweise aus Galiläa oder anderen heidnischen Regionen kamen und die von dem Mosaischen Gesetz nichts hielten. Siehe Cadbury, «The Hellenists», in: K. Lake und H. J. Cadbury (Hg.), *The Beginnings of Christianity*, Bd. 1 (London 1933), S. 59–74. Allerdings bezieht sich der Begriff «Hellenisten» aller Wahrscheinlichkeit nach auf Juden aus der Diaspora, die Griechisch sprachen, wie Martin Hengel überzeugend darlegt in «Die Ursprünge der christlichen Mission», in: *New Testament Studies* 18 (1971/72), S. 15–38. Marcel Simon stimmt mit Hengel überein, ist allerdings (im Gegensatz zu Hengel) überzeugt, dass das Wort unter den Juden in Judäa wegen der griechischen (also heidnischen) Herkunft einen negativen Beiklang hatte. Simon weist darauf hin, dass Hellenismus in der Liste der Häresien des Justinus, des Märtyrers genannt wird, in *Dialogus cum Tryphone* (80,4). Siehe *St. Stephen and the Hellenists in the Primitive Church* (New York 1958).

Dass die Sieben Führer einer unabhängigen Gemeinschaft in der frühen christlichen Kirche waren, wird durch den Umstand belegt, dass sie in der Darstellung aktiv predigen, heilen und Zeichen und Wunder tun. Sie sind keine Bediensteten, deren Hauptaufgabe das Ausgeben der Speisen war, wie Lukas in der Apostelgeschichte andeutet (6,1–6).

Hengel führt aus, dass der Aramäisch sprechende Teil der Gemeinschaft von der Verfolgung der Hellenisten kaum betroffen war, und stellt fest, dass sich die Hebräer, weil sie mindestens bis zum Ausbruch des Krieges 66 n. Chr. in Jerusalem blieben, irgendwie mit den priesterlichen Behörden geeinigt haben müssen, denn «im jüdischen Palästina konnte sich auf die Dauer nur eine streng gesetzestreue Gemeinde halten». Hengel, «Die Ursprünge der christlichen Mission», S. 26.

Ferner spricht auch der Umstand, dass zu den ersten Handlungen der Apostel nach Jesu Tod die Ablösung des Judas Iskariot durch Matthias zählte (Apg 1,2126), dafür, die Bewegung der Jesus-Anhänger in den ersten Jahren nach der Kreuzigung als eine ausschließlich jüdische Mission zu betrachten. Das könnte darauf schließen lassen, dass die Vorstellung, die Stämme Israels würden dereinst wiederhergestellt werden, in den Jahren unmittelbar nach der Kreuzigung noch weiterlebte. Tatsächlich lautete eine der ersten Fragen, welche die Jünger dem auferstandenen Jesus stellten: «Herr, stellst du in dieser Zeit das Reich für Israel wieder her?» Anders gesagt: Wirst du nunmehr die messianische Aufgabe wahrnehmen, die du zu deinen Lebzeiten nicht ausgeübt hast? Jesus wischt die Frage jedoch beiseite: «Euch steht es nicht zu, Zeiten und Fristen zu erfahren, die der Vater in seiner Macht [solche Dinge zu tun] festgesetzt hat.» (Apg 1,6 f.)

Kapitel vierzehn: Bin ich nicht ein Apostel?

Von den Briefen im Neuen Testament, die Paulus zugeschrieben werden, lassen sich nur sieben mit Sicherheit auf ihn zurückführen: 1. Thessalonicher, Galater, 1. und 2. Korinther, Römer, Philipper und Philemon. Zu den Briefen, die zwar Paulus zugeschrieben werden, aber vermutlich nicht von ihm geschrieben wurden, zählen Kolosser, Epheser, 2. Thessalonicher, 1. und 2. Timotheus und Titus.

Das genaue Datum von Paulus' Bekehrung ist umstritten. Der Streit dreht sich vor allem um Paulus' Äußerung in Galater 2,1, dass er «vierzehn Jahre später» zum Apostelkonzil in Jerusalem gegangen sei. Wenn man davon ausgeht, dass diese Zusammenkunft um das Jahr 50 n. Chr. stattfand, würde das bedeuten, dass Paulus im Jahr 36 oder 37 n. Chr. bekehrt wurde. Für dieses Datum plädiert James Tabor, *Paul and Jesus* (New York 2012). Manche Wissenschaftler sind jedoch der Auffassung, dass Paulus mit der Wendung «vierzehn Jahre später» 14 Jahre nach seinem ersten Auftritt vor den Aposteln meint, der nach eigener Aussage drei Jahre nach der Bekehrung erfolgte. Damit würde das Datum der Bekehrung in die Nähe des Jahres 33 rücken – das Datum, das Martin Hengel favorisiert in «Christologie und neutestamentliche Chronologie», in: *Geschichte und Urchristentum. Festschrift O. Cullmann zum 70. Geburtstag* (Zürich, Tübingen 1972), S. 43 f. Adolf Harnack errechnet in *The Mission and Expansion of Christianity in the First Three Centuries* (New York 1972), dass Paulus 18 Monate nach Jesu Tod bekehrt wurde, aber meiner Meinung nach ist das viel zu früh. Ich stimme mit Tabor und anderen überein, dass die

Bekehrung des Paulus aller Wahrscheinlichkeit im Jahr 36 oder 37 stattfand, 14 Jahre vor dem Apostelkonzil.

Dass sich die Zeilen von Paulus im Brief an die Galater zu den «Säulen» der Kirche unmittelbar auf die in Jerusalem wohnenden Apostel und nicht auf namenlose jüdische Christen beziehen, mit denen er uneins war, wird überzeugend von Gerd Lüdemann bewiesen in seinen unverzichtbaren Monographien *Paulus. Der Gründer des Christentums* (Lüneburg 2001), vor allem die Seiten 69 und 120; sowie *Paulus der Heidenapostel. Bd. 2: Antipaulinismus im frühen Christentum* (Göttingen 1983). Siehe auch Tabor, *Paul and Jesus,* S. 19; und J.D.G. Dunn, «Echoes of the Intra-Jewish Polemic in Paul's Letter to the Galatians», in: *Journal of Biblical Literature* 112/3 (1993), S. 459–477.

Der Anteil des Paulus an der Gründung der Religion, die wir heute als Christentum bezeichnen, ist unlängst heftig umstritten gewesen. Eine Reihe heutiger Gelehrter verteidigt Paulus und präsentiert ihn als frommen Juden, der seinem jüdischen Erbe und den Geboten und Bräuchen des Mose treu geblieben war. Allerdings betrachtete er es zufällig als seine Mission, das messianische Judentum einem heidnischen Publikum zu predigen. Die traditionelle Einschätzung des Paulus fasst wohl am besten Rudolf Bultmann in *Glauben und Verstehen* (Tübingen 1933) zusammen, der Paulus' Lehre von Christus bekanntlich als «im Grunde eine ganz neue Religion gegenüber dem palästinensischen Urchristentum» bezeichnete. Zu den Gelehrten, die mehr oder weniger Bultmanns These vertreten, zählen Adolf Harnack, *Das Wesen des Christentums* (Leipzig 1902); H.J. Schoeps, *Die Theologie des Apostels im Lichte der jüdischen Religionsgeschichte* (Tübingen 1959); und Gerd Lüdemann, *Paulus. Der Gründer des Christentums.* Zu den jüngeren Wissenschaftlern, die Paulus als einen loyalen Juden betrachten, der lediglich versucht habe, das Judentum einem heidnischen Publikum nahezubringen, zählen L. Michael White, *From Jesus to Christianity,* und meine ehemalige Professorin Marie-Eloise Rosenblatt, *Paul the Accused* (Collegeville 1995).

Letztlich haben beide Ansichten ein Stück weit recht. Diejenigen, die Paulus für den Gründer des Christentums, wie wir es kennen, halten oder überzeugt sind, dass er den neuen Glauben vom Judentum loslöste, vernachlässigen häufig allzu sehr den Eklektizismus des Judentums in der Diaspora oder den Einfluss der griechischsprachigen Hellenisten, von denen Paulus, der ja selbst Hellenist war, vermutlich zum ersten Mal von Jesus von Nazaret hörte. Allerdings sollte eines klargestellt werden: Die Hellenisten mögen das Mosaische Gesetz in ihren Lehren abgeschwächt haben, aber sie dämonisierten es keineswegs; sie haben möglicherweise auf die Beschneidung als eine Voraussetzung zur Konversion verzichtet, aber sie haben sie keineswegs auf Hunde und Missetäter beschränkt oder gar empfohlen, ihre Fürsprecher zu entmannen, wie Paulus es getan hat (Gal 5,12). Unabhängig davon, ob Paulus seine ungewöhnliche Lehre von den Hellenisten übernommen oder selbst erfunden hat, können jedoch selbst seine überzeugtesten Verteidiger nicht bestreiten, wie sehr seine Anschauungen selbst von den experimentierfreudigsten jüdischen Bewegungen seiner Zeit abwichen.

Es liegt auf der Hand, dass Paulus sich selbst meint, wenn er auf den «Spross aus der Wurzel Isais» (Jes 11,10) verweist, der zum «Licht der Heiden» (Jes 49,1–6) werden soll, denn selbst Paulus räumt ein, dass Jesus die Heiden nicht missionierte (Röm 15,12).

Die Forschungen N. A. Dahls weisen nach, wie ungewöhnlich die Verwendung des Begriffs *Xristos* (Christus) durch Paulus war. Laut Dahl ist *Xristos* für Paulus nie ein Prädikat, hat niemals einen Genitiv, steht nie als Anrede, sondern immer als eine Kennzeichnung und wird niemals als Apposition gebraucht wie in *Iesus ho Xristos*, oder Jesus *der* Christus. Siehe N. A. Dahl, *Jesus the Christ: The Historical Origins of Christological Doctrine* (Minneapolis 1991).

Es war im alten Judentum keineswegs ungewöhnlich, «Gottes Sohn» genannt zu werden. Gott nennt David seinen Sohn: «Du bist mein Sohn, heute habe ich dich gezeugt.» (Ps 2,7). Er nennt sogar Israel seinen «erstgeborenen Sohn» (2 Mos 4,22). Aber Sohn

Gottes ist hier jedes Mal als eine Anrede gemeint, nicht als eine Beschreibung. Wenn Paulus Jesus wortwörtlich für Gottes Sohn hält, so gibt es in der Zeit des Zweiten Tempels dafür keinen Präzedenzfall.

Laut Lukas trennten sich Paulus und Barnabas wegen eines heftigen Streits, bei dem es angeblich darum ging, ob sie Markus auf ihrer nächsten Missionsreise mitnehmen sollten. Dabei hat der Streit offensichtlich mit dem zu tun, was sich in Antiochien unmittelbar nach dem Apostelkonzil ereignete. Während ihres Aufenthalts in Antiochien kam es zum offenen Streit zwischen Petrus und Paulus, weil Petrus, laut Paulus, nicht länger mit Heiden an einem Tisch sitzen wollte, als eine von Jakobus geschickte Delegation in der Stadt eintraf, «weil er die aus dem Judentum fürchtete», also die Befürworter der Beschneidung (Gal 2,12). Freilich ist Paulus unsere einzige Quelle für das Ereignis und es gibt unzählige Gründe, seine Version der Geschichte anzuzweifeln, nicht zuletzt schon der Umstand, dass es nach jüdischem Gesetz keineswegs verboten ist, mit Heiden an einem Tisch zu sitzen. Vermutlich ging es bei dem Streit eher um die Einhaltung der jüdischen Ernährungsvorschriften – also kein heidnisches, unreines Essen zu sich zu nehmen –, in diesem Punkt stand Barnabas auf der Seite des Petrus.

Wie Lukas schreibt, wurde Paulus nach Rom geschickt, um einer jüdischen Mordverschwörung gegen ihn zu entkommen. Außerdem soll der römische Tribun fast 500 Soldaten befohlen haben, Paulus persönlich nach Cäsarea zu begleiten. Das ist schlicht absurd, und wir können es einfach ignorieren.

Claudius vertrieb die Juden aus Rom, laut dem Historiker Sueton, «weil die Juden von Rom unablässig Krawalle auf die Hetze des Chrestus hin veranstalteten». Gemeinhin geht man davon aus, dass Sueton mit Chrestus eben Christus meinte und der Streit unter den Juden zwischen den christlichen und nichtchristlichen Juden der Stadt tobte. Wie F.F. Bruce anmerkt: «Wir sollten uns vor Augen führen, dass wir aus heutiger Sicht zwar bereits zur Zeit des Claudius zwischen Juden und Christen unterscheiden können, dass die damaligen römischen Behörden aber diese Unterscheidung noch nicht vornahmen.» F. F. Bruce, «Christianity Under Claudius», in: *Bulletin of the John Rylands Library* 44 (März 1962), S. 309–326.

Kapitel fünfzehn: Der Gerechte

Die Beschreibung von Jakobus und die Fürbitten der Juden stammen beide aus dem Bericht des aus dem jüdischen Palästina stammenden christlichen Historikers Hegesippus (100–180 n. Chr.). Zugang zu den insgesamt fünf von Hegesippus verfassten Büchern über die frühe Kirchengeschichte haben wir nur durch die *Kirchengeschichte* des Eusebius von Cäsarea (um 260–um 339 n. Chr.), Bischof unter Kaiser Konstantin.

Darüber, wie zuverlässig Hegesippus als Quelle ist, wird eine heftige Debatte geführt. Einerseits finden sich bei Hegesippus eine ganze Reihe Aussagen, deren Historizität von der Mehrheit der Forscher rückhaltlos akzeptiert wird, unter anderem seine Feststellung, dass «die Kirche [...] übernommen [wurde] von den Aposteln und Jakobus, dem Bruder des Herrn, der von den Zeiten des Herrn an bis auf unsere Tage allgemein der Gerechte genannt wurde; denn es gab noch viele, die den Namen Jakobus führten. Schon vom Mutterleibe an war er heilig.» (Eusebius, *Kirchengeschichte* 2.23) Diese Passage wird belegt mit zahlreichen Zeugenaussagen (siehe unten) und lässt sich sogar in den Paulusbriefen und in der Apostelgeschichte nachzeichnen.

Andererseits finden sich einige Überlieferungen bei Hegesippus, die wirr und nachgerade unzutreffend sind, darunter seine Behauptung, dass es «Jakobus allein [...] gestattet [war], das Heiligtum zu betreten». Sollte Hegesippus mit Heiligtum das «Allerheiligste» meinen (was keineswegs feststeht), dann ist die Aussage schlichtweg falsch; nur dem Hohepriester war es gestattet, in das Allerheiligste einzutreten. Darüber hinaus findet sich bei Hegesippus auch eine abweichende Überlieferung vom Tod des Jakobus, die der von der Wissenschaft als zuverlässiger anerkannten Darstellung in Josephus' *Jüdische Altertümer* widerspricht. Wie in der *Kirchengeschichte* verzeichnet, war es Jakobus' Antwort auf die Forderung der Juden, ihnen dabei zu helfen, dass die Menschen nicht länger Jesus als dem Messias folgten, die schlussendlich zu seinem Tod führte: «Er antwortete mit lauter Stimme: ‹Was fragt ihr mich über den Sohn des Menschen? Er thront im Himmel zur Rechten der großen Kraft und wird kommen auf den Wolken des Himmels.› […] Sie stiegen nun hinauf und warfen den Gerechten hinunter. Und sie schrien zueinander: ‹Lasset uns Jakobus, den Gerechten, steinigen!› Und sie begannen, ihn zu steinigen; denn obwohl er hinabgestürzt worden war, war er noch nicht tot. Vielmehr richtete er sich auf und betete auf den Knien: ‹Ich bitte dich, Herr, Gott und Vater, verzeihe ihnen, denn sie wissen nicht, was sie tun!›»

Faszinierend an dieser Geschichte ist, dass es sich dabei um eine Abwandlung der Überlieferung von Stephanus' Martyrium aus der Apostelgeschichte zu handeln scheint, die ihrerseits an Jesu Antwort auf den Hohepriester Kajaphas im Markus-Evangelium angelehnt ist. Interessant auch die Parallelen zwischen Jakobus' Todesrede und der von Jesus am Kreuz in Lukas 23,24.

Bei Hegesippus endet die Geschichte von Jakobus' Martyrium folgendermaßen: «Da nahm einer aus ihnen, ein Walker, das Holz, womit er die Kleider presste, und schlug es auf den Kopf des Gerechten. So starb er den Zeugentod. Man begrub ihn an derselben Stelle in der Nähe des Tempels. Jakobus war für Juden und Heiden ein glaubwürdiger Zeuge der Messianität Jesu. Bald darauf erfolgte die Belagerung durch Vespasian.» (Eusebius, *Kirchengeschichte*, 2.23.1–18) Auch hier muss, obwohl fast alle Experten einmütig Josephus' Bericht von Jakobus' Tod Hegesippus' Darstellung vorziehen, angemerkt werden, dass letztere Überlieferung in den Schriften von Clemens von Alexandria nachhallt, der schreibt, dass «es zwei Jakobuse gab, einmal Jakobus den Gerechten, der von der Zinne [des Tempels] herabgestürzt und mit einem Walkholz zu Tode geschlagen wurde, und dann den anderen Jakobus [Sohn des Zebedäus], der enthauptet wurde» (Clemens, *Hypotyposen, Buch 7*).

Josephus schreibt in *Jüdische Altertümer* 20.180–81 von der reichen Priesteraristokratie, die den einfachen Priestern den Zehnten wegnahm: «Der (frühere) Hohepriester Hannas aber stieg mit jedem Tag im Ansehen des Volkes und wurde stets mehr und mehr ausgezeichnet und geehrt. Er verstand es nämlich sehr gut, Geldgeschäfte zu machen, und wusste durch Geschenke sowohl den Statthalter Albinus als auch den Hohepriester für sich einzunehmen. Dabei aber hatte er nichtswürdige Knechte, die sich mit den verwegensten Menschen ins Einvernehmen setzten, um von den Tennen die den Priestern gehörigen Zehnten zu rauben, und wer ihnen Widerstand zu leisten wagte, wurde mit Schlägen misshandelt. Die Hohepriester machten es ebenso wie Hannas' Knechte, und da niemand sich ihnen widersetzen mochte, konnte es nicht ausbleiben, dass die Priester, die sich sonst von den Zehnten ernährten, aus Mangel zugrunde gingen.» Dieser Hannas war wahrscheinlich Hannas der Ältere, Vater des Hannas, der Jakobus tötete.

Josephus' Darstellung des Martyriums von Jakobus findet sich in *Jüdische Altertümer* 20.9.1.

Nicht alle sind überzeugt, dass Jakobus hingerichtet wurde, weil er Christ war. Wären die Männer, die zusammen mit Jakobus hingerichtet wurden, auch Christen gewesen, dann, argumentiert zum Beispiel Maurice Goguel, wären ihre Namen auch in der christlichen Überlieferung verzeichnet worden; Goguel, *Birth of Christianity* (New York 1954). Andere Wissenschaftler, darunter auch ich, glauben, dass er hingerichtet wurde, weil er Hannas kritisierte, die Zehnten zu nehmen, die für die einfachen Priester gedacht waren; siehe S. G. F. Brandon, «The Death of James the Just: A New Interpretation», in: *Studies in Mysticism and Religion* (Jerusalem 1967), S. 57–69.

Ob die Juden wegen des die Gesetze missachtenden Verfahrens so erbost waren oder wegen des ungerechten Verdikts, lässt sich aus Josephus' Bericht kaum entscheiden. Die Tatsache, dass sie sich bei Albinus über die Unzulässigkeit der Einberufung des Sanhedrin durch Hannas ohne einen Statthalter in Jerusalem beschweren, scheint darauf hinzudeuten, dass sie sich an der Durchführung des Prozesses stießen, nicht an dem Urteilsspruch. Allerdings stimme ich mit John Painter überein, dessen Überzeugung nach «die Vorstellung, dass das, wogegen die Gruppe Protest erhob, Hannas' Absicht gewesen sei, das Gesetz in seine eigenen Hände zu nehmen, wo doch zur Verhängung der Todesstrafe die Autorität Roms erforderlich war (siehe Joh 18,31), nicht gerade zu einem Einwand passt, der von den ‹frömmsten und gesetzestreuesten Juden› erhoben wurde. Vielmehr deutet es darauf hin, dass jene, die am frömmsten und am gesetzestreuesten waren, das Urteil für ungerecht empfanden, Jakobus und die anderen hätten gegen das Gesetz verstoßen.» Siehe John Painter, «Who Was James?», in: Bruce Chilton und Jacob Neusner (Hg.), *The Brother of Jesus: James the Just and His Mission* (Louisville, Ky. 2001), S. 10–65, hier S. 49.

Pierre-Antoine Bernheim stimmt zu: «Mit dem Verweis auf den Widerspruch der ‹gewissenhaftesten Gesetzesmenschen› wollte Josephus wohl weniger auf die Unzulässigkeit der Einberufung des Sanhedrin, also des Hohen Rates, nach den vor den Römern verfügten Gesetzen verweisen, sondern vielmehr die Ungerechtigkeit des Urteils im Verhältnis zum Gesetz Mose hervorheben, wie dieses von den am höchsten respektierten Gelehrten ausgelegt wurde ...» *James, the Brother of Jesus* (London 1997), S. 249.

Während einige Wissenschaftler – so zum Beispiel Craig C. Hill, *Hellenists and Hebrews* (Minneapolis 1992) – Painter und Bernheim widersprechen und argumentieren, die Beschwerde der Juden habe nichts mit Jakobus selbst zu tun gehabt, vertritt die Mehrzahl (mich eingeschlossen) die Meinung, dass sich die Beschwerde der Juden gegen die Ungerechtigkeit des Urteils richtete, nicht gegen die Verfahrensweise der Verhandlung; siehe auch

F. F. Bruce, *New Testament History* (New York 1980), insbesondere S. 372 f.

Hegesippus' Zitat hinsichtlich Jakobus' Autorität findet sich bei Eusebius, *Kirchengeschichte* 2.23.4–18. Unklar bleibt, ob Hegesippus nun meint, dass nur die Kontrolle über die heilige Gemeinde auf die Apostel und auf Jakobus übergegangen ist, oder dass auch die Kontrolle über die Apostel auf Jakobus übergegangen ist. So oder so jedoch wird Jakobus' Führerschaft bekräftigt. Gerd Lüdemann ist sogar der Auffassung, dass Eusebius' Formulierung «von den Aposteln» nicht dem Original entspricht, sondern von Eusebius nachträglich ergänzt wurde, um mit der dominanten Sichtweise der apostolischen Autorität konform zu gehen. Siehe Gerd Lüdemann, *Antipaulinismus im frühen Christentum* (Göttingen 1983).

Das Material von Clemens von Rom ist den sogenannten *Pseudoklementinen* entnommen, die, wiewohl irgendwann um das 300 n. Chr. zusammengestellt, sehr viel frühere jüdisch-christliche Überlieferungen wiedergeben, die sich in den zwei Hauptdokumenten des Textes – den *Homilien* und den *Rekognitionen* – nachspüren lassen. Die *Homilien* enthalten zwei Briefe: den *Brief des Petrus an Jakobus,* aus dem der Verweis auf Jakobus als «Herr und Bischof der heiligen Gemeinde» zitiert wird, und den *Brief des Klemens an Jakobus,* der gerichtet ist an Jakobus, «den Herrn und Bischof der Bischöfe, der die heilige Gemeinde der Hebräer zu Jerusalem und die Gemeinden leitet, die überall [...] wohl gegründet sind». Die *Rekognitionen* ihrerseits basieren wahrscheinlich auf einem älteren Dokument mit dem Titel *Die Himmelfahrt des Jakobus,* das die meisten Experten auf Mitte des 2. Jahrhunderts n. Chr. datieren. Georg Strecker nimmt an, dass dieses Dokument in Pella verfasst wurde, wo die in Jerusalem ansässigen Christen sich, so heißt es, nach der Zerstörung Jerusalems versammelten. Siehe Streckers Aufsatz «Die Pseudoklementinen», in: Wilhelm Schneemelcher (Hg.), *Neutestamentliche Apokryphen,* Bd. 2, 5. Aufl. (Tübingen 1989), S. 439–490.

Die Passage aus dem *Thomas-Evangelium* findet sich ebendort im 12. Kapitel von Band 1. Wie es sich fügt, taucht der Beiname «Jakobus der Gerechte» auch im *Hebräer-Evangelium* auf; der vollständige Wortlaut beider Texte findet sich in der *The Nag Hammadi Library*.

Clemens von Alexandria wird zitiert in Eusebius, *Kirchengeschichte* 2.1.2–5. Offenkundig ist der zur Beschreibung Jakobus' verwendete Titel Bischof anachronistisch, doch die Implikation des Begriffes ist eindeutig. Die nicht mehr erhaltene Passage bei Josephus, in der die Zerstörung Jerusalems auf Jakobus' ungerechten Tod zurückgeführt wird, wird zitiert von Origenes in *Gegen Kelsos* 1.47, von Hieronymus in *De viris illustribus* sowie *Commentariourm in Epistulam ad Galatas* und von Eusebius in *Kirchengeschichte* 2.23.

Dass Jakobus die führende Stellung im Apostelkonzil innehatte, zeigt sich eindeutig an der Tatsache, dass er der Letzte ist, der spricht und seine Erläuterungen mit dem Wort *krino* respektive «Ich urteile», beginnt. Siehe Bernheim, *James, Brother of Jesus*, S. 193. Bernheim merkt zutreffend an, dass Paulus, wenn er von den drei Säulen der Kirche spricht, zum Zeichen von Jakobus' Vorrangstellung stets diesen als Ersten nennt. Das wird bestätigt durch spätere Überarbeitungen des Textes, bei denen die Schreiber die Reihenfolge umkehrten und Petrus vor Jakobus setzten, um ihn als Oberhaupt der Kirche zu beschreiben. Jeglicher Zweifel daran, dass Jakobus über Petrus stand, wird in Galater 2,11–14 hinweggewischt, wo Jakobus Boten nach Antiochia schickt, um Petrus davon abzubringen, weiter zusammen mit den Heiden zu essen, während der anschließende Streit zwischen Petrus und Paulus Barnabas dazu bewegt, sich von Paulus abzuwenden und zu Jakobus zurückzukehren.

Bernheim umreißt die Rolle der dynastischen Erbfolge und ihrer Anwendung bei den frühen Christen in *James, Brother of Jesus*, S. 216 f. Es ist Eusebius, der davon spricht, dass Simeon, Sohn des Klopas [Kleophas], auf Jakobus nachfolgte: «Nach dem Martertode des Jakobus und der bald darauf folgenden Einnahme von

Jerusalem kamen, wie berichtet wird, die damals noch lebenden Apostel und Jünger des Herrn von allen Seiten an einem Orte zugleich *mit den leiblichen Verwandten des Herrn zusammen*; denn auch von Letzteren waren damals noch mehrere am Leben. Alle sollen nun gemeinsam darüber beraten haben, wer es verdiene, Nachfolger des Jakobus zu werden, und einstimmig Simeon, den Sohn des Klopas, den auch das Evangelium erwähnt, des Bischofsstuhles in Jerusalem für würdig erklärt haben. Simeon bar Klopas war, wie man erzählt, ein Vetter des Heilands; denn nach dem Berichte des Hegesippus war Klopas der Bruder des Joseph.» (*Kirchengeschichte* 3.11; Hervorhebung durch mich) Im Hinblick auf die Enkelsöhne von Jesu anderem Bruder, Judas, schreibt Hegesippus, dass sie, «da sie Bekenner und Verwandte des Herrn waren, führende Stellungen in der Kirche [erhielten]» (*Kirchengeschichte* 3.20).

In diesem Zusammenhang sei darauf hingewiesen, dass die berühmte Stelle, an der Jesus Petrus den Felsen nennt, auf dem er seine Kirche gründen wolle, von den meisten Wissenschaftlern als ahistorisch zurückgewiesen wird.

Siehe zum Beispiel Pheme Perkins, *Peter, Apostle for the Whole Church* (Philadelphia 2000); B. P. Robinson, «Peter and His Successors: Tradition and Redaction in Matthew 16,17–19», in: *Journal for the Study of the New Testament* 21 (1984), S. 85–104; und Arlo J. Nau, *Peter in Matthew* (Collegeville, Minn. 1992). John Painter belegt, dass keine Überlieferung bezüglich Petrus' Führerschaft der Jerusalemer Kirche besteht. Soweit solche Überlieferungen existieren, betreffen sie nur Rom. Siehe Painter, «Who Was James?», S. 31.

Manche Wissenschaftler glauben, dass Petrus bis zu seiner erzwungenen Flucht aus Jerusalem Oberhaupt der Kirche war. Siehe zum Beispiel Oscar Cullmann, *Petrus: Jünger, Apostel, Märtyrer* (Zürich 1952). Allerdings basiert diese Sichtweise hauptsächlich auf einer irrigen Leseweise von Apostelgeschichte 12,17, wo Petrus vor seiner Flucht aus Jerusalem Johannes mit dem Beinamen Markus anweist, Jakobus von seiner Abreise nach Rom zu unterrichten. Cullmann und andere argumentieren, dass dies der Moment sei, an dem die Führung der Gemeinde in Jerusalem von Petrus auf Jakobus übergeht. Doch wie John Painter ausführt, muss Apg 12,17 korrekterweise so verstanden werden, dass Petrus lediglich Jakobus (seinen «Chef», wenn man so will) über seine Aktivitäten in Kenntnis setzt, bevor er sich davonmacht. Nichts in dieser Passage, und mehr noch, nichts in der gesamten Apostelgeschichte, deutet wie auch immer darauf hin, dass Petrus jemals Oberhaupt der Kirche in Jerusalem gewesen war. Siehe Painter, «Who was James?» S. 31–36.

Cullmann behauptet darüber hinaus, dass die Gemeinde unter Petrus weitaus weniger genau in der Beachtung der Gesetze war, als ab der Zeit, da Jakobus die Kontrolle übernahm und auf eine strengere Einhaltung der Gesetze achtete. Der einzige Hinweis darauf, dass dem so war, stammt aus Petrus' Bekehrung des Römers Cornelius. Abgesehen davon, dass die Historizität dieser Geschichte zweifelhaft ist, beweist sie auch keineswegs eine Laxheit gegenüber dem Gesetz seitens Petrus und taugt schon gar nicht als Hinweis auf Petrus' Führungsposition in der Jerusalemer Versammlung. In der Apostelgeschichte finden sich mehr als ausreichend Belege dafür, dass hinsichtlich der Rigidität der Gesetze große Unterschiede in den Reihen der ersten Jünger Jesu bestanden. Petrus mag weniger streng gewesen sein als Jakobus, was die Befolgung der Gesetze anging, aber was will man daraus schließen? Wie Bernheim schreibt: «Es gibt keinen Grund für die Annahme, dass die Jerusalemer Gemeinde in den Jahren 48/49 weniger liberal war [als] zu Beginn der dreißiger Jahre»; Bernheim, *James, Brother of Jesus,* S. 209.

Wiard Popkes führt die Hinweise, die für eine Datierung des Jakobusbriefs auf das 1. Jahrhundert sprechen, auf in «The Mission of James in His Time», in: *The Brother of Jesus,* S. 88–99. Martin Dibelius widerspricht der Datierung auf das 1. Jahrhundert. Seiner Auffassung nach handelt es sich bei dem Brief vielmehr um eine Zusammenstellung jüdisch-christlicher Lehren, die auf das 2. Jahrhundert zu datieren sind. Siehe Martin Dibelius, *Der Brief des Jakobus* (Göttingen 1959). Interessant auch, dass der Jakobusbrief an «die zwölf Stämme [Israels], die in der Zerstreuung leben», gerichtet ist. Jakobus scheint weiter davon auszugehen, dass die zwölf Stämme in voller Zahl wieder zusammengeführt werden und Israel befreit werden wird. Der Grund, warum der Jakobusbrief so sehr im Matthäus-Evangelium nachhallt, liegt nach Ansicht vieler Experten darin, dass in dem Evangelium eine – häufig als «M» bezeichnete – Überlieferung enthalten ist, die sich auf Jakobus zurückführen lässt.

In «James in Relation to Peter, Paul und Jesus», *The Brother of Jesus*, S. 138–159, schreibt Bruce Chilton über das Nasiräergelübde, das Paulus abzulegen gezwungen ist.

Chilton glaubt, dass nicht nur Jakobus ein Nasiräer war, sondern Jesus ebenfalls. In der Tat ist er überzeugt, dass es sich bei dem Jesus zugewiesenen Beinamen «von Nazaret» um eine Verfälschung des Ausdrucks Nasiräer handelt. Nicht vergessen werden sollte auch, dass die Apostelgeschichte 18,18 Paulus darstellt, wie er an so etwas wie einem «Nasiräergelübde» teilnimmt. Nachdem er mit dem Schiff nach Syrien aufgebrochen ist, landet Paulus in Kenchreä, einer Hafenstadt unweit von Korinth. Dort habe er, schreibt Lukas, «sich aufgrund eines Gelübdes den Kopf kahl scheren lassen». Obwohl Lukas sich hier eindeutig auf einen Nasiräerschwur bezieht, scheint er sich über das Wesen und die Durchführung des Gelübdes im Unklaren zu befinden. Der springende Punkt des Rituals war es schließlich, sich nach Ablauf des Gelübdes den Kopf kahl scheren zu lassen. Lukas liefert keinen Hinweis darauf, worin Paulus' Eid bestanden haben könnte, aber wenn es darin um eine sichere Passage nach Syrien ging, hatte er sein Ziel nicht erreicht und somit seinen Schwur nicht erfüllt. Darüber hinaus legt Paulus seinen Schwur nicht in einem Tempel ab, und es ist daran auch kein Priester beteiligt.

John Painter umreißt den gesamten in den *Pseudoklementinen* enthaltenen antipaulinischen Stoff, darunter auch die heftige Auseinandersetzung im Tempel zwischen Paulus und Jakobus, in «Who Was James?», S. 38 f. Ebendort geht Painter auch auf die Ausweitung des Mosaischen Gesetzes durch Jesus ein (S. 55 ff.).

Die Angehörigen der Gemeinde, die auch nach der Zerstörung Jerusalems an den Lehren des Jakobus festhielt, bezeichneten sich selbst als Ebioniten, sprich «die Armen», zu Ehren von Jakobus, dessen Hauptsorge den Armen galt. Es ist gut möglich, dass die Gemeinde schon zu Lebzeiten Jakobus' als die Ebioniten bezeichnet wurde, schließlich taucht ihr Name im zweiten Kapitel des Jakobusbriefes auf. Die Ebioniten bestanden auf der Beschneidung und der strikten Einhaltung des Gesetzes, und weit bis in das 4. Jahrhundert hinein betrachteten sie Jesus als nichts weiter als einen Menschen. Sie gehörten zu den zahlreichen heterodoxen Gemeinden, die nach dem Ersten Konzil von Nicäa im Jahr 325 n. Chr., auf dem das paulinische Christentum quasi zur orthodoxen Religion des Römischen Reichs erhoben wurde, marginalisiert und verfolgt wurden.

BIBLIOGRAPHIE

Bücher

Anderson, Jeff S., *The Internal Diversification of Second Temple Judaism*. Lanham, Md. 2002.

Aslan, Reza, *How to Win a Cosmic War: God, Globalization, and the End of the War on Terror*. New York 2009.

Aus, Roger, *Water into Wine and the Beheading of John the Baptist*. Providence 1988.

Avi-Yonah, M., und Z. Baras (Hg.), *The World History of the Jewish People: The Herodian Period*. Jerusalem 1975.

Bammel, Ernst (Hg.), *The Trial of Jesus*. Naperville 1970.

Bammel, Ernst, und C.F.D. Moule (Hg.), *Jesus and the Politics of His Day*. New York 1984.

Batey, Richard A., *Jesus and the Forgotten City: New Light on Sepphoris and the Urban World of Jesus*. Grand Rapids 1991.

Bauer, Walter, *Rechtgläubigkeit und Ketzerei im ältesten Christentum*. Tübingen 1934.

Beard, Mary, John North, und Simon Price, *Religions of Rome: A Sourcebook*. 2 Bde. Cambridge 1998.

Beilby, James K., und Paul Rhodes Eddy (Hg.), *The Historical Jesus: Five Views*. Downers Grove 2009.

Berlin, Andrea M., und J. Andrew Overman, *The First Jewish Revolt: Archaeology, History, and Ideology*. New York 2002.

Bernheim, Pierre-Antoine, *James, the Brother of Jesus*. London 1997 (Original französisch: *Jacques, frère de Jésus*. Paris 1996).

Black, Matthew, *The Book of Enoch or 1 Enoch: A New English Edition with Commentary and Textual Notes.* Leiden 1985.

Blevins, James L., *The Messianic Secret in Markan Research, 1901–1976.* Lanham 1981.

Blinzler, Josef, *The Trial of Jesus.* Westminster, Md. 1959.

Bohak, Gideon, *Ancient Jewish Magic: A History.* London 2008.

Borg, Marcus J., *Jesus: A New Vision.* New York 1991 (dt.: *Jesus, der neue Mensch.* Freiburg i. Br. 1993).

Brandon, S. G. F., *Jesus and the Zealots.* Manchester 1967.

Brighton, Mark Andrew, *The Sicarii in Josephus's Judean War: Rhetorical Analysis and Historical Observations.* Atlanta 2009.

Brooke, G., *Exegesis at Qumran: 4QFlorilegium in Its Jewish Context.* Sheffield 1985.

Brown, Raymond, *The Death of the Messiah.* 2 Bde. New York 1994.

Bruce, F. F., *New Testament History.* New York 1980.

Bultmann, Rudolf, *Glauben und Verstehen.* Tübingen 1933.

–, *Die Geschichte der synoptischen Tradition.* 6. Aufl., Göttingen 1964 (englisch: *History of the Synoptic Tradition.* San Francisco 1968).

–, *Theologie des Neuen Testaments.* 5. Aufl., Tübingen 1965.

Burkett, Delbert, *The Son of Man Debate.* New York 1999.

–, *The Son of the Man in the Gospel of John.* Sheffield, GB 1991.

Cadbury, H. J., und K. Lake (Hg.), *The Beginnings of Christianity.* Bd. 1, London 1933.

Casey, P. Maurice, *Son of Man: The Interpretation and Influence of Daniel 7.* London 1979.

Charlesworth, James H. (Hg.), *The Messiah.* Minneapolis 1992.

– (Hg.), *The Old Testament Pseudepigrapha.* Garden City, N. Y. 1985.

–, et al., *Resurrection: The Origin and Future of a Biblical Doctrine.* London 2006.

Chilton, Bruce D., *Judaic Approaches to the Gospels.* Atlanta 1994.

–, und Jacob Neusner (Hg.), *The Brother of Jesus.* Louisville 2001.

Collins, John J., *Apocalypticism in the Dead Sea Scrolls*. London 1997.

– (Hg.), *Daniel*. Minneapolis 1993.

Collins, John J., und George Nickelsburg, *Ideal Figures in Ancient Judaism: Profiles and Paradigms*. Chico, Kalif. 1980.

Comay, Joan, *The Temple of Jerusalem*. London 1975.

Conybeare, F. C. (Hg.), *Philostratus:The Life of Apollonius of Tyana*. London 1912.

Cross, Frank Moore, *Canaanite Myth and Hebrew Epic: Essays in the History of the Religion of Israel*. Cambridge, Mass. 1973.

Crossan, John Dominic, *The Historical Jesus:The Life of a Mediterranean Jewish Peasant*. New York 1992 (dt.: *Der historische Jesus*, München 1995).

–, *Jesus:A Revolutionary Biography*. New York 1995 (dt.: *Jesus. Ein revolutionäres Leben*, München 1996).

Cullmann, Oscar, *Christology of the New Testament*. Philadelphia 1963 (dt.: *Die Christologie des Neuen Testaments*. Tübingen 1957).

–, *Petrus:Jünger,Apostel, Märtyrer, das historische und das theologische Petrusproblem*. Zürich 1952.

–, *Der Staat im Neuen Testament*. Tübingen 1956.

Dahl, N. A., *Jesus the Christ:The Historical Origins of Christological Doctrine*. Minneapolis 1991.

Day, John (Hg.), *Temple and Worship in Biblical Israel*. New York 2005.

De Jong, M., *Christology in Context:The Earliest Christian Response to Jesus*. Philadelphia 1988.

Derrett, J. D. M., *Law in the New Testament*. Eugene, Or. 2005.

Dibelius, Martin, *Der Brief des Jakobus*. Göttingen 1959.

–, *Aufsätze zur Apostelgeschichte*. Göttingen 1951.

Dickie, Matthew W., *Magic and Magicians in the Greco-Roman World*. London 2001.

Edwards, Douglas R., und C. Thomas McCollough (Hg.), *Archaeology and the Galilee*. Atlanta 1997.

Edwards, George R., *Jesus and the Politics of Violence*. New York 1972.

Evans, Craig, *Jesus and His Contemporaries*. Leiden 1995.

–, und J. A. Sanders, *Luke and Scripture: The Function of Sacred Tradition in Luke-Acts*. Minneapolis 1993.

Festinger, Leon, *A Theory of Cognitive Dissonance*. Stanford 1957 (dt.: *Theorie der kognitiven Dissonanz*. Bern 1978).

–, H. W. Riecken, und S. Schachter, *When Prophecy Fails: A Social and Psychological Study of a Modern Group That Predicted the Destruction of the World*. New York 1956.

Fitzmyer, Joseph A., *The Gospel According to Luke I–IX*. Garden City 1981.

Freyne, Sean, *Galilee, Jesus, and the Gospels*. Dublin 1988.

Fridrichsen, Anton, *The Problem of Miracle in Primitive Christianity*. Minneapolis 1972.

Funk, Robert W., und Roy W. Hoover, *The Five Gospels: The Search for the Authentic Words of Jesus*. New York 1993.

Gager, John, *Kingdom and Community: The Social World of the Early Christians*. Englewood Cliffs, N. J. 1975.

Goguel, Maurice, *Birth of Christianity*. New York 1954.

Golb, Norman, *Who Wrote the Dead Sea Scrolls? The Search for the Secret Qumran*. New York 1995 (dt.: *Qumran. Wer schrieb die Schriftrollen vom Toten Meer?* Hamburg 1994).

Goodman, Martin, *Rome and Jerusalem: The Clash of Ancient Civilizations*. London 2007.

–, *The Ruling Class of Judea*. New York 1987.

Grabbe, Lester L., *Judaism from Cyrus to Hadrian*. 2 Bde., Minneapolis 1992.

Groh, Dennis E., und Robert Jewett (Hg.), *The Living Texts: Essays in Honor of Ernest W. Saunders*. Lanham, Md. 1985.

Gurtner, Daniel, *Torn Veil: Matthew's Exposition of the Death of Jesus*. Cambridge 2007.

Hamerton-Kelly, R. G., *Pre-Existence, Wisdom, and the Son of Man*. Cambridge 1973.

Harnack, Adolf von, *Die Mission und Ausbreitung des Christentums in den ersten drei Jahrhunderten.* Leipzig 1965; Nachdruck der Originalausgabe von 1924.

–, *Das Wesen des Christentums.* Leipzig 1902.

Hendricks, Obery M., *The Politics of Jesus.* New York 2006.

Hengel, Martin, *Between Jesus and Paul.* Eugene, Or. 1983. (Sammlung von ins Englische übersetzten Aufsätzen; dt. Originaltitel siehe Aufsätze.)

–, *Crucifixion in the Ancient World and the Folly of the Message of the Cross.* Philadelphia 1977.

–, *Der Sohn Gottes.* Tübingen 1975.

–, *Die Zeloten. Untersuchungen zur jüdischen Freiheitsbewegung in der Zeit von Herodes I. bis 70 n. Chr.* 2. Aufl., Leiden 1976.

Higgins, A. J. B. (Hg.), *Studies in Memory of Thomas Walter Manson, 1893–1958.* Manchester 1959.

Hill, Craig C., *Hellenists and Hebrews.* Minneapolis 1992.

Horsley, Richard, und John S. Hanson, *Bandits, Prophets, and Messiahs.* Minneapolis 1985.

–, *Galilee: History, Politics, People.* Pennsylvania 1995.

–, *Jesus and the Spiral of Violence: Popular Jewish Resistance in Roman Palestine.* Minneapolis 1993.

Hurst, L. D., et al. (Hg.), *The Glory of Christ in the New Testament.* Oxford 1987.

Jaffee, Martin, *Early Judaism.* Bethesda 2006.

Janowitz, Naomi, *Magic in the Roman World.* London 2001.

Jeffers, Ann, *Magic and Divination in Ancient Palestine and Syria.* Leiden 1996.

Jeremias, Joachim, *Neutestamentliche Theologie. Erster Teil: Die Verkündigung Jesu.* Gütersloh 1971.

Jervell, Jacob (Hg.), *Luke and the People of God: A New Look at Luke-Acts.* Minneapolis 1972.

Kelber, Werner, *The Kingdom in Mark.* Philadelphia 1974.

– (Hg.), *The Passion in Mark: Studies on Mark 14–16.* Philadelphia 1976.

Korb, Scott, *Life in Year One: What the World Was Like in First-Century Palestine.* New York 2011.

Levenson, Jon Douglas, *Resurrection and the Restoration of Israel.* New Haven 2006.

Levine, Amy-Jill, *The Misunderstood Jew.* New York 2006.

Levine, Lee I. (Hg.), *The Galilee in Late Antiquity.* New York 1992.

Lindars, Barnabas, *Jesus Son of Man.* London 1983.

Loewe, Herbert, *Render unto Caesar.* Cambridge 1940.

Lüdemann, Gerd, *Paulus. Der Gründer des Christentums.* Lüneburg 2001.

–, *Paulus der Heidenapostel. Bd. 2: Antipaulinismus im frühen Christentum.* Göttingen 1983.

Mack, Burton, *A Myth of Innocence: Mark and Christian Origins.* Philadelphia 1988.

MacMullen, Ramsay, *Roman Social Relations: 50 B.C. to A.D. 384.* New Haven 1974.

Madden, Fredric William, *History of Jewish Coinage and of Money in the Old and New Testament.* London 1864.

Meier, John P., *A Marginal Jew: Rethinking the Historical Jesus.* 4 Bde., New Haven 1991–2009.

Meshorer, Ya'akov, *Treasury of Jewish Coins from the Persian Period to Bar Kokhba.* Jerusalem und Nyack, N. Y. 2001.

Meyer, Marvin W. (Hg.), *The Nag Hammadi Library.* New York 1977.

Meyer, R. P., *Jesus and the Twelve.* Grand Rapids 1968.

Meyers, Eric, und J. Strange, *Archaeology, the Rabbis, and Early Christianity.* Nashville 1981.

Murphy, Catherine, *John the Baptist: Prophet of Purity for a New Age.* Collegeville 2003.

Nau, Arlo J., *Peter in Matthew.* Collegeville 1992.

Neusner, Jacob, et al. (Hg.), *Judaisms and Their Messiahs at the Turn of the Christian Era.* Cambridge 1987.

Oppenheimer, Aharon, *The 'Am Ha-Aretz: A Study in the Soci-*

al *History of the Jewish People in the Hellenistic-Roman Period.* Leiden 1977.

Otto, Rudolf, *Reich Gottes und Menschensohn. Ein religionsgeschichtlicher Versuch.* München 1940.

Penella, Robert J., *The Letters of Apollonius of Tyana.* Leiden 1979.

Perkins, Pheme, *Peter, Apostle for the Whole Church.* Philadelphia 2000.

Perrin, Norman, *The Kingdom of God in the Teaching of Jesus.* Philadelphia 1963.

–, *Rediscovering the Teachings of Jesus.* New York 1967.

–, *The Resurrection According to Matthew, Mark, and Luke.* Philadelphia 1977.

Phipps, William E., *The Sexuality of Jesus.* New York 1973.

–, *Was Jesus Married?* New York 1970.

Popovic, M. (Hg.), *The Jewish Revolt Against Rome: Interdisciplinary Perspectives. Supplements to the Journal for the Study of Judaism 154.* Leiden 2011.

Porter, Stanley E., *The Language of the New Testament.* Sheffield 1991.

–, Michael A. Hayes, und David Tombs, *Resurrection.* Sheffield 1999.

Raisanen, Heikki, *The «Messianic Secret» in Mark.* Edinburgh 1990.

Reimarus, Hermann Samuel, *Von dem Zwecke Jesu und seiner Jünger.* Braunschweig 1778.

Rhoads, David, *Israel in Revolution: 6–74 C.E.* Philadelphia 1976.

Rosenblatt, Marie-Eloise, *Paul the Accused.* Collegeville 1995.

Sanders, E. P., *The Historical Figure of Jesus.* New York 1993 (dt.: *Sohn Gottes. Eine historische Biografie.* Stuttgart 1996).

Schaberg, Jane, *The Illegitimacy of Jesus.* San Francisco 1978.

Schoeps, Hans-Joachim, *Paulus. Die Theologie des Apostels im Lichte der jüdischen Religionsgeschichte.* Tübingen 1959.

Scholem, Gershom, *The Messianic Idea in Judaism.* New York 1971.

Schürer, Emil, *Geschichte des jüdischen Volkes im Zeitalter Jesu Christi,* 3 Bde., 3. Aufl., Leipzig 1901 ff.

Schweitzer, Albert, *Geschichte der Leben-Jesu-Forschung*. 2 Bde., München 1966 (Originaltitel: *Von Reimarus zu Wrede. Eine Geschichte der Leben-Jesu-Forschung*. Tübingen 1906).

Scobie, Charles, *John the Baptist*. Minneapolis 1964.

Shanks, Hershel (Hg.), *Understanding the Dead Sea Scrolls*. New York 1992.

Simon, Marcel, *St. Stephen and the Hellenists in the Primitive Church*. New York 1958.

Smith, Morton, *Jesus the Magician*. New York 1978 (dt.: *Jesus, der Magier*. München 1981).

Steinmann, Jean, *Saint John the Baptist and the Desert Tradition*. New York 1958.

Stendahl, Krister (Hg.), *The Scrolls and the New Testament*. New York 1957.

Tabor, James, *Paul and Jesus*. New York 2012.

Talbert, Charles H. (Hg.), *Reimarus: Fragments*. Chico, Kal. 1985.

Taylor, Joan E., *The Immerser: John the Baptist Within Second Temple Judaism*. Grand Rapids 1997.

Tuckett, Christopher (Hg.), *The Messianic Secret*. Philadelphia 1983.

van der Loos, H., *The Miracles of Jesus*. Leiden 1965.

Vermes, Geza, *Jesus the Jew*. Minneapolis 1981 (dt.: *Jesus, der Jude. Ein Historiker liest die Evangelien*. Neukirchen-Vluyn 1993).

–, *The Resurrection: History and Myth*. New York 2008.

–, *Who's Who in the Age of Jesus*. New York 2006 (dt.: *Anno Domini. Ein Who's Who zu Jesu Zeiten*. Bergisch Gladbach 2008).

Webb, R. L., *John the Baptizer and Prophet: A Socio-Historical Study*. Sheffield, GB 1991.

Wellman, James K., Jr. (Hg.), *Belief and Bloodshed*. Lanham 2007.

Werrett, Ian C., *Ritual Purity and the Dead Sea Scrolls*. Leiden 2007.

White, L. Michael, *From Jesus to Christianity*. New York 2004.

Wink, Walter, *John the Baptist in the Gospel Tradition*. Eugene, Or. 2001.

Wrede, William, *Das Messiasgeheimnis in den Evangelien. Zugleich* ein Beitrag zum Verständnis des Markusevangeliums. Göttingen 1963.

Wright, N. T., The Resurrection of the Son of God. Minneapolis 2003.

Wroe, Ann, Pontius Pilate. New York 1999.

Zeitlin, Solomon, Who Crucified Jesus? New York 1964.

Aufsätze

Applebaum, Shimon, «The Zealots: The Case for Revaluation», in: Journal of Roman Studies 61 (1971), S. 155–170.

Barnett, P. W., «The Jewish Sign Prophets», in: New Testament Studies 27 (1980), S. 679–697.

Barr, James, «Which Language Did Jesus Speak? Some Remarks of a Semitist», in: Bulletin of the John Rylands Library 53/1 (Herbst 1970), S. 14f.

Beavis, Mary Ann L., «The Trial Before the Sanhedrin (Mark 14:53–65): Reader Response and Greco-Roman Readers», in: Catholic Biblical Quarterly 49 (1987), S. 581–596.

Bokser, Baruch M., «Wonder-Working and the Rabbinic Tradition: The Case of Hanina ben Dosa», in: Journal of Jewish Studies 16 (1985), S. 42–92.

Broshi, Magen, «The Role of the Temple in the Herodian Economy», in: Jewish Studies 38 (1987), S. 31–37.

Bruce, F. F., «Christianity Under Claudius», in: Bulletin of the John Rylands Library 44 (März 1962), S. 309–326.

Buchanan, George Wesley, «Mark 11:15–19: Brigands in the Temple», in: Hebrew Union College Annual 30 (1959), S. 169–177.

Case, Shirley Jackson, «Jesus and Sepphoris», in: Journal of Biblical Literature 45 (1926), S. 14–22.

Casey, Maurice, «The Use of the Term ‹Son of Man› in the Similitudes of Enoch», in: Journal for the Study of Judaism 7.1 (1976), S. 11–29.

Cohen, Shaye J.D., «The Rabbinic Conversion Ceremony», in: *Journal of Jewish Studies* 41 (1990), S. 177–203.

Collins, Adela Yarbro, «Mark and His Readers: The Son of God Among Greeks and Romans», in: *Harvard Theological Review* 93.2 (2000), S. 85–100.

Collins, John, «The Zeal of Phinehas: The Bible and the Legitimation of Violence», in: *Journal of Biblical Literature* 122.1 (2003), S. 3–21.

Davies, P.S., «The Meaning of Philo's Text About the Gilded Shields», in: *Journal of Theological Studies* 37 (1986), S. 109–114.

Dunn, J.D.G., «Echoes of the Intra-Jewish Polemic in Paul's Letter to the Galatians», in: *Journal of Biblical Literature* 112/3 (1993), S. 459–477.

Evans, Craig, «Jesus and Predictions of the Destruction of the Herodian Temple in the Pseudepigrapha, Qumran Scrolls, and Related Texts», in: *Journal for the Study of the Pseudepigrapha* 10 (1992), S. 89–147.

Fitzmyer, Joseph, «Did Jesus Speak Greek?», in: *Biblical Archaeology Review* 18/5 (September/Oktober 1992), S. 58–63.

Fuks, G., «Again on the Episode of the Gilded Roman Shields at Jerusalem», in: *Harvard Theological Review* 75 (1982), S. 503–507.

Glasson, Thomas Francis, «Reply to Caiaphas (Mark 14:62)», in: *New Testament Studies* 7 (1960), S. 88–93.

Golb, Norman, «The Problem of Origin and Identification of the Dead Sea Scrolls», in: *Proceedings of the American Philosophical Society* 124 (1980), S. 1–24.

Green, William Scott, «Palestinian Holy Men: Charismatic Leadership and Rabbinic Tradition», in: *ANRW* 19.2 (1979), S. 619–647.

Hamilton, Neill Q., «Temple Cleansing and Temple Bank», in: *Journal of Biblical Literature* 83.4 (1964), S. 365–372.

Hengel, Martin, «Die Ursprünge der christlichen Mission», in: *New Testament Studies* 18 (1971/72), S. 15–38.

–, «Christologie und neutestamentliche Chronologie», in: *Ge-*

schichte und Urchristentum. Festschrift O. Cullmann zum 70. Geburtstag. Zürich, Tübingen 1972, S. 43–67.

Hewitt, J. W., «The Use of Nails in the Crucifixion», in: Harvard Theological Review 25 (1932), S. 29–45.

Hindly, J. C., «Towards a Date for the Similitudes of Enoch: A Historical Approach», in: New Testament Studies 14 (1967/68), S. 551–565.

Hollenbach, P. W., «The Conversion of Jesus: From Jesus the Baptizer to Jesus the Healer», in: ANRW 2.25.1 (1982), S. 198 ff.

–, «Social Aspects of John the Baptizer's Preaching Mission in the Context of Palestinian Judaism», in: ANRW 2.19.1 (1979), S. 852 f.

Horsley, Richard A., «High Priests and the Politics of Roman Palestine», in: Journal for the Study of Judaism 17.1 (1986), S. 23–55.

–, «Josephus and the Bandits», in: Journal for the Study of Judaism 10 (1979), S. 37–63.

–, «‹Like One of the Prophets of Old›: Two Types of Popular Prophets at the Time of Jesus», in: Catholic Biblical Quarterly 47 (1985), S. 435–463.

–, «Menahem in Jerusalem: A Brief Messianic Episode Among the Sicarii – Not ‹Zealot Messianism›», in: Novum Testamentum 27.4 (1985), S. 334–348.

–, «Popular Messianic Movements Around the Time of Jesus», in: Catholic Biblical Quarterly 46 (1984), S. 471–493.

–, «Popular Prophetic Movements at the Time of Jesus: Their Principal Features and Social Origins», in: Journal for the Study of the New Testament 26 (1986), S. 3–27.

–, «The Zealots: Their Origin, Relationship and Importance in the Jewish Revolt», in: Novum Testamentum 28 (1986), S. 159–192.

Kennard, J., «Judas the Galilean and His Clan», in: Jewish Quarterly Review 36 (1946), S. 281–286.

Liver, J., «The Half-Shekel Offering in Biblical and Post-Biblical Literature», in: Harvard Theological Review 56.3 (1963), S. 173–198.

Meyers, Eric M., Ehud Netzer, und Carol L. Meyers, «Ornament of All Galilee», in: *Biblical Archeologist* 49.1 (1986), S. 4–19.

Rappaport, Uriel, «John of Gischala: From Galilee to Jerusalem», in: *Journal of Jewish Studies* 33 (1982), S. 479–493.

Reed, Jonathan, «Instability in Jesus' Galilee: A Demographic Perspective», in: *Journal of Biblical Literature* 129.2 (2010), S. 343–365.

Remus, Harold, «Does Terminology Distinguish Early Christian from Pagan Miracles?», in: *Journal of Biblical Literature* 101.4 (1982), S. 531–551.

Robinson, B. P., «Peter and His Successors: Tradition and Redaction in Matthew 16:17–19», in: *Journal for the Study of the New Testament* 21 (1984) 85–104.

Roth, Cecil, «The Cleansing of the Temple and Zechariah XIV.21», in: *Novum Testamentum* 4 (1960), S. 174–181.

Smith, Morton, «The Origin and History of Transfiguration Story», in: *Union Seminary Quarterly Review* 36 (1980), S. 39–44.

–, «The Zealots and the Sicarii», in: *Harvard Theological Review* 64 (1971), S. 1–19.

Suter, David, «Weighed in the Balance: The Similitudes of Enoch in Recent Discussion», in: *Religious Studies Review* 7 (1981), S. 217–221.

Tomasino, A. J., «Oracles of Insurrection: The Prophetic Catalyst of the Great Revolt», in: *Journal of Jewish Studies* 59 (2008), S. 86–111.

van der Horst, P. W., «Can a Book End with ΓΑΡ? A Note on Mark XVI.8», in: *Journal of Theological Studies* 23 (1972), S. 121–124.

Vermes, Geza, «Hanina ben Dosa: A Controversial Galilean Saint from the First Century of the Christian Era», in: *Journal of Jewish Studies* 23 (1972), S. 28–50.

–, «The Son of Man Debate», in: *Journal for the Study of the New Testament* 1 (1978), S. 19–32.

Webb, Robert L., «Jesus' Baptism: Its Historicity and Implications», in: *Bulletin for Biblical Research* 10.2 (2000), S. 261–309.

Zeitlin, Solomon, «Masada and the Sicarii», in: *Jewish Quarterly Review* 55.4 (1965), S. 299–317.

–, «Zealots and Sicarii», in: *Journal of Biblical Literature* 81 (1962), S. 395–398.

Wörterbücher und Enzyklopädien

Analytic Greek New Testament. Grand Rapids 1981.

Cancik, Hubert, et al. (Hg.), *Brill's New Pauly. Encyclopedia of the Ancient World: Antiquity.* Leiden 2005.

Freedman, D. N., et al. (Hg.), *The Anchor Bible Dictionary.* New York 1992.

–, et al., *Eerdmans Dictionary of the Bible.* Cambridge 2000.

Green, Joel B., und Scot McKnight (Hg.), *Dictionary of Jesus and the Gospels.* Downers Grove 1992.

The Interpreter's Dictionary of the Bible. Supplementary Volume. Nashville 1976.

Louw, Johannes P., und Eugene A. Nida (Hg.), *Greek-English Lexicon of the New Testament.* Grand Rapids 1988.

Richardson, Ernest Cushing (Hg.), *A Select Library of the Nicene and Post-Nicene Fathers of the Christian Church*, Bd. 3. Edinburgh 1892.

Schneemelcher, Wilhelm (Hg.), *Neutestamentliche Apokryphen in deutscher Übersetzung*, Bd. 2, 5. Aufl., Tübingen 1989.

Stern, Ephraim (Hg.), *The New Encyclopedia of Archaeological Excavations in the Holy Land.* New York, Jerusalem 1993.

Thayer's Greek-English Lexicon of the New Testament. Ann Arbor 1996.

Werblowsky, R. J. Z., et al. (Hg.), *The Encyclopedia of the Jewish Religion.* New York 1966.

REGISTER

Aaron (Bruder von Moses) 35,
  48, 51, 149, 174
Abba Hilkiah 147
Abendmahl, Letztes 22, 62, 199,
  236
Abihu (Sohn von Aaron) 174
Abraham 119, 127, 165, 172, 214,
  233, 258
Achiabos (Cousin von Herodes)
  56
Adam 238
Aelia Capitolina 105
  s. auch Jerusalem
Agrippa I. 91
Agrippa II. 91
Ägypten 24, 43, 64 ff., 97
«der Ägypter» 19, 89, 117, 148,
  178, 243 f.
Ahab (König) 121
Albinus, Lucceius 21, 89 f., 248 f.
Alexander der Große 43
Alexandria 97, 196, 227
Altes Testament 17
  s. Hebräische Schriften
Amos (Prophet) 66, 160
Analphabetismus 58, 68
Ananias 89, 178, 232
Andreas 129, 137 f., 144

Antigonos 52
Antiochia 196 f., 227 ff.
Antiochien 183
Antiochus der Große 43
Antiochus Epiphanes 43, 160, 183
Antipater (Vater von Herodes)
  51 f.
Antonia (Burg) 41, 168, 192, 205
Apokryphon des Johannes 24
Apollonius von Tyana 147
Apostelkonzil 240 ff., 252, 260
Aquin, Thomas von 215
Arab 147
Aramäisch 69, 107, 122, 139,
  181 f., 218, 227 f.
Aretas IV. (König) 121
Aristobul 44, 52
Arius 265 f.
Aschdod 229
Athanasius von Alexandria 265
Athronges 20, 56, 84, 117, 178
Auferstehung s. Wiederauf-
  erstehung
Augustus (Kaiser) 53, 55 f., 63,
  82, 130, 211, 237

Baal 46, 149, 172
Babylon 42 f., 183

Origenes von Alexandria 150
Osiris 211
Otho (Kaiser) 97

Palästina 19 ff., 24 f., 41, 51, 60,
    68, 71, 73, 75, 85, 90, 93, 95,
    105, 118, 121 f., 131, 140 f.,
    143 f., 146 ff., 152 f., 164, 167,
    178, 198, 214, 229, 248, 250
Panthera 71
Parmenas 228
Parther 52
Paschafest 33, 56, 85, 88, 116 f.,
    190, 193 f., 203, 205
Paulus 216 ff., 222 f., 226, 230,
    232–247, 252, 254 f., 257–262,
    264, 266 ff.
    s. Saulus von Tarsus
Paulusbriefe 62, 69, 71, 181, 241,
    255, 266 f.
    Epheser 255
    Galater 233 f., 236, 239–242,
    252, 258 f.
    Kolosser 232, 255
    Korinther 1.) 22, 222 f., 225,
    233, 238, 242; 2.) 233, 235,
    241, 257, 259
    Philipper 216, 231, 235,
    237 f.
    Römer 235 f., 238, 241, 258
    Thessalonicher 1.) 22, 241;
    2.) 255
    Timotheus 1.) 232; 2.) 255
    Titus 255
Peräa 37, 55 f., 84, 92, 97, 119 f.,
    130, 171, 195
Petrus 131, 138, 152, 174–177,
    186, 211 ff., 232 f., 239 ff.,

245 f., 250–254, 259, 261 f.,
    267
Phanni (Sohn von Samuel) 101
Pharisäer 53, 61, 66, 69, 75, 129,
    140, 211, 216, 218, 222, 230 f.,
    235, 247, 252, 259
Phasael (Sohn von Antipater) 52
Philippus 129, 138, 228
Philippus-Evangelium 24
Phönizien 164, 170, 229
Pilatus, Pontius 20, 81–85, 159,
    169, 192 ff., 196–199, 202–205,
    220 f.
Pinhas 48
Plinius der Jüngere 21
Priesteraristokratie 73, 77 f., 87,
    99, 113, 132, 139
Prochorus 228
Psalmen, Buch der 114, 165, 180,
    183, 186, 212 f., 215, 225
Pseudoklementinen 261 f.
    Die Himmelfahrt des Jakobus
    261
    Homilien 261
    Rekognitionen 261 f.
Ptolemäer 43

Quirinius, Publius Sulpicius
    63 f., 77
Qumran 20, 53, 123

«Das Reich Gottes» 27, 76, 95,
    119 ff., 129, 142, 154, 156–162,
    166–171, 179, 187 ff., 192,
    194, 209, 221, 225, 244, 256,
    268
Römisches Reich 16, 26, 37, 42 f.,
    46, 50, 52, 63, 65, 69, 81,